最高人民法院案例指导工作指定用书

中国案例指导

CHINA CASE GUIDANCE

2022年第2辑（总第12辑）

杨万明　主编　段农根　副主编
最高人民法院案例指导工作办公室　编著

法律出版社
LAW PRESS · CHINA
——北京——

图书在版编目(CIP)数据

中国案例指导. 总第12辑 / 杨万明主编 ; 最高人民法院案例指导工作办公室编著. -- 北京 : 法律出版社, 2022

ISBN 978-7-5197-6875-1

Ⅰ. ①中… Ⅱ. ①杨… ②最… Ⅲ. ①案例-中国-丛刊 Ⅳ. ①D920.5-55

中国版本图书馆CIP数据核字(2022)第113150号

中国案例指导(总第12辑)
ZHONGGUO ANLI ZHIDAO
(ZONG DI-12 JI)

杨万明 主编
最高人民法院案例指导工作办公室 编著

策划编辑 冯雨春 李沂蔚
责任编辑 李沂蔚
装帧设计 李 瞻

出版发行 法律出版社
编辑统筹 法律应用出版分社
责任校对 王 丰 郭艳萍
责任印制 刘晓伟
经 销 新华书店

开本 710毫米×1000毫米 1/16
印张 20 **字数** 362千
版本 2022年3月第1版
印次 2022年3月第1次印刷
印刷 三河市兴达印务有限公司

地址:北京市丰台区莲花池西里7号(100073)
网址:www.lawpress.com.cn
投稿邮箱:info@lawpress.com.cn
举报盗版邮箱:jbwq@lawpress.com.cn

销售电话:010-83938349
客服电话:010-83938350
咨询电话:010-63939796

书号:ISBN 978-7-5197-6875-1 **定价**:86.00元

凡购买本社图书,如有印装错误,我社负责退换。电话:010-83938349

《中国案例指导》
编审委员会

《中国案例指导》
编　辑　部

充分发挥案例指导作用
促进法律统一正确实施(代序)

最高人民法院院长　周　强

案例指导制度是最高人民法院为总结审判经验、加强监督指导、统一法律适用、提高审判质量、维护司法公正而建立的一项具有中国特色的司法制度。该制度旨在通过统一发布对全国法院审判、执行工作具有指导作用的典型案例,规范法官自由裁量权,着力解决群众反映强烈的"同案不同判"问题;同时通过典型案例发挥司法规范、指导、评价、引领社会价值的重要作用,大力弘扬社会主义法治精神和社会主义核心价值观,增强全民法治意识,倡导良好社会新风。自建立以来,案例指导制度发展迅速,在统一裁判标准、提高审判质量、提升司法公信力方面发挥了重要作用。编撰《中国案例指导》丛书,将最高人民法院分批发布的指导性案例、关于案例指导制度的最新理论研究成果等汇编成书,是贯彻落实党的十八届四中全会关于加强案例指导工作要求的具体措施,必将有力推动案例指导制度的发展完善,促进形成有利于维护法制统一的法律适用机制,从而为促进法律正确实施,全面推进依法治国,实现中华民族伟大复兴的中国梦作出积极贡献。

一、案例指导制度是中国特色社会主义司法制度的重要组成部分

在人民司法制度建立初期,人民法院就十分重视通过典型案例指导审判工作。早在20世纪50年代,最高人民法院就开始用案例指导审判工作实

践。1954年年初，起草了《最高人民法院关于处理奸淫幼女案件的经验总结和对奸淫幼女罪犯的处刑意见》，并于1957年将经修订的《最高人民法院1955年以来奸淫幼女案件检查总结》以内部文件形式印发各地法院执行。这对统一全国各地量刑标准，纠正重罪轻判和罪与非罪界限不清现象，起到了重要作用。1956年的全国司法审判工作会议明确提出要分类分批汇编案例用以指导审判。1962年3月，毛泽东同志指出："没有法律不行，刑法、民法一定要搞，不仅要制定法律，还要编案例。"同年12月，最高人民法院颁布《关于人民法院工作若干问题的规定》，明确要求"总结审判工作经验，选择案例，指导工作"。

改革开放以来，案例指导工作得到进一步发展。20世纪70年代末，最高人民法院印发9个典型案例，具体指导全国各级法院纠正"文化大革命"期间形成的冤错案件。随着刑法、刑事诉讼法等法律的颁布施行，1984年最高人民法院以文件形式印发了《刑事犯罪案例选编》(共包含34个案例)，对定罪量刑问题提出具体指导意见。1985年7月18日，最高人民法院下发《关于破坏军人婚姻罪的四个案件》的通知，发布了四个破坏军人婚姻罪案例。1985年5月，《最高人民法院公报》开始向社会公布各类典型案例，供各级法院参考借鉴。自20世纪90年代起，最高人民法院各审判业务庭和教学研究单位相继出版审判参考类刊物。

1999年最高人民法院制定的《人民法院五年改革纲要》明确提出，要编选典型案例，供下级法院审判类似案件时参考。2005年《人民法院第二个五年改革纲要》第一次正式提出，要"建立和完善案例指导制度"。2008年12月，中央关于深化司法体制和工作机制改革若干问题的意见将案例指导制度作为国家司法改革的一项重要内容。2010年11月26日，最高人民法院颁布《关于案例指导工作的规定》，标志着中国特色案例指导制度正式确立。

二、案例指导制度在人民法院工作中发挥着重要作用

案例指导制度有利于统一法律适用和裁判尺度。受我国各地经济社会

发展不平衡、司法人员司法能力差异、地方执法环境不同等多种因素影响，在我国司法实践中长期存在“同案不同判”现象，影响了国家法律的统一适用，损害了司法公信力，人民群众反映强烈。建立案例指导制度，发布社会广泛关注，法律规定比较原则，具有典型性、疑难复杂或者新类型案例，为广大法官审理类似案件提供参考，可有效规范和限制自由裁量权，确保同类案件的法律适用基本统一，裁判尺度基本相同，处理结果基本一致。同时，以案例这种群众喜闻乐见的方式推动实现法律统一适用，可极大增强群众对司法的信任和支持，促进提升司法公信力。

案例指导制度有利于提升审判效率。案例具有及时性、灵活性、针对性强、易于把握的特点。用已决案例指导待决类似案件的裁判，可以在“抽象到具体”的法律适用中，增加一个“具体到具体”的参照，有助于缩短办案时间，提高司法效率。特别是对于新型、疑难、复杂案件而言，既能提升案件审判效率，也有助于减轻涉诉群众讼累。最高人民法院建立案例指导制度，定期发布指导性案例，以一个个具体案例来指导、规范众多类似案件的裁判，可以使广大法官审理同类案件的进程大大加快，为群众提供更为高效的司法服务。

案例指导制度有利于弘扬社会主义法治精神和社会主义核心价值观。案例是法制宣传教育的“活教材”。通过定期公布典型案例，可以增强全民的法治意识，使公众从案例中直观领悟法律的原则和精神，促进在全社会形成办事依法、遇事找法、解决问题用法、化解矛盾靠法的良好法治环境和尊重司法、信仰法律、崇尚法治的良好氛围。同时，通过发布案例这种群众看得见的方式，可以更好地发挥司法的指导引领作用，使群众更加深刻直接地了解什么行为是法律允许的，什么行为是法律禁止的，进而理解哪些行为是符合社会主义核心价值观的，哪些行为是违背社会主义核心价值观的，从而推动社会主义核心价值观建设，促进形成良好道德风尚和正确价值导向。

三、以改革创新精神进一步加强案例指导工作

党的十八大和十八届三中全会对全面深化改革、全面推进依法治国作

出了重大战略部署,党的十八届四中全会为法治中国建设描绘了新的宏伟蓝图。加强公正司法、推进依法治国是一项伟大的事业,人民法院促进法律统一正确实施的责任更加重大,任务更为艰巨,必须以改革创新精神进一步加强案例指导工作,为审判实践提供更多可资借鉴的指导性案例。

要把案例指导工作置于坚持和完善中国特色社会主义司法制度的战略高度来谋划。案例指导制度以其统一司法标准、规范裁判尺度的功能,进一步丰富和发展了中国特色社会主义司法制度的内涵。人民法院必须从坚持和完善中国特色社会主义司法制度的战略高度,持续推进人民法院案例指导工作,将其作为人民法院的一项常态性、基础性工作来规划和部署,以充分发挥案例指导制度在审判执行工作中的重要作用。

要把案例指导工作作为加强公正司法的有力抓手。在全面深化改革、全面推进依法治国背景下部署实施的人民法院新一轮司法改革,一个重要目的是确保依法独立公正行使审判权,实现司法公正,维护社会公平正义。通过编撰、发布指导性案例,总结审判经验,统一裁判标准,实施类案指导,有助于进一步规范司法行为、深化司法公开,让公平正义以看得见的方式实现。人民法院要以案例指导工作为抓手,以指导性案例为示范,引导一线办案法官在立案、审理、裁判、执行各个环节严格依法办案,确保司法公正。

要加强案例指导工作的规范化、标准化和信息化建设。各级法院要高度重视从维护国家安全和社会稳定、促进经济社会发展、维护市场秩序、服务保障民生等方面加强指导性案例编选工作,按照指导审判、宣传法治、促进和谐、引领进步的原则,及时编选发布裁判公正、效果良好、具有普遍指导价值的案例。要统筹研究和规划案例指导工作,规范各个层级、各种类型案例的编写体例、程序和发布主体,明确不同案例的效力和功能,方便广大法官和人民群众根据需要了解、掌握和运用司法案例。要积极适应信息技术快速发展与新媒体、大数据时代给案例指导工作带来的机遇、挑战和影响,切实加强案例指导工作信息化建设,努力建成全国法院案例信息汇集中心,更好地发挥指导性案例的作用。

要进一步完善案例指导工作机制。要逐步建立完善案例发现、论证、编发、考评等工作机制,确保广泛选择、精心编写、审慎公布案例。要积极引导和支持广大法官在审判执行工作中增强精品意识,强化法律思维,注重裁判说理,坚持程序公正和实体公正相统一,从一开始就努力把案件办成人民群众接受和认可的经典案例。要不断健全表彰激励机制,激发全国四级法院法官参与案例指导工作的积极性和主动性,推动人民法院案例指导工作不断迈上新台阶,为完善中国特色社会主义司法制度、促进实施依法治国基本方略作出新的更大贡献。

是为序。

2014 年 10 月 28 日

编辑说明

案例指导制度是最高人民法院为总结司法经验,指导审判工作,统一司法尺度和裁判标准,促进司法公正,提升司法公信,充分发挥指导性案例作用的一项具有中国特色的司法制度。党的十八届四中全会通过的《中共中央关于全面推进依法治国若干重大问题的决定》要求:“加强和规范司法解释和案例指导,统一法律适用标准。”这是党的文献首次对案例指导工作提出明确要求,体现了党中央对案例指导制度的高度重视。2018 年修订的《人民法院组织法》首次从法律上确立了案例指导制度,第十八条第二款明确规定:“最高人民法院可以发布指导性案例。”为加强审判工作业务指导,及时交流案例指导工作经验,更好地为案例应用、法治宣传、案例教学和研究等工作服务,最高人民法院决定编辑《中国案例指导》丛书,搭建案例指导工作平台和交流载体。本丛书首次以指导性案例为主体,是最高人民法院案例指导工作办公室指导案例工作的公开出版物,是指导性案例的权威性、标志性、集成性发布平台。丛书重点围绕指导性案例和案例指导工作,主要设置以下栏目:

一、指导性案例

根据最高人民法院《关于案例指导工作的规定》第一条规定,对全国法院审判、执行工作具有指导作用的指导性案例,由最高人民法院确定并统一发布。本栏目有三部分内容:一是最高人民法院发布的指导性案例及新闻稿;二是指导性案例的裁判者、编选者撰写的指导性案例的理解与参照文章,全面、深入阐明指导性案例的编选经过和指导价值,审判实践中需要明确的问题和参照适用中应当注意的情况,为准确理解和参照适用指导性案例、依法裁判案件提供指导和帮助;三是与指导性案例相关的法律法规、司法解释、裁判文书、推荐单位和编写人等。根据最高人民法院《关于案例指导工作的规定》第七条规定,各级人民法院在审判类似案件时应当参照指导性案例。

二、参考性案例

最高人民法院《关于规范上下级人民法院审判业务关系的若干意见》第九条规定,高级人民法院可以发布参考性案例,对辖区内各级人民法院和专门人民法院的审判业务工作进行指导。本栏目为各高级人民法院根据上述文件发布的参考性案例,以及相关案例解读文章。

三、典型案例

本栏目为最高人民法院公布的具有典型意义的案例,通过具体案例阐明法律规定、宣传法院工作、开展法治教育、弘扬法治精神。

四、研讨案例

本栏目为全国各级人民法院公布或推荐的其他具有研讨价值的案例,针对法律适用中的重大、疑难、争议问题,进行深入分析和探讨,倡导学术争鸣,促进案例研究。

五、案例论坛

本栏目为专家、学者、法官及社会各界人士撰写的与案例或案例指导制度相关的论文和评论,对案例指导工作进行理论研究和实务探讨,促进学术智慧共享,推动案例工作发展。

六、案例工作

本栏目视情设置"文件规定""领导讲话""工作动态"等子栏目,为最新的与案例指导工作相关的规范性文件,最高人民法院院领导的重要讲话,以及各地人民法院开展案例指导工作的经验和做法等,以指导案例工作开展,展示案例指导工作成效。

本丛书的主旨在于及时出版指导性案例及其相关资料,总结和交流案例指导工作经验,推动案例指导制度理论和实务方面的研究和探索,为审判工作提供及时的指导和服务,为司法理论研究和案例教学提供生动鲜活、内容充实的参考资料。希望法学理论界和司法实务部门关心案例指导工作的专家、学者、司法工作者踊跃投稿,多提宝贵意见和建议,共同促进中国特色案例指导制度发展完善,为全面推进依法治国、建设社会主义法治国家做出更大贡献。

目　录

【指导性案例】

【参考性案例】

【典型案例】

【研讨案例】

【案例论坛】

【指导性案例】

最高人民法院
关于发布第25批指导性案例的通知

（2020年10月9日　法〔2020〕253号）

各省、自治区、直辖市高级人民法院，解放军军事法院，新疆维吾尔自治区高级人民法院生产建设兵团分院：

经最高人民法院审判委员会讨论决定，现将李秋月等诉广州市花都区梯面镇红山村村民委员会违反安全保障义务责任纠纷案等四个案例（指导案例140－143号），作为第25批指导性案例发布，供在审判类似案件时参照。

指导案例140号

李秋月等诉广州市花都区梯面镇红山村村民委员会违反安全保障义务责任纠纷案

（最高人民法院审判委员会讨论通过　2020年10月9日发布）

关键词　民事/安全保障义务/公共场所/损害赔偿

裁判要点

公共场所经营管理者的安全保障义务，应限于合理限度范围内，与其管理和控制能力相适应。完全民事行为能力人因私自攀爬景区内果树采摘果实而不慎跌落致其自身损害,主张经营管理者承担赔偿责任的,人民法院不予支持。

相关法条

《中华人民共和国侵权责任法》* 第37条第1款

基本案情

红山村景区为国家AAA级旅游景区,不设门票。广东省广州市花都区梯面镇红山村村民委员会(以下简称红山村村民委员会)系景区内情人堤河道旁杨梅树的所有人,其未向村民或游客提供免费采摘杨梅的活动。2017年5月19日下午,吴某私自上树采摘杨梅不慎从树上跌落受伤。随后,有村民将吴某送红山村医务室,但当时医务室没有人员。有村民拨打120电话,但120救护车迟迟未到。后红山村村民李某1自行开车送吴某到广州市花都区梯面镇医院治疗。吴某于当天转至广州市中西医结合医院治疗,后因抢救无效于当天死亡。

红山村曾于2014年1月26日召开会议表决通过《红山村村规民约》,该村规民约第二条规定:每位村民要自觉维护村集体的各项财产利益,每个村民要督促自己的子女自觉维护村内的各项公共设施和绿化树木,如有村民故意破坏或损坏公共设施,要负责赔偿一切费用。

吴某系红山村村民,于1957年出生。李记坤系吴某的配偶,李秋月、李月如、李天托系吴某的子女。李秋月、李月如、李天托、李记坤向法院起诉,主张红山村村民委员会未尽到安全保障义务,在本案事故发生后,被告未采取及时和必要的救助措施,应对吴某的死亡承担责任。请求判令被告承担70%的人身损害赔偿责任631346.31元。

裁判结果

广东省广州市花都区人民法院于2017年12月22日作出(2017)粤0114民初6921号民事判决:一、被告广州市花都区梯面镇红山村村民委员会向原告李秋月、李月如、李天托、李记坤赔偿45096.17元,于本判决发生法律效力之日起10日内付清;二、驳回原告李秋月、李月如、李天托、李记坤的其他诉讼请求。宣判后,李秋月、李月如、李天托、李记坤与广州市花都区梯面镇红山村村民委员会均提出上诉。广东省广州市中级人民法院于2018年4月16日作出(2018)粤01民终4942号民事判决:驳回上诉,维持原判。二审判决生效后,广东省广州市中级人民法院于2019年11月14日作出(2019)粤01民监4号民事裁定,再审本案。广东省广州市中级人民法院于2020年1月20日作出(2019)粤01民再273号民事判决:一、撤销本院

---

* 现已失效。——编者注

(2018)粤01民终4942号民事判决及广东省广州市花都区人民法院(2017)粤0114民初6921号民事判决;二、驳回李秋月、李月如、李天托、李记坤的诉讼请求。

裁判理由

法院生效裁判认为:本案的争议焦点是红山村村民委员会是否应对吴某的损害后果承担赔偿责任。

首先,红山村村民委员会没有违反安全保障义务。红山村村民委员会作为红山村景区的管理人,虽负有保障游客免遭损害的安全保障义务,但安全保障义务内容的确定应限于景区管理人的管理和控制能力的合理范围之内。红山村景区属于开放式景区,未向村民或游客提供采摘杨梅的活动,杨梅树本身并无安全隐患,若要求红山村村民委员会对景区内的所有树木加以围蔽、设置警示标志或采取其他防护措施,显然超过善良管理人的注意标准。从爱护公物、文明出行的角度而言,村民或游客均不应私自爬树采摘杨梅。吴某作为具有完全民事行为能力的成年人,应当充分预见攀爬杨梅树采摘杨梅的危险性,并自觉规避此类危险行为。故李秋月、李月如、李天托、李记坤主张红山村村民委员会未尽安全保障义务,缺乏事实依据。

其次,吴某的坠亡系其私自爬树采摘杨梅所致,与红山村村民委员会不具有法律上的因果关系。《红山村村规民约》规定:村民要自觉维护村集体的各项财产利益,包括公共设施和绿化树木等。该村规民约是红山村村民的行为准则和道德规范,形成红山村的公序良俗。吴某作为红山村村民,私自爬树采摘杨梅,违反了村规民约和公序良俗,导致了损害后果的发生,该损害后果与红山村村民委员会不具有法律上的因果关系。

最后,红山村村民委员会对吴某私自爬树坠亡的后果不存在过错。吴某坠亡系其自身过失行为所致,红山村村民委员会难以预见和防止吴某私自爬树可能产生的后果。吴某跌落受伤后,红山村村民委员会主任李某2及时拨打120电话求救,在救护车到达前,另有村民驾车将吴某送往医院救治。因此,红山村村民委员会对吴某损害后果的发生不存在过错。

综上所述,吴某因私自爬树采摘杨梅不慎坠亡,后果令人痛惜。虽然红山村为事件的发生地,杨梅树为红山村村民委员会集体所有,但吴某的私自采摘行为有违村规民约,与公序良俗相悖,且红山村村民委员会并未违反安全保障义务,不应承担赔偿责任。

(生效裁判审判人员:龚连娣、张一扬、兰永军)

指导案例 141 号

支某 1 等诉北京市永定河管理处生命权、健康权、身体权纠纷案

(最高人民法院审判委员会讨论通过 2020 年 10 月 9 日发布)

关键词 民事/生命权纠纷/公共场所/安全保障义务

裁判要点

消力池属于禁止公众进入的水利工程设施,不属于侵权责任法第三十七条第一款规定的“公共场所”。消力池的管理人和所有人采取了合理的安全提示和防护措施,完全民事行为能力人擅自进入造成自身损害,请求管理人和所有人承担赔偿责任的,人民法院不予支持。

相关法条

《中华人民共和国侵权责任法》* 第 37 条第 1 款

基本案情

2017 年 1 月 16 日,北京市公安局丰台分局卢沟桥派出所接李某某 110 报警,称支某 3 外出遛狗未归,怀疑支某 3 掉在冰里了。接警后该所民警赶到现场开展查找工作,于当晚在永定河拦河闸自西向东第二闸门前消力池内发现一男子死亡,经家属确认为支某 3。发现死者时永定河拦河闸南侧消力池内池水表面结冰,冰面高度与消力池池壁边缘基本持平,消力池外河道无水。北京市公安局丰台分局于 2017 年 1 月 20 日出具关于支某 3 死亡的调查结论(丰公治亡查字〔2017〕第 021 号),主要内容为:经过(现场勘察、法医鉴定、走访群众等)工作,根据所获证据,得出如下结论:一、该人系符合溺亡死亡;二、该人死亡不属于刑事案件。支某 3 家属对死因无异议。支某 3 遗体被发现的地点为永定河拦河闸下游方向闸西侧消力池,消力池系卢沟桥分洪枢纽水利工程(拦河闸)的组成部分。永定河卢沟桥分洪枢纽工程的日常管理、维护和运行由北京市永定河管理处负责。北京市水务局称事发地点周

---

* 现已失效。——编者注

边安装了防护栏杆，在多处醒目位置设置了多个警示标牌，标牌注明管理单位为“北京市永定河管理处”。支某3的父母支某2、马某某，妻子李某某和女儿支某1向法院起诉，请求北京市永定河管理处承担损害赔偿责任。

裁判结果

北京市丰台区人民法院于2019年1月28日作出(2018)京0106民初2975号民事判决：驳回支某1等四人的全部诉讼请求。宣判后，支某1等四人提出上诉。北京市第二中级人民法院于2019年4月23日作出(2019)京02民终4755号民事判决：驳回上诉，维持原判。

裁判理由

本案主要争议在于支某3溺亡事故发生地点的查实、相应管理机关的确定，以及该管理机关是否应承担侵权责任。本案主要事实和法律争议认定如下：

一、关于支某3的死亡地点及管理机关的事实认定。首先，从死亡原因上看，公安机关经鉴定认定支某3死因系因溺水导致；从事故现场上看，支某3遗体发现地点为永定河拦河闸前消力池。根据受理支某3失踪查找的公安机关派出所出具工作记录可认定支某3溺亡地点为永定河拦河闸南侧的消力池内。其次，关于消力池的管理机关。现已查明北京市永定河管理处为永定河拦河闸的管理机关，北京市永定河管理处对此亦予以认可，并确认消力池属于其管辖范围，据此认定北京市永定河管理处系支某3溺亡地点的管理责任方。鉴于北京市永定河管理处系依法成立的事业单位，依法可独立承担相应民事责任，故北京市水务局、北京市丰台区水务局、北京市丰台区永定河管理所均非本案的适格被告，支某1等四人要求该三被告承担连带赔偿责任的主张无事实及法律依据，不予支持。

二、关于管理机关北京市永定河管理处是否应承担侵权责任的认定。首先，本案并不适用侵权责任法中安全保障义务条款。安全保障义务所保护的人与义务人之间常常存在较为紧密的关系，包括缔约磋商关系、合同法律关系等，违反安全保障义务的侵权行为是负有安全保障义务的人由于没有履行合理范围内的安全保障义务而实施的侵权行为。根据查明的事实，支某3溺亡地点是位于永定河拦河闸侧面的消力池。从性质上看，消力池系永定河拦河闸的一部分，属于水利工程设施的范畴，并非对外开放的冰场；从位置上来看，消力池位于拦河闸下方的永定河河道的中间处；从抵达路径来看，抵达消力池的正常路径，需要从永定河的沿河河堤下楼梯到达河道，再从永定河河道步行至拦河闸下方，因此无论是消力池的性质、消力池所处位置还是抵达消力池的路径而言，均难以认定消力池属于公共场所。北京市永定河管理处也不是群众性活动的组织者，故支某1等四人上诉主张四被上诉人未尽安全保障义务，与法相悖。其次，从侵权责任的构成上看，一方主张承担侵权责任,应就另一方存在违法行为、主观过错、损害后果且违法行为与损害后果之间具有因果关系等侵权责任构成要件承担举证责任。永定河道并非正常的活动、通行场所,依据一般常识即可知无论是进入河道或进入冰面的行为,均容易发生危及人身的危险,此类对危险后果的预见性,不需要专业知识就可知晓。支某3在明知进入河道、冰面行走存在风险的情况下,仍进入该区域并导致自身溺亡,其主观上符合过于自信的过失,应自行承担相应的损害后果。成年人应当是自身安危的第一责任人,不能把自己的安危寄托在国家相关机构的无时无刻的提醒之下,户外活动应趋利避害,不随意进入非群众活动场所是每一个公民应自觉遵守的行为规范。综上,北京市永定河管理处对支某3的死亡发生无过错,不应承担赔偿责任。在此需要指出,因支某3意外溺亡,造成支某2、马某某老年丧子、支某1年幼丧父,其家庭境遇令人同情,法院对此予以理解,但是赔偿的责任方是否构成侵权则需法律上严格界定及证据上的支持,不能以情感或结果责任主义为导向将损失交由不构成侵权的他方承担。

(生效裁判审判人员:邢述华、唐季怡、陈光旭)

指导案例142号

刘明莲、郭丽丽、郭双双诉孙伟、河南兰庭物业管理有限公司信阳分公司生命权纠纷案

(最高人民法院审判委员会讨论通过 2020年10月9日发布)

关键词 民事/生命权/劝阻/合理限度/自身疾病

裁判要点

行为人为了维护因碰撞而受伤害一方的合法权益,劝阻另一方不要离开碰撞现场且没有超过合理限度的,属于合法行为。被劝阻人因自身疾病发生猝死,其近亲属请求行为人承担侵权责任的,人民法院不予支持。

相关法条

《中华人民共和国侵权责任法》第6条

基本案情

2019年9月23日19时40分左右,郭某骑着一辆折叠自行车从博士名城小区南门广场东侧道路出来,向博士名城南门出口骑行,在南门广场与5岁儿童罗某相撞,造成罗某右颌受伤出血,倒在地上。带自己孩子在此玩耍的孙伟见此情况后,将罗某扶起,并通过微信语音通话功能与罗某母亲李某1联系,但无人接听。孙伟便让身旁的邻居去通知李某1,并让郭某等待罗某家长前来处理。郭某称是罗某撞了郭某,自己还有事,需要离开。因此,郭某与孙伟发生言语争执。孙伟站在自行车前面阻拦郭某,不让郭某离开。

事发时的第一段视频显示:郭某往前挪动自行车,孙伟站在自行车前方,左手拿手机,右手抓住自行车车把,持续时间约8秒后孙伟用右手推车把两下。郭某与孙伟之间争执的主要内容为:郭某对孙伟说,你讲理不?孙伟说,我咋不讲理,我叫你等一会儿。郭某说,你没事我还有事呢。孙伟说,我说的对不,你撞小孩。郭某说,我还有事呢。孙伟说,你撞小孩,我说你半天。郭某说,是我撞小孩还是小孩撞我?第二段视频显示,孙伟、郭某、博士名城小区保安李某2、吴某四人均在博士名城小区南门东侧出口从南往北数第二个石墩附近。孙伟左手拿手机,右手放在郭某自行车车把上持续时间约5秒。李某2、吴某劝郭某不要骂人,郭某称要拨打110,此时郭某情绪激动并有骂人的行为。

2019年9月23日19时46分,孙伟拨打110报警电话。郭某将自行车停好,坐在博士名城小区南门东侧出口从南往北数第一个石墩上。郭某坐在石墩上不到两分钟即倒在地上。孙伟提交的一段时长14秒事发状况视频显示,郭某倒在地上,试图起身;孙伟在操作手机,报告位置。

2019年9月23日19时48分,孙伟拨打120急救电话。随后,孙伟将自己孩子送回家,然后返回现场。医护人员赶到现场即对郭某实施抢救。郭某经抢救无效,因心脏骤停死亡。

另,郭某曾于2019年9月4日因"意识不清伴肢体抽搐1小时"为主诉入住河南省信阳市中心医院,后被诊断为"右侧脑梗死,继发性癫痫,高血压病3级(极高危),2型糖尿病,脑血管畸形,阵发性心房颤动"。信阳市中心医院就郭某该病症下达病重通知书,显示"虽经医护人员积极救治,但目前患者病情危重,并且病情有可能进一步恶化,随时会危及患者生命"。信阳市中心医院在对郭某治疗期间,在沟通记录单中记载了郭某可能出现的风险及并发症,其中包含:脑梗塞进展,症状加重;脑疝形成呼吸心脏骤停;恶心心律失常猝死,等等。郭某2019年9月16日的病程记录记载:郭某及其家属要求出院,请示上级医师后予以办理。

郭某之妻刘明莲及其女郭丽丽、郭双双提起诉讼,要求孙伟承担侵权的赔偿责任,河南兰庭物业管理有限公司信阳分公司承担管理不善的赔偿责任。

裁判结果

河南省信阳市平桥区人民法院于2019年12月30日作出(2019)豫1503民初8878号民事判决:驳回原告刘明莲、郭丽丽、郭双双的诉讼请求。宣判后,各方当事人均未提出上诉。一审判决已发生法律效力。

裁判理由

法院生效裁判认为:本案争议的焦点问题是被告孙伟是否实施了侵权行为;孙伟阻拦郭某离开的行为与郭某死亡的结果之间是否有因果关系;孙伟是否有过错。

第一,郭某骑自行车与年幼的罗某相撞之后,罗某右颌受伤出血并倒在地上。郭某作为事故一方,没有积极理性处理此事,执意离开。对不利于儿童健康、侵犯儿童合法权益的行为,任何组织和个人有权予以阻止或者向有关部门控告。罗某作为未成年人,自我保护能力相对较弱,需要成年人对其予以特别保护。孙伟见到郭某与罗某相撞后,为保护罗某的利益,让郭某等待罗某的母亲前来处理相撞事宜,其行为符合常理。根据案发当晚博士名城业主群聊天记录中视频的发送时间及孙伟拨打110、120的电话记录等证据证实,可以确认孙伟阻拦郭某的时间为8分钟左右。在阻拦过程中,虽然孙伟与郭某发生言语争执,但孙伟的言语并不过激。孙伟将手放在郭某的自行车车把上,双方没有发生肢体冲突。孙伟的阻拦方式和内容均在正常限度之内。因此,孙伟的劝阻行为是合法行为,且没有超过合理限度,不具有违法性,应予以肯定与支持。

第二,郭某自身患脑梗、高血压、心脏病、糖尿病、继发性癫痫等多种疾病,事发当月曾在医院就医,事发前一周应其本人及家属要求出院。孙伟阻拦郭某离开,郭某坐在石墩上,倒地后因心脏骤停不幸死亡。郭某死亡,令人惋惜。刘明莲、郭丽丽、郭双双作为死者郭某的近亲属,心情悲痛,提起本案诉讼,可以理解。孙伟的阻拦行为本身不会造成郭某死亡的结果,郭某实际死亡原因为心脏骤停。因此,孙伟的阻拦行为与郭某死亡的后果之间并不存在法律上的因果关系。

第三,虽然孙伟阻拦郭某离开,诱发郭某情绪激动,但是,事发前孙伟与郭某并不认识,不知道郭某身患多种危险疾病。孙伟阻拦郭某的行为目的是保护儿童利益,并不存在侵害郭某的故意或过失。在郭某倒地后,孙伟拨打120急救电话予以救助。由此可见,孙伟对郭某的死亡无法预见,其对郭某的死亡后果发生没有过错。

(生效裁判审判人员:易　松、彭　洁、周成云)

指导案例 143 号

北京兰世达光电科技有限公司、黄晓兰诉赵敏名誉权纠纷案

（最高人民法院审判委员会讨论通过 2020 年 10 月 9 日发布）

关键词 民事/名誉权/网络侵权/微信群/公共空间

裁判要点

1. 认定微信群中的言论构成侵犯他人名誉权，应当符合名誉权侵权的全部构成要件，还应当考虑信息网络传播的特点并结合侵权主体、传播范围、损害程度等具体因素进行综合判断。

2. 不特定关系人组成的微信群具有公共空间属性，公民在此类微信群中发布侮辱、诽谤、污蔑或者贬损他人的言论构成名誉权侵权，应当依法承担法律责任。

相关法条

1.《中华人民共和国民法通则》* 第 101 条、第 120 条

2.《中华人民共和国侵权责任法》第 6 条、第 20 条、第 22 条

基本案情

原告北京兰世达光电科技有限公司（以下简称兰世达公司）、黄晓兰诉称：黄晓兰系兰世达公司员工，从事机器美容美甲业务。自 2017 年 1 月 17 日以来，被告赵敏一直对二原告进行造谣、诽谤、诬陷，多次污蔑、谩骂，称黄晓兰有精神分裂症，污蔑兰世达公司的仪器不正规、讹诈客户，并通过微信群等方式进行散布，造成原告名誉受到严重损害，生意受损，请求人民法院判令：一、被告对二原告赔礼道歉，并以在北京市顺义区 × 号张贴公告、北京当地报纸刊登公告的方式为原告消除影响、恢复名誉；二、赔偿原告兰世达公司损失 2 万元；三、赔偿二原告精神损害抚慰金各 5000 元。

被告赵敏辩称：被告没有在小区微信群里发过损害原告名誉的信息，只与邻

---

* 现已失效。——编者注

居、好朋友说过与二原告发生纠纷的事情,且此事对被告影响亦较大。兰世达公司仪器不正规、讹诈客户非被告一人认为,其他人也有同感。原告的美容店经常不开,其损失与被告无关。故请求驳回原告的诉讼请求。

法院经审理查明:兰世达公司在北京市顺义区某小区一层开有一家美容店,黄晓兰系该公司股东兼任美容师。2017年1月17日16时许,赵敏陪同住小区的另一业主到该美容店做美容。黄晓兰为顾客做美容,赵敏询问之前其在该美容店祛斑的事情,后二人因美容服务问题发生口角。后公安部门对赵敏作出行政处罚决定书,给予赵敏行政拘留三日的处罚。

原告主张赵敏的微信昵称为×郡主(微信号×××---calm),且系小区业主微信群群主,双方发生纠纷后赵敏多次在业主微信群中对二原告进行造谣、诽谤、污蔑、谩骂,并将黄晓兰从业主群中移出,兰世达公司因赵敏的行为生意严重受损。原告提供微信聊天记录及张某某的证人证言予以证明。微信聊天记录来自两个微信群,人数分别为345人和123人,记载有昵称X郡主发送的有关黄晓兰、兰世达公司的言论,以及其他群成员询问情况等的回复信息;证人张某某是兰世达公司顾客,也是小区业主,其到庭陈述看到的微信群内容并当庭出示手机微信,群主微信号为×××---calm。

赵敏对原告陈述及证据均不予认可,并表示其2016年在涉诉美容店做激光祛斑,黄晓兰承诺保证全部祛除掉,但做过两次后,斑越发严重,多次沟通,对方不同意退钱,事发当日其再次咨询此事,黄晓兰却否认赵敏在此做过祛斑,双方发生口角;赵敏只有一个微信号,且经常换名字,现在业主群里叫X果,自己不是群主,不清楚群主情况,没有加过黄晓兰为好友,也没有在微信群里发过损害原告名誉的信息,只与邻居、朋友说过与原告的纠纷,兰世达公司仪器不正规、讹诈客户,其他人也有同感,公民有言论自由。

经原告申请,法院自深圳市腾讯计算机系统有限公司调取了微信号×××---calm的实名认证信息,确认为赵敏,同时确认该微信号与黄晓兰微信号×××-HL互为好友时间为2016年3月4日13:16:18。赵敏对此予以认可,但表示对于微信群中发送的有关黄晓兰、兰世达公司的信息其并不清楚,现已经不用该微信号了,也退出了其中一个业主群。

裁判结果

北京市顺义区人民法院于2017年9月19日作出(2017)京0113民初5491号民事判决:一、被告赵敏于本判决生效之日起七日内在顺义区X房屋门口张贴致歉声明,向原告黄晓兰、北京兰世达光电科技有限公司赔礼道歉,张贴时间为七日,致歉内容须经本院审核;如逾期不执行上述内容,则由本院在上述地址门口全文张贴本判决书内容;二、被告赵敏于本判决生效之日起七日内赔偿原告北京兰世达光电科技有限公司经济损失三千元;三、被告赵敏于本判决生效之日起七日内赔偿原告黄晓兰精神损害抚慰金两千元;四、驳回原告黄晓兰、北京兰世达光电科技有限公司的其他诉讼请求。宣判后,赵敏提出上诉。北京市第三中级人民法院于2018年1月31日作出(2018)京03民终725号民事判决:驳回上诉,维持原判。

裁判理由

法院生效裁判认为:名誉权是民事主体依法享有的维护自己名誉并排除他人侵害的权利。民事主体不仅包括自然人,也包括法人及其他组织。《中华人民共和国民法通则》第一百零一条规定,公民、法人享有名誉权,公民的人格尊严受法律保护,禁止用侮辱、诽谤等方式损害公民、法人的名誉。

本案的争议焦点为,被告赵敏在微信群中针对原告黄晓兰、兰世达公司的言论是否构成名誉权侵权。传统名誉权侵权有四个构成要件,即受害人确有名誉被损害的事实、行为人行为违法、违法行为与损害后果之间有因果关系、行为人主观上有过错。对于微信群中的言论是否侵犯他人名誉权的认定,要符合传统名誉权侵权的全部构成要件,还应当考虑信息网络传播的特点并结合侵权主体、传播范围、损害程度等具体因素进行综合判断。

本案中,赵敏否认其微信号×××———calm所发的有关涉案信息是其本人所为,但就此未提供证据证明,且与已查明事实不符,故就该抗辩意见,法院无法采纳。根据庭审查明情况,结合微信聊天记录内容、证人证言、法院自深圳市腾讯计算机系统有限公司调取的材料,可以认定赵敏在与黄晓兰发生纠纷后,通过微信号在双方共同居住的小区两个业主微信群发布的信息中使用了"精神分裂""装疯卖傻"等明显带有侮辱性的言论,并使用了黄晓兰的照片作为配图,而对于兰世达公司的"美容师不正规""讹诈客户""破仪器""技术和产品都不灵"等贬损性言辞,赵敏未提交证据证明其所发表言论的客观真实性;退一步讲,即使有相关事实发生,其亦应通过合法途径解决。赵敏将上述不当言论发至有众多该小区住户的两个微信群,其主观过错明显,从微信群的成员组成、对其他成员的询问情况以及网络信息传播的便利、广泛、快捷等特点来看,涉案言论确易引发对黄晓兰、兰世达公司经营的美容店的猜测和误解,损害小区公众对兰世达公司的信赖,对二者产生负面认识并造成黄晓兰个人及兰世达公司产品或者服务的社会评价降低,赵敏的损害行为与黄晓兰、兰世达公司名誉受损之间存在因果关系,故赵敏的行为符合侵犯名誉权的要件,已构成侵权。

行为人因过错侵害他人民事权益,应当承担侵权责任。不特定关系人组成的微信群具有公共空间属性,公民在此类微信群中发布侮辱、诽谤、污蔑或者贬损他人的言论构成名誉权侵权,应当依法承担法律责任。公民、法人的名誉权受到侵害,有权要求停止侵害,恢复名誉,消除影响,赔礼道歉,并可以要求赔偿损失。现黄晓兰、兰世达公司要求赵敏基于侵犯名誉权之行为赔礼道歉,符合法律规定,应予以支持,赔礼道歉的具体方式由法院酌情确定。关于兰世达公司名誉权被侵犯产生的经济损失,兰世达公司提供的证据不能证明实际经济损失数额,但兰世达公司在涉诉小区经营美容店,赵敏在有众多该小区住户的微信群中发表不当言论势必会给兰世达公司的经营造成不良影响,故对兰世达公司的该项请求,综合考虑赵敏的过错程度、侵权行为内容与造成的影响、侵权持续时间、兰世达公司实际营业情况等因素酌情确定。关于黄晓兰主张的精神损害抚慰金,亦根据上述因素酌情确定具体数额。关于兰世达公司主张的精神损害抚慰金,缺乏法律依据,故不予支持。

(生效裁判审判人员:巴晶焱、李　森、徐　晨)

最高人民法院发布第25批指导性案例的指导意义

2020年10月9日,最高人民法院发布第25批共4件指导性案例,均为弘扬社会主义核心价值观案例,供各级人民法院审判类似案件时参照。

指导案例140号《李秋月等诉广州市花都区梯面镇红山村村民委员会违反安全保障义务责任纠纷案》,涉及公共场所经营管理者安全保障义务的范围,明确了公共场所经营管理者的安全保障义务,应限于合理限度范围内,与其管理和控制能力相适应。完全民事行为能力人因私自攀爬景区内果树采摘果实而不慎跌落致其自身损害,主张经营管理者承担赔偿责任的,人民法院不予支持。该案例对于明确安全保障义务的范围、规范人们行为等方面具有积极意义。

指导案例141号《支某1等诉北京市永定河管理处生命权、健康权、身体权纠纷案》,明确了完全民事行为能力人擅自进入禁止公众进入的非公共场所造成自身损害的,管理人和所有人不承担赔偿责任。该案例明确了侵权责任认定的法律标准和证据规则,重申了严格正确适用法律,不能以情感或结果责任主义为导向将损失交由不构成侵权的他方承担的原则。

指导案例142号《刘明莲、郭丽丽、郭双双诉孙伟、河南兰庭物业管理有限公司信阳分公司生命权纠纷案》,明确行为人为维护受伤害一方的合法权益,劝阻他人发生碰撞后不要离开现场且没有超过合理限度的属于合法行为。他人因自身疾病发生猝死的与劝阻行为没有法律上的因果关系,劝阻人不应当承担侵权责任。该案例在分清是非的基础上,对于"死者为大"传统思想支配下的裁判理念予以否定,明白无误地表明了司法的态度,对劝阻人的善行和义举给予肯定和鼓励,坚持底线思维,对正确适用法律,弘扬社会主义核心价值观作出了生动诠释。

指导案例143号《北京兰世达光电科技有限公司、黄晓兰诉赵敏名誉权纠纷案》,涉及信息网络传播环境下名誉权侵权的认定规则,明确了不特定关系人组成的微信群具有公共空间属性,公民在此类微信群中发布侮辱、诽谤、污蔑或者贬损他人的言论构成名誉权侵权,应当依法承担法律责任。该案例对于规范公民网络空间行为,倡导文明交往社会风尚,依法处理类似案件具有指导示范意义。

指导案例140号《李秋月等诉广州市花都区梯面镇红山村村民委员会违反安全保障义务责任纠纷案》的理解与参照

——公共场所经营管理人的安全保障义务有合理限度，对他人违背公序良俗的行为不承担赔偿责任

2020年10月9日，最高人民法院发布了第25批指导性案例，包括第140号至第143号共4件指导性案例，主题均为弘扬社会主义核心价值观案例。《民法典》已于2021年1月1日开始实施，"弘扬社会主义核心价值观"明确规定为立法目的之一。这批指导性案例的发布对于加强裁判标准统一，弘扬社会主义核心价值观具有积极的意义，同时总结了审判实践中某些普遍的疑难复杂法律适用问题，有利于进一步明确裁判规则，统一司法尺度。其中，第140号指导性案例为《李秋月等诉广州市花都区梯面镇红山村村民委员会违反安全保障义务责任纠纷案》。为了正确理解和准确参照适用该指导性案例，现对该指导性案例的选编过程、裁判要点、参照适用等有关情况予以解释和说明。

一、案例选编过程

广东省高级人民法院向案例指导工作办公室推荐该案例作为备选指导性案例。该案例备受社会关注，《人民日报》、新华网、中国新闻网、法制网、《人民法院报》等知名媒体均有报道。最高人民法院微信公众号推出的"小案大道理"栏目开栏，将本案作为首案宣传。案例指导工作办公室收到该案例后经过初审、修改，送最高人民法院民一庭征求意见。民一庭同意推荐该案例作为备选指导性案例。2020年4月17日，研究室室务会对该案例进行了讨论，同意将该案例报送审委会进行讨论。2020年7月28日，该案例经最高人民法院民专会第355次会议讨论，同意作为指导性案例。10月9日，最高人民法院以法〔2020〕253号文件将该案例编入第25批指导性案例予以发布。

二、关于本案例的相关情况

(一)相关案情及裁判结果

红山村景区为国家 AAA 级旅游景区,不设门票。广东省广州市花都区梯面镇红山村村民委员会系景区内情人堤河道旁杨梅树的所有人,其未向村民或游客提供免费采摘杨梅的活动。2017 年 5 月 19 日下午,吴某私自上树采摘杨梅不慎从树上跌落受伤。随后,有村民将吴某送红山村医务室,但当时医务室没有人员。有村民拨打 120 电话,但 120 救护车迟迟未到。后红山村村民李某 1 自行开车送吴某到广州市花都区梯面镇医院治疗。吴某于当天转至广州市中西医结合医院治疗,后因抢救无效于当天死亡。

红山村曾于 2014 年开会表决通过《红山村村规民约》,该村规民约第二条规定,每位村民要自觉维护村集体的各项财产利益,每个村民要督促自己的子女自觉维护村内的各项公共设施和绿化树木,如有村民故意破坏或损坏公共设施,要负责赔偿一切费用。

吴某系红山村村民,于 1957 年出生。李记坤系吴某的配偶,李秋月、李月如、李天托系吴某的子女。李秋月、李月如、李天托、李记坤向法院起诉,主张红山村村民委员会未尽到安全保障义务,在本案事故发生后,被告未采取及时和必要的救助措施,应对吴某的死亡承担责任。请求判令被告承担 70% 的人身损害赔偿责任 631346.31 元。

广州市中级人民法院再审认为,吴某因私自爬树采摘杨梅不慎坠亡,后果令人痛惜。虽然红山村为事件的发生地,杨梅树为红山村村民委员会集体所有,但吴某的私自采摘行为有违村规民约,与公序良俗相悖,且红山村村民委员会并未违反安全保障义务,不应承担赔偿责任。再审改判驳回李秋月等人的诉讼请求。

(二)公共场所的安全保障义务的相关理论及法理基础

现代法中的安全保障义务的雏形产生于罗马法,如倒泼和投掷的责任和堆置或悬挂物件的责任[①],设立目的是维护公共安全。德国法的一般安全注意义务被认为是大陆法系现代法意义上安全保障义务的来源,司法审判者根据诚实信用原则并结合分配正义的需要,通过判例确立。一般安全注意义务从最早的应用于维持交通安全方面经过法官的解释类推后拓展为普遍的社会注意义务,强调每个人都有应采取必要和适当的措施保护他人的合法权利,并且有这样的义务,不管这个人

---

① 周枏:《罗马法原论》,商务印书馆 1994 年版,第 866 ~ 868 页;转引自陈丽:《论公共场所的安全保障义务》,华东政法大学 2008 年硕士学位论文。

为危险状态的制造者还是危险的维持者。[①] 大陆法系的其他主要国家也都通过司法实践创设有类似的制度,如法国法中的安全义务,设置之初是为了及时处理工伤事故为受害人提供保护,之后,仅应用于契约法中的该义务被逐渐适用于侵权法领域;日本通过判例创设了安全关照义务,存在于具有契约关系的当事人之间基于诚实信用原则对彼此所负的附随义务,经广泛适用后进而形成一项制度。在英美法系中,公共场所的安全保障义务来自过失侵权中的注意义务,最早出现自英国,在Donoghue v. stevenson 案中,Lord Atkin 法官确立了一条规则"你必须采取合理的注意来避免你所能合理预见的可能会给你的邻居造成伤害的行为或者疏忽"。这意味着,如果一个行为人能够合理预见到其行为可能对其他人造成人身上的伤害或财产上的损害,其应对此负有注意义务进行防制与防止。

我国未对公共场所的安全保障义务进行概念性的定义,2003 年《最高人民法院关于审理人身损害赔偿案件适用法律若干问题的解释》(以下简称《人身损害赔偿司法解释》,已被修改)首次提出了安全保障义务,[②]标志着安全保障义务在我国法律中的明确。在《侵权责任法》第三十七条外,[③]安全保障义务的规定分散在《铁路法》《民用航空法》《消防法》《公路法》《产品质量法》《未成年人保护法》《消费者权益保护法》《物业管理条例》《互联网上网服务营业场所管理条例》等部门法及行政规章中,保护范围也不仅限于人身权,权利人的财产权也受保护。包括《民法典》在内,[④]现行法律对于安全保障义务的范围都以肯定式的列举方式规定,明确受规范的法律对象。安全保障义务在域内域外的创设发展沿革,显示安全保障义务是人类社会应对安全风险的产物,是在诚实信用原则之下基于分配正义理论发展而来,在缺乏明确请求权基础的时代由法官通过判例的形式设定产生,在我国,该义务是以法定义务的形式被设定,义务人为避免承担责任应当积极作为。

公共场所的安全保障义务自创设后被不断拓宽援引领域,有深厚的理论依据。通说观点有:获利报偿理论,该观点认为根据收益风险一致的原则,经营者或组织者获取了收益,理当负有制止危险发生的义务;危险责任理论,该观点认为应由能

---

① 刘恺:《论公共场所安全保障义务制度之完善》,西南政法大学 2016 年硕士学位论文。

② 《人身损害赔偿司法解释》第六条第一款规定:从事住宿、餐饮、娱乐等经营活动或者其他社会活动的自然人、法人、其他组织,未尽合理限度范围内的安全保障义务致使他人遭受人身损害,赔偿权利人请求其承担相应赔偿责任的,人民法院应予支持。

③ 《侵权责任法》因《民法典》的实施已被废止,《民法典》第一千一百九十八条对《侵权责任法》第三十七条作了修改。

④ 《民法典》第一千一百九十八条第一款规定:"宾馆、商场、银行、车站、机场、体育场馆、娱乐场所等经营场所、公共场所的经营者、管理者或者群众性活动的组织者,未尽到安全保障义务,造成他人损害的,应当承担侵权责任。"

控制及减少危险的人承担责任;合理信赖理论,该观点认为,行为人基于特殊信赖进入某一个公共场所,其合法权益不受侵犯;节约社会成本理论,该观点从经济学角度出发,认为应该由避免损失付出成本最低的一方来承担责任,以节约社会总成本。上述理论,各有合理性,不同的个案情形都能对应上述一致的理论基础。如指导性案例的生效判决的理论基础是节约社会成本,不论是基于信任完全民事行为能力人的风险预判能力与风险规避能力的考虑,还是基于合理期待行为人在公共场所将文明规范言行的考量,行为人皆无须直接投入经济成本就能规避风险。对于公共场所管理人而言,若要对所有树木加以围蔽、设置防止攀爬的安全防护措施或警示标志,显然是加重管理成本,如此无限度地扩大管理人的保障义务,不符合经济规律,长远来看,不利于社会进步。①

(三)案例的指导意义

因公共场所安全保障义务的行为而滋生纠纷成讼的案件存在于诸多领域,法官裁判的立足点不尽相同,裁判结论的最终目标都是维护社会的公平正义。行为人在公共场所因种种原因遭受损害的事件时有发生,公共场所的安全保障义务的限度应当如何界定,往往引起一定争议,对于受损一方是否必然要进行补偿,判决是否必须要达到令受损方接受的满意程度?答复是否定的。指导性案例明确了公共场所管理人的安全保障义务应当有一定限度,行为人对其违背公序良俗的行为后果应自担责任,创新性地适用公序良俗这一民法基本原则作为认定损害后果与管理人是否具有法律上因果关系的依据,对类案具有指导意义。指导性案例传达了破坏社会公共利益、违背公序良俗的行为不符合公民的价值观,在司法领域亦不受支持与鼓励的理念,旗帜鲜明地表明司法拒绝"和稀泥",充分体现了法律和司法维护社会道德、守护社会底线的立场,彰显了人民法院以公正裁判树立行为规则、引领社会风尚的积极作用,由此传达的公序良俗的社会价值极具标志意义,在规范人们行为方面具有典型性,对弘扬社会主义核心价值观、引导人们遵守公序良俗、规范人们道德意识、引领人们向善向上具有激励督促效用。

三、裁判要点的理解与说明

指导性案例的裁判要点确认:公共场所经营管理者的安全保障义务,应限于合理限度范围内,与其管理和控制能力相适应。完全民事行为能力人因私自攀爬景区内果树采摘果实而不慎跌落致其自身损害,主张经营管理者承担赔偿责任的,人

---

① 龚珏、张一扬:《公共场所管理人对行为人违背公序良俗的行为不承担责任》,载《法庭》2020年第6期。

民法院不予支持。现围绕与该裁判要点相关的问题逐一解释和说明如下：

(一)安全保障义务的主体

承担安全保障义务的主体是对公共场所的具有实际支配控制能力或是负有法定安全保障义务的主体,涵盖自然人、法人或者其他组织,涉及公共场所的管理者或经营者。在无特指的情况下,可称为安全保障义务人。

“公共场所”是对公众开放,允许不特定对象进入,用于参与公共事务或进行公共活动的场所,在生活中的表现形式多样。国务院发布的《公共场所卫生管理条例》对“公共场所”作出了列举规定①,突出了“公共场所”具有提供公共服务或是公共娱乐的性质。但有关侵权责任的法律条款对“公共场所”的列举都略为局限,②致“公共场所”在法学领域中的界定颇有争议,司法实践中对法律规定的“公共场所”采取一定程度的扩张理解,具备公共服务及公益性的实体场所都纳入公共场所的范围。信息科技的高速发展下,技术开发商通过网络向受众提供全新的公共平台进行社交生活与娱乐,网络平台在近年也进入法律规制范畴。

立法对于“公共场所”是否应具有营利性质没有明确。《侵权责任法》(已失效)第三十七条特指的商场、银行等“公共场所”都是营利场所,《民法典》第一千一百九十八条中特指的“公共场所”增加了有非营利性质的体育场馆。是否具有经营营利性,不宜作为影响公共场所主体承担安全保障义务的因素,基于管理人对公共场所的了解与支配控制力,其应当更具能力防止公共场所内出现潜在的可能危及他人人身、财产的危险。案例中的事故发生地在不设门票的红山村景区,对不特定人群开放,具有公益性,景区的管理人红山村村民委员会基于对景区的管理控制力自然成为安全保障义务人。

(二)安全保障义务的对象

安全保障义务的对象是被允许准入该公共场所的不特定人。此处的不特定人受行为人目的的限制。对于营利性质场所而言,与其建立合同关系的消费者及未与其建立合同关系的潜在消费者都是提供安全保障义务的对象;对于非营利性质的公共场所,行为人进入公共场所的目的与公共场所开放的目的当有趋同性,才属于被安全保障的对象。如免费开放的博物馆对前来观展的人有义务提供安全保障,对心存异念的伺机行窃者则无义务负担安全保障义务。本案被告红山村景区

① 《公共场所卫生管理条例》第二条规定:本条例适用于下列公共场所:(一)宾馆、饭馆、旅店、招待所、车马店、咖啡馆、酒吧、茶座;(二)公共浴室、理发店、美容店;(三)影剧院、录像厅(室)、游艺厅(室)、舞厅、音乐厅;(四)体育场(馆)、游泳场(馆)、公园;(五)展览馆、博物馆、美术馆、图书馆;(六)商场(店)、书店;(七)候诊室、候车(机、船)室、公共交通工具。

② 《侵权责任法》第三十七条列举的公共场所为宾馆、商场、银行、车站、娱乐场所等,《民法典》第一千一百九十八条第一款对上述第三十七条作了修改,列举式的规定中另包括“机场、体育场馆”。

的管理人未提供采摘杨梅的活动，杨梅树供景区游人观赏，吴某上树采摘杨梅，与景区的目的不具有趋同性。

基于作为民事主体的自然人的行为能力与认知能力有不同，安全保障义务人对安全保障义务对象应当作特殊区分。众所周知，儿童的认知能力弱，对事物是否具备危险性及危险性大小缺乏明确认知，儿童也不具备预防与消除危险的行为能力。对儿童需进行特殊保护是社会的一致共识，联合国《儿童权利公约》也明确规定有"儿童最大利益原则"。在任一公共场所中，管理者对儿童都承担有更高标准的安全保障义务。案例中的吴某是完全民事行为能力人，吴某的年龄说明其已积累了丰富的生活经验，对攀爬树木有跌坠危险的常识应当有所认知，理应具备基本的自我保护意识与风险防范意识，避免自陷危险，不属于景区管理人应当特殊保护的对象。

（三）安全保障义务的内容

依据安全保障义务的类型，安全保障义务的内容可分为人的安全保障义务与物的安全保障义务。

人的安全保障义务，指安全保障义务人在合理预见的范围内，对属于其范畴的主体及第三人的侵权行为，应采取措施进行防止。通常，安全保障义务人会根据可能的危险性质及危险频率配备专业的安保机构、设置监控设施保障进入公共场所的行为人的人身与财产安全。案例中不存在人的安全性隐患。

物的安全保障义务，指安全保障义务人应采取措施保证场所内各物件的安全性，对公共活动场所内的建筑物、设施设备等定期检修确保性能正常、对林木植物等进行修剪维护，避免产生安全隐患，安全保障义务人对可能预见的有一定发生频率的危险要设置警示告知。警示告知义务的危险具有权利人难以能及时了解或极容易忽视的客观状态，如常见的"地板未干　小心地滑"之类的警示牌。就案例事故而言，杨梅树是景区内的观赏树木，自身不具备风险性，在杨梅树正常生长的情况下，管理人无须对其进行围蔽、设置警示标识或采取其他防护措施。

（四）安全保障义务的限度

安全保障义务产生的前提是危险具有预测性与可控性，绝对的安全保障不可能实现，大陆法系中的合理限制与英美法中的理性人标准都表明安全保障义务应当有限度。合理性是司法实践中判断安全保障义务人是否尽到安全保障义务的重要因素，合理性可从以下几个方面综合判断：合理期间、合理预见、合理措施、权利人合理的行为方式。

合理期间指承担安全保障义务的时间限制，在公共场所正常开放的时间段内或是公共活动开展期间，安全保障义务人对进入活动场所的公众负有安全保障的义务，在上述时间段之外，被安全保障义务人允许进入的人，也属于安全保障义务的对象。

合理预见,指安全保障义务人对于危险的防范必须在可合理预见的范围之内。根据可预见性理论,作为一个理性人,在其行为应当预见其他人将受到其行为的损害,或是预见到受害者将受到第三人的侵害时,应承担对他人的合理注意义务。[①]对于难以预见的低概率危险事件,不应苛责义务人提供安全保障。案例事故中,攀爬杨梅树有跌坠受伤的危险可以预知,但攀爬树木有跌坠的危险性也是一般生活常识,不属于仅为管理人知晓的专业知识,有一定认知能力的行为人都应谨慎,避免攀爬树木引发危险。景区管理人红山村民委员会无理由合理预测完全民事行为能力人在不采取安全措施的情况下攀爬杨梅树进行采摘,由此造成的损害后果不在红山村民委员会的可控范围之内,不属于红山村民委员会的合理预见范围。

合理措施,指安全保障义务人为预防避免产生危险及消除危险采取的合理措施,包括为预防危险对公共场所设备物的定期检修维护、对可能发生危险的警示告知、建立专业的安保系统等,在危险发生时及时采取应急措施消除危险、防止扩大损害结果。措施的合理与否,可以从法定标准、行业标准、合同标准、善良管理人的标准、对特殊人群的特别保护标准几个角度进行判断。案例事故发生前,吴某与红山村村民委员会之间未有合同约定的特别义务,作为完全民事行为能力的吴某亦不存在需特殊照顾之处,在事故发生后,红山村村民委员会未怠于救治,积极联系救援已尽到善良管理人的应有义务。若为避免发生此类危险事故,对景区内的大量杨梅树采取围蔽或其他警示措施,无疑加重了管理成本,超出旅游行业中对景区安保义务的要求,超过了合理的限度。

权利人合理的行为方式,指进入公共场所的行为人的行为性质应当合理。民事法律明文规定,民事主体从事民事活动,不得违反法律,不得违背公序良俗。[②]民事法律保护民事主体的合法权益,不合法的行为造成的权益损失不受法律支持。行为方式的合法合理是判断安全保障义务人承担责任的依据,无视公共场所的安全提示、不遵守公共场所的行为规范的不合理行为造成的损失不应当由安全保障义务人承担。红山村以村规民约的形式制定了红山村村民的行为准则,形成了红山村的公序良俗。村规民约中明确规定了村民要自觉维护村集体的各项财产利益,包括公共设施和绿化树木等。吴某是红山村村民,其私自爬树采摘杨梅的行为违反了村规民约,有违公序良俗,既有违公众对社会公德的要求,也违反了法律规

① 苏艳军:《侵权法上的作为义务研究》,人民出版社2013年版,第76页。

② 《民法总则》与已实施的《民法典》第八条都规定了公序良俗原则。

定,其在公共场所因行为方式不当自陷危险,应自担责任后果,管理人对该事故的后果不具有主观过错,亦不具有法律上的因果关系。

四、参照适用时应注意的问题

案例的基本法理是安全保障义务,引入适用公序良俗这一民法基本原则,是为了更好理解适用安全保障义务,在司法实践中,应严格限制适用民法基本原则,防止滥用民法基本原则直接处理案件。

(执笔人:广东省广州市中级人民法院　龚　珏
编审人:最高人民法院案例指导工作办公室　马蓓蓓)

指导案例 140 号　李秋月等诉广州市花都区梯面镇红山村村民委员会违反安全保障义务责任纠纷案

最高人民法院案例指导工作办公室编审人:马蓓蓓

1. 案例推荐单位:广东省高级人民法院
2. 案例编写人:广东省广州市中级人民法院　张一扬,广东省高级人民法院　文靖之,广东省广州市中级人民法院　龚　珏
3. 案件裁判法院:广东省广州市中级人民法院(再审)
4. 案件承办人:张一扬(再审)

相关法条

1.《中华人民共和国民法典》(2021 年 1 月 1 日实施)

第八条　民事主体从事民事活动,不得违反法律,不得违背公序良俗。

第一千一百九十八条　宾馆、商场、银行、车站、机场、体育场馆、娱乐场所等经营场所、公共场所的经营者、管理者或者群众性活动的组织者,未尽到安全保障义务,造成他人损害的,应当承担侵权责任。

因第三人的行为造成他人损害的,由第三人承担侵权责任;经营者、管理者或者组织者未尽到安全保障义务的,承担相应的补充责任。经营者、管理者或者组织者承担补充责任后,可以向第三人追偿。

2.《中华人民共和国民法总则》(已失效)

第八条　民事主体从事民事活动,不得违反法律,不得违背公序良俗。

3.《中华人民共和国侵权责任法》(已失效)

第三十七条第一款　宾馆、商场、银行、车站、娱乐场所等公共场所的管理人或者群众性活动的组织者,未尽到安全保障义务,造成他人损害的,应当承担侵权责任。

广东省广州市中级人民法院民事判决书

(2019)粤01民再273号

二审上诉人(一审原告):李秋月,女,1984年8月16日出生,汉族,住广州市花都区。

委托诉讼代理人:王钲,广东广信君达律师事务所律师。

委托诉讼代理人:韩欣欣,广东广信君达律师事务所律师。

二审上诉人(一审原告):李月如,女,1986年12月20日出生,汉族,住广州市花都区。

委托诉讼代理人:王钲,广东广信君达律师事务所律师。

委托诉讼代理人:韩欣欣,广东广信君达律师事务所律师。

二审上诉人(一审原告):李天托,男,1991年7月16日出生,汉族,住广州市花都区。

委托诉讼代理人:王钲,广东广信君达律师事务所律师。

委托诉讼代理人:韩欣欣,广东广信君达律师事务所律师。

二审上诉人(一审原告):李记坤,男,1954年9月16日出生,汉族,住广州市花都区。

委托诉讼代理人:王钲,广东广信君达律师事务所律师。

委托诉讼代理人:韩欣欣,广东广信君达律师事务所律师。

二审上诉人(一审被告):广州市花都区梯面镇红山村民委员会。住所地:广州市花都区梯面镇红山村。

法定代表人:李记林,该村主任。

委托诉讼代理人:刘成坚,广东誉理律师事务所律师。

委托诉讼代理人:杨蜀,广东誉理律师事务所律师。

二审上诉人李秋月、李月如、李天托、李记坤与二审上诉人广州市花都区梯面镇红山村民委员会(以下简称红山村民委员会)违反安全保障义务责任纠纷一案,本院于2018年4月16日作出(2018)粤01民终4942号民事判决,已经发生法律效力。本院经审判委员会讨论决定,于2019年11月14日作出(2019)粤01民监4号民事裁定,再审本案。本院依法另行组成合议庭,公开开庭审理了本案。二审上诉人李秋月、李月如、李天托、李记坤的共同委托诉讼代理人王钲、韩欣欣,二审上诉人红山村民委员会的委托诉讼代理人刘成坚到庭参加诉讼。本案现已审理终结。

李秋月、李月如、李天托、李记坤称,根据《旅游景区质量等级的划分与评定》规定,红山村属于对公众提供服务的场所;红山村民委员会享受了景区带来的经济利益,应承担作为景区管理者的安全保障义务,其未尽到安全保障义务与吴记珍的死亡存在因果关系,本案应适用《中华人民共和国侵权责任法》第三十七条的规定认定红山村民委员会承担未尽安全保障义务的责任。请求再审支持其全部诉讼请求。

红山村民委员会称,红山村民委员会不负有过错责任,不应承担任何责任,吴记珍违反《红山村村规民约》应对其追究一定责任,原一、二审适用《中华人民共和国侵权责任法》第三十七条的规定属适用法律错误。红山村村民的经营活动是村民自发的,李秋月、李月如、李天托、李记坤要求以《中华人民共和国旅游法》及《旅游景区质量等级的划分与评定》认定红山村民委员会的赔偿责任,加重了红山村民委员会的负担。请求再审撤销原审判决,驳回李秋月、李月如、李天托、李记坤的诉讼请求。

李秋月、李月如、李天托、李记坤向一审法院起诉请求:红山村民委员会承担李秋月、李月如、李天托、李记坤人身损害金额901923.3元的70%,即赔偿631346.31元。

一审法院认定事实:吴记珍系红山村村民,于1957年10月6日出生。李记坤系吴记珍的配偶,李秋月、李月如、李天托系吴记珍的子女。

红山村景区为国家AAA级旅游景区,不设门票。红山村民委员会系景区内情人堤河道旁杨梅树的所有人,其未向村民或游客提供免费采摘杨梅的活动。2017年5月19日下午,吴记珍私自上树采摘杨梅不慎从树上跌落受伤。随后,有村民将吴记珍送红山村医务室,但当时医务室没有人员。有村民拨打120电话,但120救护车迟迟未到。后红山村村民李金桥自行开车送吴记珍到广州市花都区梯面镇医院治疗。吴记珍并于当天转至广州市中西医结合医院治疗,后因抢救无效于当天死亡。李秋月、李月如、李天托、李记坤共支付医疗费4804.3元。

李秋月、李月如、李天托、李记坤主张吴记珍系因树枝枯烂断裂跌落,杨梅树嫁接处较低,极易攀爬,每年杨梅成熟之际,都有大量观景人员攀爬杨梅树、采摘树上的杨梅,甚至进行哄抢。红山村民委员会对此却置若罔闻,从未采取任何安全疏导或管理等安全风险防范措施,在本案事故发生后,红山村民委员会未采取及时和必要的救助措施,亦违反了法律的强制性规定,应对吴记珍的死亡承担责任。

李秋月、李月如、李天托、李记坤提交了照片若干份,证明有人上杨梅树采摘杨梅,但杨梅树附近没有任何警示或禁止采摘标识。

李秋月、李月如、李天托、李记坤主张李秋月的误工费900元,并提交了广州市美晟美容化妆品有限公司的营业执照及由该公司出具的误工证明,证明李秋月系该公司员工,月工资为6590元,李秋月因处理母亲过世事宜于2017年5月19日至23日请假,该公司停发工资900元。

红山村民委员会主张,1.吴记珍私自上树摘取村集体的杨梅,由此造成的损失应当自行承担。2.事发时医务室工作人员已经下班。3.该村主任李记林当时用手机拨打了120。

红山村民委员会提交以下证据:1.神州行、动感地带业务受理单及花都区急救指挥中心受理台呼车受理单1份,记载手机号137××××3809为李记林所有,该号码于2017年5月19日17时30分左右拨打了120,救护车20时10分到场,患者已自送医院。2.会议记录及《红山村村规民约》,广州市花都区梯面镇人民政府加注"与原件相符"并加盖公章。前述证据记载,红山村于2014年1月26日召开会议表决通过《红山村村规民约》,该村规民约第二条规定:每位村民要自觉维护村集体的各项财产利益,每个村民要督促自己的子女自觉维护村内的各项公共措施和绿化树木,如有村民故意破坏或损坏公共设施,要负责赔偿一切费用。3.对村民黄玉好的视频录音,在视频中,黄玉好陈述"事发当天吴记珍上树摘杨梅,李记坤一直在现场,吴记珍事发前一天就摘杨梅了,第二天就摔倒受伤了,她年年都去摘杨梅,用于泡杨梅酒,吴记珍的女儿帮忙卖杨梅酒。"李秋月、李月如、李天托、李记坤确认黄玉好是该村村民,但认为该证据与本案无关。

一审法院判决:一、红山村民委员会向李秋月、李月如、李天托、李记坤赔偿45096.17元,于本判决发生法律效力之日起10日内付清;二、驳回李秋月、李月如、李天托、李记坤的其他诉讼请求。如果未按本判决指定的期间履行给付金钱义务,应当依照《中华人民共和国民事诉讼法》第二百五十三条之规定,加倍支付迟延履行期间的债务利息。

李秋月、李月如、李天托、李记坤不服一审判决,上诉请求:1.撤销一审判决;2.改判红山村民委员会承担李秋月、李月如、李天托、李记坤人身损害金额901923.3元的70%,即赔偿631346.31元。

红山村民委员会不服一审判决,上诉请求:撤销一审判决,改判驳回李秋月、李月如、李天托、李记坤的诉讼请求。

本院二审认定事实:一审查明事实与二审查明的事实基本一致,本院二审予以确认。

另查明,双方当事人对一审判决认定的损失项目和数额均无异议。

本院二审认为,公共场所的管理人负有在合理范围内保护他人人身和财产安全的义务。如果未尽到安全保障义务,造成他人损害的,应当承担相应责任。

因双方当事人对一审判决认定的损失项目及数额无异议,本院二审予以确认。

关于责任承担的问题。首先,《中华人民共和国侵权责任法》第三十七条第一款规定:"宾馆、商场、银行、车站、娱乐场所等公共场所的管理人或者群众性活动的组织者,未尽到安全保障义务,造成他人损害的,应当承担侵权责任。"红山村民委员会作为景区管理者及杨梅树的所有人,应尽安全保障义务,应意识到攀爬杨梅树采摘果实存在可能危及人身财产安全的情况,但其未对此作出警示告知,存在一定的过错,依法应承担次要责任。红山村民委员会主张其无须承担责任,缺乏依据,本院二审不予支持。其次,吴记珍作为一名成年人,应当预料到上树采摘杨梅的危险性,但其在未采取安全保护措施的情况下,不顾自身年纪较大,擅自上树采摘杨梅,直接导致涉案事故发生,存在重大过错,其应对自身损害承担主要责任。一审法院综合本案实际情况,根据吴记珍与红山村民委员会的过错程度,认定红山村民委员会承担5%的责任,判决红山村民委员会向李秋月、李月如、李天托、李记坤赔偿45096.17元,合法合理,且理由阐述充分,本院二审予以维持。李秋月、李月如、李天托、李记坤认为红山村民委员会应承担70%的责任,理由不成立,本院二审不予采纳。

本院二审判决:驳回上诉,维持原判。

再审查明,再审对原审认定的事实予以确认。

本院再审认为,本案的争议焦点是红山村民委员会是否应对吴记珍的损害后果承担赔偿责任。具体分析如下:

(一)红山村民委员会没有违反安全保障义务。红山村民委员会作为红山村景区的管理人,虽负有保障游客免遭损害的安全保障义务,但安全保障义务内容的确定应限于景区管理人的管理和控制能力范围之内。红山村景区属于开放式景区,未向村民或游客提供采摘杨梅的活动,杨梅树本身并无安全隐患,若要求红山村民委员会对景区内的所有树木加以围蔽、设置警示标志或采取其他防护措施,显然超过善良管理人的注意标准。从爱护公物、文明出行的角度而言,村民或游客均不应私自爬树采摘杨梅。吴记珍作为具有完全民事行为能力的成年人,应当充分预见攀爬杨梅树采摘杨梅的危险性,并自觉规避此类危险行为。故李秋月、李月如、李天托、李记坤主张红山村民委员会未尽安全保障义务,缺乏事实依据。

(二)吴记珍的坠亡系其私自爬树采摘杨梅所致,与红山村民委员会不具有法律上的因果关系。《红山村村规民约》规定:村民要自觉维护村集体的各项财产利益,包括公共设施和绿化树木等。该村规民约是红山村村民的行为准则和道德规范,形成红山村的公序良俗。吴记珍作为红山村村民,私自爬树采摘杨梅,违反了村规民约和公序良俗,导致了损害后果的发生,该损害后果与红山村民委员会不具有法律上的因果关系。

(三)红山村民委员会对吴记珍私自爬树坠亡的后果不存在过错。吴记珍坠亡系其自身过失行为所致,红山村民委员会难以预见和防止吴记珍私自爬树可能产生的后果。吴记珍跌落受伤后,红山村民委员会主任李记林及时拨打120电话求救,在救护车到达前,另有村民驾车将吴记珍送往医院救治。因此,红山村民委员会对吴记珍损害后果的发生不存在过错。

综上所述,吴记珍因私自爬树采摘杨梅不慎坠亡,后果令人痛惜。虽然红山村为事件的发生地,杨梅树为红山村民委员会集体所有,但吴记珍的私自采摘行为有违村规民约,与公序良俗相悖,且红山村民委员会并未违反安全保障义务,不应承担赔偿责任。原审判决认定事实清楚,但适用法律错误,处理结果不当,应予以撤销。李秋月、李月如、李天托、李记坤请求红山村民委员会对其损失承担赔偿责任缺乏事实及法律依据,应予以驳回。经本院审判委员会讨论决定,依照《中华人民共和国民事诉讼法》第一百七十条第一款第(二)项规定,判决如下:

一、撤销本院(2018)粤01民终4942号民事判决及广州市花都区人民法院(2017)粤0114民初6921号民事判决;

二、驳回李秋月、李月如、李天托、李记坤的诉讼请求。一审案件受理费5056.7元、二审案件受理费10113.46元,均由李秋月、李月如、李天托、李记坤负担。

本判决为终审判决。

审 判 长　龚连娣
审 判 员　张一扬
审 判 员　兰永军
二〇二〇年一月二十日
法官助理　龚　珏
书 记 员　余立颖

指导案例141号《支某1等诉北京市永定河管理处生命权、健康权、身体权纠纷案》的理解与参照

——完全民事行为能力人擅入非公共场所应自担其责

2020年10月9日，最高人民法院发布了第25批指导性案例，包括第140号至第143号共4件指导性案例，主题均为弘扬社会主义核心价值观案例。《民法典》已于2021年1月1日开始实施，"弘扬社会主义核心价值观"明确规定为立法目的之一。这批指导性案例的发布对于加强裁判标准统一，弘扬社会主义核心价值观具有积极的意义。其中，第141号指导性案例为《支某1等诉北京市永定河管理处生命权、健康权、身体权纠纷案》。为了正确理解和准确参照适用该指导性案例，现对该指导性案例的选编过程、裁判要点、参照适用等有关情况予以解释、论证和说明。

一、案例选编过程

该案例为北京市第二中级人民法院推荐。北京高院研究室审查后认为该案例符合《最高人民法院关于案例指导工作的规定》第2条之规定，在对案例进行编写后，报送北京高院审判委员会委员书面审核，全部委员均同意将该案作为备选指导性案例向最高人民法院案例指导工作办公室推荐。2020年4月23日，最高人民法院研究室室务会对该案例进行了讨论。会议同意该案例作为备选指导性案例，同时提出对裁判要点进行修改后征求民一庭意见。2020年7月28日，该案例经最高人民法院民专会第355次会议讨论，同意作为指导性案例。10月9日，最高人民法院以法〔2020〕253号文件将该案例编入第25批指导性案例予以发布。

二、关于本案例的相关情况

(一)基本情况

2017年1月16日,北京市公安局丰台分局卢沟桥派出所接李某某110报警,称支某3外出遛狗未归,怀疑支某3掉在冰里了。接警后该所民警赶到现场开展查找工作,于当晚在永定河拦河闸自西向东第二闸门前消力池内发现一男子死亡,经家属确认为支某3。发现死者时永定河拦河闸南侧消力池内池水表面结冰,冰面高度与消力池池壁边缘基本持平,消力池外河道无水。北京市公安局丰台分局于2017年1月20日出具关于支某3死亡的调查结论(丰公治亡查字〔2017〕第021号),主要内容为:经过(现场勘察、法医鉴定、走访群众等)工作,根据所获证据,得出如下结论:1.该人系溺水死亡;2.该人死亡不属于刑事案件。支某3家属对死因无异议。支某3遗体被发现的地点为永定河拦河闸下游方向闸西侧消力池,消力池系卢沟桥分洪枢纽水利工程(拦河闸)的组成部分。永定河卢沟桥分洪枢纽工程的日常管理、维护和运行由永定河管理处负责。水务局称事发地点周边安装了防护栏杆,在多处醒目位置设置了多个警示标牌,标牌注明管理单位为"北京市永定河管理处"。支某3的父母支某2、马某某,妻子李某某和女儿支某1向法院起诉,请求北京市永定河管理处承担损害赔偿责任。

该案在作出裁判过程中,主要面临以下三个法律争议:(1)消力池是否属于公共场所?(2)涉案水利工程设施的管理人是否存在不作为的过错?(3)支某3本人的行为性质认定及其法律适用为何?2019年7月28日,北京市丰台区人民法院作出(2018)京0106民初2975号民事判决:驳回支某1等四人的全部诉讼请求。诉讼费10 000元由支某1等四人共同负担。宣判后,支某1等四人提出上诉。北京市第二中级人民法院于2019年4月23日作出(2019)京02民终4755号民事判决:驳回上诉,维持原判。

(二)法律适用难点

本案法律适用难点在于能否适用《侵权责任法》(已失效)有关安全保障义务的规定。根据《侵权责任法》第三十七条的规定,宾馆、商场、银行、车站、娱乐场所等公共场所的管理人或者群众性活动的组织者,未尽到安全保障义务,造成他人损害的,应当承担侵权责任。故依照《侵权责任法》的规定,安全保障义务发生于"公共场所"及"群众性活动"之中,因此本案在进行法律适用时,即面临对事发场所永定河拦河闸消力池是否属于负有安全保障义务的"公共场所"、永定河管理处作为永定河拦河闸管理机构应尽到何种义务以及行为人行为性质的定性等三大争议。

(三)推荐理由

本案坚持在侵权纠纷审判中严格把握过错责任原则的适用,明确了法律规范与公民情感的界限，坚持“不能以情感或结果责任主义为导向将损失交由不构成侵权的他方承担”的裁判尺度，避免“和稀泥”式裁判导向，具有示范意义。同时，本案进一步明确了成年人是自身安危的第一责任人，不能把自己的安危寄托在国家相关机构无时无刻的提醒之下。户外活动应趋利避害，不随意进入非公众活动场所，是每一个公民应自觉遵守的行为规范。具有完全民事行为能力的成年人，作为法律意义上的“理性人”，在充分享受法律赋予的自由的同时，也应承担自身抉择带来的风险，有效规范社会主体的个人行为。本案因其广泛的社会影响力，先后入选“2019 年度人民法院十大民事行政及国家赔偿案件”“第十五届中国十大影响性诉讼”，并载入 2020 年 5 月最高人民法院工作报告。

三、裁判要点的理解与说明

该指导性案例的裁判要点为消力池属于禁止公众进入的水利工程设施，不属于《侵权责任法》（已失效）第三十七条第一款规定的“公共场所”。消力池的管理人和所有人采取了合理的安全提示和防护措施，完全民事行为能力人擅自进入造成自身损害，请求管理人和所有人承担赔偿责任的，人民法院不予支持。现围绕与该裁判要点相关的问题逐一解释和说明如下：

1. 消力池不属于公共场所。《侵权责任法》（已失效）对“公共场所”的认定采取了非完全列举式立法，所列场所经营性质色彩重。随着社会发展变化，开放性逐渐成为“公共场所”的重要判断标准。张新宝教授认为：公共“场所”为场所并无争议，公共场所的本质属性在于其“公共”性。① 但是，这并不意味着所有开放性场所都是法律设置安全保障义务的公共场所。我国幅员辽阔，不乏地广人稀之处，无论近郊、远郊甚至是人迹罕见的荒野，均有大量未开发但具有开放性的户外，行政机关仍可能依法负有防火、护林、防洪、河道疏浚等全方位覆盖的管理职能，但显然不宜仅根据其开放性即认定属于设置安全保障义务的公共场所，安全保障义务制度的“公共场所”应当有其边界。目前，其他法律上尚未对公共场所有明确的界定。国务院在 2019 年修订的《公共场所卫生管理条例》中列明了住宿与交际场所、文化娱乐场所、就诊与交通场所等 7 类 28 种，同样属于非完全列举式立法。② 在司法层

---

① 张新宝：《公共场所管理者的安全保障义务与侵权责任：男子冰面遛狗溺亡索赔案简评》，载“中国法学杂志社”微信公众号，2020 年 5 月 15 日。

② 《公共场所卫生管理条例》第二条规定：本条例适用于下列公共场所：（一）宾馆、饭馆、旅店、招待所、车马店、咖啡馆、酒吧、茶座；（二）公共浴室、理发店、美容店；（三）影剧院、录像厅（室）、游艺厅（室）、舞厅、音乐厅；（四）体育场（馆）、游泳场（馆）、公园；（五）展览馆、博物馆、美术馆、图书馆；（六）商场（店）、书店；（七）候诊室、候车（机、船）室、公共交通工具。

面上，司法裁判中曾对“公共场所”定义为，供不特定人出入、通行、活动的场所。[①] 综上，我们认为，公共场所应当是人群聚集、供公众使用或服务于人民大众的活动场所，是人们生活中不可缺少的组成部分。从性质看，该场所对多数人或不特定的人共同开放并公共使用；从用途上看，该场所具有满足公众在某方面的共同需求并公共使用的功能；从位置上看，该场所应为正常理性人可以正常出入并会选择正常出入的地点；从管理方式上看，该地点明显对外开放，而并没有相关提示禁止进入或存在风险。实践中，对“公共场所”的认定应当结合地点的性质、开放原因、用途与功能、管理方式和公众活动方式等进行综合认定。

本案中，案发地点为永定河拦河闸下游方向闸西侧消力池，永定河拦河闸位于永定河河道底部中间，本身所处地点为自然河道，雨季泄洪、旱季蓄水，永定河沿岸并未完全封闭，冬季枯水期处于开放状态。从其性质上看，消力池位于拦河闸下方的永定河河道的中间处，并不是对不特定人开放并供使用的场所；从用途上看，消力池系永定河拦河闸的一部分，属于水利设施的范畴，并非对外开放的冰场；从位置上看，不属于正常理性人会前往的区域。因此，综合在案情况，不宜认定该拦河闸下游的消力池为公共场所。

2. 河道设施的管理人和所有人采取了合理的安全提示和防护措施。安全保障义务主要表现为管理人对所管控场具有防范风险发生的作为义务，而行为人在场所内对自身行为又具有高度自主性，二者在此发生风险防范义务的重叠。此种情况下，对于安全保障义务人而言，通说认为，其对不同人员负有不同程度注意义务。其中，对诸如路过、借道等无交易目的的一般的被保护人所承担的仅为隐蔽性危险告知义务。其对受邀请者进入经营领域或者社会活动领域的一般保护事项，负有一般的告知义务和注意义务。[②] 由此可见，即便对负有安全保障义务的管理人而言，对其一般被保护人承担的也仅是隐蔽性危险的告知义务。

本案中，永定河河道并非正常的活动、通行场所，冰面行走易发生危及人身安全的危险，是一般人均知晓的常识范畴，并非隐蔽性或需要专业知识才能知晓的风险，对此类常识性风险无须进行告知。况且，事发时，河道管理人在河道周边安装了防护栏杆，设置了多个警示标牌，应当认定其采取了合理的安全提示和防护措施，不存在侵权责任要求的过错。

3. 赔偿的责任方是否构成侵权应由法律严格界定和证据予以佐证，不能以情感

---

① 程啸：《侵权责任法》(第2版)，法律出版社2019年版，第464页。转引自《屈建渝诉有色金属公司人身损害赔偿纠纷案》，载最高人民法院中国应用法学研究所：《人民法院案例选》(总第57辑)，人民法院出版社2007年版，第143页。

② 杨立新：《侵权责任法》(第2版)，北京大学出版社2017年版，第308页。

或结果责任主义为导向，将损失交由不构成侵权的他方承担。本案中支某3作为具有完全民事行为能力的成年人，应是其自身安危的第一责任人。其不能将自身安危寄托在国家相关机构无时无刻的提醒之下，而应当自觉遵守社会行为规范，对自己的行为负责。在侵权法领域，很多情况下无过错的受害人需要保护，但在冒险相对人尽到一定义务时，还要将受害人的一切损失转归冒险相对人承担，从某种意义上说是对冒险相对人的一种侵害。对于处于弱势地位的人给予必要的关注是法律的一种美德，也希望不幸者能引起社会的关注和必要的救助，但这不是法律的基本功能。因此，在司法中不能够矫枉过正，即使是侵权法中公平责任的适用，也需要满足受害人和行为人对损害的发生均没有过错的适用前提，脱离此项适用条件盲目适用，进而忽视损失的分担比例和随意扩大赔偿范围，会造成软化既有规则体系的弊端。

四、参照适用时应注意的问题

对于消力池不属于公共场所的认定，实质是对于何为负有安全保障义务的"公共场所"的认定，其本质实际是对容易被广泛适用于一切场所损失救济的安全保障义务的适用边界的考量，关系到安全保障义务有无的界定。因此，在审判实践中，风险发生地是否属于设置了安全保障义务的"公共场所"，属于违反安全保障义务纠纷类案应当查明的基础事实。这从"花椒直播极限运动第一人坠亡案"的审理争议亦可知晓。该案一审法院认为：网络服务提供者在虚拟的网络空间中亦对网络用户负有一定的安全保障义务，直播平台未尽到安全保障义务是坠亡的诱导性因素。二审则认为：网络空间作为虚拟公共空间，与现实物理公共空间存在明显差异，能否将有形物理空间的安保义务扩张到无形网络空间，尚存争议。二审因此予以改判。

（执笔人：北京市丰台区人民法院　庄永生、阎冰清
编审人：最高人民法院案例指导工作办公室　李予霞）

指导案例141号　支某1等诉北京市永定河管理处生命权、健康权、身体权纠纷案

最高人民法院案例指导工作办公室编审人：李予霞

1. 案例推荐单位：北京市高级人民法院
2. 案例编写人：北京市丰台区人民法院　庄永生、阎冰清，北京市高级人民法院　刘书星
3. 案件裁判法院：北京市丰台区人民法院（一审）、北京市第二中级人民法院（二审）
4. 案件承办人：文军丽（一审）、邢述华（二审）

相关法条

1.《中华人民共和国民法典》(2021年1月1日实施)

第一千一百九十八条第一款　宾馆、商场、银行、车站、机场、体育场馆、娱乐场所等经营场所、公共场所的经营者、管理者或者群众性活动的组织者,未尽到安全保障义务,造成他人损害的,应当承担侵权责任。

2.《中华人民共和国侵权责任法》(已失效)

第三十七条第一款　宾馆、商场、银行、车站、娱乐场所等公共场所的管理人或者群众性活动的组织者,未尽到安全保障义务,造成他人损害的,应当承担侵权责任。

3.《中华人民共和国民法总则》(已失效)

第十八条第一款　成年人为完全民事行为能力人,可以独立实施民事法律行为。

4.《中华人民共和国民事诉讼法》(2013年1月1日实施)(已被修改)

第六十四条第一款　当事人对自己提出的主张,有责任提供证据。

5.《中华人民共和国民事诉讼法》(2022年1月1日实施)

第六十七条第一款　当事人对自己提出的主张,有责任提供证据。

北京市第二中级人民法院民事判决书

(2019)京02民终4755号

上诉人(原审原告):支某2,男,1959年5月1日出生。

上诉人(原审原告):马某,女,1962年1月9日出生。

上诉人(原审原告):支某1,女,2016年12月17日出生。

上诉人兼支某1之法定代理人(原审原告):李某1(曾用名:李某2,支某1之母),1988年3月28日出生。

上列四上诉人之委托诉讼代理人:幸有仁,北京市华龙律师事务所律师(法律援助)。

被上诉人(原审被告):北京市丰台区水务局,机构地址北京市丰台区丰台镇东安街三条六号。

负责人:赵钢,局长。

委托诉讼代理人:刘婷婷,北京市营建律师事务所律师。

被上诉人(原审被告):北京市丰台区永定河管理所,住所地北京市丰台区卢沟桥南里12号。

法定代表人:霍铮,所长。

被上诉人(原审被告):北京市水务局,机构地址北京市海淀区玉渊潭南路5号。

负责人:潘安君,局长。

委托诉讼代理人:王娇艳,北京市营建律师事务所律师。

被上诉人(原审被告):北京市永定河管理处,住所地北京市丰台区卢沟桥晓月中路13号。

法定代表人:杨建民,主任。

委托诉讼代理人:刘晋卿,北京市建诚律师事务所律师。

上诉人支某2、马某、支某1及其法定代理人李某1(以下简称支某2等四人)因与被上诉人北京市丰台区水务局(以下简称丰台水务局)、北京市丰台区永定河管理所(以下简称永定河管理所)、北京市水务局、北京市永定河管理处(以下简称永定河管理处)生命权、健康权、身体权纠纷一案,不服北京市丰台区人民法院(2018)京0106民初2975号民事判决,向本院提起上诉。本院于2019年4月2日立案后,依法组成合议庭,经过询问,因双方当事人均未提出新的事实、证据,不开庭进行了审理。本案现已审理终结。

支某2等四人上诉请求:1.撤销一审法院(2018)京0106民初2975号民事判决,改判支持支某2等四人的一审诉求;2.一、二审诉讼费用由被上诉人承担。事实和理由:被上诉人对大坝下存水疏于采取安全措施,事发河道无人监管,且无明显警示标志,大坝下存水对周围民众生命安全构成巨大威胁,未尽合理限度范围内的安全保障义务,致使支某3溺水而亡。现消力池周边进行全封闭管理,而被上诉人未能证明之前也是如此。一审判决认为"安全保障义务系针对经营性公共场所管理人的法定义务"是把责任范围大大缩小,削弱了非经营场所管理人应负的安全保障义务责任,致使责任人侵权而无须承担法律责任和后果,不利于责任人认真履行安全保障义务,更不利于保护受侵害者合法权益。

丰台水务局辩称,支某3的遗体在永定河南侧消力池内被发现,该地点不属于丰台水务局和永定河管理所的管辖范围,丰台水务局不是本案适格主体,支某2等四人主张丰台水务局承担连带责任没有事实及法律依据。同意一审判决。

永定河管理所辩称,支某3的溺亡地点不是永定河管理所的管理范围,永定河管理所不是适格主体,不同意支某2等四人的上诉请求。同意一审判决。

北京市水务局辩称,北京市水务局只负有行政领导职责,不直接管理河湖,不是本案的适格主体,不同意支某2等四人的上诉请求。同意一审判决。

永定河管理处辩称,1.支某3系完全民事行为能力人,应当具备分辨是非、保护自身安全的意识和能力,其死亡系自身过错造成,与永定河管理处无关;2.事发地点并非公共场所,永定河管理处已经尽到相关的提示、告知和管理义务,对支某3的死亡不存在过错,不应承担任何责任。同意一审判决。

支某2等四人向一审法院起诉请求:1.判令丰台水务局、永定河管理所、北京市水务局、永定河管理处赔偿支某2等四人丧葬费2万元、死亡赔偿金30万元、幼儿抚养费20万元、精神损害抚慰金10万元;2.诉讼费由丰台水务局、永定河管理所、北京市水务局、永定河管理处承担。

一审法院认定事实:支某3系支某2、马某之子,支某3与李某1系夫妻,支某1系二人所生之女。2017年1月16日,支某3外出遛狗未归,后被发现于永定河拦河闸附近死亡。

2017年1月20日,北京市公安局丰台分局出具鉴定意见书,主要内容为:我局聘请有关人员对支某3的尸体进行了法医学尸表鉴定,鉴定意见是符合溺死。北京市公安局丰台分局于2017年1月20日出具关于支某3死亡的调查结论(丰公治亡查字〔2017〕第021号),主要内容为:经过(现场勘察、法医鉴定、走访群众等)工作,根据所获证据,得出如下结论:1. 该人系符合溺亡死亡;2. 该人死亡不属于刑事案件。

一审中,为查明支某3死亡现场,丰台水务局向一审法院申请向支某3遗体被发现时出警的公安派出所调取现场原始工作记录。2018年12月12日北京市公安局丰台分局卢沟桥派出所出具工作说明,主要内容为:2017年1月16日21时25分,该所接报李某1的110报警称怀疑支某3掉在冰里了。接警后该所民警赶到现场开展查找工作,后于当晚在永定河拦河闸自西向东第二闸门前南侧消力池内发现一男子死亡,经家属李某1确认为支某3。后经刑侦部门对现场进行勘察并排除刑事嫌疑,认定溺亡,家属对死因无异议。发现死者时永定河拦河闸南侧消力池内池水表面结冰,冰面高度与消力池池壁边缘基本持平,消力池外河道无水。

另查,1988年5月31日北京市人民政府办公厅公文批复通知,该通知明确:拦河闸和分洪闸区管理范围:永定河左堤从卢沟新桥北侧(桩号0+558)到13号桥上堤路口(桩号1+676),右堤从卢沟新桥北侧(桩号0+561)到分洪闸护坡边缘(桩号0+986.5)的河道、堤防及护堤地(含小清河),上述地区和水利设施,均由市永定河管理处负责日常管理、维护和运行。2010年1月25日,北京市水务局印发京水务计〔2010〕21号关于永定河绿色生态走廊建设2010年首批工程建设管理主体的通知,通知明确:永定河晓月湖(规划梅市口桥—卢沟桥橡胶坝河段)工程建设主体为丰台水务局。永定河门城湖、莲石湖、晓月湖、宛平湖建成后由所在区负责运行、维护、管理。永定河管理处负责水资源统一配置与调度。永定河循环管线建成后由永定河管理处负责运行、维护、管理。

一审中,永定河管理处主张其仅对设施有管理职责,河流水域部分管理者是永定河管理所管理,支某3系因溺水而亡,应由永定河管理所承担相应责任。丰台水务局主张永定河拦河闸的设施系由永定河管理处管理,为证明其主张,丰台水务局提交中华人民共和国水利部2016年11月30日发布的《水闸设计规范》,证明消力池是拦河闸的一部分,归永定河管理处管理。永定河管理处对此予以认可,确认消力池属于其管辖范围。

一审中,支某2等四人对永定河管理处提交的警示标识的照片抗辩无法证明系在事故发生之前就已存在,相关的管理部门未尽安全保障义务,对该地区没有进行封闭,应共同承担连带赔偿责任。

一审法院认为,自然人的生命权、健康权、身体权依法受法律保护。行为人因过错侵害他人民事权益的,应当承担侵权责任。宾馆、商场、银行、车站、娱乐场所等公共场所的管理人或者群众性活动的组织者,未尽到安全保障义务,造成他人损害的,应当承担侵权责任。支某2等四人因支某3溺亡而主张管理机关承担相应侵权责任,本案主要争议在于支某3溺亡事故发生地点的查实、相应管理机关的确定,以及该管理机关是否应承担侵权责任。本案双方主要事实和法律争议的认定如下:一、关于支某3的死亡地点及管理机关的事实认定。首先,从死亡原因上看,公安机关经鉴定认定支某3死因系因溺水导致;从事故现场上看,支某3遗体发现地点为永定河拦河闸前消力池。根据受理支某3失踪查找的公安机关派出所出具工作记录可认定支某3溺亡地点为永定河拦河闸南侧的消力池内。其次,关于消力池的管理机关。现已查明永定河管理处为永定河拦河闸的管理机关,丰台水务局提交证据证明支某3溺亡的消力池属于拦河闸的一部分,永定河管理处对此亦予以认可,并明确确认消力池属于其管辖范围,据此认定永定河管理处系支某3溺亡地点的管理责任方。鉴于永定河管理处系依法成立的事业单位,依法可独立承担相应民事责任,故北京市水务局、丰台水务局、永定河管理所均非本案的适格被告,支某3等四人要求该三方承担连带赔偿责任的主张无事实及法律依据,不予支持。二、关于管理机关永定河管理处是否应承担侵权责任的认定。首先,本案并不适用侵权责任法中安全保障义务条款,安全保障义务系针对经营性公共场所管理人的法定义务,而本案中支某3溺亡地点位于永定河拦河闸侧面消力池。从性质上看,消力池系永定河拦河闸的一部分,属于水利设施的范畴,并非对外开放的冰场;从位置上来看,消力池位于拦河闸下方的永定河河道的中间处;从抵达路径来看,抵达消力池的正常路径,需要从永定河的沿河河堤下楼梯到达河道,再从永定河河道步行至拦河闸下方,因此无论是消力池的性质、消力池所处位置还是抵达消力池的路径而言,均难以认定消力池属于公共场所,永定河管理处对此不负有侵权责任法规定的安全保障义务。其次,从侵权责任的构成上看,一方主张承担侵权责任,应就另一方存在违法行为、主观过错、损害后果且违法行为与损害后果之间具有因果关系等侵权责任构成要件承担举证责任。永定河道并非正常的活动、通行场所,依据一般常识即可知无论是进入河道或进入冰面的行为,均容易发生危及人身的危险,此类对危险后果的预见性,并不需要管理机关事先的警告、告知,亦不需要专业知识就可知晓。支某3在明知进入河道、冰面行走存在风险的情况下,仍进入该区域并导致自身溺亡,其主观上符合过于自信的过失、其行为属于侵权责任法上的自甘风险行为,应自行承担相应的损害后果。在此提出的是作为一个成年人应系自身安危的第一责任人,不能把自己的安危寄托在国家相关机构的无时无刻的提醒之下,户外活动应趋利避害,不随意进入非群众活动场所系每一个公民应自觉遵守的行为规范。综上,依法认定永定河管理处对支某3的死亡发生亦无过错,不应承担赔偿责任。故支某2等四人主张丰台水务局、永定河管理所、北京市水务局、永定河管理处连带赔偿其损失的诉讼请求不予支持。在此需要指出，因支某3意外溺亡，造成支某2、马某老年丧子，支某1年幼丧父，其家庭境遇令人同情，法院对此予以理解，但是赔偿的责任方是否构成侵权则需法律上严格界定及证据上的支持，不能以情感或结果责任主义为导向将损失交由不构成侵权的他方承担。判决：驳回支某2、马某、李某1、支某1的全部诉讼请求。

本院二审期间，支某2等四人围绕上诉请求依法提交照片16张，欲证明事发地点周边有保安和监控探头，但对支某3为何落水没有发现，管理形同虚设；现在事发现场已经封闭。丰台水务局认为照片的真实性无法核实，有几张照片明显不是1月拍摄的；永定河管理处认为上述证据不属于新证据，不认可该证据的真实性、关联性和证明目的；永定河管理所对照片的时效性存在质疑，认为不是支某3溺亡后拍摄，无法证明探头的位置，有背景的照片中的探头离事发地点三四百米远；北京市水务局称对现场状态不了解，同意永定河管理处和永定河管理所的意见。本院认为，《最高人民法院关于民事诉讼证据的若干规定》第四十四条规定："《民事诉讼法》第一百七十九条第一款第(一)项规定的'新的证据'，是指原审庭审结束后新发现的证据。"支某2等四人提交的照片不属于新证据，本院不予认定。本院对一审法院查明的事实予以确认。

本院认为，丰台水务局、永定河管理所、北京市水务局、永定河管理处对支某3的死亡是否应承担赔偿责任，是本案各方当事人争议的焦点。

《中华人民共和国侵权责任法》第三十七条第一款规定："宾馆、商场、银行、车站、娱乐场所等公共场所的管理人或者群众性活动的组织者，未尽到安全保障义务，造成他人损害的，应当承担侵权责任。"安全保障义务所保护的人与义务人之间常常存在较为紧密的关系，包括缔约磋商关系、合同法律关系等，违反安全保障义务的侵权行为是负有安全保障义务的人由于没有履行合理范围内的安全保障义务而实施的侵权行为。根据查明的事实，支某3溺亡的消力池是拦河闸的一部分，归永定河管理处管理。但无论是永定河拦河闸，还是消力池，均不是具有经营性质的公共场所，永定河管理处也不是群众性活动的组织者，故支某2等四人上诉主张四被上诉人未尽安全保障义务，与法相悖，本院不予支持。《中华人民共和国民事诉讼法》第六十四条第一款规定："当事人对自己提出的主张，有责任提供证据。"《最高人民法院关于民事诉讼证据的若干规定》第二条规定："当事人对自己提出的诉讼请求所依据的事实或者反驳对方诉讼请求所依据的事实有责任提供证据加以证明。没有证据或者证据不足以证明当事人的事实主张的，由负有举证责任的当事人承担不利后果。"支某2等四人虽主张四被上诉人在通往支某3落水的道路上未设置安全警示标志，事发河道无人监管，但未提交有力证据予以证明，且支某3溺亡地点并非行人正常通行路面，一审判决综合考虑消力池的性质、所处位置、抵达路径认定永定河管理处不负有安全保障义务并无不当，支某2等四人亦未举证证明丰台水务局、永定河管理所、北京市水务局负有连带责任，故本院对支某2等四人的上诉请求不予支持。

综上所述，支某2等四人的上诉请求不能成立，应予驳回；一审判决认定事实清楚，适用法律正确，应予维持。依照《中华人民共和国民事诉讼法》第一百七十条第一款第一项规定，判决如下：

驳回上诉，维持原判。

二审案件受理费10000元，由支某2、马某、李某1、支某1共同负担(本院决定予以免收)。

本判决为终审判决。

审 判 长　邢述华
审 判 员　唐季怡
审 判 员　陈光旭
二〇一九年四月二十三日
书 记 员　钱　芳

指导案例142号《刘明莲、郭丽丽、郭双双诉孙伟、河南兰庭物业管理有限公司信阳分公司生命权纠纷案》的理解与参照

——合理劝阻的行为人不承担被劝阻人因自身疾病发生猝死的责任

2020年10月9日，最高人民法院发布了第25批指导性案例，包括第140号至第143号共4件指导性案例，主题均为弘扬社会主义核心价值观案例。《民法典》已于2021年1月1日开始实施，“弘扬社会主义核心价值观”明确规定为立法目的之一。这批指导性案例的发布对于加强裁判标准统一，弘扬社会主义核心价值观具有积极的意义。其中，第142号指导性案例为《刘明莲、郭丽丽、郭双双诉孙伟、河南兰庭物业管理有限公司信阳分公司生命权纠纷案》。为了正确理解和准确参照适用该指导性案例，现对该指导性案例的选编过程、裁判要点、参照适用等有关情况予以解释、论证和说明。

一、案例选编过程

该案例由河南省信阳市中级人民法院报送。经由河南省高级人民法院案例评审委员会评审推选为备选指导性案例。最高人民法院案例指导工作办公室收到案例后送民一庭征求意见。2020年4月17日，研究室室务会对该案例进行了讨论，同意将该案例报送审委会进行讨论。2020年7月28日，该案例经最高人民法院民专会第355次会议讨论，同意作为指导性案例。10月9日，最高人民法院以法〔2020〕253号文件将该案例编入第25批指导性案例予以发布。

二、关于本案例的相关情况

(一)基本案情与裁判结果

2019年9月23日19时40分左右,郭某骑自行车从信阳市博士名城小区南门广场东侧道路出来,向南门出口骑行,在南门广场与5岁儿童罗某相撞,造成罗某右颌受伤出血,倒在地上。带自己孩子在此玩耍的孙伟将罗某扶起,并通过微信语音通话功能与罗某母亲李某1联系,但无人接听。孙伟便让身旁的邻居去通知李某1,并让郭某等待罗某家长前来处理。郭某称是罗某撞了郭某,自己还有事,需要离开。孙伟站在自行车前面阻拦郭某,不让郭某离开。郭某往前挪动自行车,孙伟站在自行车前方,左手拿手机,右手抓住自行车车把。持续时间约8秒后,孙伟用右手推车把两下。孙伟与郭某言语争执的主要内容为:郭某对孙伟说,你讲理不?孙伟说,我咋不讲理,我叫你等一会儿。郭某说,你没事我还有事呢。孙伟说,我说的对不,你撞小孩。郭某说,我还有事呢。孙伟说,你撞小孩,我说你半天。郭某说,是我撞小孩还是小孩撞我?

孙伟、郭某、博士名城小区保安李某2、吴某四人均在博士名城小区南门东侧出口从南往北数第二个石墩附近。孙伟左手拿手机,右手放在郭某自行车车把上持续时间约5秒左右。李某2、吴某劝郭某不要骂人,郭某称要拨打110,此时郭某情绪激动并有骂人的行为。

2019年9月23日19时46分,孙伟拨打110报警电话。郭某将自行车停好,坐在博士名城小区南门东侧出口从南往北数第一个石墩上。郭某坐在石墩上不到两分钟即倒在地上。郭某倒在地上,试图起身;孙伟在操作手机,报告位置。2019年9月23日19时48分,孙伟拨打120急救电话。随后,孙伟将自己孩子送回家,然后返回现场。医护人员赶到现场即对郭某实施抢救。郭某经抢救无效,因心脏骤停死亡。

郭某曾于2019年9月4日因"意识不清伴肢体抽搐1小时"为主诉入住河南省信阳市中心医院,后被诊断为"右侧脑梗死,继发性癫痫,高血压病3级(极高危),2型糖尿病,脑血管畸形,阵发性心房颤动"。信阳市中心医院就郭某该病症下达病重通知书,显示"虽经医护人员积极救治,但目前患者病情危重,并且病情有可能进一步恶化,随时会危及患者生命"。信阳市中心医院在对郭某治疗期间,在沟通记录单中记载了郭某可能出现的风险及并发症,其中包含:脑梗塞进展,症状加重;脑疝形成呼吸心脏骤停;恶心心律失常猝死;等等。郭某2019年9月16日的病程记录记载:郭某及其家属要求出院,请示上级医师后予以办理。

郭某之妻刘明莲及其女郭丽丽、郭双双提起诉讼,要求孙伟承担侵权的赔偿责任，河南兰庭物业管理有限公司信阳分公司承担管理不善的赔偿责任。

本案争议的焦点问题是孙伟是否实施了侵权行为；孙伟阻拦郭某离开的行为与郭某死亡的结果之间是否有因果关系；孙伟是否有过错。

河南省信阳市平桥区人民法院经审理认为，孙伟的阻拦方式和内容均在正常限度之内，其行为符合常理，不具有违法性。孙伟的阻拦方式适当，且孙伟与郭某并不相识，不知道郭某身患多种危险疾病，在郭某倒地后，孙伟及时拨打120急救电话予以救助。孙伟对郭某的死亡无法预见，其对郭某的死亡后果发生没有过错。孙伟的阻拦行为本身不会造成郭某死亡的后果。虽从时间上看，孙伟阻拦行为与郭某死亡的后果先后发生，阻止行为可能致使郭某情绪激动，诱发心脏病突发死亡，但是两者之间没有法律上的因果关系。在郭某与孙伟争执过程中，兰庭物业公司保安人员前去相劝，履行了相应的管理职责。郭某因心脏骤停而死亡，与兰庭物业公司对南门广场的管理职责履行情况没有法律上的因果关系。

河南省信阳市平桥区人民法院于2019年12月30日作出(2019)豫1503民初8878号民事判决：驳回原告刘明莲、郭丽丽、郭双双的诉讼请求。宣判后，各方当事人均未提出上诉。一审判决已发生法律效力。

(二)主要争议问题

《侵权责任法》(已失效)第六条第一款规定："行为人因过错侵害他人民事权益，应当承担侵权责任。"孙伟是否具有过错并导致郭某死亡的后果是本案中争议最大的问题。就侵权法理论而言，对于过错的理解和认识可谓是众说纷纭，主要有主观说、客观说、主客观相结合说三种。主观说认为过错是一种主观心理态度，具有道义及法律上的可责难性，其理论基础是理性主义和意志自由；客观说与主观说相反，认为过错源自行为人的行为没有达到一定标准，违反了注意义务。主客观相结合说强调过错本身就是主客观因素相交融的概念，[①]认为过错是指支配行为人从事法律上道德上应受非难行为的故意和过失(主观)状态。

从法律规定看，我国侵权责任法在一般规定如责任构成、责任方式、责任减免和责任主体中采用过错的表述，而在具体的规定中采用故意、重大过失或者过失来表述过错。因此，我国侵权责任法中对过错的认识是从主观角度来定义的。虽然我国的法律规定上对于过错采用主观学说，但并不意味着在司法实践中不能采用客观标准来认识过错。就本案而言，孙伟是否存在过错，河南省信阳市平桥区人民法院具体分析了孙伟的行为性质和主观状态，认为在阻拦过程中，虽然孙伟与郭某发生言语争执，但孙伟的言语并不过激，双方更没有发生肢体冲突。本案中也没有其

---

① 王利明：《侵权责任法研究》(上卷)，中国人民大学出版社2016年版，第226~335页。

他证据证明孙伟有其他不正当或超过必要限度的行为。孙伟阻拦方式和内容均在正常限度之内,其行为符合常理,不具有违法性。从主观角度看,孙伟对郭某的死亡无法预见,且孙伟阻拦郭某的行为目的是保护儿童利益,不存在任何侵害郭某的故意,孙伟主观上具有完全的正当性。最终,法院认定孙伟对郭某的死亡后果发生没有过错。

从因果关系角度分析,我国法律实践中通常以充足性来判断,从积极方面看,如果行为通常会导致发生损害的结果,那么此行为就是损害发生的充足性条件。从消极方面看,如果行为一般不会导致损害的发生,依照事件的通常进展方向是极不可能发生的,那么行为就不构成损害发生的充分条件。① 案例中,郭某死亡的原因是其自身患多种严重疾病,孙伟的阻止行为可能致使郭某情绪激动,诱发心脏病突发死亡,但孙伟的阻拦方式本身不会造成郭某死亡的后果,孙伟的阻拦行为与郭某死亡之间没有法律上的因果关系。

(三)指导价值

现代社会中,人际交往增多,社会关系更加复杂。侵权责任法具有实现个人行为自由与民事利益保护之间的平衡功能,实现维护自由与安全两个价值的目标。案例中,罗某作为未成年人,自我保护能力相对较弱,需要成年人履行注意义务对其予以特别保护。对于不利于儿童健康、侵犯儿童合法权益的行为,每个公民都有权予以阻止或者向有关部门控告。孙伟在见到罗某受伤后,采用的是不超过合理限度的正当阻拦行为,不仅不具有违法性,还具有正当性,应予以肯定与支持。郭某的死亡系自身疾病所致,并非孙伟的阻拦行为造成的后果,孙伟主观也没有故意或者过失。本案例中,人民法院认定孙伟不承担赔偿责任,从法律上能够明确行为的是非对错,向社会公众提供行为指引。从社会效果上看,社会主义核心价值观要求人们相互之间友善共处、诚信相待,让行为者不因正当劝阻行为而担责,可以弘扬正能量,促进人们互相照应,守望互助。

三、裁判要点的理解与说明

该指导性案例的裁判要点确认:行为人为了维护因碰撞而受伤害一方的合法权益,劝阻另一方不要离开碰撞现场且没有超过合理限度的,属于合法行为。被劝阻人因自身疾病发生猝死,其近亲属请求行为人承担侵权责任的,人民法院不予支持。现围绕与该裁判要点相关的问题逐一解释和说明如下:

(一)合法行为与违法行为的区分

在私法领域,法无禁止即可为,体现出对行为人行为自由的保护。违法行为是

---

① 参见王泽鉴:《侵权行为》,北京大学出版社2016年版,第196页。

指行为人违反了法律规范所确定的义务或者社会的善良风俗。行为人违反法定义务是指违反法律、行政法规、地方性法规、部门规章、政府规章等;行为人违反社会的善良风俗是指违反法律规范范围外的义务,包括存在于社会生活的广泛领域的道德规范、行业规范、惯例等。据此分析,侵权法上的违法包括形式违法与实质违法。形式违法比较显而易见,就是行为与现行法律法规相抵触。但现实生活中民事活动纷繁复杂,侵权行为种类繁多,侵权责任法不可能对各种不法侵害他人权利的行为种类和方式作出明确的规定。因此,违法行为不应仅为形式违法,还包括实质违法。对此,学说上有各种不同的表述,有的认为"违法性的实质不仅是违反法律的明文规定,而且是指违反整体法秩序的精神目的"。也有的认为"违法是对法益的侵害,不仅包括违反法规侵害权利的行为,还包括违反公序良俗侵害利益的行为"。[①] 善良风俗是社会中每个正常理性人都能够接受的最低标准。违背善良风俗即被确定为行为违法性,可以促进人们遵守被普遍认同的行为标准。《德国民法典》中规定:"以违反善良风俗的方式故意加害于他人,对他人负有损害赔偿义务。"

案例中,孙伟之所以劝阻郭某离开现场,是因为孙伟发现未成年人罗某因与郭某碰撞受伤,需要保护罗某的合法权益。孙伟在见到未成年人受伤后,阻止碰撞方郭某离开现场,体现了依法合理解决问题的态度和对未成年人的保护。孙伟并非无端地阻止郭某离开,其劝阻行为具有正当的原因。如果孙伟毫无理由而阻止郭某离开,属于对郭某的人身自由权利的侵犯,自然构成违法行为。根据案件事实看,孙伟劝阻郭某的方式是站在郭某的自行车前,抓住郭某的自行车车把,进行言语上的劝阻。孙伟劝阻郭某的方式并不违反社会的善良风俗,没有超出一般正常人的正当感受。综上分析,孙伟劝阻郭某的行为没有违反法律规定,也不违反社会的善良风俗,不具有违法性,属于合法行为。

(二)过错的认定

过错是侵权责任法的核心概念,其起源可以追溯到古罗马时代的《阿奎利亚法》。《阿奎利亚法》首次强调了侵权行为必须是一种具有过错的行为。过错责任取代结果责任是人类社会发展的重要成果,与结果责任相比,过错责任使民事主体的活动空间和活动自由获得极大的保障,体现了理性精神以及惩恶扬善理念的过错责任,随着罗马法的复兴而为各国民法所肯定。[②] 近代最早将过错责任抽象化、并将之确立为一般性原则的是《拿破仑民法典》。《拿破仑民法典》第1382条规定:

---

① 黄海峰:《违法性、过错与侵权责任的成立》,载梁慧星主编:《民商法论丛》第17卷,金桥文化出版(香港)有限公司2000年版,第8~9页。

② 李开国、黄忠:《我国侵权行为立法发展评述》,载《法治研究》2008年第10期。

"任何行为使他人受损害时,因自己的过错而致损害发生之人对该他人负赔偿责任。"①过错责任制度的确立意味着过错是一般侵权行为的构成要件之一。在过错责任制度的框架下,没有过错就不能成立一般侵权行为,也不会发生相应的法律效果。

从主观角度认识,过错表现为一种主观心理态度,是行为人的主观方面故意和过失的心理状态,体现出滥用自由意志而具有的道德上的可谴责性。故意是指行为人明确知道特定的损害结果并且意图追求此种损害后果的发生。过失则是轻信某种结果因疏忽大意导致伤害。无认知能力的人侵害他人权利是违法行为,但其不具有过错。正是因为过错是主观的心理状态,故在认定过错时应探求行为人在行为时的心理状态。具体而言,应结合外在行为、行为人生理状况、社会身份及背景、行为时环境等予以探究。案例中,孙伟与郭某在一个小区居住,但之前并不认识郭某,属于初次相遇的陌生人。郭某患有的严重疾病是脑梗、高血压、糖尿病、继发性癫痫等。这些疾病并没有什么外在的特别表现,能够让他人对其患有这些疾病予以认知,所以孙伟无从知道郭某的身体状况。虽然孙伟的劝阻行为可能促使郭某情绪激动,但孙伟主观上并没有让郭某情绪激动的故意或者过失,以引发郭某疾病发作。或者说,孙伟无法预见郭某会发作疾病甚至死亡。对于孙伟来说,其劝阻郭某的目的是促使郭某与儿童罗某碰撞事情的解决,是保护未成年人罗某的合法权益,具有正当性。基于此,孙伟劝阻郭某并不存在主观的过错。

从客观角度认识,过错不仅是主观心理态度,还表现为一定行为义务的违反。日本民法实施后的判例将过失解读为行为人行为存在一定欠缺,对行为义务之违反。法国民法中分别讨论过错的物质要素、道德要素和法律要素。过错的物质要素是指行为人的作为或不作为行为;道德要素是指行为人主观上的可非难性;法律要素则是指行为的违法性。道德要素具有主观性;物质要素和法律要素具有客观性。② 我国学者虽然主张过错为主观状态,但大都强调要根据客观标准、客观尺度来判断过失。案例中,孙伟的劝阻行为表现为站在自行车前面,抓住郭某的自行车车把,语言上也没有过激之处,双方也没有肢体冲突。由此可见,孙伟的劝阻行为在合理范围之内,没有违反法律的规定,也没有任何与善良公民行为相偏离的行为。在当时的环境中,孙伟的劝阻行为并不违反社会的行为标准。因此,从客观角度看,孙伟没有实施违法的行为,不具有侵权法上的过错。

---

① 参见罗瑶:《法国法中的侵权过错概念及其对我国立法的借鉴意义》,载《比较法研究》2010年第1期。

② 参见罗瑶:《法国法中的侵权过错概念及其对我国立法的借鉴意义》,载《比较法研究》2010年第1期。

需要注意的是，在郭某疾病发作倒地后，孙伟和物业公司及时履行了必要的救助义务，并无疏于或延误救护的行为。从这个角度认识，孙伟与物业公司对郭某的死亡结果亦不存在过错。

（三）因果关系的判断

因果关系是侵权责任构成中不可缺少的要件。在侵权责任法领域，因果关系是指行为人的行为与损害后果间的前因后果关系。如果认为凡引起损害结果发生的现象即各种条件都为该结果发生的原因，只要无此事实，即无该结果发生，则此事实与结果之间即为有因果关系，那么，在侵权责任的因果关系的判断上对于构成损害结果的原因范围就会过于广泛。这种广泛的认定会损害人们的行为自由利益，不利于社会的进步。为了限制因果关系的泛化，有学者提出了必然因果关系说，认为当行为人的行为与损害后果间有内在的、本质的、必然的联系时，行为人的行为与损害后果间才为有因果关系；如果行为人的行为与损害结果间无内在的、本质的必然联系，则行为仅为损害结果发生的条件，二者间无因果关系存在。必然因果关系说重点在于判断行为与损害后果间内在的、本质的、必然的联系。必然因果关系说在我国曾有相当的影响，但现在学界多采用相当因果关系说，而不再采必然因果关系说。依据相当因果关系说，某一事件仅于现实情形发生某种结果者，还不能断定二者有因果关系，只有在有同一条件可发生同种的结果时该条件才为该结果发生之原因，二者间有因果关系。① 根据相当因果关系说，因果关系的判断上可以细分为事实因果关系的判断与法律因果关系的判断两步。

首先是事实因果关系的判断，如果没有行为人的行为，损害结果就不会发生时，行为与损害结果之间存在事实上的因果关系。在司法实践中，具体适用时可以运用剔除法或替代法去判断，即设想损害事件发生的场合里行为人并不存在，且其他条件保持原态，若损害就因此不会发生或者以完全不同的其他方式发生，那么行为与损害结果之间就具有事实上的因果关系；如果损害结果仍会发生，则行为与损害结果之间不具有事实上的因果关系。在事实上的因果关系判断之后，需要再进一步作“相当性”的判断，英美法上称为“法律上的因果关系”的判断，其实质是判断作为损害发生之特定条件的行为或事件在法律上是否具有可归责性。以寄放的炸药因电线走电引燃爆炸案为例，该案被告将炸药寄放在某店房内，后因店房内之电线走电引燃炸药，致使受害人被炸死。法院认为仅仅被告寄放炸药的行为按诸一般情形并不会发生本案之后果，因此被告行为与受害人被炸死的后果之间无相当之因果关系。该判决理由同样可以解释为，因走电所导致之爆炸事故不在被告应

---

① 参见郭明瑞：《侵权责任构成中因果关系理论的反思》，载《甘肃政法学院学报》2013 年第 4 期。

当合理预见的范围之内。①

具体到本案中,孙伟不会知道郭某有心脏病,其劝阻行为属于正常合理的劝阻,在正常情况下,郭某是不会因为与孙伟短时间的言语争执而突然死亡的。可见,即便被劝阻的郭某是老年人,孙伟的劝阻行为也不会直接造成郭某死亡的后果。尽管郭某的死亡确实是在孙伟劝阻之后发生的,但是郭某死亡的原因并不是孙伟的劝阻行为造成的,其死亡是由其本身特殊体质而又放任自己情绪激动造成的。郭某在被孙伟劝阻后死亡是一件概率极低的事件,仅是在非常特殊的情形下才发生的。据此分析可知,孙伟的劝阻行为与郭某死亡之间没有法律上的因果关系。

(执笔人:河南省高级人民法院　朱正宏

编审人:最高人民法院案例指导工作办公室　李予霞)

指导案例142号　刘明莲、郭丽丽、郭双双诉孙伟、河南兰庭物业管理有限公司信阳分公司生命权纠纷案

最高人民法院案例指导工作办公室编审人:李予霞

1. 案例推荐单位:河南省高级人民法院

2. 案例编写人:河南省高级人民法院　郭宇凌,河南省信阳市中级人民法院　昌辉

3. 案件裁判法院:河南省信阳市平桥区人民法院(一审)

4. 案件承办人:彭洁(一审)

相关法条

1.《中华人民共和国民法典》(2021年1月1日实施)

第一千一百六十五条　行为人因过错侵害他人民事权益造成损害的,应当承担侵权责任。

依照法律规定推定行为人有过错,其不能证明自己没有过错的,应当承担侵权责任。

2.《中华人民共和国侵权责任法》(已失效)

第六条　行为人因过错侵害他人民事权益,应当承担侵权责任。

根据法律规定推定行为人有过错,行为人不能证明自己没有过错的,应当承担侵权责任。

---

① 参见李中原:《论侵权法上因果关系与过错的竞合及其解决路径》,载《法律科学(西北政法大学学报)》2013年第6期。

河南省信阳市平桥区人民法院民事判决书

(2019)豫1503民初8878号

原告:刘明莲,女,1963年2月17日出生,汉族,住河南省信阳市羊山新区。

委托诉讼代理人:鲁义刚,河南天风律师事务所律师。

委托诉讼代理人:韩军生,河南天风律师事务所律师。

原告:郭丽丽,女,1983年9月14日出生,汉族,住河南省信阳市羊山新区。

委托诉讼代理人:鲁义刚,河南天风律师事务所律师。

委托诉讼代理人:韩军生,河南天风律师事务所律师。

原告:郭双双,女,1989年10月23日出生,汉族,住河南省信阳市羊山新区。

委托诉讼代理人:鲁义刚,河南天风律师事务所律师。

委托诉讼代理人:韩军生,河南天风律师事务所律师。

被告:孙伟,女,1981年9月18日出生,汉族,住河南省信阳市羊山新区。

委托诉讼代理人:王维维,北京中闻律师事务所律师。

委托诉讼代理人:张旻,北京中闻律师事务所律师。

被告:河南兰庭物业管理有限公司信阳分公司,住所地:河南省信阳市羊山新区。

负责人:林秀平,该分公司经理。

委托诉讼代理人:林雄财,该分公司工作人员。

原告刘明莲、郭丽丽、郭双双诉被告孙伟、河南兰庭物业管理有限公司信阳分公司(以下简称兰庭物业公司)生命权纠纷一案,本院于2019年11月13日立案,依法适用普通程序,于2019年12月12日公开开庭进行了审理。原告刘明莲、郭丽丽、郭双双及其共同委托诉讼代理人鲁义刚、韩军生,被告孙伟的委托诉讼代理人王维维、张旻,被告兰庭物业公司的委托诉讼代理人林雄财到庭参加了诉讼。本案现已审理终结。

刘明莲、郭丽丽、郭双双向本院提出诉讼请求:1.请求判令孙伟、兰庭物业公司赔偿刘明莲、郭丽丽、郭双双各项损失402647.54元;2.判令孙伟向刘明莲、郭丽丽、郭双双赔礼道歉并判令其在博士名城小区张贴文字道歉信不少于三十日;3.孙伟、兰庭物业公司承担诉讼费。事实与理由:刘明莲系郭其林妻子,郭丽丽和郭双双均系郭其林的女儿。郭其林、刘明莲、郭丽丽、郭双双均居住在信阳市羊山新区博士名城小区。兰庭物业公司为博士名城小区提供物业管理服务。博士名城小区南门系该小区正门,也是行人及非机动车通行必经通道。2019年9月23日晚7时30分许,郭其林骑自行车从博士名城小区南门经过时,南门口北侧到处乱跑玩耍的小孩有四五个,其中一个叫罗某的小孩碰到了郭其林的自行车。孙伟见状后即拦住郭其林并抓住自行车车把,不让郭其林离开,并与郭其林恶言恶语争吵。争吵不久,郭其林自感身体不适,丢掉自行车后自行坐在小区南门口花坛边上。争吵20分钟左右,郭其林心脏骤停倒地不起。孙伟见郭其林倒地后却自行回家洗澡。后郭其林经120医护人员抢救40分钟左右,不治身亡。罗某系孙伟朋友之子,事发当晚系孙伟在罗某父母不在场的情况下将罗某带到博士名城小区南门口玩耍,事发当时对罗某负有监护之责。但孙伟任由小孩占据行人、非机动车辆通道进行打闹,未对所带小孩尽到照管义务。在罗某与郭其林发生碰擦后,孙伟不思己过,反而对正常通行且身体残疾的郭其林恶言相向达二十余分钟之久,同时还阻拦郭其林正常通行,最终导致郭其林心脏骤停不治身亡,孙伟对郭其林死亡损害后果的发生存在过错,应承担责任。兰庭物业公司为案涉小区提供物业服务,应保证行人及非机动车辆正常、安全通行。事发之时,该小区南门口区域被众多人员严重堵塞,小区保安却不制止,造成小区居民正常通行受阻,进而导致郭其林从南门正常外出时与在此休闲、打闹的罗某发生碰擦、与孙伟发生争执,后不治身亡,兰庭物业公司应承担对小区管理不善的责任。

孙伟辩称:一、刘明莲、郭丽丽、郭双双起诉状中所述完全不符合事实。2019年9月23日19时40分左右,孙伟带自己的孩子在小区南门广场散步时突然发现广场有一名骑车的老人(郭其林)和一名男童相撞,男童倒地后哭泣不止。孙伟上前将男孩扶起时发现男孩受伤。郭其林没有下车查看男孩伤情反而欲离开。孙伟见状后劝说郭其林等待孩子母亲的到来,郭其林不予理睬反而恶语相加,同时欲继续离开。孙伟劝说多次无果后,只得站至郭其林车前再次要求其等待男孩母亲的到来。小区保安见状随即到达现场了解情况,并劝说郭其林不要骂人。郭其林转而辱骂保安,还用胳膊推搡保安。后郭其林主张报警解决此事,孙伟即拨打了110。郭其林将自行车停在路边后,坐在小区南门口的圆形石墩上等候警察的到来。在等待过程中,郭其林突然倒地。孙伟见状立刻拨打了120。整个事件过程非常短暂,孙伟从未对郭其林恶语相加,更不像刘明莲、郭丽丽、郭双双所称恶言相向达20余分钟之久。事发时只有郭其林一人情绪激动,并不断辱骂、攻击他人。郭其林等待警察时无任何异常,在其倒地后,孙伟第一时间拨打了120急救电话。但由于孙伟自己的孩子目睹本案事实后受到惊吓,孙伟只好先行将孩子送回家后再返回现场。被撞男孩是自行在小区内玩耍,孙伟与罗某母亲事发前不知道对方姓名,孙伟从未受男孩母亲李某1委托监管罗某。二、孙伟在劝阻郭其林时始终保持理性、平和,没有辱骂和肢体冲突,孙伟的行为没有超出必要限度,完全合情正当;郭其林之所以死亡是因其自身身患各种高危病症,且在事发时未能控制自身情绪导致的,与孙伟的劝阻行为无关。孙伟的劝阻与郭其林的死亡之间不存在法律上的因果关系。三、孙伟并不存在侵害郭其林生命权、健康权的故意或过失。孙伟此前并不认识郭其林,更不了解其身体健康状况,阻止郭其林离开现场只是为了让其等待受伤男童的家长到来,孙伟对郭其林本人不存在任何加害的故意;在发现郭其林突然倒地后孙伟第一时间就拨打了120急救电话,已尽到合理的救济义务。孙伟对郭其林的死亡无法预见,也不存在任何疏忽或懈怠,孙伟在主观上无任何过错。综上所述,刘明莲、郭丽丽、郭双双要求孙伟赔偿和道歉的诉讼请求无事实和法律依据,请法院依法驳回刘明莲、郭丽丽、郭双双的诉讼请求。

兰庭物业公司辩称:一、本案系侵权纠纷,无证据证明兰庭物业公司对郭其林实施了侵权行为。郭其林的死亡与兰庭物业公司无任何因果关系,兰庭物业公司并非本案的适格诉讼主体。二、郭其林的死亡可能是因其个人身体原因突发情况导致的。在郭其林与孙伟发生口头争吵时,兰庭物业公司工作人员发现情况后立即上前劝导制止,期间没有发生任何肢体冲突,不存在刘明莲、郭丽丽、郭双双所述无人劝导制止的情形。三、郭其林与孙伟争吵时情绪十分激动,在争吵过程中突然倒地不起,整个过程仅持续五分钟左右。兰庭物业公司工作人员发现郭其林倒地后,立即呼叫社区医生进行救治。现场虽有部分群众围观,但不影响道路通行和秩序,不存在堵塞情形。兰庭物业公司当时积极维护现场秩序,履行了相关义务,并无管理不善情形。刘明莲、郭丽丽、郭双双所称与事实不符。综上,请求依法驳回刘明莲、郭丽丽、郭双双的诉讼请求。

当事人围绕诉讼请求依法提交了证据(见证据附件),本院组织当事人进行了证据交换和质证。本院调取的郭其林于2019年9月在信阳市中心医院的住院病历,当事人提交的郭其林死亡证明书,刘明莲、郭丽丽、郭双双身份证复印件,客观真实,本院予以采信。本院调取的2019年9月23日晚信阳市公安局羊山分局出警记录、询问笔录,当事人提交的三段案发状况视频,2019年9月23日孙伟的手机通话拨打记录,案发当晚博士名城业主群聊天记录,证人李某2的证言,证人吴某的证言,能够相互印证,本院予以采信。刘明莲、郭丽丽、郭双双提供的郭丽丽与李某1对话视频以及证人张某1证言,因李某1之子和孙伟之子是幼儿园同学,李某1和孙伟是微信好友关系,二人是朋友但不知道对方姓名符合常理;因张某1证言与李某1陈述相互矛盾,亦无其他证据相互印证,罗某为5岁儿童,住在博士名城小区,自行在小区内玩耍亦符合常理,因此对张某1证言内容不予采纳。刘明莲、郭丽丽、郭双双提供证人李某3证言,根据事发状况视频显示的郭其林与孙伟的位置及郭其林从东往南的行驶路线,可以确定郭其林与罗某相撞是在广场区域内,李某3证言关于相撞地点、孙伟衣服颜色、自行车如何倒地等均与事发状况视频等证据不符,因此对李某3的证言不予采纳。刘明莲、郭丽丽、郭双双提交的小区业主交流群聊天截图以及小孩在非机动车道玩耍视频,红星新闻报道截图,孙伟的委托诉讼代理人王维维发布的微头条,孙伟提交的孙伟与他人微信聊天记录等,均与本案没有关联性,本院不予采纳。孙伟提交的证人赵某证言、证人李某1证言,因证人赵某、李某1没有出庭,本院不予采信。

本院向兰庭物业公司调取2019年9月23日晚博士名城小区南门广场在19时至21时的监控视频资料,兰庭物业公司回复称事发区域不在监控画面之内。

根据当事人陈述和经审查确认的证据,本院认定如下事实:

郭其林出生于1962年1月2日,刘明莲为郭其林妻子,郭丽丽、郭双双为郭其林的女儿。李某1之子罗某出生于2014年8月20日,与孙伟之子是幼儿园同学。郭其林、孙伟、李某1、罗某均在信阳市羊山新区博士名城小区居住。信阳市羊山新区博士名城小区由兰庭物业公司提供物业服务。李某2、吴某均为兰庭物业公司的工作人员,职务为保安。

2019年9月23日19时40分左右,郭其林骑着一辆折叠自行车从博士名城小区南门广场东侧道路出来,向博士名城南门出口骑行,在南门广场与罗某相撞,造成罗某右颌受伤出血,倒在地上。带自己孩子在此玩耍的孙伟见此情况后,将罗某扶起,并通过微信语音通话功能与罗某母亲李某1联系,但无人接听。孙伟便让身旁的邻居去通知李某1,并让郭其林等待罗某家长前来处理。郭其林称是罗某撞了郭其林,自己还有事,需要离开。因此,郭其林与孙伟发生言语争执。孙伟站在自行车前面阻拦郭其林,不让郭其林离开。

刘明莲、郭丽丽、郭双双、孙伟、兰庭物业公司均提交两段时长均为15秒的事发状况视频。第一段视频显示,孙伟身穿红色黑袖连衣裙,与郭其林争执时处于博士名城小区南门广场内。郭其林往前挪动自行车,孙伟站在自行车前方,左手拿手机,右手抓住自行车车把,持续时间约8秒后孙伟用右手推车把两下。郭其林与孙伟之间争执的主要内容为:郭其林对孙伟说:你讲理不。孙伟说:我咋不讲理,我叫你等一会。郭其林说:你没事我还有事呢。孙伟说:我说的对不,你撞小孩。郭其林说:我还有事呢。孙伟说:你撞小孩,我说你半天。郭其林说:是我撞小孩还是小孩撞我?第二段视频显示,孙伟、郭其林、李某2、吴某四人均在博士名城小区南门东侧出口从南往北数第二个石墩附近。孙伟左手拿手机,右手放在郭其林自行车车把上持续时间约5秒。李某2、吴某劝郭其林不要骂人,郭其林称要拨打110,此时郭其林情绪激动并有骂人的语言。

2019年9月23日19时46分,孙伟拨打110报警电话。郭其林将自行车停好,坐在博士名城小区南门东侧出口从南往北数第一个石墩上。郭其林坐在石墩上不到两分钟即倒在地上。孙伟提交的一段时长14秒事发状况视频显示,郭其林倒在地上,试图起身;孙伟在操作手机,报告位置。

2019年9月23日19时48分,孙伟拨打120急救电话。随后,孙伟将自己孩子送回家,然后返回现场。医护人员赶到现场即对郭其林实施抢救。郭其林经抢救无效,因心脏骤停死亡。信阳市公安局羊山分局民警随后赶来,于当晚询问孙伟、郭丽丽、李某1、李某2、吴某,次日在罗某监护人在场的情况下询问了罗某,再次询问了孙伟。

2019年9月4日,郭其林因"意识不清伴肢体抽搐1小时"为主诉入住信阳市中心医院,后被诊断为"右侧脑梗死,继发性癫痫,高血压病3级(极高危),2型糖尿病,脑血管畸形,阵发性心房颤动"。信阳市中心医院就郭其林该病症下达病重通知书,显示"虽经医护人员积极救治,但目前患者病情危重,并且病情有可能进一步恶化,随时会危及患者生命"。信阳市中心医院在对郭其林治疗期间,在沟通记录单中记载了郭其林可能出现的风险及并发症,其中包含:脑梗塞进展,症状加重;脑疝形成呼吸心脏骤停;恶心心律失常猝死,等等。郭其林2019年9月16日的病程记录记载:郭其林及其家属要求出院,请示上级医师后予以办理。

本院认为,本案属于生命权纠纷,争议焦点是:孙伟和兰庭物业公司是否应当承担侵权责任。

关于孙伟应否承担侵权责任的问题。《中华人民共和国侵权责任法》第六条第一款规定:"行为人因过错侵害他人民事权益,应当承担侵权责任。"确定孙伟应否承担侵权责任,需要分析孙伟是否实施了侵权行为、孙伟阻拦郭其林离开的行为与郭其林死亡的结果之间是否有因果关系、孙伟是否有过错。具体分析如下:一、2019年9月23日,郭其林骑自行车与年幼的罗某相撞之后,罗某右颌受伤出血并倒在地上。郭其林作为事故一方,没有积极理性处理此事,执意离开。对于不利于儿童健康、侵犯儿童合法权益的行为,任何组织和个人有权予以阻止或者向有关部门控告。罗某作为未成年人,自我保护能力相对较弱,需要成年人对其予以特别保护。孙伟见到郭其林与罗某相撞后,为保护罗某的利益,让郭其林等待罗某的母亲前来处理相撞事宜,其行为符合常理,不仅不具有违法性,还具有正当性,应予以肯定与支持。根据案发当晚博士名城业主群聊天记录中视频的发送时间及孙伟拨打110、

120的电话记录等证据分析,可以确认孙伟阻拦郭其林的时间为8分钟左右,并非刘明莲、郭丽丽、郭双双诉称的阻拦20多分钟。在阻拦过程中,虽然孙伟与郭其林发生言语争执,但孙伟的言语并不过激。孙伟将手放在郭其林的自行车车把上,双方没有发生肢体冲突。孙伟的阻拦方式和内容均在正常限度之内,刘明莲、郭丽丽、郭双双亦无证据证明孙伟有其他不正当或超过必要限度的行为,因此,刘明莲、郭丽丽、郭双双称孙伟实施侵权行为,对郭其林恶语相向与本案查明的事实不符,该理由不能成立。二、郭其林自身患脑梗、高血压、心脏病、糖尿病、继发性癫痫等多种疾病,事发当月曾在医院就医,事发前一周出院。孙伟阻拦郭其林离开,郭其林坐在石墩上,倒地后因心脏骤停不幸死亡。郭其林死亡,令人惋惜。刘明莲、郭丽丽、郭双双作为死者郭其林的近亲属,心情悲痛,提起本案诉讼,可以理解。从时间上看,孙伟阻拦行为与郭其林死亡的后果先后发生,但孙伟的阻拦行为本身不会造成郭其林死亡的结果,郭其林实际死亡原因为心脏骤停。因此,孙伟的阻拦行为与郭其林死亡的后果之间并不存在法律上的因果关系。三、虽然孙伟阻拦郭其林离开,诱发郭其林情绪激动,但是,事发前孙伟与郭其林并不认识,不知道郭其林身患多种危险疾病。孙伟阻拦郭其林的行为目的是保护儿童利益,并不存在侵害郭其林的故意或过失。在郭其林倒地后,孙伟拨打120急救电话予以救助。由此可见,孙伟对郭其林的死亡无法预见,其对郭其林的死亡后果发生没有过错。综上,刘明莲、郭丽丽、郭双双请求孙伟承担侵权责任缺乏事实和法律依据,本院不予支持。

关于兰庭物业公司应否承担责任的问题。《中华人民共和国物权法》第八十二条规定:"物业服务企业或者其他管理人根据业主的委托管理建筑区划内的建筑物及其附属设施,并接受业主的监督。"《物业管理条例》第二条规定:"本条例所称物业管理,是指业主通过选聘物业服务企业,由业主和物业服务企业按照物业服务合同约定,对房屋及其配套的设施设备和相关场地进行维修、养护、管理,维护物业管理区域内的环境卫生和相关秩序的活动。"本案中,郭其林与罗某相撞的地点位于博士名城小区出口通道与东侧道路中间的南门广场。南门广场的功能主要是供居住在博士名城小区的人员在此休闲娱乐,行人及非机动车也可以从南门广场通行,但南门广场并非行人及非机动车专用通道。本案中没有证据证明罗某及其他人员在南门广场进行休闲娱乐超过一定的限度,影响了正常通行和公共秩序。郭其林与罗某在南门广场相撞,并非南门广场正常通行受阻的结果,而是郭其林与罗某分别在此通行、玩耍时发生的事故。在郭其林与孙伟争执过程中,兰庭物业公司保安人员前去相劝,履行了相应的管理职责。而且,郭其林因心脏骤停而死亡,与兰庭物业公司对南门广场的管理职责履行情况没有法律上的因果关系。因此,刘明莲、郭丽丽、郭双双称兰庭物业公司对博士名城南门管理不善、应承担侵权责任没有事实和法律依据,本院不予支持。

依照《中华人民共和国侵权责任法》第六条第一款,《中华人民共和国物权法》第八十二条,《物业管理条例》第二条,《中华人民共和国民事诉讼法》第六十四条的规定,经本院审判委员会讨论决定,判决如下:

驳回刘明莲、郭丽丽、郭双双的诉讼请求。

案件受理费2313元,由刘明莲、郭丽丽、郭双双负担。

如不服本判决,可以在判决书送达之日起十五日内,向本院递交上诉状,并按对方当事人的人数或者代表人的人数提出副本,上诉于河南省信阳市中级人民法院。

审 判 长 易 松
审 判 员 彭 洁
人民陪审员 周成云
二〇一九年十二月三十日
书 记 员 胡 运
书 记 员 高月皎

附:证据附件

证据附件

一、刘明莲、郭丽丽、郭双双提交证据

1. 刘明莲、郭丽丽、郭双双的身份证复印件。证明三人的诉讼主体资格。孙伟、兰庭物业公司对该证据无异议。

2. 郭其林的死亡证明书。内容为郭其林因心脏骤停于2019年9月23日死亡。证明目的郭其林受到孙伟的冤枉、强行推搡、被强制限制人身自由后,引发自身疾病不幸死亡。孙伟对该组证据真实性无异议,不认可证明目的。兰庭物业公司质证称该证据不能证明兰庭物业公司与郭其林死亡有因果关系。

3. 郭丽丽与李某1的对话录像、证人张某1的证言。对话录像中李某1称“那个女的(指孙伟)是我朋友。”张某1证言称“我到达现场时老人自己趴在地上,没人施救,听到有个女士说是老人撞到她小孩了,是自己的朋友带着小孩来玩的”。证明目的孙伟与李某1系朋友关系,罗某为孙伟临时照管,对事故的发生有过错。被告孙伟质证称录像不能证明孙伟与李某1是朋友关系,张某1的证言有多处矛盾。

4. 小区业主交流群聊天截图、红星新闻报道的视频截图。内容为:群成员发消息称门口一到晚上有许多小孩玩耍,非常不安全,小区南门口的非机动车道上经常有孩子在此玩耍;报道称:“该名工作人员也强调,事发地左右各是一条道路,孩童在此玩耍确实有所不妥,但小区的孩子数量实在太多”,“小区物业工作人员告诉红星新闻,事件发生时正值9月,晚间确实会有不少孩童在事发地附近玩耍。”证明目的孙伟未尽到委托监护人的管理职责，对碰撞事故有过错，兰庭物业公司没有尽到管理职责。孙伟认为截图缺少原始载体，不予质证，视频内容则与案件事实无关。兰庭物业公司对上述证据的真实性、关联性有异议。

5. 证人李某3证言。主要内容为“我到南门广场大概七点三十五，看到一个老头骑自行车从东往南，在出口通道中间玩耍的一个小孩碰到老头的自行车，小孩哭，有个女的（穿花的白色的有点的连衣裙）把小孩扶起来，女的说撞到小孩了，让小孩妈来，那男的说没有撞到。门卫来看情况，老头有点激动，女的扯住车把，把自行车卡着不让老人走，老头就给车丢了，去圆墩那坐，大概两分钟老头就倒地了，女的就拿手机拍照，有几分钟，女的不在现场了”。证明目的罗某在南门出口过道中间疯耍撞到郭其林的车轮，孙伟事故后扔下老人和孩子，有故意和过失。被告孙伟质证称，真实性不予认可，与事实差异较大。兰庭物业公司质证称兰庭物业公司没有过错，不存在侵权。

6. 王维维发布的微头条。内容为：“长沙最近一起9岁男孩在小区内被精神病人活活打死却无人上前救助的事件历历在目，令人痛心。这位信阳老乡见义勇为，她的作为守护了信阳人民的公德心，我也要保护她的合法权益。”证明目的王维维擅自定性，将郭其林与精神病人类比，对郭其林家人进行二次伤害。孙伟质证称是王维维的言论自由，与本案无关。兰庭物业公司同意孙伟的质证意见。

二、孙伟提交的证据

1. 孙伟与他人微信聊天记录。显示孙伟2019年9月23日19时39分向微信好友拨打语音电话。博士名城邻里群聊天记录拍录视频资料及截屏。显示冯某某事发当天于19时37分前在群里发了2段广场视频和语音，广场尚未发生老人与孩子相撞的事故，张某1在19时42分后在该群里发消息“有点倚老卖老”，随即发出视频一，为孙伟与郭其林争吵的视频，于19时48分后发出第二段视频，为郭其林躺在地上的视频。孙伟家属与视频拍摄者的通话记录及聊天记录。冯某某称在广场待到19时37分后离开，离开时广场未发生郭其林和男孩碰撞的事故，张某1称当时广场发生了争执，其当时就拍了视频发到群里了。证明目的孙伟和郭其林在整个案件过程中接触的时间非常短暂。刘明莲、郭丽丽、郭双双质证称视频发送所显示的时间不是事故发生时间。

2. 孙伟110拨打记录、120拨打记录。内容为孙伟拨打110的时间为19时46分，拨打120的时间为19时48分。证明目的孙伟尽到了及时的、合理的救助义务。原告质证称不表示异议，但是不能由此说明尽到了合理救助义务。

3. 赵某、李某1证言。赵某签字的证言中称其经过博士名城南门时，看到一名红衣女子搂着一名5岁儿童，同时在焦急拨打电话，儿童当时在大声哭啼。李某1称罗某是自己跑出去玩的。证明目的孙伟救助罗某，对罗某没有监管职责。刘明莲、郭丽丽、郭双双质证称不符合证据形式要件，不认可。

4. 公安机关询问的同步录像。证明公安机关询问期间郭丽丽殴打孙伟。刘明莲、郭丽丽、郭双双质证称郭丽丽打人虽然违法，但是合情。

5. 出警记录视频。内容为一男子说“我们都讲理,这个你放心。啥情况我们都很清楚,早晚他会有这一落,没想到他搞恁快……”证明目的郭其林患有高危疾病。刘明莲、郭丽丽、郭双双质证称说话的人不是自己的家属。

三、孙伟、兰庭物业公司均提交的证据

该视频为14秒。显示郭其林倒在地上,试图起身;孙伟在操作手机,报告位置。孙伟证明目的老人倒地时为19时48分,孙伟和郭其林接触时间短。兰庭物业公司证明目的是物业公司不存在侵权行为。刘明莲、郭丽丽、郭双双质证称视频发送时间不能说明争执的时长。

四、刘明莲、郭丽丽、郭双双、孙伟、兰庭物业公司均提交的证据

两段事发状况视频。视频一时长15秒,显示孙伟身穿红色黑袖连衣裙,与郭其林争执时处于博士名城小区南门广场区域内。郭其林往前挪动自行车,孙伟站在自行车前方,左手拿手机,右手抓住自行车车把,持续时间约8秒后孙伟用右手推车把两下。郭其林与孙伟之间争执的主要内容为:郭其林对孙伟说:你讲理不。孙伟说:我咋不讲理,我叫你等一会。郭其林说:你没事我还有事呢。孙伟说:我说的对不,你撞小孩。郭其林说:我还有事呢。孙伟说:你撞小孩,我说你半天。郭其林说:是我撞小孩还是小孩撞我?

视频二时长15秒。内容显示孙伟、郭其林、李某2、吴某四人均在博士名城小区南门东侧出口从南往北数第二个石墩附近。孙伟左手拿手机,右手放在郭其林自行车车把上持续时间约5秒左右。李某2、吴某劝郭其林不要骂人,郭其林称要拨打110,此时郭其林情绪激动并有骂人的语言。

原告的证明目的,事故发生后孙伟未救治受伤的罗某,对郭其林恶语相向,强行拉住郭其林车把,与郭其林争执推搡、限制郭其林人身自由,郭其林倒地后孙伟未救治郭其林。孙伟的证明目的为孙伟和郭其林接触的时间很短暂,孙伟冷静、平和,没有辱骂推搡,郭其林一人情绪激动,辱骂他人,并有动手,孙伟与郭其林无任何肢体接触,孙伟及时拨打120急救。兰庭物业公司证明目的物业公司保安在发现争执后予以劝导,尽到了职责。

五、本院依当事人申请调取的证据

1. 公安机关的出警记录及询问笔录。接警登记表显示:2019年9月23日,孙伟报警称在博士名城发生交通事故,在博士名城小区南门广场,有人骑自行车将一名儿童撞倒。出警情况记载:民警到达现场后,120急诊医生正在对郭其林进行抢救,后抢救无效死亡。询问笔录主要内容如下:

孙伟陈述:“2019年9月23日快20时(次日询问笔录陈述称19时40分许),带孩子到南门广场玩耍,在南门广场看到有个老头骑着自行车把同小区的一个小孩压到车子下面了,小孩哭得很大声,我过去将孩子拉起来,看到小孩右边脖子在流血,我通过微信联系那小孩的母亲,没联系上,然后就让旁边的人去叫那小孩的母亲,并让那老头在现场等一下。那老头的情绪就有点激动了,说自己还有事,要离开现场,然后我就站在那老头的车子前面劝解他,那老头就开始骂我。小区的保安过来劝解,那老头骂那俩保安。我就报警了,报警后老头把车子扎好,坐在小区广场上圆形的石墩上,过了十几分钟左右,那老头突然趴地上了,我

就打120急救,那小孩的妈妈这时也下来了,我把事情给那小孩的妈讲了一遍后就带着自己的小孩回家了。"

李某1陈述:"2019年9月23日19时30分许一个邻居敲我家的门,说我的孩子在小区被人撞了,然后我就跟着他到博士名城南门大门口,我到现场看到救护车已经到现场了,我的孩子在旁边哭,我就把孩子牵着,还有一个大叔趴在地上。"

罗某陈述:"2019年9月23日夜里20时许,我在羊山新区博士名城小区南门玩,有个爷爷骑自行车把我撞倒了,我下巴受伤了,李云庆的妈妈把我扶起来了,后来我转过身的时候看见撞我的爷爷坐在石球上突然面向地面趴倒在地上,那个爷爷撞了我要走,李云庆的妈妈拦着不让他走,要等我妈妈过来,和那名爷爷争吵了。"

李某2陈述:"2019年9月23日19时20分左右我和同事吴某听到博士名城南门口有人在吵架,到现场后看到有个女的拦着一个推着自行车的老头不让其走,女的说这个老头骑车子给小孩儿撞到了。那个老头还比较激动,看到谁就给谁吵,我们问情况的时候,那个老头还过来给我们吵,老头骂我和吴某,后来我出去接警车了。"

吴某陈述:"2019年9月23日19时许,我和李某2出门的时候听到南大门东边有人吵架,我们过去看到一名五十多岁男子推着一辆自行车往小区外边走,一名女子就站在自行车前面说你现在不能走,我已经报警了,你等警察来了以后再走。我们在旁边劝着,男子对着我们两个人骂,骂的时候还用胳膊肘撞了李某2一下。后来那名男子把自行车停在那,自己坐在身边的一个石球上,我们两人就回到岗亭了"。

郭丽丽陈述:"2019年9月23日19时50分许我在小区业主群里看见我爸郭其林在博士名城南门的地上,我就赶紧到现场,到现场看见我爸趴在地上,喊他也没有任何反应,当时围观的人已经打了120,120隔了一会才到,120到了后警察就到了。"

刘明莲、郭丽丽、郭双双质证称孙伟作为罗某临时监护人,对相撞事件具有管理过错,孙伟与郭其林之间有推搡,孙伟未积极对郭其林进行救治,对郭其林死亡具有过错。孙伟质证称争执中与郭其林没有肢体接触,争执时间较短,郭其林倒地后孙伟打120进行了救助。兰庭物业公司质证称不能证明兰庭物业管理不善,工作人员已经进行了劝解。

2. 郭其林于2019年9月4日在信阳市中心医院住院病历。显示郭其林于2019年9月4日因"意识不清伴肢体抽搐1小时"为主诉入院,后被诊断为"右侧脑梗死,继发性癫痫,高血压病3级(极高危),2型糖尿病,脑血管畸形,阵发性心房颤动";信阳市中心医院就该病症下达病重通知书,显示"虽经医护人员积极救治,但目前患者病情危重,并且病情有可能进一步恶化,随时会危及患者生命";针对郭其林的病症,医院的沟通记录单中记载可能出现的风险及并发症,其中包含脑梗塞进展,症状加重,脑疝形成呼吸心脏骤停、恶心心律失常猝死等;郭其林及其家属于2019年9月16日要求出院,经请示上级医师后予以办理。孙伟证明目的郭其林患有各种高危病症,诱发死亡原因多种多样,与孙伟的劝阻行为没有必然因果关系,孙伟不承担侵权责任。刘明莲、郭丽丽、郭双双认可郭其林生前患有疾病,但不能免除孙伟的责任。兰庭物业公司对证据真实性无异议。

指导案例143号《北京兰世达光电科技有限公司、黄晓兰诉赵敏名誉权纠纷案》的理解与参照

——在微信群中发布侮辱、诽谤、污蔑或者贬损他人的言论构成名誉权侵权

2020年10月9日，最高人民法院发布了第25批指导性案例，包括第140号至第143号共4件指导性案例，主题均为弘扬社会主义核心价值观案例。《民法典》已于2021年1月1日开始实施，“弘扬社会主义核心价值观”明确规定为立法目的之一。这批指导性案例的发布对于加强裁判标准统一，弘扬社会主义核心价值观具有积极的意义。其中，第143号指导性案例为《北京兰世达光电科技有限公司、黄晓兰诉赵敏名誉权纠纷案》。为了正确理解和准确参照适用该指导性案例，现对该指导性案例的选编过程、裁判要点、参照适用等有关情况予以解释、论证和说明。

一、案例选编过程

该案例为北京市顺义区人民法院推荐报送。北京高院研究室审查后，认为该案例符合《最高人民法院关于案例指导工作的规定》第2条之规定，在对案例进行改编后，报送北京高院审判委员会委员书面审核，全部委员均同意将该案作为备选指导性案例向最高人民法院案例指导工作办公室推荐。案例指导工作办公室收到该案例后经过初审、修改，送最高人民法院民一庭征求意见。民一庭同意推荐该案例作为备选指导性案例。2020年4月17日，研究室室务会对该案例进行了讨论，同意将该案例报送审委会进行讨论。2020年7月28日，该案例经最高人民法院民专会第355次会议讨论，同意作为指导性案例。10月9日，最高人民法院以法〔2020〕253号文件将该案例编入第25批指导性案例予以发布。

二、关于本案例的相关情况

(一)基本案情

北京兰世达光电科技有限公司(以下简称兰世达公司)在顺义区某小区一层开有一家美容店,黄晓兰系该公司股东兼任美容师。2017年1月17日,赵敏陪同小区的另一业主到上述美容店做美容。黄晓兰为顾客做美容,赵敏询问之前其在该美容店祛斑的事情,后二人因美容服务问题发生口角。原告主张双方发生纠纷后赵敏多次在业主微信群中散布谣言,对二原告进行造谣、诽谤、污蔑、谩骂,并将黄晓兰从业主群中移出,兰世达公司因赵敏的行为生意严重受损。为此,向法院起诉请求赵敏赔礼道歉,消除影响,恢复名誉,同时要求赔偿损失及精神抚慰金共计3万元。本案的争议焦点为赵敏在微信群中针对黄晓兰、兰世达公司的言论是否构成名誉权侵权。

法院生效裁判认为:名誉权是民事主体依法享有的维护自己名誉并排除他人侵害的权利。公民、法人享有名誉权,公民的人格尊严受法律保护,禁止用侮辱、诽谤等方式损害公民、法人的名誉。根据已查明的事实,赵敏用涉诉微信号在双方共同居住的小区两个业主微信群发布信息,其中含有"精神分裂""装疯卖傻"等明显带有侮辱性的言论,并使用了黄晓兰的照片作为配图,而对于兰世达公司的"美容师不正规""讹诈客户""技术和产品都不灵"等贬损性言辞,赵敏未提交证据证明其所发表言论的客观真实性。赵敏将上述不当言论发至有众多该小区住户的两个微信群,其主观过错明显,从微信群的成员组成、其他成员的询问情况以及网络信息传播的便利、广泛、快捷等特点来看,涉案言论确易引发对黄晓兰、兰世达公司经营的美容店的猜测和误解,损害小区公众对兰世达公司的信赖,对二者产生负面认识,并造成黄晓兰个人及兰世达公司产品或者服务的社会评价降低,赵敏的行为与黄晓兰、兰世达公司名誉受损之间存在因果关系,故赵敏的行为符合侵犯名誉权的要件,已构成侵权。

(二)司法实践对于涉"微信群名誉权侵权"案件的处理路径

以"名誉权纠纷"为案由,以"微信群"为关键词,以"2018年2月1日-2020年10月1日"为检索期间,在中国裁判文书网上共检索出744个二审民事判决书。根据检索的案例发现,目前司法实践中对于微信群中名誉权侵权的处理主要有以下三种路径:

一是通过查明事实,认定微信群信息发布者发布信息满足名誉权侵权的要件,应当承担赔礼道歉、消除影响的责任,但是未造成损失,不应当承担赔偿责任。赔礼道歉的方式分为书面道歉声明、通过新闻媒体道歉、在微信群或朋友圈一定期限内发布道歉声明等。

二是通过查明事实，认定微信群信息发布者发布信息满足名誉权侵权的要件，除应当赔礼道歉、消除影响，还应当赔偿损失，损失包括精神损失及经济损失，精神损失金额在 1 元到 10000 元不等，而经济损失则分为维权的合理支出和经营主体因名誉受损影响收益造成的损失。

三是驳回原告的诉讼请求，具体情形纷杂多样。如无法证明侵权事实存在，包括侵权人主体确认不明，发布的侵权信息内容举证不足或者认定发布的信息不属于侮辱、诽谤、污蔑、贬损言论；对微信群的成员范围、社会影响力举证不足，认定微信群为封闭的语言交流环境，没有在不特定人群中传播或者在特定人群组建的微信群中的言论，不构成社会评价降低、名誉受损；没有产生损害后果，不符合侵权构成要件，而损害后果的衡量以某些具体事件为印证；等等。

经检索发现，目前司法实践对于微信群名誉权侵权的认定存在以下较大认识分歧：一是微信群性质的认定。如何界定微信群公共空间的边界、如何认定微信群的属性、如何确定被侵权人权益被损害的范围。将微信群界定成为特定人员的封闭空间还是公共社交空间，直接影响法官对侵权事实是否存在的认定；微信群的创建宗旨及成员范围，很大程度影响着赔偿损失责任的承担。这些分歧导致实践中存在一些同案不同判的情形。二是责任承担方式的理解。一般而言，赔礼道歉、恢复名誉等承担责任的形式应当与侵权方式、造成影响范围相当。法官更多地考虑侵权实施的方式进而判定相应的责任承担形式。因为微信群存在成员易变动、信息更新迅速，所以应考虑责任承担方式的可执行性，实践中灵活掌握线上、线下的赔礼道歉方式以更有利达到消除影响的目的。

（三）指导性案例的价值意义

本案是一起典型的因线下服务产生纠纷在不特定关系人组建的微信群中发表不当言论引发的网络名誉权侵权案件。当下即时通讯软件已经渗入人们工作生活的方方面面，通过即时通讯软件让人们的线上、线下的工作生活交织起来，微信群、朋友圈、公众号等软件应用工具的兴起，在网上营造了一个虚拟的社会公共空间，由此不可避免地带来了新的法律问题。该案审理遵循一般名誉权侵权构成四要件原理，以准确适用法律为前提，围绕利用信息网络侵害名誉权构成要件事实的认定以及法律责任范围确定应当考量的因素，对微信群中名誉权侵权的认定标准及责任承担予以细化明确，既是司法审判对互联网技术发展带来法律挑战的快速回应，又体现了司法维护和支持风清气正网络环境的价值导向，对于提升网络公共空间社交行为的自律性、促进新兴社交媒体的良性发展、推动司法审判实践在"互联网 +"形势下平衡保护言论自由与名誉权等方面具有明显的指导意义。

三、裁判要点的理解与说明

该指导性案例的裁判要点确认:1. 认定微信群中的言论构成侵犯他人名誉权,应当符合名誉权侵权的全部构成要件,还应当考虑信息网络传播的特点并结合侵权主体、传播范围、损害程度等具体因素进行综合判断。2. 不特定关系人组成的微信群具有公共空间属性,公民在此类微信群中发布侮辱、诽谤、污蔑或者贬损他人的言论构成名誉权侵权,应当依法承担法律责任。现围绕与该裁判要点相关的问题逐一解释和说明如下:

微信作为即时通讯软件,具有私密性,但在某些情况下,又兼具公共空间属性,作为以信息网络形式侵害名誉权的一种特殊方式,微信群名誉权侵权符合传统名誉权侵权的所有特征,即名誉权的基础内容及侵权四要件①没有变,但其又在主体认定、传播范围、损害程度认定等方面有着自身的特殊性。

(一)微信群名誉权侵权行为认定难点

1. 侵权人的身份、网络侵犯名誉权的行为难认定

微信群中名誉权侵权的关键证据是微信平台的电子数据信息,而该电子数据证据主要涉及两方面内容的举证:一是主体确认的证明,即要证明微信聊天记录中的相关内容的发布人就是案件中的侵权人。该侵权人身份的认定与传统名誉权侵权最大的不同即为微信群的侵权人身份确认存在较大的不确定性,亦是受害人举证证明的难点。微信内容发布人的身份确认,当前司法实践主要有以下途径:当事人自认;微信头像或微信相册照片的辨认;微信朋友圈发出的内容,聊天记录中透露的身份信息;通过其他证人作证来证明该微信号主体身份;微信号是否使用了实名认证的手机号;第三方机构即微信服务提供商腾讯公司的协助调查等。本案对于涉诉微信号主体即是通过微信服务提供商查证得以确认为被告赵敏。但是如果侵权人没有进行实名认证,侵权人身份确认势必更会成为案件事实查明的难点。二是发布内容的证明,即要证明微信电子证据的真实性及关联性。微信聊天记录因清理或更换手机而容易导致信息缺失,如不注意留存,往往缺乏完整性,且信息容易删改或通过技术手段伪造,其真实性也是证明难点。受害人需要提供原始、真实和完整的微信内容电子证据,必须保证微信内容电子证据和其他证据之间存有关联性,并形成完整的证据链条,如可以使用微信的收藏功能或者通过录像将微信聊天记录拍摄下来并保留原始客观真实的记录,也可选择公证或者电子存证的方

---

① 名誉权是民事主体对自身名誉享有不受他人侵害的权利,民事主体不仅仅包括自然人,也包括法人及非法人组织。传统名誉侵权的四个基本构成要件即受害人确有名誉被损害的事实、行为人行为违法、违法行为与损害后果之间有因果关系、行为人主观上有过错。

式固定聊天记录。审理中法官通常也会现场使用双方当事人的手机勘验比对微信聊天记录内容,以确认信息的完整性和真实性。本案中,在确认赵敏是涉诉微信号的使用者后,赵敏并未否认微信群发布信息的真实性,仅否认是其所发,因此结合原告提交的微信聊天记录截屏以及证人证言等证据,最终确认了微信证据的真实性,进而确认其实施了侵权行为。

2. 微信群的成员情况与损害事实认定紧密相关

微信群成员关系是否特定、成员人数的多寡对认定是否构成事实损害具有重要意义。微信群所构成的社交圈既可以是由特定关系人组成,如家人群、同事群、同学群等,也可以是不特定关系人组成,如小区业主群、行业群、课程群等,通常不特定关系人构成的微信群更具有公共空间的属性,在公共场合中发布不实言论更容易被认定为侵犯名誉权。微信群的成员及人数关系到侵权行为的传播范围及名誉受损的影响范围,在损害事实认定中是重要的考量因素,如几个人的家人群很难认定名誉权侵权,但是几十人、上百人的特定或不特定关系人组成的微信群则可认定为公共空间,与现实生活中的公共场所无异,不因微信群固定人数而有所区别,如在本案的小区业主微信群内发表辱骂言论与在小区公告栏张贴告示的行为本质上是一样的。

3. 名誉权损害程度的判定

在微信群中发表不当言论构成名誉权侵权的损害程度可以从该言论的恶劣程度、发布频次、持续时间、网络传播的便利、广泛、快捷特点、发布信息对成员潜在的影响以及成员反馈的评价等因素综合考量。本案中,需要强调的是法人名誉权与公民名誉权相比较而言,侵权表现形式不同,侵犯公民个人名誉权常常表现为侮辱、诽谤等形式,是针对公民的人格、品德、思想等与人格相关的内容,而法人并没有性格、品德等自然人的属性,侵权表现形式多为捏造、散布虚假事实,公开发表内容不实言论或者进行有失公允的评论,损害法人的商誉、商品信誉,即侵害了法人名誉权①。结合《最高人民法院关于审理名誉权案件若干问题的解答》(已失效)第七条②、《最高人民法院关于审理利用信息网络侵害人身权益民事纠纷案件适用法律

① 最高人民法院民事审判第一庭:《最高人民法院利用网络侵害人身权益司法解释理解与适用》,人民法院出版社2014年版,第157页。

② 《最高人民法院关于审理名誉权案件若干问题的解答》七、问:侵害名誉权责任应如何认定?答:是否构成侵害名誉权的责任,应当根据受害人确有名誉被损害的事实、行为人行为违法、违法行为与损害后果之间有因果关系、行为人主观上有过错来认定。以书面或者口头形式侮辱或者诽谤他人,损害他人名誉的,应认定为侵害他人名誉权。对未经他人同意,擅自公布他人的隐私材料或者以书面、口头形式宣扬他人隐私,致他人名誉受到损害的,按照侵害他人名誉权处理。因新闻报道严重失实,致他人名誉受到损害的,应按照侵害他人名誉权处理。

若干问题的规定》* 第十一条①的规定，涉案言论确属侮辱、诽谤、贬损性言辞，微信群成员系美容店的客户或者潜在客户，综合前述考量因素，赵敏之行为确易引发小区公众对黄晓兰、兰世达公司经营的美容店的猜测和误解，损害小区公众对兰世达公司的信赖，对二者产生负面认识并造成黄晓兰个人及兰世达公司产品或者服务的社会评价降低。

（二）言论自由权与名誉权的冲突与平衡

侵权人通常以行使言论自由权作为抗辩理由，因此在审理微信名誉权侵权纠纷案件时还应当厘清言论自由权与名誉权的边界。言论自由权是宪法赋予公民的一项基本权利，它是公民通过积极的言论表达自身的观点，赋予公民发表言论的权利。名誉权是人格权的一种，是民事主体依法享有的维护自身名誉并排除他人侵害的权利，其设定的目的在于通过规范甚至是限制人们的言论自由以实现保护他人的名誉。言论自由与名誉权均为公民重要的权利或自由，两者缺一不可。网络的发展突破了地理、时空的限制使人们表达自由的空间更为广泛，同时也更容易发生对他人名誉权的侵犯，因此如何处理二者的冲突，充分保障公民的各项基本权利成为审判中应当直面解决的问题。在网络环境下需要我们通过利益衡量原则去平衡二者之间的关系，以维护网络空间的权利秩序。利益衡量原则即是对两种相互矛盾冲突的利益进行分析和比较，找出各自存在的意义和合理性，在此基础上作出孰轻孰重、谁是谁非的价值判断。此项判断称为实质判断，在实质判断基础上，再寻找法律上的根据。② 实际上，保障网络言论自由和对网络上侵犯他人名誉权行为进行追究并不矛盾，因为在合法的前提下，自由发表言论、行使批评、评论、监督的权利，不会构成对他人合法权益的侵犯。现实生活中，如果用户们通过社交网络基于事实和法律进行公正评论，则不应当认为其构成名誉权的侵害。所谓公正的评论，是指行为人就某个事件或者行为作出评论时，如果以基本事实为依据，未侮辱、诽谤他人，即使评论中存在观点片面、语言过激等，也不应认定为侵权。③ 我国《最高人民法院关于审理名誉权案件若干问题的解释》(已失效)第九条规定，对产品和服务质量所做的批评、评论，只要内容基本属实，没有侮辱内容的，不应当认定为侵害名誉权。由此可以看出，只要行为人是善意表达自己的真实见解，而非故意贬损他人

---

* 此处为2014年的规定，此规定已于2020年修正。——编者注

① 《最高人民法院关于审理利用信息网络侵害人身权益民事纠纷案件适用法律若干问题的规定》第十一条规定：网络用户或者网络服务提供者采取诽谤、诋毁等手段，损害公众对经营主体的信赖，降低其产品或者服务的社会评价，经营主体请求网络用户或者网络服务提供者承担侵权责任的，人民法院应依法予以支持。

② 梁慧星：《裁判的方法》，法律出版社2003年版，第186页。

③ 张西明：《关于新闻侵害公民名誉权行为的研究》，载《新闻与传播研究》1995年第3期。

的人格，一般不认定其构成对名誉权的侵害。由此可见，网络言论自由权的行使，既受到法律的保护，也受到法律的约束。对于随意捏造事实对他人侮辱中伤这类语言暴力侵权无论在现实中，还是在网络上都是不可取的违法行为，这些信息的传递对受害人都可能会造成损害的后果。本案赵敏在微信群中发表的不当言论缺乏依据，使用的侮辱、贬损性言辞已经侵犯了他人的正当权益，超出了法律边界，应当受到限制。

（三）确定法律责任承担方式的考量因素

1. 行为人须采取合理的措施恢复受害人名誉

恢复名誉的责任是侵害名誉权所特有的责任形式，也就是说，此种责任方式只有在侵害名誉权的情况下才能采用，对侵害其他人格权的行为一般不采用这种方式。[①] 恢复名誉与消除影响的责任方式常常是联系在一起的，即将二者确定为同一种侵权责任承担方式，二者都是为了去除侵权行为已经给他人的社会声誉造成的不良影响。赔礼道歉主要是我国法律中经常采用的一种制度。[②] 在我国赔礼道歉是法律明确规定的责任承担方式，且实践中也广泛用于侵害名誉权的案件中，具有可执行性。单纯的赔礼道歉虽然不会给侵害人的财产带来影响，但反映了国家、社会对侵权人的不法行为的强烈谴责的价值取向，这种责任方式的适用，也可以缓和矛盾。一般来说，人民法院判决侵权人承担赔礼道歉、消除影响或者恢复名誉等责任形式的，应当与侵权的具体方式和所造成的影响范围相当。为实现侵权方式与造成影响范围相当的结果，责任的形式应当灵活掌握以更有利达到消除影响的目的。本案之所以判决在营业场所张贴致歉声明的形式，考虑到如下因素：一是被侵权人已被强制退群，如在微信群中发布致歉声明，被侵权人对侵权人的履行情况无法知晓。且侵权人亦退出了涉诉业主群，这也导致侵权人无法履行在微信群赔礼道歉。二是本案损害结果的范围所及微信群的成员为小区住户，被侵权人经营的美容店客户以小区住户为主，该名誉权侵权影响范围亦基本为小区住户，故在被侵权人经营场所张贴赔礼道歉公告，能实现"精准"消除影响的效果。关于黄晓兰、兰世达公司要求在报纸刊登公告方式道歉，超出了侵权行为的影响范围，应予调整。

2. 对兰世达公司财产损失赔偿的考量因素

根据《最高人民法院关于审理利用信息网络侵害人身权益民事纠纷案件适用

---

① 王利明：《人格权法研究》，中国人民大学出版社 2018 年版，第 516 ~ 517 页。

② 在大陆法系国家，赔礼道歉没有引起重视，例如，法国法上没有中国法意义上的赔礼道歉措施，但是也存在类似于"恢复名誉"（rétablissement moral）的措施，针对侵犯名誉或者诽谤商誉的情况，法院也会责令被告方登报说明事实。Geneviéve Viney, Patrice Jourdain, Traité de droit civil, Les effets de responsabilité, 2e éd., LG – DJ, 2001, p. 73.

法律若干问题的规定》(2014年)第十八条的规定,被侵权人因人身权益受侵害造成的财产损失或者侵权人因此获得的利益无法确定的,人民法院可以根据具体案情在50万元以下的范围内确定赔偿数额。结合本案实际情况,在酌定赔偿数额时的考虑因素为:(1)侵权人的过错程度,不仅考虑到事发时的过错程度,亦考虑在案件审理过程中侵权人对案涉行为的认识态度情节;(2)侵权行为内容及侵权持续时间;(3)微信群的规模;(4)微信群成员对侵权事实受影响的程度;(5)被侵权人经营业务的类型、经营模式、经营状态;(6)被侵权人的经营因侵权事实受到的不利影响。本案中兰世达公司提供的损失证据并不充分,本院亦因此综合上述因素酌情确定了相应的赔偿金额。

四、参照适用时应注意的问题

名誉权是一项重要的人权,有着十分积极的社会价值,在各国法律体系中都作为重要的法益予以保护。随着我国《民法典》的颁布实施,对于名誉权的保护也更加强化和完善。《民法典》第一百一十条对自然人、法人、非法人组织的名誉权作出了规定,同时第一百七十九条也对"消除影响、恢复名誉"的民事责任承担方式作出了规定,特别是人格权的独立成编,《民法典》人格权编第五章规定了名誉权和荣誉权,这也是我国对名誉权的首次系统性立法。我国法律已经形成了一套与两大法系不同的制度,[①]即我国法律不仅将名誉权作为一种人格权加以规定,同时也在侵权的民事责任中对名誉权作出了规定,这就从正反两方面完善了名誉权的保护制度。在侵害名誉权的情况下,要求采用停止侵害、恢复名誉、消除影响、赔礼道歉、赔偿损失等多种方式来保护名誉权,表明我国法律对受害人提供的补救措施也更为全面和完备。

(执笔人:北京市顺义区人民法院　棋其格
编审人:最高人民法院案例指导工作办公室　石　磊)

指导案例143号　北京兰世达光电科技有限公司、黄晓兰诉赵敏名誉权纠纷案

最高人民法院案例指导工作办公室编审人:石磊

1. 案例推荐单位:北京市高级人民法院

---

① 总体上说,英美法主要通过侵权行为制度对名誉权加以保护,并注重运用损害赔偿的方法予以保护,而大陆法则注重将名誉作为人格权的内容加以保护,在侵害名誉权的情况下,大陆法特别是德国法注重采用恢复名誉的方式对受害人予以保护。参见王利明:《人格权法研究》,中国人民大学出版社2018年版,第485~490页。

2. 案例编写人：北京市顺义区人民法院　棋其格，北京市第三中级人民法院　李淼，北京市高级人民法院　凌巍
3. 案件裁判法院：北京市顺义区人民法院（一审）、北京市第三中级人民法院（二审）
4. 案件承办人：棋其格（一审）、巴晶焱（二审）

相关法条

1.《中华人民共和国民法典》（2021年1月1日实施）

第一百一十条　自然人享有生命权、身体权、健康权、姓名权、肖像权、名誉权、荣誉权、隐私权、婚姻自主权等权利。

法人、非法人组织享有名称权、名誉权和荣誉权。

第九百九十条　人格权是民事主体享有的生命权、身体权、健康权、姓名权、名称权、肖像权、名誉权、荣誉权、隐私权等权利。

除前款规定的人格权外，自然人享有基于人身自由、人格尊严产生的其他人格权益。

第一千零二十四条　民事主体享有名誉权。任何组织或者个人不得以侮辱、诽谤等方式侵害他人的名誉权。

名誉是对民事主体的品德、声望、才能、信用等的社会评价。

第一千一百六十五条　行为人因过错侵害他人民事权益造成损害的，应当承担侵权责任。

依照法律规定推定行为人有过错，其不能证明自己没有过错的，应当承担侵权责任。

第一千一百八十二条　侵害他人人身权益造成财产损失的，按照被侵权人因此受到的损失或者侵权人因此获得的利益赔偿；被侵权人因此受到的损失以及侵权人因此获得的利益难以确定，被侵权人和侵权人就赔偿数额协商不一致，向人民法院提起诉讼的，由人民法院根据实际情况确定赔偿数额。

第一千一百八十三条　侵害自然人人身权益造成严重精神损害的，被侵权人有权请求精神损害赔偿。

因故意或者重大过失侵害自然人具有人身意义的特定物造成严重精神损害的，被侵权人有权请求精神损害赔偿。

2.《中华人民共和国民法通则》（已失效）

第一百零一条　公民、法人享有名誉权，公民的人格尊严受法律保护，禁止用侮辱、诽谤等方式损害公民、法人的名誉。

第一百二十条　公民的姓名权、肖像权、名誉权、荣誉权受到侵害的，有权要求停止侵害，恢复名誉，消除影响，赔礼道歉，并可以要求赔偿损失。

法人的名称权、名誉权、荣誉权受到侵害的，适用前款规定。

3.《中华人民共和国侵权责任法》（已失效）

第六条第一款　行为人因过错侵害他人民事权益，应当承担侵权责任。

第二十条　侵害他人人身权益造成财产损失的,按照被侵权人因此受到的损失赔偿;被侵权人的损失难以确定,侵权人因此获得利益的,按照其获得的利益赔偿;侵权人因此获得的利益难以确定,被侵权人和侵权人就赔偿数额协商不一致,向人民法院提起诉讼的,由人民法院根据实际情况确定赔偿数额。

第二十二条　侵害他人人身权益,造成他人严重精神损害的,被侵权人可以请求精神损害赔偿。

北京市第三中级人民法院民事判决书

(2018)京03民终725号

上诉人(原审被告):赵敏,女,1979年2月1日出生,住北京市顺义区。

被上诉人(原审原告):黄晓兰,女,1988年4月8日出生,住北京市顺义区。

被上诉人(原审原告):北京兰世达光电科技有限公司,住所地:北京市顺义区临空经济核心区××××××××××××××××。

法定代表人:石剑,总经理。

上诉人赵敏因与被上诉人黄晓兰、北京兰世达光电科技有限公司(以下简称兰世达公司)名誉权纠纷一案,不服北京市顺义区人民法院(2017)京0113民初5491号民事判决,向本院提起上诉。本院立案后,依法组成合议庭进行了审理。本案现已审理终结。

赵敏上诉请求:1.撤销北京市顺义区人民法院(2017)京0113民初5491号民事判决;2.改判驳回黄晓兰、兰世达公司的全部诉讼请求;3.诉讼费由黄晓兰、兰世达公司承担。事实和理由:一审法院认定事实不清,赵敏没有侵害黄晓兰和兰世达公司的名誉权,黄晓兰和兰世达公司提交的微信电子证据、证人证言我都不认可,微信头像、昵称都是可以更改的,用户名和昵称是两个概念,证人是不是方糖小区的居住人员也没有提交证明,证人身份证地址也不是本地的。黄晓兰和兰世达公司在一审时承认自己有税务问题,提交的营业流水都是非企业账户,故其并没有经营损失。综上,一审法院判决不合理,请求二审法院查清事实依法改判。

黄晓兰经本院合法传票传唤,无正当理由未到庭应诉,亦未提交书面答辩意见。

兰世达公司经本院合法传票传唤,无正当理由未到庭应诉,亦未提交书面答辩意见。

黄晓兰、兰世达公司向一审法院起诉请求:1.判令赵敏对黄晓兰和兰世达公司赔礼道歉,并以在北京市顺义区后沙峪地区方糖小区×号张贴公告,通过北京当地报纸刊登公告方式为黄晓兰和兰世达公司消除影响,恢复名誉;2.赔偿兰世达公司各项损失2万元;3.赔偿黄晓兰和兰世达公司精神损害抚慰金各5000元,总计1万元;4.诉讼费由赵敏承担。

一审法院认定事实:兰世达公司在顺义区开有一家美容店(韩式半永久),黄晓兰系该公司股东兼任美容师,并在该美容店工作。2017年1月17日16时许,赵敏陪同住小区的另一业主徐某到上述美容店做美容。黄晓兰为顾客做美容,赵敏坐在沙发上询问黄晓兰之前其在该美容店祛斑的事情,后赵敏与黄晓兰因美容服务问题发生口角,赵敏推翻了美容店桌子上的一个装有美甲物品等杂物的盒子,黄晓兰拨打报警电话,赵敏另推倒了一个美容推车并欲离开,黄晓兰抱住赵敏阻止其离开,二人撕扯在一起,后赵敏的一男性朋友赶到将二人分开,之后北京市公安局顺义分局后沙峪派出所民警也赶到现场并拍摄了出警视频。当日,黄晓兰到首都医科大学附属北京地坛医院急诊外科检查,彩色超声检查报告单检查记录显示未见异常,超声提示盆腔积液。黄晓兰为此支出检查费165元。

北京市公安局顺义分局后沙峪派出所民警与赵敏、黄晓兰、兰世达公司股东马某以及事发时在场人徐某、黄某制作了询问笔录。赵敏表示我陪邻居到涉诉美容店做美容,因之前我在此做过美容,脸做得有问题,我与黄晓兰沟通此事,对黄晓兰的答复并不满意,双方为此发生争吵,黄晓兰辱骂我,我因生气用手将桌子上一个装有指甲油等美甲物品的盒子推到地上,黄晓兰见状便报警,我看对方为这点小事报警一生气又将屋内一个装有一些消毒物品的架子推倒,后准备离开,黄晓兰挡住楼梯口阻止我走,我用脚踢了黄晓兰小腿一下,对方还是不让我走,我用身体往下挤,黄晓兰抱住我,拉扯我的衣服,我也拉扯黄晓兰的衣服,两人一起坐在楼梯上了,后我前男友赵某赶来,将两人分开,赵某没有殴打黄晓兰,警察不久也来了,在此过程中我没有损坏对方美容仪器,摔的其他东西也没有碰到美容仪,不清楚美容仪器的设备掉在地上的情况。黄晓兰表示事发当天我在个人经营的北京兰世达光电科技有限公司位于涉诉方糖小区×号房屋内给顾客做美容时来了两个顾客,一名顾客要做美容,另一名顾客坐在沙发上问我给她消斑的事情,我说自己在忙,一会再说,后对方便辱骂我,我没再说话,对方生气用手将桌子上放有美甲物品的盒子推到地上并砸在旁边的美容仪器上,之后用脚踢旁边的椅子和美容仪器,还用脚将旁边的装美容用品的推车踢倒,我因害怕躲在沙发旁边,对方过来用脚踹我的肚子两脚,我说自己肚子有伤口,但对方不听,继续用脚踹我的肚子,我蹲在地上打电话报警,对方又踹了我肚子一脚,后用手拉着我的胳膊往楼梯下拖,我当时就躺在地上了,拖到楼梯拐弯处又用手抓我的脸、手、头发,此时对方男友赶来让她松手,他没有打我,就是将二人拉开,可能用力太大,将我的手拉伤,我从楼梯上滑下来,之后没再打架,在发生纠纷过程中,美容店内的美容仪器坏了,不能工作了,具体哪个部位不清楚,美容仪的手柄掉在地上了,怎么掉的不清楚,该美容仪是被对方踹坏的,店里的窗帘拉坏了,我腿上、手上、胳膊上、脖子上、脸上、背上均有抓伤和擦伤,去医院只是看了肚子,肚子没有问题,身上的伤没有看,医生说没事,没有给写病历,也没写诊断证明,不要求做法医鉴定。徐某表示我与赵敏一起到涉诉美容店做美容,到那之后我躺在床上做美容,赵敏与黄晓兰说她之前在这消斑,越弄越严重,黄晓兰说不是她弄的,她已经给赵敏消了好多了,就因此事,她们两人吵起来,当时我躺在床上,就听到有东西掉在地上,应该是赵敏将桌上装做指甲工具的盒子推到地上了,后来还有一个架子也倒了,但具体怎么倒的没看清,后赵敏要走,黄晓兰挡着楼梯口,不让赵敏走,赵敏就往楼下冲,黄晓兰拉赵敏的衣服,抱着赵敏,不让赵敏走,赵敏也和黄晓兰撕扯,想赶紧离开,后二人都坐在楼梯附近了,之后不再撕扯,一会警察就来了,赵敏没有动手打人,只是为了离开和黄晓兰撕扯在一起,赵敏也没有接触和砸美容店的仪器,美容店的窗帘是在楼梯旁,应是二人撕扯过程中扯坏的。黄某表示事发时我正在涉诉美容店做眉毛,店里只有我和店主黄晓兰,进来两名女顾客,一名穿白色衣服的顾客进来后躺在我旁边的床上做脸,另一名穿深色衣服的顾客进来后坐在椅子上,黄晓兰给她祛斑,没几分钟,坐着的顾客就和黄晓兰吵起来,声音越来越大,后深色衣服顾客突然将桌上放做指甲工具的大盒子推翻到地上,紧接着用脚踢翻放在我旁边用来做睫毛的工具架,她做完这两个动作后准备下楼离开,但是黄晓兰不同意并报警,黄晓兰坐在二楼楼梯准备下楼的位置,用腿拦着不让深衣顾客下楼,那名顾客用一只腿迈过黄晓兰的身体,黄晓兰赶紧抱住她的腿,深衣顾客用脚踢了黄晓兰小腿或者是肚子一下,具体踢到哪个部位不确定,二人从二楼楼梯最上面一直抱着纠缠着到楼梯的中间部位,在这个过程中两人互相用手扣对方的手部,撕拽对方的衣服,这时顾客的男朋友赶到,他用手将两人分开,但是黄晓兰不松手,顾客男友一用力,黄晓兰因为一直躺在楼梯上,就悬着滑下楼梯滑了两三节,在此过程中身体又被楼梯磕碰到,顾客男友只是将二人分开,没有动手打人的动作,之后没多久警察就到现场了,在此过程中没看见深衣女子损坏美容仪器。马某表示事发时其没有在现场,事后听说的,公司的多功能美容仪、激光头、窗帘,还有一些小物件损坏了,这些小物件不值钱,多功能美容仪是公司在2016年4月从河北省花56000元购买,激光头是2016年4月左右在河北省花3000元购买,窗帘上面是金属杆,下面是布窗帘,安装时间和价格记不清了,上述物品听说是女顾客闹事时弄坏的,具体怎么坏的不清楚。2017年2月26日,经公安机关组织调解,双方未达成一致,调解不成功。2017年3月13日,北京市公安局顺义分局对赵敏作出行政处罚决定书……“现查明2017年1月17日16时,违法行为人赵敏在顺义区后沙峪地区方糖小区4单元1129号,因琐事与黄晓兰发生口角,后赵敏对黄晓兰进行殴打,被查获”……给予赵敏行政拘留三日,期限从2017年3月13日至16日。

一审庭审中,兰世达公司、黄晓兰为证明其主张,提交证据如下:1. 微信截图九张(内容显示:糖友开心群有冷静郡主发的黄晓兰在兰世达公司美容店的照片并附有文字"4单元下面商家,这个黄晓兰美容师不正规,讹诈客户,精神分裂,装疯卖傻,希望大家不要沾上这个疯子",后面有其他群内用户发信息询问的内容;方糖365便利群中有冷静郡主发的与上文类似的文字和图片,还有"@方糖4单元美甲美容韩式半永久"后附的文字:"臭××","千万别用她家那破仪器","技术和产品都不灵","脸上原来没啥斑,现在这么久还有很明显的斑,最后就是不承认,还讹我15万,说我打她了","臭××,咱走着瞧,把我脸做坏了,还会讹,你是想钱想疯了吧","一点儿法律常识都没有,找两个男的就能帮你呀,来呀,再讹个15万看看,可笑不可笑,土×"等内容),来自两个微信群,一个是糖友开心群,群主是赵敏,人数是345人,一个是方糖365便利群,群主是小区超市老板,人数是123人,赵敏于事发当天将黄晓兰移出了糖友开心群,黄晓兰朋友在这个群里有看到赵敏发损害兰世达公司和黄晓兰名誉的图片,赵敏不止一次发这些图,因为黄晓兰被移出,看不到,黄晓兰从其他朋友那里看到,朋友截图给黄晓兰,在365便利群里,2017年2月22日赵敏又发上述截图信息,此后没有了,另赵敏在她的朋友圈里也有发过,后来删除了,黄晓兰朋友在朋友圈里看到过,证明赵敏侵犯名誉权的事实。2. 黄晓兰的支付宝、微信、银行对账单、收据,兰世达公司的企业账户因税的问题一直没有用,证明兰世达公司2016年至2017年12个月的营业流水,收据是客户购买兰世达公司仪器出具的收据并签订了合同,钱是分两次转账到黄晓兰的银行卡里,其余均是微信和支付宝支付,黄晓兰的微信和支付宝账户是专门用来收取在兰世达公司做美容的客户的消费款项。3. 证人证言二份,均是兰世达公司的顾客,证明兰世达公司因赵敏的行为2017年1月17日至3月17日没有正常营业,因赵敏散播谣言,现生意严重受损。证人张某到庭并表示我在兰世达公司美容店里做过美甲,方糖小区有一个业主的微信群叫糖友开心群,大概有300多人,我是楼下咖啡店推荐加入该群的,听别人说赵敏是该群的群主,群主微信名是冷静郡主。赵敏在春节期间1月底的时候在业主微信群里又发布关于该美容店及黄晓兰的照片,说赵敏在该美容店做美容做得不好,说黄晓兰像疯子一样,群里信息太多,我不经常看,就看到赵敏发过一次,后来微信我均删除了,未留存。今年2月我联系黄晓兰做美甲,她说她在老家,一直没在北京,后来黄晓兰回来,在2月20日左右我去了该美容店,当时去的时候店里没有开业,也没有顾客,黄晓兰跟我说是因为店里被砸,机器去维修了,没有开业,所以她回老家了,2月20日左右才回来,我之前在别处做了美甲,所以当天没有在黄晓兰处做。3月时黄晓兰也没在北京,店也没有开,最近一次我去该美容店做美甲是在4月。我之前一直在该美容店做美甲,费用是通过微信红包发给黄晓兰的，觉得黄晓兰人品不错。证人当庭出示了其手机微信中有关糖友开心群的群主信息，微信号为×××---calm。对于张某的证言，兰世达公司、黄晓兰认可并表示证人不太看业主群里的消息，但是不代表赵敏只发过一次，黄晓兰之前也在该群，后来被踢出该群，无法再收到信息。

对于上述证据，赵敏均不予认可，并表示证据1截图上不是赵敏，不知道是谁发的，且赵敏现在也不在该方糖365便利群里，之前在该群赵敏微信名称是开心果，在糖友开心群里也叫开心果，之前也叫过冷静郡主，后来改了，现还在糖友开心群里，叫冷静郡主的很多，糖友开心群的群主也叫冷静郡主；证据2真实性不认可，与赵敏无关，且看不出来是兰世达公司的营业流水，应当有正常的财务；证据3不认可证人证言，赵敏在该群叫开心果，不是群主，不清楚群主的情况。赵敏表示其2016年夏天在涉诉美容店做过激光祛斑，黄晓兰承诺保证全部祛除掉，但做过两次后，发现斑越来越严重，后咨询不能在此处做了，为此与黄晓兰沟通过六七次，但对方不同意退钱，本想算了，2017年1月17日陪同另一小区业主去该美容店，又咨询了下黄晓兰此事，黄晓兰却否认赵敏在此做过祛斑，为此双方发生口角；兰世达公司的美容店是否营业与赵敏无关，该美容店不开店是常态，以前每次去都需要预约，且店里只有一个人，白天经常不开店，有时候晚上七八点开门，其他商户也可以证明；赵敏只有一个微信号，且经常换名字，也没有加过黄晓兰为好友。

经一审法院与北京市公安局顺义分局后沙峪派出所民警核实，警察表示并未提出过在行政处罚决定书作出前，美容店不能营业的要求。

黄晓兰、兰世达公司向一审法院提出调查取证申请：一、调取微信号为×××---calm（昵称为冷静郡主）的用户信息，查询该微信号申请人是否为赵敏（身份证号：×××）；二、查询微信号×××---calm（昵称为冷静郡主）与微信号×××-HL（用户姓名：黄晓兰，身份证号：×××）是否曾为微信好友关系。经一审法院与深圳市腾讯计算机系统有限公司调查核实，该公司复函：微信号---calm实名为赵敏（身份证号：×××）；微信号---calm与微信号-HL（用户名：黄晓兰，身份证号：×××）互为好友时间为2016年3月4日13:16:18。对此，黄晓兰、兰世达公司均认可，并表示该微信用户就是赵敏。对此赵敏认可该微信号是其本人的，但是在微信群中发送的有关黄晓兰、兰世达公司的信息，赵敏并不清楚，现在已经不用该微信号了。

一审法院认为，公民、法人享有名誉权，公民的人格尊严受法律保护，禁止用侮辱、诽谤等方式损害公民、法人的名誉。本案中，赵敏否认其微信号×××---calm所发的有关涉案信息是其本人所为，但就此未提证据证明，根据庭审查明情况，结合微信截屏信息内容、证人证言、一审法院自深圳市腾讯计算机系统有限公司调取的材料,一审法院认定赵敏在2017年1月17日与黄晓兰发生纠纷后,在双方共同居住的小区业主微信群中发表涉案言论并使用黄晓兰照片作为配图,对黄晓兰及兰世达公司的美容店使用了贬损性言辞,赵敏亦未提交证据证明其所发表的涉案言论的客观真实性,其将上述不当言论通过微信发至有众多小区业主的微信群,造成上述不当言论的传播,故一审法院认定赵敏在主观上具有过错。从微信群中其他用户询问的情况以及网络信息传播的便利及快捷特点看,涉案言论确易引发对黄晓兰、兰世达公司经营的美容店的猜测和误解,导致对二者负面认识和造成社会评价降低,故赵敏的行为侵犯了黄晓兰、兰世达公司的名誉权,赵敏应当就此承担民事侵权责任。行为人因过错侵害他人民事权益,应当承担侵权责任。公民、法人的名誉权受到侵害,有权要求停止侵害,恢复名誉,消除影响,赔礼道歉,并可以要求赔偿损失。现黄晓兰、兰世达公司要求赵敏基于侵犯名誉权之行为赔礼道歉,符合法律规定,一审法院予以支持,赔礼道歉的具体方式由一审法院酌情确定。关于名誉权被侵犯产生的经济损失,兰世达公司提供的证据不能证明实际经济损失数额,但兰世达公司在涉诉方糖小区经营美容店,赵敏在有众多小区业主的微信群中发表不当言论势必会给兰世达公司造成一定影响,故对兰世达公司的该项请求,一审法院综合考虑赵敏的过错程度、侵权行为内容与造成的影响、侵权持续时间、兰世达公司实际营业情况等因素酌情确定。关于黄晓兰主张的精神损害抚慰金,一审法院亦根据上述因素酌情确定具体数额。关于兰世达公司主张的精神损害抚慰金,缺乏法律依据,一审法院不予支持。综上,一审法院判决:一、赵敏于判决生效之日起七日内在顺义区房屋门口张贴致歉声明,向黄晓兰、北京兰世达光电科技有限公司赔礼道歉,张贴时间为七日,致歉内容须经法院审核;如逾期不执行上述内容,则由法院在上述地址门口全文张贴本判决书内容;二、赵敏于判决生效之日起七日内赔偿北京兰世达光电科技有限公司经济损失3000元;三、赵敏于判决生效之日起七日内赔偿黄晓兰精神损害抚慰金2000元;四、驳回黄晓兰、北京兰世达光电科技有限公司的其他诉讼请求。如果未按判决指定的期间履行给付金钱义务的,应当依照《中华人民共和国民事诉讼法》第二百五十三条之规定,加倍支付迟延履行期间的债务利息。

本院二审期间,各方当事人均未提交新证据。对一审查明的事实本院予以确认。

本院认为,名誉权是民事主体依法享有的维护自己名誉并排除他人侵害的权利。《中华人民共和国民法通则》第一百零一条规定:公民、法人享有名誉权,公民的人格尊严受法律保护,禁止用侮辱、诽谤等方式损害公民、法人的名誉。

关于赵敏上诉称其没有侵害黄晓兰和兰世达公司名誉权一节,本院认为,根据已查明的事实，赵敏与黄晓兰发生纠纷后，赵敏分别在“糖友开心群”和“方糖365便利群”发布的信息中使用了“精神分裂”“装疯卖傻”等明显带有侮辱性的言论，并使用了黄晓兰的照片作为配图，已使上述言论被两个微信群中的其他成员所知晓，上述两个微信群人数众多，该侮辱性言论及图片导致黄晓兰及兰世达公司的社会评价降低，赵敏的损害行为与黄晓兰、兰世达公司名誉受损之间存在因果关系，故赵敏的行为已经侵犯了黄晓兰、兰世达公司的名誉权。一审法院认定赵敏侵害了黄晓兰、兰世达公司名誉权正确，赵敏的该项上诉理由不能成立，不予支持。

关于赵敏上诉称兰世达公司没有经济损失一节，本院认为，《中华人民共和国民法通则》第一百二十条规定：公民的姓名权、肖像权、名誉权、荣誉权受到侵害的，有权要求停止侵害，恢复名誉，消除影响，赔礼道歉，并可以要求赔偿损失。法人的名称权、名誉权、荣誉权受到侵害的，适用前款规定。本案中，兰世达公司的经营地点在方糖小区内，而赵敏的不当言论发布在人数众多的方糖小区住户所在的微信群，势必对兰世达公司的经营造成不良影响，故一审法院判决赵敏赔偿兰世达公司经济损失3000元并无不当，应予维持。关于黄晓兰主张的精神损害抚慰金，一审法院酌情确定的数额并无不当，本院不持异议。

赵敏对微信电子证据和证人证言不予认可，但未提供证据予以证明，本院对其该项上诉理由不予采信。

综上所述，赵敏的上诉请求不能成立，应予驳回。一审判决认定事实清楚，适用法律正确，应予维持。依照《中华人民共和国民事诉讼法》第一百七十条第一款第一项规定，判决如下：

驳回上诉，维持原判。

二审案件受理费50元，由赵敏负担（已交纳）。

本判决为终审判决。

审 判 长 巴晶焱
审 判 员 李 淼
代理审判员 徐 晨
二〇一八年一月三十一日
法官助理 田 晔
书 记 员 胡 潇

最高人民法院
关于发布第27批指导性案例的通知

(2021年2月19日　法〔2021〕55号)

各省、自治区、直辖市高级人民法院,解放军军事法院,新疆维吾尔自治区高级人民法院生产建设兵团分院:

经最高人民法院审判委员会讨论决定,现将高光诉三亚天通国际酒店有限公司、海南博超房地产开发有限公司等第三人撤销之诉案等九个案例(指导案例148－156号),作为第27批指导性案例发布,供在审判类似案件时参照。

指导案例148号

高光诉三亚天通国际酒店有限公司、海南博超房地产开发有限公司等第三人撤销之诉案

(最高人民法院审判委员会讨论通过　2021年2月19日发布)

关键词　民事/第三人撤销之诉/公司法人/股东/原告主体资格

裁判要点

公司股东对公司法人与他人之间的民事诉讼生效裁判不具有直接的利益关系,不符合民事诉讼法第五十六条规定的第三人条件,其以股东身份提起第三人撤销之诉的,人民法院不予受理。

相关法条

《中华人民共和国民事诉讼法》第56条

基本案情

2005年11月3日,高光和邹某某作为公司股东(发起人)发起成立海南博超房地产开发有限公司(以下简称博超公司),高光、邹某某出资比例各占50%,邹某某任该公司执行董事、法定代表人。

2011年6月16日,博超公司、三亚南海岸旅游服务有限公司(以下简称南海岸公司)、三亚天通国际酒店有限公司(以下简称天通公司)、北京天时房地产开发有限公司(以下简称天时公司)四方共同签署了《协议书》,对位于海南省三亚市三亚湾海坡开发区的碧海华云酒店(现为天通国际酒店)的现状、投资额及酒店产权确认、酒店产权过户手续的办理、工程结算及结算资料的移交、违约责任等方面均作明确约定。2012年8月1日,天通公司以博超公司和南海岸公司为被告、天时公司为第三人向海南省高级人民法院提起合资、合作开发房地产合同纠纷之诉,提出碧海华云酒店(现为天通国际酒店)房屋所有权(含房屋占用范围内的土地使用权)归天通公司所有以及博超公司向天通公司支付违约金720万元等诉讼请求。海南省高级人民法院作出(2012)琼民一初字第3号民事判决,支持了天通公司的诉讼请求,判决作出后,各方当事人均未提出上诉。

2012年8月28日,高光以博超公司经营管理发生严重困难,继续存续将会使股东利益遭受重大损失为由起诉请求解散公司。2013年9月12日,海南省海口市中级人民法院作出(2013)海中法民二初字第5号民事判决,判决解散博超公司。博超公司不服该判决,提出上诉。2013年12月19日,海南省高级人民法院就该案作出(2013)琼民二终字第35号民事判决,判决驳回上诉,维持原判。2014年9月18日,海口市中级人民法院指定海南天皓律师事务所担任博超公司管理人,负责博超公司的清算。

2015年4月20日,博超公司管理人以天通公司、天时公司、南海岸公司为被告,向海南省高级人民法院起诉:请求确认博超公司于2011年6月16日签订的《协议书》无效,将位于海南省三亚市三亚湾路海坡度假区15370.84平方米的土地使用权及29851.55平方米的地上建筑物返还过户登记至博超公司管理人名下。海南省高级人民法院裁定驳回了博超公司管理人的起诉。诉讼过程中,天时公司、天通公司收到该案诉讼文书后与博超公司管理人联系并向其提供了(2012)琼民一初字第3号民事判决的复印件。高光遂据此向海南省高级人民法院就(2012)琼民一初字第3号民事判决提起本案第三人撤销之诉。

裁判结果

海南省高级人民法院于2016年8月23日作出(2015)琼民一初字第43号民事裁定书,驳回原告高光的起诉。高光不服,提起上诉。最高人民法院于2017年6月22日作出(2017)最高法民终63号民事裁定书,驳回上诉,维持原裁定。

裁判理由

最高人民法院认为:本案系高光针对已生效的海南省高级人民法院(2012)琼民一初字第3号民事判决而提起的第三人撤销之诉。第三人撤销之诉制度的设置功能,主要是为了保护受错误生效裁判损害的未参加原诉的第三人的合法权益。由于第三人本人以外的原因未能参加原诉,导致人民法院作出了错误裁判,在这种情形下,法律赋予本应参加原诉的第三人有权通过另诉的方式撤销原生效裁判。因此,提起第三人撤销之诉的主体必须符合本应作为第三人参加原诉的身份条件。本案中,高光不符合以第三人身份参加该案诉讼的条件。

1. 高光对(2012)琼民一初字第3号民事判决案件的诉讼标的没有独立请求权,不属于该案有独立请求权的第三人。有独立请求权的第三人,是指对当事人之间争议的诉讼标的,有权以独立的实体权利人的资格提出诉讼请求的主体。在(2012)琼民一初字第3号民事判决案件中,天通公司基于其与博超公司订立的《协议书》提出各项诉讼请求,海南省高级人民法院基于《协议书》的约定进行审理并作出判决。高光只是博超公司的股东之一,并不是《协议书》的合同当事人一方,其无权基于该协议约定提出诉讼请求。

2. 高光不属于(2012)琼民一初字第3号民事判决案件无独立请求权的第三人。无独立请求权的第三人,是指虽然对当事人双方的诉讼标的没有独立请求权,但案件处理结果同他有法律上的利害关系的主体。第三人同案件处理结果存在的法律上的利害关系,可能是直接的,也可能是间接的。本案中,(2012)琼民一初字第3号民事判决只确认了博超公司应承担的法律义务,未判决高光承担民事责任,故高光与(2012)琼民一初字第3号民事判决的处理结果并不存在直接的利害关系。关于是否存在间接利害关系的问题。通常来说,股东和公司之间系天然的利益共同体。公司股东对公司财产享有资产收益权,公司的对外交易活动、民事诉讼的胜败结果一般都会影响到公司的资产情况,从而间接影响到股东的收益权利。从这个角度看,股东与公司进行的民事诉讼的处理结果具有法律上的间接利害关系。但是,由于公司利益和股东利益具有一致性,公司对外活动应推定为股东整体意志的体现,公司在诉讼活动中的主张也应认定为代表股东的整体利益。因此,虽然公司诉讼的处理结果会间接影响到股东的利益,但股东的利益和意见已经在诉讼过程中由公司所代表和表达,则不应再追加股东作为第三人参加诉讼。本案中,虽然高光是博超公司的股东，但博超公司与南海岸公司、天时公司、天通公司的诉讼活动中，股东的意见已为博超公司所代表，则作为股东的高光不应再以无独立请求权的第三人身份参加该案诉讼。至于不同股东之间的分歧所导致的利益冲突，应由股东与股东之间、股东与公司之间依法另行处理。

（生效裁判审判人员：王毓莹、曹　刚、钱小红）

指导案例 149 号

长沙广大建筑装饰有限公司诉中国工商银行股份有限公司广州粤秀支行、林传武、长沙广大建筑装饰有限公司广州分公司等第三人撤销之诉案

（最高人民法院审判委员会讨论通过　2021 年 2 月 19 日发布）

关键词　民事/第三人撤销之诉/公司法人/分支机构/原告主体资格

裁判要点

公司法人的分支机构以自己的名义从事民事活动，并独立参加民事诉讼，人民法院判决分支机构对外承担民事责任，公司法人对该生效裁判提起第三人撤销之诉的，其不符合民事诉讼法第五十六条规定的第三人条件，人民法院不予受理。

相关法条

《中华人民共和国民事诉讼法》第 56 条

《中华人民共和国民法总则》* 第 74 条第 2 款

基本案情

2011 年 7 月 12 日，林传武与中国工商银行股份有限公司广州粤秀支行（以下

* 现已失效。——编者注

简称工商银行粤秀支行)签订《个人借款/担保合同》。长沙广大建筑装饰有限公司广州分公司(以下简称长沙广大广州分公司)出具《担保函》,为林传武在工商银行粤秀支行的贷款提供连带责任保证。后因林传武欠付款项,工商银行粤秀支行向法院起诉林传武、长沙广大广州分公司等,请求林传武偿还欠款本息,长沙广大广州分公司承担连带清偿责任。此案经广东省广州市天河区人民法院一审、广州市中级人民法院二审,判令林传武清偿欠付本金及利息等,其中一项为判令长沙广大广州分公司对林传武的债务承担连带清偿责任。

2017年,长沙广大建筑装饰有限公司(以下简称长沙广大公司)向广州市中级人民法院提起第三人撤销之诉,以生效判决没有将长沙广大公司列为共同被告参与诉讼,并错误认定《担保函》性质,导致长沙广大公司无法主张权利,请求撤销广州市中级人民法院作出的(2016)粤01民终第15617号民事判决。

裁判结果

广州市中级人民法院于2017年12月4日作出(2017)粤01民撤10号民事裁定:驳回原告长沙广大建筑装饰有限公司的起诉。宣判后,长沙广大建筑装饰有限公司提起上诉。广东省高级人民法院于2018年6月22日作出(2018)粤民终1151号民事裁定:驳回上诉,维持原裁定。

裁判理由

法院生效裁判认为:民事诉讼法第五十六条规定:“对当事人双方的诉讼标的,第三人认为有独立请求权的,有权提起诉讼。对当事人双方的诉讼标的,第三人虽然没有独立请求权,但案件处理结果同他有法律上的利害关系的,可以申请参加诉讼,或者由人民法院通知他参加诉讼。人民法院判决承担民事责任的第三人,有当事人的诉讼权利义务。前两款规定的第三人,因不能归责于本人的事由未参加诉讼,但有证据证明发生法律效力的判决、裁定、调解书的部分或者全部内容错误,损害其民事权益的,可以自知道或者应当知道其民事权益受到损害之日起六个月内,向作出该判决、裁定、调解书的人民法院提起诉讼……”依据上述法律规定,提起第三人撤销之诉的“第三人”是指有独立请求权的第三人,或者案件处理结果同他有法律上的利害关系的无独立请求权第三人,但不包括当事人双方。在已经生效的(2016)粤01民终第15617号案件中,被告长沙广大广州分公司系长沙广大公司的分支机构,不是法人,但其依法设立并领取工商营业执照*,具有一定的运营资金和在核准的经营范围内经营业务的行为能力。根据民法总则第七十四条第二款“分

---

* 现为营业执照。——编者注

支机构以自己的名义从事民事活动，产生的民事责任由法人承担；也可以先以该分支机构管理的财产承担，不足以承担的，由法人承担”的规定，长沙广大公司在(2016)粤01民终第15617号案件中，属于承担民事责任的当事人，其诉讼地位不是民事诉讼法第五十六条规定的第三人。因此，长沙广大公司以第三人的主体身份提出本案诉讼不符合第三人撤销之诉的法定适用条件。

（生效裁判审判人员：江　萍、苏大清、王晓琴）

指导案例150号

中国民生银行股份有限公司温州分行诉浙江山口建筑工程有限公司、青田依利高鞋业有限公司第三人撤销之诉案

（最高人民法院审判委员会讨论通过　2021年2月19日发布）

关键词　民事/第三人撤销之诉/建设工程价款优先受偿权/抵押权/原告主体资格

裁判要点

建设工程价款优先受偿权与抵押权指向同一标的物，抵押权的实现因建设工程价款优先受偿权的有无以及范围大小受到影响的，应当认定抵押权的实现同建设工程价款优先受偿权案件的处理结果有法律上的利害关系，抵押权人对确认建设工程价款优先受偿权的生效裁判具有提起第三人撤销之诉的原告主体资格。

相关法条

《中华人民共和国民事诉讼法》第56条

基本案情

中国民生银行股份有限公司温州分行（以下简称温州民生银行）因与青田依利高鞋业有限公司（以下简称青田依利高鞋业公司）、浙江依利高鞋业有限公司等金

融借款合同纠纷一案诉至浙江省温州市中级人民法院(以下简称温州中院),温州中院判令:一、浙江依利高鞋业有限公司于判决生效之日起十日内偿还温州民生银行借款本金5690万元及期内利息、期内利息复利、逾期利息;二、如浙江依利高鞋业有限公司未在上述第一项确定的期限内履行还款义务,温州民生银行有权以拍卖、变卖被告青田依利高鞋业公司提供抵押的坐落于青田县船寮镇赤岩工业区的房产及工业用地的所得价款优先受偿……上述判决生效后,因该案各被告未在判决确定的期限内履行义务,温州民生银行向温州中院申请强制执行。

在执行过程中,温州民生银行于2017年2月28日获悉,浙江省青田县人民法院向温州中院发出编号为(2016)浙1121执2877号的《参与执行分配函》,以(2016)浙1121民初1800号民事判决为依据,要求温州中院将该判决确认的浙江山口建筑工程有限公司(以下简称山口建筑公司)对青田依利高鞋业公司享有的559.3万元建设工程款债权优先于抵押权和其他债权受偿,对坐落于青田县船寮镇赤岩工业区的建设工程项目折价或拍卖所得价款优先受偿。

温州民生银行认为案涉建设工程于2011年10月21日竣工验收合格,但山口建筑公司直至2016年4月20日才向法院主张优先受偿权,显然已超过了六个月的期限,故请求撤销(2016)浙1121民初1800号民事判决,并确认山口建筑公司就案涉建设工程项目折价、拍卖或变卖所得价款不享有优先受偿权。

裁判结果

浙江省云和县人民法院于2017年12月25日作出(2017)浙1125民撤1号民事判决:一、撤销浙江省青田县人民法院(2016)浙1121民初1800号民事判决书第一项;二、驳回原告中国民生银行股份有限公司温州分行的其他诉讼请求。一审宣判后,浙江山口建筑工程有限公司不服,向浙江省丽水市中级人民法院提起上诉。丽水市中级人民法院于2018年4月25日作出(2018)浙11民终446号民事判决书,判决驳回上诉,维持原判。浙江山口建筑工程有限公司不服,向浙江省高级人民法院申请再审。浙江省高级人民法院于2018年12月14日作出(2018)浙民申3524号民事裁定书,驳回浙江山口建筑工程有限公司的再审申请。

裁判理由

法院生效裁判认为:第三人撤销之诉的审理对象是原案生效裁判,为保障生效裁判的权威性和稳定性,第三人撤销之诉的立案审查相比一般民事案件更加严格。正如山口建筑公司所称,《最高人民法院关于适用〈中华人民共和国民事诉讼法〉的解释》第二百九十二条规定,第三人提起撤销之诉的,应当提供存在发生法律效力的判决、裁定、调解书的全部或者部分内容错误情形的证据材料,即在受理阶段需对原生效裁判内容是否存在错误从证据材料角度进行一定限度的实质审查。但前述司法解释规定本质上仍是对第三人撤销之诉起诉条件的规定，起诉条件与最终实体判决的证据要求存在区别，前述司法解释规定并不意味着第三人在起诉时就要完成全部的举证义务，第三人在提起撤销之诉时应对原案判决可能存在错误并损害其民事权益的情形提供初步证据材料加以证明。温州民生银行提起撤销之诉时已经提供证据材料证明自己是同一标的物上的抵押权人，山口建筑公司依据原案生效判决第一项要求参与抵押物折价或者拍卖所得价款的分配将直接影响温州民生银行债权的优先受偿，而且山口建筑公司自案涉工程竣工验收至提起原案诉讼远远超过六个月期限，山口建筑公司主张在六个月内行使建设工程价款优先权时并未采取起诉、仲裁等具备公示效果的方式。因此，从起诉条件审查角度看，温州民生银行已经提供初步证据证明原案生效判决第一项内容可能存在错误并将损害其抵押权的实现。其提起诉讼要求撤销原案生效判决主文第一项符合法律规定的起诉条件。

（生效裁判审判人员：刘国华、谢静华、沈　伟）

指导案例 151 号

台州德力奥汽车部件制造有限公司诉浙江建环机械有限公司管理人浙江安天律师事务所、中国光大银行股份有限公司台州温岭支行第三人撤销之诉案

（最高人民法院审判委员会讨论通过　2021 年 2 月 19 日发布）

关键词　民事/第三人撤销之诉/破产程序/个别清偿行为/原告主体资格

裁判要点

在银行承兑汇票的出票人进入破产程序后，对付款银行于法院受理破产申请前六个月内从出票人还款账户划扣票款的行为，破产管理人提起请求撤销个别清偿行为之诉，法院判决予以支持的，汇票的保证人与该生效判决具有法律上的利害

关系,具有提起第三人撤销之诉的原告主体资格。

相关法条

《中华人民共和国民事诉讼法》第56条

基本案情

2014年3月21日,中国光大银行股份有限公司台州温岭支行(以下简称光大银行温岭支行)分别与浙江建环机械有限公司(以下简称建环公司)、台州德力奥汽车部件制造有限公司(以下简称德力奥公司)等签订《综合授信协议》《最高额保证合同》,约定光大银行温岭支行在2014年4月1日至2015年3月31日向建环公司提供最高额520万元的授信额度,德力奥公司等为该授信协议项下最高本金余额520万元提供连带责任保证。2014年4月2日,光大银行温岭支行与建环公司签订《银行承兑协议》,建环公司提供50%保证金(260万元),光大银行温岭支行向建环公司出具承兑汇票520万元,汇票到期日为2014年10月2日。2014年10月2日,陈某1将260万元汇至陈某2兴业银行的账户,然后陈某2将260万元汇至其在光大银行温岭支行的账户,再由陈某2将260万元汇至建环公司在光大银行温岭支行的还款账户。2014年10月8日,光大银行温岭支行在建环公司的上述账户内扣划2563430.83元,并陆续支付持票人承兑汇票票款共37笔,合计520万元。

2015年1月4日,浙江省玉环县人民法院受理建环公司的破产重整申请,并指定浙江安天律师事务所担任管理人(以下简称建环公司管理人)。因重整不成,浙江省玉环县人民法院裁定终结建环公司的重整程序并宣告其破产清算。2016年10月13日,建环公司管理人提起请求撤销个别清偿行为之诉,浙江省玉环县人民法院于2017年1月10日作出(2016)浙1021民初7201号民事判决,判令光大银行温岭支行返还建环公司管理人2563430.83元及利息损失。光大银行温岭支行不服提起上诉,浙江省台州市中级人民法院于2017年7月10日作出(2016)浙10民终360号二审判决:驳回上诉,维持原判。

2018年1月,光大银行温岭支行因保证合同纠纷一案将德力奥公司等诉至温岭市人民法院。原、被告均不服一审判决,上诉至台州市中级人民法院,二审判决德力奥公司等连带偿还光大银行温岭支行垫付款本金及利息等。

德力奥公司遂向台州市中级人民法院起诉撤销浙江省玉环县人民法院(2016)浙1021民初7201号民事判决第一项及台州市中级人民法院(2016)浙10民终360号民事判决。

裁判结果

台州市中级人民法院于2019年3月15日作出(2018)浙10民撤2号民事判

决:驳回原告台州德力奥汽车部件制造有限公司的诉讼请求。台州德力奥汽车部件制造有限公司不服,上诉至浙江省高级人民法院。浙江省高级人民法院于2019年7月15日作出(2019)浙民终330号民事判决:一、撤销台州市中级人民法院(2018)浙10民撤2号民事判决;二、撤销台州市中级人民法院(2016)浙10民终360号民事判决和浙江省玉环县人民法院(2016)浙1021民初7201号民事判决第一项"限被告中国光大银行股份有限公司台州温岭支行于判决生效后一个月内返还原告浙江建环机械有限公司管理人浙江安天律师事务所人民币2563430.83元,并从2016年10月13日起按中国人民银行规定的同期同类贷款基准利率赔偿利息损失";三、改判浙江省玉环县人民法院(2016)浙1021民初7201号民事判决第二项"驳回原告浙江建环机械有限公司管理人浙江安天律师事务所的其余诉讼请求"为"驳回原告浙江建环机械有限公司管理人浙江安天律师事务所的全部诉讼请求";四、驳回台州德力奥汽车部件制造有限公司的其他诉讼请求。浙江建环机械有限公司管理人浙江安天律师事务所不服,向最高人民法院申请再审。最高人民法院于2020年5月27日作出(2020)最高法民申2033号民事裁定:驳回浙江建环机械有限公司管理人浙江安天律师事务所的再审申请。

裁判理由

最高人民法院认为:关于德力奥公司是否有权提起第三人撤销之诉的问题。若案涉汇票到期前建环公司未能依约将票款足额存入其在光大银行温岭支行的账户,基于票据无因性以及光大银行温岭支行作为银行承兑汇票的第一责任人,光大银行温岭支行须先行向持票人兑付票据金额,然后再向出票人(本案即建环公司)追偿,德力奥公司依约亦须承担连带偿付责任。由于案涉汇票到期前,建环公司依约将票款足额存入了其在光大银行温岭支行的账户,光大银行温岭支行向持票人兑付了票款,故不存在建环公司欠付光大银行温岭支行票款的问题,德力奥公司亦就无须承担连带偿付责任。但是,由于建环公司破产管理人针对建环公司在汇票到期前向其在光大银行温岭支行账户的汇款行为提起请求撤销个别清偿行为之诉,若建环公司破产管理人的诉求得到支持,德力奥公司作为建环公司申请光大银行温岭支行开具银行承兑汇票的保证人即要承担连带还款责任,故原案的处理结果与德力奥公司有法律上的利害关系,应当认定德力奥公司属于民事诉讼法第五十六条规定的无独立请求权第三人。

(生效裁判审判人员:贾清林、杨　春、王成慧)

指导案例 152 号

鞍山市中小企业信用担保中心诉汪薇、鲁金英第三人撤销之诉案

(最高人民法院审判委员会讨论通过 2021 年 2 月 19 日发布)

关键词 民事/第三人撤销之诉/撤销权/原告主体资格

裁判要点

债权人申请强制执行后,被执行人与他人在另外的民事诉讼中达成调解协议,放弃其取回财产的权利,并大量减少债权,严重影响债权人债权实现,符合合同法第七十四条规定的债权人行使撤销权条件的,债权人对民事调解书具有提起第三人撤销之诉的原告主体资格。

相关法条

《中华人民共和国民事诉讼法》第 56 条

《中华人民共和国合同法》* 第 74 条

基本案情

2008 年 12 月,鞍山市中小企业信用担保中心(以下简称担保中心)与台安县农村信用合作社黄沙坨信用社(以下简称黄沙坨信用社)签订保证合同,为汪薇经营的鞍山金桥生猪良种繁育养殖厂(以下简称养殖厂)在该信用社的贷款提供连带责任担保。汪薇向担保中心出具一份个人连带责任保证书,为借款人的债务提供反担保。后因养殖厂及汪薇没有偿还贷款,担保中心于 2010 年 4 月向黄沙坨信用社支付代偿款 2973197.54 元。2012 年担保中心以养殖厂、汪薇等为被告起诉至铁东区人民法院,要求养殖厂及汪薇等偿还代偿款。辽宁省鞍山市铁东区人民法院于 2013 年 6 月作出判决:(一)汪薇于该判决书生效之日起十五日内给付担保中心代偿银行欠款 2973197.54 元及银行利息;(二)张某某以其已办理的抵押房产对前款判项中的本金及利息承担抵押担保责任;(三)驳回担保中心的其他诉讼请求。该

* 现已失效。——编者注

判决已经发生法律效力。

2010年12月汪薇将养殖厂转让给鲁金英，转让费450万元，约定合同签订后立即给付163万余元，余款于2011年12月1日全部给付。如鲁金英不能到期付款，养殖厂的所有资产仍归汪薇，首付款作违约金归汪薇所有。合同签订后，鲁金英支付了约定的首付款。汪薇将养殖厂交付鲁金英，但鲁金英未按约定支付剩余转让款。2014年1月，铁东区人民法院基于担保中心的申请，从鲁金英处执行其欠汪薇资产转让款30万元，将该款交给了担保中心。

汪薇于2013年11月起诉鲁金英，请求判令养殖厂的全部资产归其所有；鲁金英承担违约责任。辽宁省鞍山市中级人民法院经审理认为，汪薇与鲁金英签订的《资产转让合同书》合法有效，鲁金英未按合同约定期限支付余款构成违约。据此作出（2013）鞍民三初字第66号民事判决：1. 鲁金英将养殖厂的资产归还汪薇所有；2. 鲁金英赔偿汪薇实际损失及违约金1632573元。其中应扣除鲁金英代汪薇偿还的30万元，实际履行中由汪薇给付鲁金英30万元。鲁金英向辽宁省高级人民法院提起上诉。该案二审期间，汪薇和鲁金英自愿达成调解协议。辽宁省高级人民法院于2014年8月作出（2014）辽民二终字第00183号民事调解书予以确认。调解协议主要内容为养殖厂归鲁金英所有，双方同意将原转让款450万元变更为3132573元，鲁金英已给付汪薇1632573元，再给付150万元，不包括鲁金英已给付担保中心的30万元等。

鲁金英依据调解书向担保中心、执行法院申请回转已被执行的30万元，担保中心知悉汪薇和鲁金英买卖合同纠纷诉讼及调解书内容，随即提起本案第三人撤销之诉。

裁判结果

辽宁省高级人民法院于2017年5月23日作出（2016）辽民撤8号民事判决：一、撤销辽宁省高级人民法院（2014）辽民二终字第00183号民事调解书和鞍山市中级人民法院（2013）鞍民三初字第66号民事判决书；二、被告鲁金英于判决生效之日起十日内，将金桥生猪良种繁育养殖厂的资产归还被告汪薇所有；三、被告鲁金英已给付被告汪薇的首付款1632573元作为实际损失及违约金赔偿汪薇，但应从中扣除代替汪薇偿还担保中心的30万元，即实际履行中由汪薇给付鲁金英30万元。鲁金英不服，提起上诉。最高人民法院于2018年5月30日作出（2017）最高法民终626号民事判决：一、维持辽宁省高级人民法院（2016）辽民撤8号民事判决第一项；二、撤销辽宁省高级人民法院（2016）辽民撤8号民事判决第二项、第三项；三、驳回鞍山市中小企业信用担保中心的其他诉讼请求。

裁判理由

最高人民法院判决认为，本案中，虽然担保中心与汪薇之间基于贷款代偿形成的债权债务关系,与汪薇和鲁金英之间因转让养殖厂形成的买卖合同关系属两个不同法律关系,但是,汪薇系为创办养殖厂与担保中心形成案涉债权债务关系,与黄沙坨信用社签订借款合同的主体亦为养殖厂,故汪薇和鲁金英转让的养殖厂与担保中心对汪薇债权的形成存在关联关系。在汪薇与鲁金英因养殖厂转让发生纠纷提起诉讼时,担保中心对汪薇的债权已经生效民事判决确认并已进入执行程序。在该案诉讼及判决执行过程中,铁东区人民法院已裁定冻结了汪薇对养殖厂(投资人鲁金英)的到期债权。鲁金英亦已向铁东区人民法院确认其欠付汪薇转让款及数额,同意通过法院向担保中心履行,并已实际给付了30万元。铁东区人民法院也对养殖厂的相关财产予以查封冻结,并向养殖厂送达了协助执行通知书。故汪薇与鲁金英因养殖厂资产转让合同权利义务的变化与上述对汪薇财产的执行存在直接牵连关系,并可能影响担保中心的利益。合同法第七十四条规定:……"债务人以明显不合理的低价转让财产,对债权人造成损害,并且受让人知道该情形的,债权人也可以请求人民法院撤销债务人的行为……"因本案汪薇和鲁金英系在诉讼中达成以3132573元交易价转让养殖厂的协议,该协议经人民法院作出(2014)辽民二终字第00183号民事调解书予以确认并已发生法律效力。在此情形下,担保中心认为汪薇与鲁金英该资产转让行为符合合同法第七十四条规定的情形,却无法依据合同法第七十四条规定另行提起诉讼行使撤销权。故本案担保中心与汪薇之间虽然属于债权债务关系,但基于担保中心对汪薇债权形成与汪薇转让的养殖厂之间的关联关系,法院对汪薇因养殖厂转让形成的到期债权在诉讼和执行程序中采取的保全和执行措施使汪薇与鲁金英买卖合同纠纷案件处理结果对担保中心利益产生的影响,以及担保中心主张受损害的民事权益因(2014)辽民二终字第00183号民事调解书而存在根据合同法第七十四条提起撤销权诉讼障碍等本案基本事实,可以认定汪薇和鲁金英买卖合同纠纷案件处理结果与担保中心具有法律上的利害关系,担保中心有权提起本案第三人撤销之诉。

(生效裁判审判人员:董　华、万　挺、武建华)

指导案例153号

永安市燕诚房地产开发有限公司诉郑耀南、远东（厦门）房地产发展有限公司等第三人撤销之诉案

（最高人民法院审判委员会讨论通过 2021年2月19日发布）

关键词 民事/第三人撤销之诉/财产处分行为

裁判要点

债权人对确认债务人处分财产行为的生效裁判提起第三人撤销之诉的，在出现债务人进入破产程序、无财产可供执行等影响债权人债权实现的情形时，应当认定债权人知道或者应当知道该生效裁判损害其民事权益，提起诉讼的六个月期间开始起算。

相关法条

《中华人民共和国民事诉讼法》第56条

基本案情

2003年5月，福建省高级人民法院受理郑耀南诉远东（厦门）房地产发展有限公司（以下简称远东厦门公司）借款纠纷一案。2003年6月2日，该院作出（2003）闽民初字第2号民事调解书，确认远东厦门公司共结欠郑耀南借款本息共计人民币123129527.72元，之后的利息郑耀南自愿放弃；如果远东厦门公司未按还款计划返还任何一期欠款，郑耀南有权要求提前清偿所有未返还欠款。远东厦门公司由在香港注册的远东房地产发展有限公司（以下简称香港远东公司）独资设立，法定代表人为张琼月。雷远思为永安市燕诚房地产开发有限公司（以下简称燕诚公司）法定代表人。张琼月与雷远思同为香港远东公司股东、董事，各持香港远东公司50%股份。雷远思曾向福建省人民检察院申诉，该院于2003年8月19日向福建省高级人民法院发出检察建议书，建议对（2003）闽民初字第2号案件依法再审。福建省高级人民法院向福建省公安厅出具犯罪线索移送函，认为郑耀南与张琼月涉嫌恶意串通侵占远东厦门公司资产，进而损害香港远东公司的合法权益。

2015 年 4 月 8 日,郑耀南与高某珍签订债权转让协议书并进行了公证,约定把(2003)闽民初字第 2 号民事调解书项下的全部债权转让给高某珍;截至协议签订之日,债权转让的对价已支付完毕;协议签署后,高某珍可以自己名义直接向远东厦门公司主张上述全部债权权益,享有合法的债权人权益。2015 年 4 月 10 日,远东厦门公司声明知悉债权转让事宜。

2015 年 12 月 21 日,福建省厦门市中级人民法院裁定受理案外人对远东厦门公司的破产清算申请,并指定福建英合律师事务所为破产管理人。破产管理人于 2016 年 3 月 15 日向燕诚公司发出《远东厦门公司破产一案告知函》,告知远东厦门公司债权人查阅债权申报材料事宜,其中破产管理人目前接受的债权申报信息统计如下……5. 燕诚公司申报 14158920 元;6. 高某珍申报 312294743. 65 元;合计 725856487. 91 元。如债权人在查阅债权申报材料后,对他人申报的债权有异议,请于 3 月 18 日前向破产管理人书面提出。

燕诚公司以(2003)闽民初字第 2 号案件是当事人恶意串通转移资产的虚假诉讼、影响其作为破产债权人的利益为由,向福建省高级人民法院提交诉状请求撤销(2003)闽民初字第 2 号民事调解书。

裁判结果

福建省高级人民法院于 2017 年 7 月 31 日作出(2016)闽民撤 6 号民事裁定书,驳回永安市燕诚房地产开发有限公司的起诉。永安市燕诚房地产开发有限公司不服一审裁定,向最高人民法院提起上诉。最高人民法院于 2018 年 9 月 21 日作出(2017)最高法民终 885 号民事裁定:(1)撤销福建省高级人民法院(2016)闽民撤 6 号民事裁定;(2)指令福建省高级人民法院审理。

裁判理由

最高人民法院认为:根据民事诉讼法第五十六条第三款的规定,第三人可以自知道或者应当知道其民事权益受到损害之日起六个月内,向人民法院提起诉讼。该六个月起诉期间的起算点,为当事人知道或者应当知道其民事权益受到损害之日。本案中,在远东厦门公司有足够资产清偿所有债务的前提下,(2003)闽民初字第 2 号民事调解书对燕诚公司债权的实现没有影响;在远东厦门公司正常生产经营的情况下,亦难以确定(2003)闽民初字第 2 号民事调解书会对燕城公司的债权造成损害。但是,在远东厦门公司因不能足额清偿所欠全部债务而进入破产程序,燕诚公司、郑耀南债权的受让人高某珍均系其破产债权人,且高某珍依据(2003)闽民初字第 2 号民事调解书申报债权的情况下,燕诚公司破产债权的实现程度会因高某珍破产债权所依据的(2003)闽民初字第 2 号民事调解书而受到损害,故应认定燕诚公司在获知远东厦门公司进入破产程序的信息后才会知道或者应当知道其民事权益受到损害。燕诚公司于2016年3月15日签收破产管理人制作的有关债权人申报材料,其于2016年9月12日向福建省高级人民法院提交诉状请求撤销(2003)闽民初字第2号民事调解书,未超过六个月的起诉期间。虽然燕诚公司时任总经理雷远思于2003年7月就(2003)闽民初字第2号案件提出过申诉,但其系以香港远东公司股东、董事以及远东厦门公司董事、总经理的身份为保护远东厦门公司的利益而非燕诚公司的债权提出的申诉,且此时燕诚公司是否因(2003)闽民初字第2号民事调解书而遭受损害并不确定,也就不存在其是否知道或者应当知道,进而依照民事诉讼法第五十六条第三款的规定起算六个月起诉期间的问题。

(生效裁判审判人员:王旭光、周伦军、马东旭)

指导案例154号

王四光诉中天建设集团有限公司、白山和丰置业有限公司案外人执行异议之诉案

(最高人民法院审判委员会讨论通过 2021年2月19日发布)

关键词 民事/案外人执行异议之诉/与原判决、裁定无关/建设工程价款优先受偿权

裁判要点

在建设工程价款强制执行过程中,房屋买受人对强制执行的房屋提起案外人执行异议之诉,请求确认其对案涉房屋享有可以排除强制执行的民事权益,但不否定原生效判决确认的债权人所享有的建设工程价款优先受偿权的,属于民事诉讼法第二百二十七条规定的“与原判决、裁定无关”的情形,人民法院应予依法受理。

相关法条

《中华人民共和国民事诉讼法》第227条

基本案情

2016年10月29日,吉林省高级人民法院就中天建设集团公司(以下简称中天公司)起诉白山和丰置业有限公司(以下简称和丰公司)建设工程施工合同纠纷一案作出(2016)吉民初19号民事判决:和丰公司支付中天公司工程款42746020元及利息,设备转让款23万元,中天公司可就春江花园B1、B2、B3、B4栋及B区16、17、24栋折价、拍卖款优先受偿。判决生效后,中天公司向吉林省高级人民法院申请执行上述判决,该院裁定由吉林省白山市中级人民法院执行。2017年11月10日,吉林省白山市中级人民法院依中天公司申请作出(2017)吉06执82号(之五)执行裁定,查封春江花园B1、B2、B3、B4栋的11××-××号商铺。

王四光向吉林省白山市中级人民法院提出执行异议,吉林省白山市中级人民法院于2017年11月24日作出(2017)吉06执异87号执行裁定,驳回王四光的异议请求。此后,王四光以其在查封上述房屋之前已经签订书面买卖合同并占有使用该房屋为由,向吉林省白山市中级人民法院提起案外人执行异议之诉,请求法院判令:依法解除查封,停止执行王四光购买的白山市浑江区春江花园B1、B2、B3、B4栋的11××-××号商铺。

2013年11月26日,和丰公司(出卖人)与王四光(买受人)签订《商品房买卖合同》,约定:出卖人以出让方式取得位于吉林省白山市星泰桥北的土地使用权,出卖人经批准在上述地块上建设商品房春江花园;买受人购买的商品房为预售商品房……买受人按其他方式按期付款,其他方式为买受人已付清总房款的50%以上,剩余房款10日内通过办理银行按揭贷款的方式付清;出卖人应当在2014年12月31日前按合同约定将商品房交付买受人;商品房预售的,自该合同生效之日起30天内,由出卖人向产权处申请登记备案。

2014年2月17日,贷款人(抵押权人)招商银行股份有限公司、借款人王四光、抵押人王四光、保证人和丰公司共同签订《个人购房借款及担保合同》,合同约定抵押人愿意以其从售房人处购买的该合同约定的房产的全部权益抵押给贷款人,作为偿还该合同项下贷款本息及其他一切相关费用的担保。2013年11月26日,和丰公司向王四光出具购房收据。白山市不动产登记中心出具的不动产档案查询证明显示:抵押人王四光以不动产权证号为白山房权证白BQ字第××××××号,建筑面积5339.04平方米的房产为招商银行股份有限公司通化分行设立预购商品房抵押权预告。2013年8月23日,涉案商铺在产权部门取得商品房预售许可证,并办理了商品房预售许可登记。2018年12月26日,吉林省电力有限公司白山供电公司出具历月电费明细,显示春江花园B1-4号门市2017年1月至2018年2月用电情况。

白山市房屋产权管理中心出具的《查询证明》载明："经查询，白山和丰置业有限公司B－1、2、3、4#楼在2013年8月23日已办理商品房预售许可登记。没有办理房屋产权初始登记，因开发单位未到房屋产权管理中心申请办理。"

裁判结果

吉林省白山市中级人民法院于2018年4月18日作出（2018）吉06民初12号民事判决：一、不得执行白山市浑江区春江花园B1、B2、B3、B4栋11××－××号商铺；二、驳回王四光其他诉讼请求。中天建设集团公司不服一审判决向吉林省高级人民法院提起上诉。吉林省高级人民法院于2018年9月4日作出（2018）吉民终420号民事裁定：一、撤销吉林省白山市中级人民法院（2018）吉06民初12号民事判决；二、驳回王四光的起诉。王四光对裁定不服，向最高人民法院申请再审。最高人民法院于2019年3月28日作出（2019）最高法民再39号民事裁定：一、撤销吉林省高级人民法院（2018）吉民终420号民事裁定；二、指令吉林省高级人民法院对本案进行审理。

裁判理由

最高人民法院认为，根据王四光在再审中的主张，本案再审审理的重点是王四光提起的执行异议之诉是否属于民事诉讼法第二百二十七条规定的案外人的执行异议"与原判决、裁定无关"的情形。

根据民事诉讼法第二百二十七条规定的文义，该条法律规定的案外人的执行异议"与原判决、裁定无关"是指案外人提出的执行异议不含有其认为原判决、裁定错误的主张。案外人主张排除建设工程价款优先受偿权的执行与否定建设工程价款优先受偿权权利本身并非同一概念。前者是案外人在承认或至少不否认对方权利的前提下，对两种权利的执行顺位进行比较，主张其根据有关法律和司法解释的规定享有的民事权益可以排除他人建设工程价款优先受偿权的执行；后者是从根本上否定建设工程价款优先受偿权权利本身，主张诉争建设工程价款优先受偿权不存在。简言之，当事人主张其权益在特定标的的执行上优于对方的权益，不能等同于否定对方权益的存在；当事人主张其权益会影响生效裁判的执行，也不能等同于其认为生效裁判错误。根据王四光提起案外人执行异议之诉的请求和具体理由，并没有否定原生效判决确认的中天公司所享有的建设工程价款优先受偿权，王四光提起案外执行异议之诉意在请求法院确认其对案涉房屋享有可以排除强制执行的民事权益；如果一、二审法院支持王四光关于执行异议的主张也并不动摇生效判决关于中天公司享有建设工程价款优先受偿权的认定，仅可能影响该生效判决的具体执行。王四光的执行异议并不包含其认为已生效的（2016）吉民初19号民事判决存在错误的主张，属于民事诉讼法第二百二十七条规定的案外人的执行异议"与原判决、裁定无关"的情形。二审法院认定王四光作为案外人对执行标的物主张排除执行的异议实质上是对上述生效判决的异议,应当依照审判监督程序办理,据此裁定驳回王四光的起诉,属于适用法律错误,再审法院予以纠正。鉴于二审法院并未作出实体判决,根据具体案情,再审法院裁定撤销二审裁定,指令二审法院继续审理本案。

(生效裁判审判人员:余晓汉、张岱恩、仲伟珩)

指导案例155号

中国建设银行股份有限公司怀化市分行诉中国华融资产管理股份有限公司湖南省分公司等案外人执行异议之诉案

(最高人民法院审判委员会讨论通过 2021年2月19日发布)

关键词 民事/案外人执行异议之诉/与原判决、裁定无关/抵押权

裁判要点

在抵押权强制执行中,案外人以其在抵押登记之前购买了抵押房产,享有优先于抵押权的权利为由提起执行异议之诉,主张依据《最高人民法院关于人民法院办理执行异议和复议案件若干问题的规定》排除强制执行,但不否认抵押权人对抵押房产的优先受偿权的,属于民事诉讼法第二百二十七条规定的"与原判决、裁定无关"的情形,人民法院应予依法受理。

相关法条

《中华人民共和国民事诉讼法》第227条

基本案情

中国华融资产管理股份有限公司湖南省分公司(以下简称华融湖南分公司)与怀化英泰建设投资有限公司(以下简称英泰公司)、东星建设工程集团有限公司(以

下简称东星公司)、湖南辰溪华中水泥有限公司(以下简称华中水泥公司)、谢某某、陈某某合同纠纷一案,湖南省高级人民法院(以下简称湖南高院)于2014年12月12日作出(2014)湘高法民二初字第32号民事判决(以下简称第32号判决),判决解除华融湖南分公司与英泰公司签订的《债务重组协议》,由英泰公司向华融湖南分公司偿还债务9800万元及重组收益、违约金和律师代理费,东星公司、华中水泥公司、谢某某、陈某某承担连带清偿责任。未按期履行清偿义务的,华融湖南分公司有权以英泰公司已办理抵押登记的房产3194.52平方米、2709.09平方米及相应土地使用权作为抵押物折价或者以拍卖、变卖该抵押物所得价款优先受偿。双方均未上诉,该判决生效。英泰公司未按期履行第32号判决所确定的清偿义务,华融湖南分公司向湖南高院申请强制执行。湖南高院执行立案后,作出拍卖公告拟拍卖第32号判决所确定华融湖南分公司享有优先受偿权的案涉房产。

中国建设银行股份有限公司怀化市分行(以下简称建行怀化分行)以其已签订房屋买卖合同且支付购房款为由向湖南高院提出执行异议。该院于2017年12月12日作出(2017)湘执异75号执行裁定书,驳回建行怀化分行的异议请求。建行怀化分行遂提起案外人执行异议之诉,请求不得执行案涉房产,确认华融湖南分公司对案涉房产的优先受偿权不得对抗建行怀化分行。

裁判结果

湖南省高级人民法院于2018年9月10日作出(2018)湘民初10号民事裁定:驳回中国建设银行股份有限公司怀化市分行的起诉。中国建设银行股份有限公司怀化市分行不服上述裁定,向最高人民法院提起上诉。最高人民法院于2019年9月23日作出(2019)最高法民终603号裁定:一、撤销湖南省高级人民法院(2018)湘民初10号民事裁定;二、本案指令湖南省高级人民法院审理。

裁判理由

最高人民法院认为,民事诉讼法第二百二十七条规定:"执行过程中,案外人对执行标的提出书面异议的,人民法院应当自收到书面异议之日起十五日内审查,理由成立的,裁定中止对该标的的执行;理由不成立的,裁定驳回。案外人、当事人对裁定不服,认为原判决、裁定错误的,依照审判监督程序办理;与原判决、裁定无关的,可以自裁定送达之日起十五日内向人民法院提起诉讼。"《最高人民法院关于适用〈中华人民共和国民事诉讼法〉的解释》(以下简称《民事诉讼法解释》)第三百零五条进一步规定:"案外人提起执行异议之诉,除符合民事诉讼法第一百一十九条规定外,还应当具备下列条件:(一)案外人的执行异议申请已经被人民法院裁定驳回;(二)有明确的排除对执行标的执行的诉讼请求,且诉讼请求与原判决、裁定无关;(三)自执行异议裁定送达之日起十五日内提起。人民法院应当在收到起诉状之日起十五日内决定是否立案。"由此可见,《民事诉讼法解释》第三百零五条明确,案外人提起执行异议之诉,应当符合"诉讼请求与原判决、裁定无关"这一条件。因此,民事诉讼法第二百二十七条规定的"与原判决、裁定无关"应为"诉讼请求"与原判决、裁定无关。

华融湖南分公司申请强制执行所依据的原判决即第32号判决的主文内容是判决英泰公司向华融湖南分公司偿还债务9800万元及重组收益、违约金和律师代理费,华融湖南分公司有权以案涉房产作为抵押物折价或者以拍卖、变卖该抵押物所得价款优先受偿。本案中,建行怀化分行一审诉讼请求是排除对案涉房产的强制执行,确认华融湖南分公司对案涉房产的优先受偿权不得对抗建行怀化分行,起诉理由是其签订购房合同、支付购房款及占有案涉房产在办理抵押之前,进而主张排除对案涉房产的强制执行。建行怀化分行在本案中并未否定华融湖南分公司对案涉房产享有的抵押权,也未请求纠正第32号判决,实际上其诉请解决的是基于房屋买卖对案涉房产享有的权益与华融湖南分公司对案涉房产所享有的抵押权之间的权利顺位问题,这属于"与原判决、裁定无关"的情形,是执行异议之诉案件审理的内容,应予立案审理。

(生效裁判审判人员:高燕竹、奚向阳、杨　蕾)

指导案例156号

王岩岩诉徐意君、北京市金陛房地产发展有限责任公司案外人执行异议之诉案

(最高人民法院审判委员会讨论通过　2021年2月19日发布)

关键词　民事/案外人执行异议之诉/排除强制执行/选择适用

裁判要点

《最高人民法院关于人民法院办理执行异议和复议案件若干问题的规定》第二十八条规定了不动产买受人排除金钱债权执行的权利,第二十九条规定了消费者

购房人排除金钱债权执行的权利。案外人对登记在被执行的房地产开发企业名下的商品房请求排除强制执行的,可以选择适用第二十八条或者第二十九条规定;案外人主张适用第二十八条规定的,人民法院应予审查。

相关法条

《最高人民法院关于人民法院办理执行异议和复议案件若干问题的规定》第28条、第29条

基本案情

2007年,徐意君因商品房委托代理销售合同纠纷一案将北京市金陛房地产发展有限责任公司(以下简称金陛公司)诉至北京市第二中级人民法院(以下简称北京二中院)。北京二中院经审理判决解除徐意君与金陛公司所签《协议书》,金陛公司返还徐意君预付款、资金占用费、违约金、利息等。判决后双方未提起上诉,该判决已生效。后因金陛公司未主动履行判决,徐意君于2009年向北京二中院申请执行。北京二中院裁定查封了涉案房屋。

涉案房屋被查封后,王岩岩以与金陛公司签订合法有效《商品房买卖合同》,支付了全部购房款,已合法占有房屋且非因自己原因未办理过户手续等理由向北京二中院提出执行异议,请求依法中止对该房屋的执行。北京二中院驳回了王岩岩的异议请求。王岩岩不服该裁定,向北京二中院提起案外人执行异议之诉。王岩岩再审请求称,仅需符合《最高人民法院关于人民法院办理执行异议和复议案件若干问题的规定》(以下简称《异议复议规定》)第二十八条或第二十九条中任一条款的规定,法院即应支持其执行异议。二审判决错误适用了第二十九条进行裁判,而没有适用第二十八条,存在法律适用错误。

裁判结果

北京市第二中级人民法院于2015年6月19日作出(2015)二中民初字第00461号判决:停止对北京市朝阳区儒林苑×楼×单元×房屋的执行程序。徐意君不服一审判决,向北京市高级人民法院提起上诉。北京市高级人民法院于2015年12月30日作出(2015)高民终字第3762号民事判决:一、撤销北京市第二中级人民法院(2015)二中民初字第00461号民事判决;二、驳回王岩岩之诉讼请求。王岩岩不服二审判决,向最高人民法院申请再审。最高人民法院于2016年4月29日作出(2016)最高法民申254号裁定:指令北京市高级人民法院再审本案。

裁判理由

最高人民法院认为,《异议复议规定》第二十八条适用于金钱债权执行中,买受人对登记在被执行人名下的不动产提出异议的情形。第二十九条则适用于金钱债

权执行中,买受人对登记在被执行的房地产开发企业名下的商品房提出异议的情形。上述两条文虽然适用于不同的情形,但是如果被执行人为房地产开发企业,且被执行的不动产为登记于其名下的商品房,同时符合了“登记在被执行人名下的不动产”与“登记在被执行的房地产开发企业名下的商品房”两种情形,则《异议复议规定》第二十八条与第二十九条适用上产生竞合。案外人对登记在被执行的房地产开发企业名下的商品房请求排除强制执行的,可以选择适用第二十八条或者第二十九条规定;案外人主张适用第二十八条规定的,人民法院应予审查。本案一审判决经审理认为王岩岩符合《异议复议规定》第二十八条规定的情形,具有能够排除执行的权利,而二审判决则认为现有证据难以确定王岩岩符合《异议复议规定》第二十九条的规定,没有审查其是否符合《异议复议规定》第二十八条规定的情形,就直接驳回了王岩岩的诉讼请求,适用法律确有错误。

关于王岩岩是否支付了购房款的问题。王岩岩主张其已经支付了全部购房款,并提交了金陛公司开具的付款收据、《商品房买卖合同》、证人证言及部分取款记录等予以佐证,金陛公司对王岩岩付款之事予以认可。上述证据是否足以证明王岩岩已经支付了购房款,应当在再审审理过程中,根据审理情况查明相关事实后予以认定。

(生效裁判审判人员:毛宜全、潘勇锋、葛洪涛)

最高人民法院发布第27批指导性案例的指导意义

2021年2月19日，最高人民法院发布第27批共9个指导性案例，内容涉及第三人撤销之诉和案外人执行异议之诉相关法律适用问题，供各级人民法院审判类似案件时参照。

指导案例148号《高光诉三亚天通国际酒店有限公司、海南博超房地产开发有限公司等第三人撤销之诉案》，明确了公司股东对公司法人与他人之间的民事诉讼生效裁判是否具有提起第三人撤销之诉的原告主体资格。公司是经济活动中最常见的交易主体，其对外诉讼的结果一般都会影响到公司的资产情况，从而间接影响到股东的收益权利。但对于公司法人与他人之间的民事诉讼生效裁判，股东不具有直接利益关系，故不能提起第三人撤销之诉。

指导案例149号《长沙广大建筑装饰有限公司诉中国工商银行股份有限公司广州粤秀支行、林传武、长沙广大建筑装饰有限公司广州分公司等第三人撤销之诉案》，明确了公司法人的分支机构对外参加诉讼并承担民事责任的，企业法人不具有提起第三人撤销之诉的原告主体资格。公司法人是否符合对其分支机构承担民事责任的生效裁判提起第三人撤销之诉的原告主体资格问题，在审判实践中有较大争议，该案例对于此类案件的处理具有较强的指导意义。

指导案例150号《中国民生银行股份有限公司温州分行诉浙江山口建筑工程有限公司、青田依利高鞋业有限公司第三人撤销之诉案》，明确了在同一财产上抵押权与建设工程优先受偿权同时存在时，建筑工程价款优先受偿权有效与否，以及范围大小，对于抵押权人具有法律上利害关系，应当认定其具有提起第三人撤销之诉的原告主体资格。该案例明确了第三人撤销之诉主体资格的认定规则，对于依法保护当事人合法权益具有积极作用。

指导案例151号《台州德力奥汽车部件制造有限公司诉浙江建环机械有限公司管理人浙江安天律师事务所、中国光大银行股份有限公司台州温岭支行第三人撤销之诉案》，明确了在破产管理人因出票人在进入破产程序前六个月内依约向设在承兑银行的账号存入资金、银行据此兑付到期汇票的行为提起请求撤销个别清偿行为之诉,并获法院支持的情况下,汇票的保证人对该生效判决具有法律上的利害关系,具有提起第三人撤销之诉的原告主体资格。

指导案例152号《鞍山市中小企业信用担保中心诉汪薇、鲁金英第三人撤销之诉案》,明确了符合《合同法》*第七十四条规定的行使撤销权条件的债权人,具有提起第三人撤销之诉的原告主体资格。该案例对于在第三人撤销之诉程序中如何平衡债权人与原诉当事人之间的利益,正确理解第三人撤销之诉制度功能及相关法律规则的适用具有指导意义。

指导案例153号《永安市燕诚房地产开发有限公司诉郑耀南、远东(厦门)房地产发展有限公司等第三人撤销之诉案》,对于提起第三人撤销之诉的程序条件中如何认定"自知道或者应当知道其民事权益受到损害之日起六个月内"的起算问题进行了更加细化的规定。对于债权人的债权实现未受影响之前,不得认定其知道或者应当知道生效裁判损害其民事权益,对提起第三人撤销之诉案件的期间起算问题具有较强的指导意义。

指导案例154号《王四光诉中天建设集团有限公司、白山和丰置业有限公司案外人执行异议之诉案》,明确了在建设工程价款强制执行过程中,房屋买受人对强制执行的房屋提起案外人执行异议之诉,请求确认其对案涉房屋享有可以排除强制执行的民事权益,但不否定原生效判决确认的债权人所享有的建设工程价款优先受偿权的,属于《民事诉讼法》第二百二十七条**规定的"与原判决、裁定无关"的情形。该案例确认的裁判规则,有利于各级法院准确把握案外人提起执行异议之诉与按审判监督程序处理两种不同方式的区别,对审判实践具有重要的指导意义。

指导案例155号《中国建设银行股份有限公司怀化市分行诉中国华融资产管理股份有限公司湖南省分公司等案外人执行异议之诉案》,明确了在抵押权强制执行过程中,案外人以其在抵押登记之前购买了抵押房产,享有优先于抵押权的权利为由提起案外人执行异议之诉,请求排除强制执行,关涉的是基于房屋买卖对案涉房产享有的权益与对案涉房产所享有的抵押权之间的权利顺位问题,这种情形下应当按照案外人执行异议之诉处理,而非按照审判监督程序审理。该案例对于依法处理类似案件具有指导意义。

指导案例156号《王岩岩诉徐意君、北京市金陛房地产发展有限责任公司案外人执行异议之诉案》,明确了《最高人民法院关于人民法院办理执行异议和复议案

---

* 该法规已失效。——编者注

** 此处为2017年修正的《民事诉讼法》。

件若干问题的规定》第二十八条、第二十九条的适用关系。案外人对登记在被执行的房地产开发企业名下的商品房请求排除强制执行的,可以选择适用第二十八条或者第二十九条规定;案外人主张适用第二十八条规定的,人民法院应予审查。该案例解决了实践中的分歧,对于正确适用相关法律规定,处理同类案件,具有指导意义。

指导案例148号《高光诉三亚天通国际酒店有限公司、海南博超房地产开发有限公司等第三人撤销之诉案》的理解与参照

——公司股东对公司法人与他人之间的民事诉讼生效裁判不具有直接的利益关系,无权以股东身份提起第三人撤销之诉

2021年2月19日,最高人民法院发布了第27批指导性案例,共9个案例,包括6个第三人撤销之诉案例和3个案外人执行异议之诉案例。其中,第148号指导性案例为《高光诉三亚天通国际酒店有限公司、海南博超房地产开发有限公司等第三人撤销之诉案》的理解与参照。为了正确理解和准确参照适用该指导性案例,现对该指导性案例的选编过程、裁判要点、参照适用等有关情况予以解释、论证和说明。

一、案例选编过程及指导意义

该案例由最高人民法院第一巡回法庭推选为备选指导性案例。最高人民法院研究室收到案例后送立案庭、民一庭、民二庭、审监庭征求意见。研究室于2020年11月5日召开室务会讨论通过了该案例。2020年12月31日,该案例经最高人民法院民专会第366次会议讨论,同意作为指导性案例。2021年2月19日,最高人民法院以法〔2021〕55号文件将该案例编入第27批指导性案例予以发布。

该指导性案例明确了公司对外形成的债权债务关系虽然会间接影响股东的经济利益,但由于股东的利益和公司的利益具有一致性,股东的利益和意思已经被公司所代表,因此对于公司与他人之间诉争的法律关系,股东不应作为第三人参加诉讼。股东提起第三人撤销之诉的,由于股东既非在先诉讼程序的当事人,也不受裁判结果确定的先决法律关系影响,法院应当认定股东不属于《民事诉讼法》(2017年)第五十六条规定的"第三人",驳回股东的起诉。此案例对类似案件的审判具有较强的指导作用,法律效果和社会效果良好。

二、关于本案例的相关情况

2005 年 11 月 3 日,高光和邹某某作为公司股东(发起人)发起成立海南博超房地产开发有限公司(以下简称博超公司),高光、邹某某出资比例各占 50%,邹某某任该公司执行董事、法定代表人。2011 年 6 月 16 日,博超公司、三亚南海岸旅游服务有限公司(以下简称南海岸公司)、三亚天通国际酒店有限公司(以下简称天通公司)、北京天时房地产开发有限公司(以下简称天时公司)四方共同签署了《协议书》,对位于海南省三亚市三亚湾海坡开发区的碧海华云酒店(现为天通国际酒店)的现状、投资额及酒店产权确认、酒店产权过户手续的办理、工程结算及结算资料的移交、违约责任等方面均作明确约定。2012 年 8 月 1 日,天通公司以博超公司和南海岸公司为被告、天时公司为第三人向海南省高级人民法院提起合资、合作开发房地产合同纠纷之诉,提出碧海华云酒店(现为天通国际酒店)房屋所有权(含房屋占用范围内的土地使用权)归天通公司所有以及博超公司向天通公司支付违约金 720 万元等诉讼请求。海南省高级人民法院作出(2012)琼民一初字第 3 号民事判决,支持了天通公司的诉讼请求,判决作出后,各方当事人均未提出上诉。2012 年 8 月 28 日,高光以博超公司经营管理发生严重困难,继续存续将会使股东利益遭受重大损失为由起诉请求解散公司。2013 年 9 月 12 日,海南省海口市中级人民法院作出(2013)海中法民二初字第 5 号民事判决,判决解散博超公司。博超公司不服该判决,提出上诉。2013 年 12 月 19 日,海南省高级人民法院就该案作出(2013)琼民二终字第 35 号民事判决,判决驳回上诉,维持原判。2014 年 9 月 18 日,海口市中级人民法院指定海南天皓律师事务所担任博超公司管理人,负责博超公司的清算。2015 年 4 月 20 日,博超公司管理人以天通公司、天时公司、南海岸公司为被告,向海南省高级人民法院起诉:请求确认博超公司于 2011 年 6 月 16 日签订的协议书无效,将位于海南省三亚市三亚湾路海坡度假区 15370.84 平方米的土地使用权及 29851.55 平方米的地上建筑物返还过户登记至博超公司管理人名下。海南省高级人民法院裁定驳回了博超公司管理人的起诉。诉讼过程中,天时公司、天通公司收到该案诉讼文书后与博超公司管理人联系并向其提供了(2012)琼民一初字第 3 号民事判决的复印件。高光遂据此向海南省高级人民法院就(2012)琼民一初字第 3 号民事判决提起本案第三人撤销之诉。

海南省高级人民法院于 2016 年 8 月 23 日作出(2015)琼民一初字第 43 号民事裁定书,驳回原告高光的起诉。高光不服,提起上诉。最高人民法院于 2017 年 6 月 22 日作出(2017)最高法民终 63 号民事裁定书,驳回上诉,维持原裁定。

一般而言,裁判是为了解决双方当事人之间的纠纷而作出的,因此原则上只拘束双方当事人。但是随着社会生活生产关系的日益复杂化,某些情况下,在对诉讼标的权利关系具有利害关系的第三人与一方当事人之间如果不产生既判力,那么在当事人之间通过诉讼所作出解决的实效性就无法确保;或者在某些情况下,为了在所有相关人之间做出划一处理,必须将判决既判力一般的及于第三人。① 因此,现代民事诉讼法选择了在坚持既判力相对性原则的基础上,允许既判力在特定的条件下适当地向当事人以外的第三人扩张。但是,如果第三人未参加诉讼,未能充分行使诉讼权利,却要受到生效裁判既判力的影响,则不存在任何正当性基础。第三人撤销之诉,指的是在法律上有利害关系的案外第三人,因不可归责于己的事由未能参加原案审理,但原案生效判决使其权利受到损害或者损害威胁且无其他救济手段,可以请求法院撤销或改变原案生效裁判中对其不利部分的诉讼程序。② 该制度要解决的正是生效判决既判力主观范围扩张至第三人的情况下,未获得程序权利保障进而导致民事实体权利受损的第三人如何救济的问题。对公司法人与他人之间的民事诉讼生效裁判,公司股东提起第三人撤销之诉这一特定案型,司法实践对于股东是否属于第三人撤销之诉的适格主体这一问题存在不同观点。

支持的观点认为,公司股东有权作为第三人提起撤销之诉,理由是:股东基于投资关系,在公司存续期间对公司享有利润分配的权利、在公司解散清算后也对公司享有剩余财产分配的权利。如果公司与他人之间的民事诉讼生效裁判确认公司对他人负有金钱给付等义务,则必然导致公司财产减损,进而影响股东的利益。反对的观点认为,公司股东无权作为第三人提起撤销之诉,理由是:虽然公司与他人之间的诉讼处理结果会间接影响到股东的利益,但股东的利益和意见已经在诉讼过程中由公司所代表和表达,股东不应作为第三人参加诉讼。

对于股东是否就公司法人与他人之间生效裁判具有提起第三人撤销之诉的主体资格这一问题,司法实践中确实争议较大,其中所反映的法律问题也非常具有代表性,通过指导性案例总结出的裁判要旨对类似案件的审理具有较强的指导作用。

三、裁判要点的理解与说明

该指导性案例的裁判要点确认:公司股东对公司法人与他人之间的民事诉讼生效裁判不具有直接的利益关系,不符合《民事诉讼法》(2017年)第五十六条规定的第三人条件,其以股东身份提起第三人撤销之诉的,人民法院不予受理。现围绕与该裁判要点相关的问题逐一解释和说明如下:

---

① [日]新堂幸司:《新民事诉讼法》,法律出版社2008年版,第486页。

② 全国人大常委会法制工作委员会民法室编:《民事诉讼法立法背景与观点全集》,法律出版社2012年版,第339页。

本案中,高光作为博超公司的股东,认为博超公司和天通公司、南海岸公司、天时公司之间的合资合作开发房地产合同纠纷生效判决损害了自己作为博超公司股东的利益,并以博超公司股东的身份提起第三人撤销之诉要求撤销前案诉讼判决。

《民事诉讼法》(2017 年)第五十六条第三款规定了对于不能归责于本人的事由未参加诉讼,但有证据证明发生法律效力的判决、裁定、调解书的部分或者全部内容错误,损害其民事权益的第三人,有权提起第三人撤销之诉。但提起第三人撤销之诉的主体必须符合本应作为第三人参加前案诉讼的身份条件,即必须为第五十六条第一款规定的"对当事人双方的诉讼标的有独立请求权的第三人"或者第二款规定的"对当事人双方的诉讼标的虽然没有独立请求权但与案件的处理结果具有法律上利害关系的第三人"。但本案中,高光不具有第五十六条第一款和第二款规定的第三人身份。

首先,高光并非第五十六条第一款规定的"对当事人双方的诉讼标的有独立请求权的第三人"。

诉讼标的,是指双方当事人之间争议的某一民事法律关系。对于前案合资合作开发房地产合同纠纷,诉讼标的是"博超公司与天通公司订立的房地产合作开发协议"所涉及的法律关系,但高光只是博超公司的股东,并非房地产合作开发协议的一方当事人,对房地产合作开发协议并无直接的利益,无权基于该协议的约定,以原告的身份向天通公司、博超公司、天时公司、南海南公司等房地产合作开发协议的其他签约方提出诉讼请求。

其次,高光并非第五十六条第二款规定的"对当事人双方的诉讼标的虽然没有独立请求权但与案件的处理结果具有法律上利害关系的第三人"。

对于"案件的处理结果":无独立请求权的第三人同案件处理结果有法律上的利害关系应当是指,前案的判决认定的事实或结果将直接或间接地影响到第三人的民事权益或者法律地位。直接影响的案件处理结果,可能是判决所认定的事实或判决主文对诉讼标的的判断,间接影响的案件处理结果一般是判决所认定的事实。[①] 但无论是前案判决认定的事实还是判决主文对诉讼标的的判断,都限于实体处理结果。在本案中,即指前案中关于房地产合作开发协议的履行情况、博超公司违约情况等方面的事实认定,以及案涉争议法律关系中关于案涉房地产归天通公司所有、博超公司支付违约金的判决主文内容。

对于"法律上利害关系":法律上的利害关系应当是指实体权利义务上的利害

① 参见江必新主编:《新民事诉讼法理解适用与实务指南》(修订版),法律出版社 2015 年版,第 229 页。

关系,区别于事实上的利害关系,同时也排除道德上或者情感上、经济上或者名誉上的利害关系。学界通说认为,其本质特征是第三人与某一案件当事人之间的法律关系,与案件当事人之间争议的法律关系这两个法律关系存在权利义务上的牵连性。

在本案中,高光虽然是公司的股东,对公司财产享有资产收益权,如果公司在诉讼中败诉,可能间接影响到股东的收益情况。但是,由于公司利益和股东利益具有一致性,公司对外活动应推定为股东整体意志的体现,公司在诉讼活动中的主张也应认定为代表股东的整体利益。因此,虽然公司诉讼的处理结果会间接影响到股东的利益,但股东的利益和意见已经在诉讼过程中由公司所代表和表达,则不应再追加股东作为第三人参加诉讼。因此,虽然高光是博超公司的股东,但博超公司与南海岸公司、天时公司、天通公司的诉讼活动中,股东的意见已为博超公司所代表,则作为股东的高光不应再以无独立请求权的第三人身份参加该案诉讼。

高光与博超公司之间的投资法律关系,属于公司内部关系,而案件处理的是公司与交易相对方的法律关系,属于公司对外法律关系。公司内部的投资关系并不会受到公司与相对方外部交易关系影响,两者彼此独立,不具有权利义务上的牵连性。无论前案诉讼判决如何认定房地产合作开发协议的履行情况以及是否判令博超公司承担违约责任,均不会影响高光作为博超公司股东与公司之间股权投资法律关系的权利义务认定。因此,股东对于公司与他人之间的法律关系所涉生效裁判,不具有《民事诉讼法》(2017年)第五十六条第二款规定的"法律上利害关系",无权以股东身份提起第三人撤销之诉。

(执笔人:中国政法大学　王毓莹
编审人:最高人民法院案例指导工作办公室　马蓓蓓)

指导案例148号　高光诉三亚天通国际酒店有限公司、海南博超房地产开发有限公司等第三人撤销之诉案

最高人民法院案例指导工作办公室编审人:马蓓蓓

1. 案例推荐单位:最高人民法院第一巡回法庭
2. 案例编写人:最高人民法院第一巡回法庭　王毓莹
3. 案件裁判法院:海南省高级人民法院(一审)、最高人民法院(二审)
4. 案件承办人:王铭泽(一审)、王毓莹(二审)

相关法条

1.《中华人民共和国民事诉讼法》(2017 年 7 月 1 日实施)(已被修改)

第五十六条　对当事人双方的诉讼标的,第三人认为有独立请求权的,有权提起诉讼。

对当事人双方的诉讼标的,第三人虽然没有独立请求权,但案件处理结果同他有法律上的利害关系的,可以申请参加诉讼,或者由人民法院通知他参加诉讼。人民法院判决承担民事责任的第三人,有当事人的诉讼权利义务。

前两款规定的第三人,因不能归责于本人的事由未参加诉讼,但有证据证明发生法律效力的判决、裁定、调解书的部分或者全部内容错误,损害其民事权益的,可以自知道或者应当知道其民事权益受到损害之日起六个月内,向作出该判决、裁定、调解书的人民法院提起诉讼。人民法院经审理,诉讼请求成立的,应当改变或者撤销原判决、裁定、调解书;诉讼请求不成立的,驳回诉讼请求。

2.《中华人民共和国民事诉讼法》(2022 年 1 月 1 日实施)

第五十九条　对当事人双方的诉讼标的,第三人认为有独立请求权的,有权提起诉讼。

对当事人双方的诉讼标的,第三人虽然没有独立请求权,但案件处理结果同他有法律上的利害关系的,可以申请参加诉讼,或者由人民法院通知他参加诉讼。人民法院判决承担民事责任的第三人,有当事人的诉讼权利义务。

前两款规定的第三人,因不能归责于本人的事由未参加诉讼,但有证据证明发生法律效力的判决、裁定、调解书的部分或者全部内容错误,损害其民事权益的,可以自知道或者应当知道其民事权益受到损害之日起六个月内,向作出该判决、裁定、调解书的人民法院提起诉讼。人民法院经审理,诉讼请求成立的,应当改变或者撤销原判决、裁定、调解书;诉讼请求不成立的,驳回诉讼请求。

中华人民共和国最高人民法院民事裁定书

(2017)最高法民终63号

上诉人(一审原告):高光,男,汉族,1957年10月23日出生,住黑龙江省哈尔滨市南岗区。

委托诉讼代理人:高文祥,海南正益律师事务所律师。

被上诉人(一审被告):三亚天通国际酒店有限公司。住所地:海南省三亚市三亚湾路199号。

法定代表人:董士军,该公司董事长。

委托诉讼代理人:姜红伟,北京市浩天信和律师事务所律师。

被上诉人(一审被告):海南博超房地产开发有限公司。住所地:海南省海口市海甸岛胜景西路3号花语庭苑B3-102房。

法定代表人:邹春金,该公司总经理。

被上诉人(一审被告):三亚南海岸旅游服务有限公司。住所地:海南省三亚市海坡度假开发区2-2区(海坡陶然度假村)。

法定代表人:王胜国,该公司总经理。

被上诉人(一审被告):北京天时房地产开发有限公司。住所地:北京市怀柔区渤海镇怀沙路536号。

法定代表人:张宝玉,该公司执行董事。

委托诉讼代理人:姜红伟,北京市浩天信和律师事务所律师。

上诉人高光因与被上诉人三亚天通国际酒店有限公司(以下简称天通公司)、海南博超房地产开发有限公司(以下简称博超公司)、三亚南海岸旅游服务有限公司(以下简称南海岸公司)、北京天时房地产开发有限公司(以下简称天时公司)第三人撤销之诉一案,不服海南省高级人民法院(以下简称海南高院)(2015)琼民一初字第43号民事裁定(以下简称一审裁定),向本院提起上诉。本院受理后依法组成合议庭进行了审理,现已审理终结。

高光上诉请求:请求撤销海南高院一审裁定,本案应由海南高院予以审理。事实与理由:(一)高光具有提起本案第三人撤销之诉的诉讼主体资格,有权请求撤销

(2012)琼民一初字第3号民事判决(以下简称3号民事判决)。首先,高光属于本应参加3号民事判决一案的无独立请求权第三人。3号民事判决最终的判决结果涉及博超公司的义务,而高光作为持有博超公司50%股权的股东,其权益自然因博超公司承担义务受到影响。一审裁定一方面认为高光基于股权享有对博超公司的权益,另一方面认为高光与3号民事判决的结果不具有法律上的利害关系,自相矛盾。其次,虽然博超公司是独立的法人,对外独立承担民事责任,但《中华人民共和国公司法》(以下简称《公司法》)第四条明确规定,公司股东依法享有资产收益、参与重大决策和选择管理者的权利。3号民事判决一案根据协议书作出判决,而协议书是邹春金未经股东会同意签订的,邹春金利用博超公司的名义转让博超公司的全部财产属于"重大决策",其行为直接损害了高光作为股东的重大决策权,直接损害了股东对公司的资产收益权。因此,高光明显与3号民事判决一案具有法律上的利害关系。从另一个角度来说,高光亦属于本应参加3号民事判决一案的有独立请求权第三人。一审裁定认为高光提交的付款凭证不能证明其为竞买碧海华云度假村的土地支付了1694.5万元,该认定错误。高光在解散公司一案中一直主张竞买土地支付1694.5万元,公司另一股东邹春金及博超公司也从未提出反驳意见,可见土地确实是高光通过拍卖竞买所得,故具有独立请求权。(二)3号民事判决认定事实错误,该案当事人恶意串通,伪造协议书等证据,实际属虚假诉讼。高光的权利因3号民事判决受到损害,有权行使撤销权。(三)本案有新证据证明高光具有诉权。海南省海口市中级人民法院(以下简称海口中院)于2016年3月18日作出(2014)海中法清(算)字第2号民事裁定,裁定终结博超公司清算程序。这表明博超公司未经清算即注销,依法应将股东或出资人作为当事人,故高光作为股东依法可以成为本案当事人。综上所述,一审裁定认定事实不清,适用法律错误,请求二审法院支持高光的上诉请求。

天通公司、博超公司、南海岸公司、天时公司未提交答辩意见。

高光向海南高院一审起诉请求:撤销3号民事判决的全部内容,将位于三亚市三亚湾路海坡度假区15370.84平方米的土地使用权及29851.05平方米的地上建筑物返还过户登记至博超公司名下。

海南高院一审审理查明:

2005年11月3日,高光和邹春金作为公司股东(发起人)发起成立博超公司,企业类型为有限责任公司,注册资金1000万元,高光、邹春金各出资500万元,出资比例各占50%,邹春金任该公司执行董事、法定代表人。2006年5月31日至2009年12月29日,天时公司向博超公司转账汇款15次共计3.88亿元,付款凭证记载用途均为投资款。

2012年3月31日,海南省海口市美兰区人民法院作出(2012)美行初字第1号和第2号行政判决,认为《博超公司章程修正案》属于虚假材料,判决撤销了海南省工商行政管理局分别于2009年10月22日、2010年5月31日为博超公司作出的工商变更登记和向博超公司重新核发《企业法人营业执照》的具体行政行为。海口中院于2012年7月10日作出(2012)海中法行终字第63号、第64号行政判决,判决驳回上诉,维持原判。

2012年8月1日,天通公司以博超公司和南海岸公司为被告、天时公司为第三人向海南高院起诉,请求判令:1.碧海华云酒店(现为天通国际酒店)房屋所有权(含房屋占用范围内的土地使用权)归天通公司所有;2.博超公司和南海岸公司为天通公司办理天通国际酒店房屋及土地使用权的权属过户手续;3.博超公司向天通公司移交酒店项目工程建设的全部工程资料以及结算资料;4.博超公司向天通公司支付违约金720万元(暂时计算至起诉之日);5.本案的全部诉讼费用由博超公司、南海岸公司承担。海南高院2012年8月9日立案,案号为(2012)琼民一初字第3号。在该案审理过程中,查明如下事实:2011年6月16日,博超公司作为甲方,南海岸公司作为乙方,天通公司作为丙方,天时公司作为丁方,四方共同签署了协议书,该协议书于签署之日生效。协议书对位于海南省三亚市三亚湾海坡开发区的碧海华云酒店(现为天通国际酒店)的现状、投资额及酒店产权确认、酒店产权过户手续的办理、工程结算及结算资料的移交、违约责任等方面均作明确约定。2012年10月25日,海南高院作出3号民事判决:"一、确认碧海华云酒店(即天通国际酒店)的房屋所有权及土地使用权归天通公司所有;二、博超公司、南海岸公司在本判决生效之日起三十日内将碧海华云酒店(即天通国际酒店)的房屋所有权及土地使用权办理至天通公司名下;三、博超公司在本判决生效之日起十日内将碧海华云酒店(即天通国际酒店)项目工程建设的全部工程资料及结算资料移交给天通公司;四、博超公司在本判决生效之日起十日内向天通公司支付违约金人民币720万元。"判决作出后,各方当事人均未提出上诉。

2012年8月28日,高光以博超公司经营管理发生严重困难,继续存续将会使股东利益遭受重大损失为由起诉请求解散公司。2013年9月12日,海口中院作出(2013)海中法民二初字第5号民事判决,判决解散博超公司。该判决查明事实部分载明:"博超公司在依法设立后,承建了三亚天通国际酒店项目,该酒店目前处于正常经营的状态。"博超公司不服该判决,提出上诉。在二审庭审中,高光述称:博超公司"实际上由高光出钱让邹春金负责管理";博超公司述称:"博超公司主要是邹春金的投资,日常经营委托了一个管理公司","博超公司现在正常运营","有许多凭证可以证明从2006年到2009年博超公司和其他单位以及高光本人的银行卡都有资金进出。”高光述称：“这些钱是还款。因为高光通过其他单位给博超公司注资很多，博超公司转出是因为还款”，“农机公司是高光自己的公司，高光通过农机公司给博超公司打了很多钱”。关于经营天通国际酒店项目，博超公司述称：“该公司除了经营天通国际酒店之外没有其他经营项目。”高光述称：“因土地当时还在南海岸公司名下。开始是合作，后来博超公司买过来了。”2013 年 12 月 19 日，海南高院就该案作出(2013)琼民二终字第 35 号民事判决，判决驳回上诉，维持原判。

2014 年 9 月 18 日，海口中院指定海南天皓律师事务所担任博超公司管理人，负责博超公司的清算。2015 年 4 月 20 日，博超公司管理人以天通公司、天时公司、南海岸公司为被告，向海南高院起诉请求：确认博超公司于 2011 年 6 月 16 日签订的协议书无效，将位于三亚市三亚湾路海坡度假区 15370.84 平方米的土地使用权及 29851.55 平方米的地上建筑物返还过户登记至博超公司管理人名下(标的约 4 亿元)。经审理，海南高院认为博超公司尚未注销，博超公司管理人不是适格诉讼主体，遂于 2015 年 6 月 29 日作出(2015)琼民一初字第 23 号民事裁定，驳回了博超公司管理人的起诉。天时公司、天通公司在 2015 年 5 月收到该案诉讼文书后与博超公司管理人联系并向其提供了 3 号民事判决的复印件。高光遂据此向海南高院提起本案第三人撤销之诉。

因博超公司管理人以无法取得公司财务公章账目等资料无法开展后续清算工作为由申请终结清算程序，海口中院于 2016 年 3 月 18 日裁定终结了博超公司的清算程序。

一审另查明，南海岸公司成立于 1997 年 4 月 22 日，法定代表人为王胜国，投资者为田羽、庞村，二人认缴出资比例分别为 98% 和 2%。天通公司成立于 2009 年 7 月 16 日，系天时公司指定为碧海华云酒店(即现天通国际酒店)建成后经营酒店的项目公司，法定代表人为董士军，投资者为田羽、庞村，二人认缴出资比例分别为 99.967% 和 0.033%。

南海岸公司于 1997 年 5 月 16 日取得证号为羊栏国用(1997)字第 0011 号、面积 7858.77 平方米的国有土地使用权。博超公司于 2006 年 7 月 5 日取得位于南海岸公司土地南侧面积为 7511.07 平方米的土地及地上房屋产权。

另据黑龙江省兴隆林区人民检察院作出的黑兴林检反贪保(2015)2 号取保候审执行通知书记载：犯罪嫌疑人高光因涉嫌单位行贿罪被取保候审，期限从 2015 年 4 月 11 日起算。该通知书所载高光的工作单位为哈尔滨市嘉禾房地产开发有限公司。

2006 年至 2008 年，农机公司受高光所在的黑龙江北鸿房地产开发有限公司委托向博超公司转账汇款 4 次，共计 3200 万元。往来凭证记载：2007 年 9 月 17 日转账汇款400万元,银行摘要为货款;2007年11月1日转账汇款500万元,银行摘要为货款;2008年2月26日转账汇款300万元,银行摘要为货款;2008年4月3日转账汇款2000万元,银行摘要为还款。博超公司曾向农机公司转账汇款5次、代付汇款1次,共计6030万元,银行摘要为往来款。

海南省高级人民法院认为,本案系第三人撤销之诉。依据《中华人民共和国民事诉讼法》(以下简称《民事诉讼法》)第五十六条之规定,因不能归责于本人的事由未参加诉讼的原审第三人有权提起第三人撤销之诉。根据双方诉辩意见,本案的争议焦点是:高光是否为3号民事判决案件的第三人,其提起的第三人撤销之诉是否符合法律规定。

对于高光是否为3号民事判决案件的第三人问题,高光在书面起诉状中述称其系基于股东身份作为有独立请求权的第三人申请撤销原判,但是在一审庭审时改称是无独立请求权的第三人。

(一)关于高光是否为有独立请求权的第三人。有独立请求权的第三人应当对原审诉讼标的享有实体权益。首先,3号民事判决案件审理的法律关系为合资、合作开发房地产合同关系,高光不是该合同的一方当事人。其次,高光主张博超公司是高光个人的公司,其支付了该公司所有的投资和日常开支,但是高光仅举证证明其通过农机公司向博超公司有几笔转账汇款,经与博超公司银行流水账目核对,博超公司与农机公司存在资金往来,银行账户记载用途是往来款和货款等,无法认定博超公司全部投资都是高光的投入。高光主张其个人为竞买土地支付了1694.5万元,但其提交付款凭证未能证明系支付竞买碧海华云度假村的土地所支付的款项。博超公司的工商登记为股东邹春金、高光各占50%股权。高光未能举证证明博超公司系高光一人的公司,故不能将博超公司的财产权益等同于高光个人的财产权益。最后,诉争土地及地上建筑物亦不归高光所有。本案诉争的天通国际酒店所在土地的土地使用权中,7858.77平方米的土地使用权自1997年5月起已登记在南海岸公司名下,7511.07平方米的土地使用权自2006年7月已登记在博超公司名下。高光既非该合同一方当事人,又对诉争土地及地上建筑物不享有任何权利。因此,高光不是有独立请求权的第三人。

(二)关于高光是否为无独立请求权的第三人。无独立请求权的第三人应当与案件的处理结果有法律上的利害关系。首先,高光主张3号民事判决侵害了博超公司财产权益,涉及高光作为博超公司股东的资产收益权和参与决策权,其与3号民事判决结果有法律上的利害关系。海南高院认为,《中华人民共和国民法通则》第三十六条第一款规定:"法人是具有民事权利能力和民事行为能力,依法独立享有民事权利和承担民事义务的组织。"《公司法》第三条规定:"公司是企业法人,有独立的法人财产,享有法人财产权。公司以其全部财产对公司的债务承担责任。有限责任公司的股东以其认缴的出资额为限对公司承担责任;股份有限公司的股东以其认购的股份为限对公司承担责任。"本案中,博超公司是具备独立法人资格的有限责任公司。高光是博超公司的股东,无权处分公司的财产,只能基于股权享有对公司的权益。3号民事判决系确认碧海华云酒店(天通国际酒店)的房屋所有权及土地使用权归天通公司所有,博超公司与南海岸公司应限期办理过户并移交相关工程和结算资料以及支付违约金等事项。该判决只确认了博超公司的责任与义务,未判决高光承担民事责任和义务,高光对3号原审案件的处理结果不具有法律上的利害关系。高光如认为博超公司另一股东邹春金侵犯了其股东财产权益,可另行主张。其次,高光主张天通国际酒店系博超公司单独建设,不存在合作开发关系,四方协议书是虚假合同,邹春金与天时公司恶意串通转移博超公司财产,侵害了其作为股东的资产收益权和重大参与决策权。经查,天时公司向博超公司分15笔转账共3.88亿元的时间是在酒店项目投资建设期间,银行记载用途均为投资款。天通国际酒店规划报建、建筑工程竣工验收备案登记的建设单位是博超公司和南海岸公司。实际上天通公司和南海岸公司是相同的投资者。高光亦述称,博超公司确系与南海岸公司合作开发建设碧海华云酒店(天通国际酒店)。虽然其述称南海岸公司已退出合作,但未提交任何证据予以证明。高光未能举证证明存在3号民事判决案件当事人恶意串通转移博超公司财产并致3号民事判决错误,可能损害高光个人的民事权益。3号民事判决未涉及高光个人承担任何给付义务,高光同原审案件的处理结果不具有法律上的利害关系,不是无独立请求权的第三人。

综上所述,高光不是3号民事判决案件的第三人,不具有《民事诉讼法》第五十六条规定提起第三人撤销之诉的主体资格,依法应当驳回起诉。依据《民事诉讼法》第五十六条、第一百一十九条、第一百五十四第一款第(三)项,《最高人民法院关于适用〈中华人民共和国民事诉讼法〉的解释》第二百零八条之规定,海南高院裁定:驳回高光的起诉。高光预交的案件受理费2041800元予以退还。

本院二审查明的事实与一审裁定相同。

本院经审理认为,本案系高光针对已生效的海南高院3号民事判决而提起的第三人撤销之诉。根据《民事诉讼法》第五十六条的规定,第三人因不能归责于本人的事由未参加诉讼的,可以对发生法律效力的判决、裁定、调解书提起撤销之诉。海南高院一审裁定认为高光不具备《民事诉讼法》第五十六条规定的第三人的主体资格而驳回其起诉,高光就此不服提起上诉,故本案二审应重点审查高光是否具备提起第三人撤销之诉的诉讼主体资格。

第三人撤销之诉制度的设置功能,主要是为了保护受错误生效裁判损害的未参加原诉的第三人的合法权益。由于第三人本人以外的原因未能参加原诉,导致人民法院作出了错误裁判,在这种情形下,法律赋予本应参加原诉的第三人有权通过另诉的方式撤销原生效裁判。因此,提起第三人撤销之诉的主体必须符合本应作为第三人参加原诉的身份条件。《民事诉讼法》第五十六条第一款和第二款规定了有权提起撤销之诉的两类第三人,即有独立请求权的第三人和无独立请求权的第三人。一审裁定已查明,3号民事判决案件系天通公司作为原告,以博超公司、南海岸公司为被告,天时公司为第三人提起的合资、合作开发房地产合同纠纷诉讼。本院认为,高光不符合以第三人身份参加该案诉讼的条件。理由是:

首先,高光对3号民事判决案件的诉讼标的无独立请求权,不属于该案有独立请求权的第三人。有独立请求权的第三人,是指对当事人之间争议的诉讼标的,有权以独立的实体权利人的资格提出诉讼请求的主体。在3号民事判决一案中,天通公司基于其与博超公司、南海岸公司、天时公司四方订立的协议书提出各项诉讼请求,包括请求确认碧海华云酒店的房屋所有权(含房屋占用范围内的土地使用权)归天通公司所有、要求博超公司支付违约金等,海南高院基于协议书的约定进行审理并作出判决。高光只是博超公司的股东之一,并不是协议书的合同当事人一方,其无权基于该协议约定提出诉讼请求。此外,对于协议书项下所交易的登记于博超公司名下的土地,高光主张其个人为竞买该土地支付了1694.5万元。即便高光的主张成立,但由于该土地已登记于博超公司名下,说明土地已转化为法人财产。根据《公司法》的相关规定,法人的财产和股东的财产是相互独立的,虽然高光作为公司的股东享有资产收益的权利,但不能直接对法人财产主张实体权利。因此,高光不能以有独立请求权的第三人身份参加3号民事判决案件。

其次,高光不属于3号民事判决案件无独立请求权的第三人。无独立请求权的第三人,是指虽然对当事人双方的诉讼标的没有独立请求权,但案件处理结果同他有法律上的利害关系的主体。第三人同案件处理结果存在的法律上的利害关系,可能是直接的,也可能是间接的。本案中,3号民事判决只确认了博超公司应承担的法律义务,未判决高光承担民事责任,故高光与3号民事判决的处理结果并不存在直接的利害关系。关于是否存在间接利害关系的问题。通常来说,股东和公司之间系天然的利益共同体。公司股东对公司财产享有资产收益权,公司的对外交易活动、民事诉讼的胜败结果一般都会影响到公司的资产情况,从而间接影响到股东的收益权利。从这个角度看,股东与公司进行的民事诉讼的处理结果具有法律上的间接利害关系。但是,由于公司利益和股东利益具有一致性,公司对外活动应推定为股东整体意志的体现,公司在诉讼活动中的主张也应认定其代表股东的整体利益。因此,虽然公司诉讼的处理结果会间接影响到股东的利益,但股东的利益和意见已经在诉讼过程中由公司所代表和表达,则不应再追加股东作为第三人参加诉讼。本案中,虽然高光是博超公司的股东,但博超公司与南海岸公司、大时公司、天通公司的诉讼活动中,股东的意见已为博超公司所代表,则作为股东的高光不应再以无独立请求权的第三人身份参加该案诉讼。

至于不同股东之间的分歧所导致的利益冲突,属于公司内部法律关系,应由股东与股东之间、股东与公司之间依法处理。《公司法》第二十条规定,公司股东应当遵守法律、行政法规和公司章程,依法行使股东权利,不得滥用股东权利损害公司或者其他股东的利益;不得滥用公司法人独立地位和股东有限责任损害公司债权人的利益。公司股东滥用股东权利给公司或者其他股东造成损失的,应当依法承担赔偿责任。本案中,高光主张邹春金利用博超公司的名义转让博超公司的全部财产,未经股东会同意签订协议书,从而损害了股东高光的权益。根据前述分析,高光主张的事实涉及股东之间的内部法律关系,可以依法另行处理。

综上所述,高光不符合以第三人参加3号民事判决案件的身份条件,不具有提起撤销3号民事判决之诉的主体资格。海南高院基于此裁定驳回高光的起诉是正确的,本院依法予以维持。至于高光上诉所主张的3号民事判决存在事实认定错误,属于虚假诉讼,天通公司、博超公司、南海岸公司和天时公司存在恶意串通等问题,均属于第三人撤销之诉实体审理的范畴。现因高光不具有第三人撤销之诉的主体资格,不符合起诉的条件,故本案对前述实体问题无须再作审理。

依照《中华人民共和国民事诉讼法》第一百七十条第一款第(一)项、第一百七十一条规定,裁定如下:

驳回上诉,维持原裁定。

本裁定为终审裁定。

审 判 长 王毓莹
审 判 员 曹 刚
审 判 员 钱小红
二〇一七年六月二十二日
法官助理 陈 亚
书 记 员 谢松珊

指导案例149号《长沙广大建筑装饰有限公司诉中国工商银行股份有限公司广州粤秀支行、林传武、长沙广大建筑装饰有限公司广州分公司等第三人撤销之诉案》的理解与参照

——公司法人不具有对其分支机构承担民事责任的生效裁判提起第三人撤销之诉的原告主体资格

2021年2月19日,最高人民法院发布了第27批指导性案例,共9个案例,包括6个第三人撤销之诉案例和3个案外人执行异议之诉案例。其中,第149号指导性案例为《长沙广大建筑装饰有限公司诉中国工商银行股份有限公司广州粤秀支行、林传武、长沙广大建筑装饰有限公司广州分公司等第三人撤销之诉案》。为了正确理解和准确参照适用该指导性案例,现对该指导性案例的选编过程、裁判要点、参照适用等有关情况予以解释、论证和说明。

一、案例选编过程及指导意义

该案例由广东省高级人民法院报送,经广东省高级人民法院案例评审委员会评审后,推荐作为备选指导性案例。研究室收到案例后送立案庭、民一庭、民二庭、审监庭、第一至六巡回法庭征求意见。研究室于2020年11月5日召开室务会讨论通过了该案例。2020年12月31日,该案例经最高人民法院民专会第366次会议讨论,同意作为指导性案例。2021年2月19日,最高人民法院以法〔2021〕55号文件将该案例编入第27批指导性案例予以发布。

二、关于本案例的相关情况

2011年7月12日,林传武与中国工商银行股份有限公司广州粤秀支行(以下简称工商银行粤秀支行)签订个人借款/担保合同。长沙广大建筑装饰有限公司广州分公司(以下简称长沙广大广州分公司)出具担保函,为林传武在工商银行粤秀

支行的贷款提供连带责任保证。后因林传武欠付款项，工商银行粤秀支行向法院起诉林传武、长沙广大广州分公司等，请求林传武偿还欠款本息，长沙广大广州分公司承担连带清偿责任。此案经广东省广州市天河区人民法院一审、广州市中级人民法院二审，判令林传武清偿欠付本金及利息等，其中一项为判令长沙广大广州分公司对林传武的债务承担连带清偿责任。2017 年，长沙广大建筑装饰有限公司（以下简称长沙广大公司）向广州市中级人民法院提起第三人撤销之诉，以生效判决没有将长沙广大公司列为共同被告参与诉讼，并错误认定担保函性质，导致长沙广大公司无法主张权利，请求撤销广州市中级人民法院作出的（2016）粤 01 民终 15617 号民事判决。

广州市中级人民法院于 2017 年 12 月 4 日作出（2017）粤 01 民撤 10 号民事裁定：驳回原告长沙广大建筑装饰有限公司的起诉。宣判后，长沙广大建筑装饰有限公司提起上诉。广东省高级人民法院于 2018 年 6 月 22 日作出（2018）粤民终 1151 号民事裁定：驳回上诉，维持原裁定。

本案争议焦点为长沙广大公司是否具备第三人撤销之诉的主体资格。《民事诉讼法》（2017 年）第五十六条规定："对当事人双方的诉讼标的，第三人认为有独立请求权的，有权提起诉讼。对当事人双方的诉讼标的，第三人虽然没有独立请求权，但案件处理结果同他有法律上的利害关系的，可以申请参加诉讼，或者由人民法院通知他参加诉讼。人民法院判决承担民事责任的第三人，有当事人的诉讼权利义务。前两款规定的第三人，因不能归责于本人的事由未参加诉讼，但有证据证明发生法律效力的判决、裁定、调解书的部分或者全部内容错误，损害其民事权益的，可以自知道或者应当知道其民事权益受到损害之日起六个月内，向作出该判决、裁定、调解书的人民法院提起诉讼……"依据上述法律规定，提起第三人撤销之诉的"第三人"是指有独立请求权的第三人，或者案件处理结果同他有法律上的利害关系的无独立请求权第三人，但不包括当事人双方。在已经生效的（2016）粤 01 民终 15617 号案件中，被告长沙广大广州分公司系长沙广大公司的分支机构，不是法人，但其依法设立并领取工商营业执照*，具有一定的运营资金和在核准的经营范围内经营业务的行为能力。根据《民法典》第七十四条第二款"分支机构以自己的名义从事民事活动，产生的民事责任由法人承担；也可以先以该分支机构管理的财产承担，不足以承担的，由法人承担"的规定，长沙广大公司在（2016）粤 01 民终 15617 号案件中，属于承担民事责任的当事人，其诉讼地位不是《民事诉讼法》（2017 年）第五十六条规定的第三人。因此，长沙广大公司以第三人的主体身份提出本案

---

* 现为营业执照。——编者注

诉讼不符合第三人撤销之诉的法定适用条件。

本案裁判明确第三人撤销之诉的一个立案标准,即公司法人的分支机构已参加原案诉讼,人民法院判决分支机构对外承担民事责任,公司法人不具有提起第三人撤销之诉的原告主体资格。公司法人是否具有对其分支机构承担民事责任的生效裁判提起第三人撤销之诉的原告主体资格,现行法律及司法解释均没有明确规定,因此在审判实践中存在分歧。该案例对此问题予以明确,对今后此类案件的处理具有较强的指导意义。

三、裁判要点的理解与说明

该指导性案例的裁判要点确认:公司法人的分支机构以自己的名义从事民事活动,并独立参加民事诉讼,人民法院判决分支机构对外承担民事责任,公司法人对该生效裁判提起第三人撤销之诉的,不符合《民事诉讼法》(2017年)第五十六条规定的第三人条件,人民法院不予受理。现围绕与该裁判要点相关的问题逐一解释和说明如下:

首先,长沙广大广州分公司是依法设立并领取营业执照的法人的分支机构。根据《最高人民法院关于适用〈中华人民共和国民事诉讼法〉的解释》第五十二条的规定,可以作为民事诉讼的当事人。故长沙广大广州分公司被(2016)粤01民终15617号案列为被告并判令承担民事责任,符合上述规定。

其次,根据《民法典》第七十四条第二款和《公司法》(2013年修改)第十四条第二款的规定,长沙广大公司是(2016)粤01民终15617号民事判决确定的民事责任的实际承担者。在其分支机构长沙广大广州分公司不能清偿债务时,根据《最高人民法院关于民事执行中变更、追加当事人若干问题的规定》第十五条"作为被执行人的法人分支机构,不能清偿生效法律文书确定的债务,申请执行人申请变更、追加该法人为被执行人的,人民法院应予支持"的规定,人民法院可直接追加长沙广大公司为被执行人。

最后,长沙广大广州分公司参加(2016)粤01民终15617号案诉讼,系代表长沙广大公司行使诉讼权利。虽然二者属于不同的民事诉讼主体,但在民事责任承担上是一致的,即最终由长沙广大公司承担责任。因此,长沙广大公司虽未参加(2016)粤01民终15617号案诉讼,但其诉讼权利已由长沙广大广州分公司代为行使,其必须承担(2016)粤01民终15617号民事判决所确定的民事责任,故其并非该案有独立请求权的第三人,或者该案处理结果同其有法律上利害关系的无独立请求权第三人,其无权就该案提起第三人撤销之诉。

综上,公司法人的分支机构已经参加原诉讼的,公司法人的诉讼权利已由其分支机构代为行使，故公司法人不属于《民事诉讼法》（2017 年）第五十六条规定的第三人，无权提起第三人撤销之诉。

（执笔人：广东省高级人民法院　王晓琴　文靖之
编审人：最高人民法院案例指导工作办公室　马蓓蓓）

指导案例 149 号　长沙广大建筑装饰有限公司诉中国工商银行股份有限公司广州粤秀支行、林传武、长沙广大建筑装饰有限公司广州分公司等第三人撤销之诉案

最高人民法院案例指导工作办公室编审人：马蓓蓓

1. 案例推荐单位：广东省高级人民法院
2. 案例编写人：广东省高级人民法院　王晓琴、文靖之
3. 案件裁判法院：广州市中级人民法院（一审）、广东省高级人民法院（二审）
4. 案件承办人：张怡（一审）、王晓琴（二审）

相关法条

1.《中华人民共和国民事诉讼法》（2017 年 7 月 1 日实施）（已被修改）

第五十六条　对当事人双方的诉讼标的，第三人认为有独立请求权的，有权提起诉讼。

对当事人双方的诉讼标的，第三人虽然没有独立请求权，但案件处理结果同他有法律上的利害关系的，可以申请参加诉讼，或者由人民法院通知他参加诉讼。人民法院判决承担民事责任的第三人，有当事人的诉讼权利义务。

前两款规定的第三人，因不能归责于本人的事由未参加诉讼，但有证据证明发生法律效力的判决、裁定、调解书的部分或者全部内容错误，损害其民事权益的，可以自知道或者应当知道其民事权益受到损害之日起六个月内，向作出该判决、裁定、调解书的人民法院提起诉讼。人民法院经审理，诉讼请求成立的，应当改变或者撤销原判决、裁定、调解书；诉讼请求不成立的，驳回诉讼请求。

2.《中华人民共和国民事诉讼法》（2022 年 1 月 1 日实施）

第五十九条　对当事人双方的诉讼标的，第三人认为有独立请求权的，有权提起诉讼。

对当事人双方的诉讼标的，第三人虽然没有独立请求权，但案件处理结果同他有法律上的利害关系的，可以申请参加诉讼，或者由人民法院通知他参加诉讼。人民法院判决承担民事责任的第三人，有当事人的诉讼权利义务。

前两款规定的第三人，因不能归责于本人的事由未参加诉讼，但有证据证明发生法律效力的判决、裁定、调解书的部分或者全部内容错误，损害其民事权益的，可以自知道或者应当知道其民事权益受到损害之日起六个月内，向作出该判决、裁定、调解书的人民法院提起诉讼。人民法院经审理，诉讼请求成立的，应当改变或者撤销原判决、裁定、调解书；诉讼请求不成立的，驳回诉讼请求。

3.《中华人民共和国民法典》(2021年1月1日实施)

第七十四条第二款　分支机构以自己的名义从事民事活动,产生的民事责任由法人承担;也可以先以该分支机构管理的财产承担,不足以承担的,由法人承担。

4.《中华人民共和国民法总则》(已失效)

第七十四条第二款　分支机构以自己的名义从事民事活动,产生的民事责任由法人承担;也可以先以该分支机构管理的财产承担,不足以承担的,由法人承担。

广东省高级人民法院民事裁定书

(2018)粤民终1151号

上诉人(原审原告):长沙广大建筑装饰有限公司。住所地:湖南省长沙市长沙县福临镇。

法定代表人:周政杰,董事长。

委托诉讼代理人:刘罡,广东诺臣律师事务所律师。

被上诉人(原审被告):中国工商银行股份有限公司广州粤秀支行。住所地:广东省广州市天河区天河北路550、552、554、556、553、560号帝景苑AB栋首层及二层。

负责人:吴亚军。

被上诉人(原审被告):林传武,男,1955年2月5日出生,汉族,住广东省汕头市潮阳区。

被上诉人(原审被告):陈瑞平,男,1981年1月16日出生,汉族,住广东省汕头市潮阳区。

被上诉人(原审被告):长沙广大建筑装饰有限公司广州分公司。住所地:广东省广州市天河区东莞庄路二号财润国际大厦第7层01C号房。

负责人:林传武,总经理。

上诉人长沙广大建筑装饰有限公司(以下简称长沙广大公司)因与被上诉人中国工商银行股份有限公司广州粤秀支行(以下简称工商银行粤秀支行)、林传武、陈瑞平、长沙广大建筑装饰有限公司广州分公司(以下简称长沙广大广州分公司)第三人撤销之诉一案,不服广东省广州市中级人民法院(2017)粤01民撤10号民事裁定,向本院提起上诉。本院依法组成合议庭进行审理,现已审理终结。

长沙广大公司向原审法院起诉请求:1.撤销广州市中级人民法院(2016)粤01民终第15617号民事判决;2.变更广州市中级人民法院(2016)粤01民终第15617号民事判决第一项为"判决长沙广大广州分公司所出具的担保函无效,长沙广大广州分公司不承担连带保证责任";3.本案的诉讼费用由工商银行粤秀支行、林传武、陈瑞平、长沙广大广州分公司承担。事实和理由:

一、广州市中级人民法院审理的(2016)粤01民终第15617号案件以及该案一审(2014)穗天法金民初字第2174号案均没有把长沙广大公司列为诉讼当事人,属于程序错误。长沙广大广州分公司属于无独立的财产法人分支机构,而该案一审、二审却没有把长沙广大公司列为共同被告参与诉讼,导致长沙广大公司无法主张诉讼权利。(2016)粤01民终第15617号案生效后,工商银行粤秀支行申请法院强制执行。长沙广大公司在2017年3月因为工程投标需要提供投标资料,通过在中国执行信息公开网及信用中国网查询才发现长沙广大广州分公司已经被工商银行粤秀支行作为被执行人申请法院强制执行,并将该信息登记在全国法院被执行人信息网,至此长沙广大公司才知道广州市中级人民法院案号为(2016)粤01民终第15617号案,通过在最高人民法院裁判文书网的查询才知道该案的判决结果及相关情况。长沙广大广州分公司作为被执行人,无法进行所有的投标活动,对其公司的生产经营造成了非常严重的影响。

二、该案一审、二审没有查明长沙广大广州分公司在2011年4月29日提供的担保函的性质。长沙广大广州分公司提供的担保函没有告知长沙广大公司亦没有取得长沙广大公司授权,广大广州分公司出具担保函的行为已经违反了《中华人民共和国担保法》第十条的规定。工商银行粤秀支行作为专业的金融机构,在签订借款合同以及保证合同时没有尽到完全的审查义务,在已经有足额抵押物的情况下依然要求长沙广大广州分公司出具没有任何授权的担保函。有关长沙广大广州分公司作为担保人的任何情况,工商银行粤秀支行及长沙广大广州分公司没有告知过长沙广大公司,所以长沙广大广州分公司所出具的担保函不具备任何承担保证责任的法律要件,并且违反相关法律规定应该为无效保证,工商银行粤秀支行签订的合同违反法律规定,其诉讼请求不应得到支持。

原审法院认为,本案争议焦点问题为长沙广大公司是否具备第三人撤销之诉主体资格。《中华人民共和国民事诉讼法》第五十六条规定:"对当事人双方的诉讼标的,第三人认为有独立请求权的,有权提起诉讼。对当事人双方的诉讼标的,第三人虽然没有独立请求权,但案件处理结果同他有法律上的利害关系的,可以申请参加诉讼,或者由人民法院通知他参加诉讼。人民法院判决承担民事责任的第三人,有当事人的诉讼权利义务。前两款规定的第三人,因不能归责于本人的事由未参加诉讼,但有证据证明发生法律效力的判决、裁定、调解书的部分或者全部内容错误,损害其民事权益的,可以自知道或者应当知道其民事权益受到损害之日起六个月内,向作出该判决、裁定、调解书的人民法院提起诉讼……"依据上述法律规定,提起第三人撤销之诉的"第三人"是指有独立请求权的第三人,或者案件处理结果同其有法律上的利害关系的无独立请求权第三人,但不包括必要共同诉讼的当事人。在已经生效的(2016)粤01民终15617号案中,长沙广大广州分公司系长沙广大公司的分支机构,虽然不是法人,但其依法设立并领取工商营业执照,具有一定的运营资金和在核准的经营范围内经营业务的行为能力,根据《中华人民共和国民法总则》第七十四条第二款"分支机构以自己的名义从事民事活动,产生的民事责任由法人承担;也可以先以该分支机构管理的财产承担,不足以承担的,由法人承担"之规定,长沙广大公司在(2016)粤01民终15617号案中,不属于《中华人民共和国民事诉讼法》第五十六条规定第三人的诉讼地位,因此,长沙广大公司以第三人的主体身份提出本案诉讼不符合第三人撤销之诉的适用条件,应当予以驳回起诉。原审法院依照《中华人民共和国民事诉讼法》第五十六条、第一百一十九条、第一百五十四条第一款第(三)项、《最高人民法院关于适用〈中华人民共和国民事诉讼法〉的解释》第二百零八条第三款规定,裁定驳回原告长沙广大公司的起诉。

长沙广大公司不服原审裁定,向本院提出上诉请求:撤销原审法院(2017)粤01民撤10号民事裁定,发回原审法院进行实体审理。事实和理由:

一、裁定依据与事实不符。原审法院认为,依据《中华人民共和国民事诉讼法》第五十六条规定:"对当事人双方的诉讼标的,第三人认为有独立请求权的,有权提起诉讼……人民法院判决承担民事责任的第三人,有当事人的诉讼权利义务。前两款规定的第三人,因不能归责于本人的事由未参加诉讼,但有证据证明发生法律效力的判决、裁定、调解书的部分或者全部内容错误,损害其民事权益的,可以自知道或者应当知道其民事权益受到损害之日起六个月内,向作出该判决、裁定、调解书的人民法院提起诉讼。人民法院经审理,诉讼请求成立的,应当改变或者撤销原判决、裁定、调解书;诉讼请求不成立的,驳回诉讼请求。"在广州市中级人民法院所作出的案号为(2016)粤01民终第15617号案中,广州市中级人民法院终审判决维持广州市天河区人民法院(2014)穗天法金民初字第2174号民事判决第一项、第三项、第四项、第五项;变更广州市天河区人民法院(2014)穗天法金民初字第2174号民事判决第二项为:林传武于本判决送达之日起十日内向中国工商银行股份有限公司广州粤秀支行清偿借款本金5086334.56元及利息,即长沙广大建筑装饰有限公司广州分公司要承担连带清偿责任。根据《中华人民共和国民法总则》第七十四条第二款"分支机构以自己的名义从事民事活动,产生的民事责任由法人承担"之规定,长沙广大建筑装饰有限公司广州分公司作为上诉人长沙广大建筑装饰有限公司分支机构,其产生的法律责任必然由作为法人的上诉人长沙广大建筑装饰有限公司承担。且案件判决后,被上诉人中国工商银行股份有限公司广州粤秀支行向法院申请强制执行,导致上诉人多项投标项目无法进行,已经严重影响了上诉人的正常经营活动;故广州市中级人民法院作出的(2016)粤01民终第15617号民事判决书、广州市天河区人民法院(2014)穗天法金民初字第2174号民事判决都损害了上诉人长沙广大建筑装饰有限公司的权益。因此,上诉人具有第三人的主体资格,原审裁定上诉人不具有第三人主体资格错误,应予撤销。

二、一审法院在案件审理过程中刻意回避上诉人提出撤销裁判文书的错误,并且仅仅以上诉人不具有第三人的主体资格直接驳回上诉人的起诉,案件审理程序及适用法律均有错误。一审法院在审理过程中并未对上诉人所提出的(2016)粤01民终第15617号案件以及(2014)穗天法金民初字第2174号案中所存在的错误进行实体审查,庭审笔录中被上诉人中国工商银行股份有限公司广州粤秀支行已经明确确认被上诉人长沙广大广州分公司在2011年4月29日提供所谓担保函的担保性质是在没有上诉人书面授权或确认的情况下,按照银行的要求所出具,已经严重违反了《中华人民共和国担保法》及其司法解释的规定,一审法院为了回避该判决中的明显错误,只能采取驳回上诉人起诉的方式进行处理;在明显是错误的判决面前,一审法院选择了回避该事实。上诉人庭审时明确告知一审法院,原来(2016)粤01民终第15617号案件以及(2014)穗天法金民初字第2174号案中被上诉人陈瑞平、林传武、长沙广大广州分公司均由同一律师事务所的代理人代理,因为借款人与保证人之间存在利害关系,而对保证合同的有效性完全不提出抗辩,明显就是知道长沙广大广州分公司不具有独立法人资格,分公司也不具备可供执行的财产,一审法院在长沙广大广州分公司的工商登记中载明其经营范围仅仅为联系总公司业务的情况下,却依然认定分公司有一定的运营资金可以独立承担责任,而各个上诉人之间签订所谓保证函时已经明确知道分公司的行为若产生任何债务如果承担连带保证责任则可以由上诉人进行清偿,故与具有专业金融知识及法律风险防范意识的银行一起对保证函的效力进行了攻守同盟,也导致原审法院对该问题没有查明,且判决后因为上诉人不是当事人,案件生效后上诉人也完全不清楚,直至被申请强制执行才发现需要承担责任;对于一个明显错误的判决也没有任何一方提起过再审等救济程序,直至上诉人自行提起第三人撤销之诉。

综上可以看出,本案上诉人所提出的第三人撤销之诉的案件的处理结果与上诉人具有法律上的利害关系,故上诉人完全符合第三人撤销之诉的主体要件,应当对案件进行实体审理并且变更错误判决。

本院认为,长沙广大公司以第三人的身份提起撤销之诉,请求撤销(2016)粤01民终第15617号民事判决。根据争议双方提出的事实和理由,本案争议焦点为长沙广大公司是否具备第三人撤销之诉的主体资格。《中华人民共和国民事诉讼法》第五十六条规定:"对当事人双方的诉讼标的,第三人认为有独立请求权的,有权提起诉讼。对当事人双方的诉讼标的,第三人虽然没有独立请求权,但案件处理结果同他有法律上的利害关系的，可以申请参加诉讼，或者由人民法院通知他参加诉讼。人民法院判决承担民事责任的第三人，有当事人的诉讼权利义务。前两款规定的第三人，因不能归责于本人的事由未参加诉讼，但有证据证明发生法律效力的判决、裁定、调解书的部分或者全部内容错误，损害其民事权益的，可以自知道或者应当知道其民事权益受到损害之日起六个月内，向作出该判决、裁定、调解书的人民法院提起诉讼……”依据上述法律规定，提起第三人撤销之诉的“第三人”是指有独立请求权的第三人，或者案件处理结果同其有法律上的利害关系的无独立请求权第三人，但不包括当事人双方。在已经生效的(2016)粤01民终15617号案中，被告长沙广大广州分公司系长沙广大公司的分支机构，不是法人，但其依法设立并领取工商营业执照，具有一定的运营资金和在核准的经营范围内经营业务的行为能力，根据《中华人民共和国民法总则》第七十四条第二款“分支机构以自己的名义从事民事活动，产生的民事责任由法人承担；也可以先以该分支机构管理的财产承担，不足以承担的，由法人承担”的规定，长沙广大公司在(2016)粤01民终15617号案中，属于承担民事责任的当事人，其诉讼地位不是《中华人民共和国民事诉讼法》第五十六条规定的第三人。因此，长沙广大公司以第三人的主体身份提出本案诉讼不符合第三人撤销之诉的法定适用条件，原审法院驳回起诉具有事实和法律依据，本院予以维持。长沙广大公司的上诉理由缺乏法律依据，应予驳回。依照《中华人民共和国民事诉讼法》第一百六十九条第一款、第一百七十条第一款第(一)项、第一百七十一条的规定，裁定如下：

驳回上诉，维持原裁定。

本裁定为终审裁定。

审 判 长 江 萍

审 判 员 苏大清

审 判 员 王晓琴

二〇一八年六月二十二日

书 记 员 吴伊玲

指导案例150号《中国民生银行股份有限公司温州分行诉浙江山口建筑工程有限公司、青田依利高鞋业有限公司第三人撤销之诉案》的理解与参照

——抵押权人对确认建设工程价款优先受偿权的生效裁判是否具有提起第三人撤销之诉原告主体资格的认定

2021年2月19日,最高人民法院发布了第27批指导性案例,共9个案例,包括6个第三人撤销之诉案例和3个案外人执行异议之诉案例。其中,第150号指导性案例为《中国民生银行股份有限公司温州分行诉浙江山口建筑工程有限公司、青田依利高鞋业有限公司第三人撤销之诉案》。为了正确理解和准确参照适用该指导性案例,现对该指导性案例的选编过程、裁判要点、参照适用等有关情况予以解释、论证和说明。

一、案例选编过程及指导意义

该案例由浙江省高级人民法院报送。经由浙江省高级人民法院审判委员会讨论后推选为备选指导性案例。研究室收到案例后送立案庭、民一庭、民二庭、审监庭、第一至六巡回法庭征求意见。研究室于2020年11月5日召开室务会讨论通过了该案例。2020年12月31日,该案例经最高人民法院民专会第366次会议讨论,同意作为指导性案例。2021年2月19日,最高人民法院以法〔2021〕55号文件将该案例编入第27批指导性案例予以发布。

二、关于本案例的相关情况

(一)基本情况

中国民生银行股份有限公司温州分行(以下简称温州民生银行)因与青田依利高鞋业有限公司(以下简称青田依利高鞋业公司)、浙江依利高鞋业有限公司等金

融借款合同纠纷一案诉至浙江省温州市中级人民法院(以下简称温州中院),温州中院判令:(1)浙江依利高鞋业有限公司于判决生效之日起十日内偿还温州民生银行借款本金5690万元及期内利息、期内利息复利、逾期利息;(2)如浙江依利高鞋业有限公司未在上述第一项确定的期限内履行还款义务,温州民生银行有权以拍卖、变卖被告青田依利高鞋业公司提供抵押的坐落于青田县船寮镇赤岩工业区房产及工业用地的所得价款优先受偿……上述判决生效后,因该案各被告未在判决确定的期限内履行义务,温州民生银行向温州中院申请强制执行。

在执行过程中,温州民生银行于2017年2月28日获悉,浙江省青田县人民法院向温州中院发出编号为(2016)浙1121执2877号的参与执行分配函,以(2016)浙1121民初1800号民事判决为依据,要求温州中院将该判决确认的浙江山口建筑工程有限公司(以下简称山口建筑公司)对青田依利高鞋业公司享有的559.3万元建设工程款债权优先于抵押权和其他债权受偿,对坐落于青田县船寮镇赤岩工业区建设工程项目折价或拍卖所得价款优先受偿。

温州民生银行认为,案涉建设工程于2011年10月21日竣工验收合格,但山口建筑公司直至2016年4月20日才向法院主张优先受偿权,显然已超过了六个月的期限,故请求撤销(2016)浙1121民初1800号民事判决,并确认山口建筑公司就案涉建设工程项目折价、拍卖或变卖所得价款不享有优先受偿权。

浙江省云和县人民法院于2017年12月25日作出(2017)浙1125民撤1号民事判决:(1)撤销浙江省青田县人民法院(2016)浙1121民初1800号民事判决书第一项;(2)驳回原告中国民生银行股份有限公司温州分行的其他诉讼请求。一审宣判后,浙江山口建筑工程有限公司不服,向浙江省丽水市中级人民法院提起上诉。丽水市中级人民法院于2018年4月25日作出(2018)浙11民终446号民事判决书,判决驳回上诉,维持原判。浙江山口建筑工程有限公司不服,向浙江省高级人民法院申请再审。浙江省高级人民法院于2018年12月14日作出(2018)浙民申3524号民事裁定书,驳回浙江山口建筑工程有限公司的再审申请。

(二)裁判要点所涉法律适用问题的认识、观点

第三人撤销之诉制度性规定源于《民事诉讼法》(2017年)第五十六条,后《最高人民法院关于适用〈中华人民共和国民事诉讼法〉的解释》(2015年)第二百九十二条又对第三人撤销之诉的主体条件、程序条件、实体条件和管辖法院等进一步细化了规定。

关于房屋的抵押权人对该房屋建设工程承包人与发包人之间确认建设工程价款优先受偿权的诉讼,是否具备提起第三人撤销之诉的主体资格,主要在于认定房屋的抵押权人是否符合《民事诉讼法》(2017年)第五十六条所规定的第三人。最

高人民法院于2002年6月20日公布了《关于建设工程价款优先受偿权问题的批复》(已失效)(以下简称《批复》),《批复》第一条规定“认定建筑工程的承包人的优先受偿权优于抵押权和其他债权”,因建设工程价款优先受偿权与抵押权指向同一标的物,若发生抵押物价值不足以同时覆盖二者的情况时,房屋的抵押权人对该房屋建设工程承包人与发包人之间确认建设工程价款优先受偿权的诉讼,即具有法律上的利害关系,属于《民事诉讼法》(2017年)第五十六条所规定的第三人,符合提起第三人撤销之诉的原告主体条件。

2012年《民事诉讼法》修改时,增设第三人撤销之诉制度,2015年,最高人民法院出台了民事诉讼法司法解释,对第三人撤销之诉的程序性操作进行了进一步的细化。但该制度在具体实践适用过程中,特别是主体资格的认定问题,仍然存在许多争议,本案即涉及抵押权人是否具有对其他建设工程价款优先受偿权案件提起第三人撤销之诉的资格问题,实践中尚不明确。人民法院根据《民事诉讼法》(2017年)第五十六条的规定,认为第三人提起撤销之诉首先应当满足的条件即是第三人的诉讼主体适格。提起第三人撤销之诉的主体限于在被申请案中有独立请求权的第三人和无独立请求权的第三人同时具有法律上利害关系的主体。但无独立请求权的第三人在何种情形下有权提起第三人撤销之诉,何为有法律上的利害关系,实践中做法也不统一,因此,有必要进一步明确。根据《民法典》第八百零七条及《批复》的规定,与建设工程价款优先受偿权相关的第三人主要有:交付购买商品房的全部或者大部分款项后的消费者、建设工程的抵押权人、其他债权人。因已支付购房款的消费者、抵押权人的权利与建设工程承包人的优先受偿权人的权利指向系同一标的物,而本案原告温州民生银行作为案涉房产及工业用地抵押权人,其具有法律上的利害关系,具有诉讼主体资格,有权提起本案第三人撤销之诉。

本案裁判要点明确了抵押权人对于建设工程价款优先受偿案件的处理结果具有法律上的利害关系,应当认定其具有第三人撤销之诉的原告主体资格。该案对于明确第三人撤销之诉主体资格,保护当事人合法权益,具有典型性和指导意义。

三、裁判要点的理解与说明

该指导性案例的裁判要点确认:建设工程价款优先受偿权与抵押权指向同一标的物,抵押权的实现因建设工程价款优先受偿权的有无以及范围大小受到影响的,应当认定抵押权的实现同建设工程价款优先受偿权案件的处理结果有法律上的利害关系,抵押权人对确认建设工程价款优先受偿权的生效裁判具有提起第三人撤销之诉的原告主体资格。现围绕与该裁判要点相关的问题逐一解释和说明如下:

《民事诉讼法》(2017年)第五十六条规定:“对当事人双方的诉讼标的,第三人认为有独立请求权的，有权提起诉讼。对当事人双方的诉讼标的，第三人虽然没有独立请求权，但案件处理结果同他有法律上的利害关系的，可以申请参加诉讼，或者由人民法院通知他参加诉讼。人民法院判决承担民事责任的第三人，有当事人的诉讼权利义务。前两款规定的第三人，因不能归责于本人的事由未参加诉讼，但有证据证明发生法律效力的判决、裁定、调解书的部分或者全部内容错误，损害其民事权益的，可以自知道或者应当知道其民事权益受到损害之日起六个月内，向作出该判决、裁定、调解书的人民法院提起诉讼。人民法院经审理，诉讼请求成立的，应当改变或者撤销原判决、裁定、调解书；诉讼请求不成立的，驳回诉讼请求。”结合前述规定，提起第三人撤销之诉的主体限于在被申请案中有独立请求权的第三人和无独立请求权的第三人。有独立请求权第三人是指对当事人之间的诉讼标的的全部或者一部分，以独立的实体权利人的资格提出诉讼请求进而参加诉讼的人。无独立请求权人，即对当事人双方的诉讼标的，第三人虽然没有独立请求权，但案件处理结果同他有法律上的利害关系的，可以申请参加诉讼，或者由人民法院通知他参加诉讼。人民法院判决承担民事责任的第三人，有当事人的诉讼权利义务。综上所述，关于抵押权人对确认建设工程价款优先受偿权的诉讼提起第三人撤销之诉应当同时满足四个条件，否则不被支持。

（一）满足原告诉讼主体资格

抵押权人对该建设工程承包人与发包人之间确认建设工程价款优先受偿权的诉讼，是否具备提起第三人撤销之诉的主体资格，主要在于认定房屋的抵押权人是否符合《民事诉讼法》（2017 年）第五十六条所规定的第三人。在司法实践中，因建设工程价款优先受偿权与抵押权引发的冲突，通常可以分为三种情况：一是建设工程优先受偿权与土地使用权抵押权的冲突；二是建设工程优先受偿权与在建工程抵押权的冲突；三是建设工程优先受偿权与建设工程竣工后房地产抵押权的冲突。本案例就属第三种情形，即民生银行作为案涉工程竣工后房产的抵押权人与山口建筑之间的权利冲突。对于前述权利冲突优先顺位的问题，根据《民法典》第八百零七条及《批复》第一条的规定，建筑工程的承包人的优先受偿权优于抵押权和其他债权，而建设工程价款优先受偿权是法律直接赋予承包人的权利，只要符合法定条件，承包人就享有此优先权，无须登记。对于房屋的抵押权人而言，其在建筑工程竣工验收办理房屋产权登记并设立抵押后虽取得了优先于普通金钱债权的优先权，但抵押权人通常对于承包人的建设工程价款优先受偿权的行使情况不知晓，如果房屋建设工程承包人与发包人之间发生确认建设工程价款优先受偿权的诉讼，建设工程价款优先受偿权与抵押权均指向同一标的物，在抵押物价值不足以同时覆盖二者的情况下，建设工程价款优先受偿权优于抵押权,如因建设工程价款优先受偿权的错误确认使其优先于抵押权获得清偿,就损害了抵押权人的权益。因此,房屋的抵押权人对该房屋建设工程承包人与发包人之间确认建设工程价款优先受偿权的诉讼具有法律上的利害关系,属于《民事诉讼法》(2017 年)第五十六条所规定的有独立请求权的第三人,具有诉讼主体资格,有权提起本案第三人撤销之诉。

(二)因不能归责于本人的事由未参加诉讼

本案例中,原告温州民生银行作为抵押权人在青田县人民法院(2016)浙 1121 民初 1800 号山口建筑公司、青田依利高建设工程价款优先受偿权纠纷案中,原告温州民生银行并非该案当事人,因此,据以认定,原告民生银行因不能归责于本人的事由未参加青田县人民法院(2016)浙 1121 民初 1800 号案件诉讼。

(三)有证据证明发生法律效力的判决、裁定、调解书的部分或者全部内容错误,损害其民事权益

本案例所涉建设工程承包人与发包人之间确认建设工程价款优先受偿权的诉讼经由青田县人民法院作出的(2016)浙 1121 民初 1800 号判决书进行认定,该认定正确与否需经实质审查,但该判决书确认山口建筑对青田依利高鞋业公司享有的 559.3 万元建设工程款债权作为优先于抵押权和其他债权优先受偿,山口建筑公司对建设工程承包人优先受偿权的行使必然影响到温州民生银行作为抵押权人实现债权的顺位,也关系到各自债权的实现程度,损害了原告温州民生银行的权益,原告温州民生银行在提起撤销之诉时已对原案判决可能存在错误并损害其民事权益的情形提供了初步证据材料加以证明。

(四)第三人应自知道或者应当知道其民事权益受到损害之日起 6 个月内提起诉讼

温州民生银行与青田依利高鞋业公司、浙江省依利高鞋业有限公司、陈忠达、郑笑莉、浙江正耀鞋材有限公司、孙建勇、高雪微、林峰、鲍琳春、叶正平、何莲等金融借款合同纠纷案,温州市中级人民法院于 2014 年 9 月 26 日作出(2014)浙温商初字第 4 号民事判决书,该案后进入执行程序,民生银行于 2017 年 2 月 28 日从温州市中级人民法院执行局获悉,浙江省青田县人民法院以(2016)浙 1121 民初 1800 号民事判决为依据,要求参与执行分配,原告温州民生银行于 2017 年 4 月 25 日提起第三人撤销之诉,符合 6 个月的起诉期间要求。

(执笔人:浙江省高级人民法院　杨　治

浙江省云和县人民法院　张俊梅

编审人:最高人民法院案例指导工作办公室　马蓓蓓)

指导案例150号 中国民生银行股份有限公司温州分行诉浙江山口建筑工程有限公司、青田依利高鞋业有限公司第三人撤销之诉案

最高人民法院案例指导工作办公室编审人:马蓓蓓

1. 案例推荐单位:浙江省高级人民法院
2. 案例编写人:浙江省高级人民法院 杨 治,浙江省云和县人民法院 张俊梅
3. 案件裁判法院:云和县人民法院(一审)、浙江省丽水市中级人民法院(二审)、浙江省高级人民法院(再审)
4. 案件承办人:杜今安(一审)、周海燕(二审)、刘国华(再审)

相关法条

1.《中华人民共和国民事诉讼法》(2017年7月1日实施)(已被修改)

第五十六条 对当事人双方的诉讼标的,第三人认为有独立请求权的,有权提起诉讼。

对当事人双方的诉讼标的,第三人虽然没有独立请求权,但案件处理结果同他有法律上的利害关系的,可以申请参加诉讼,或者由人民法院通知他参加诉讼。人民法院判决承担民事责任的第三人,有当事人的诉讼权利义务。

前两款规定的第三人,因不能归责于本人的事由未参加诉讼,但有证据证明发生法律效力的判决、裁定、调解书的部分或者全部内容错误,损害其民事权益的,可以自知道或者应当知道其民事权益受到损害之日起六个月内,向作出该判决、裁定、调解书的人民法院提起诉讼。人民法院经审理,诉讼请求成立的,应当改变或者撤销原判决、裁定、调解书;诉讼请求不成立的,驳回诉讼请求。

2.《中华人民共和国民事诉讼法》(2022年1月1日实施)

第五十九条 对当事人双方的诉讼标的,第三人认为有独立请求权的,有权提起诉讼。

对当事人双方的诉讼标的,第三人虽然没有独立请求权,但案件处理结果同他有法律上的利害关系的,可以申请参加诉讼,或者由人民法院通知他参加诉讼。人民法院判决承担民事责任的第三人,有当事人的诉讼权利义务。

前两款规定的第三人,因不能归责于本人的事由未参加诉讼,但有证据证明发生法律效力的判决、裁定、调解书的部分或者全部内容错误,损害其民事权益的,可以自知道或者应当知道其民事权益受到损害之日起六个月内,向作出该判决、裁定、调解书的人民法院提起诉讼。人民法院经审理,诉讼请求成立的,应当改变或者撤销原判决、裁定、调解书;诉讼请求不成立的,驳回诉讼请求。

浙江省高级人民法院民事裁定书

(2018)浙民申3524号

再审申请人(一审被告、二审上诉人):浙江山口建筑工程有限公司。住所地:浙江省青田县鹤城街道临江东路157号,统一社会信用代码:91331121148456××××。

法定代表人:王利平,该公司董事长。

委托诉讼代理人:吴迪,浙江星韬律师事务所律师。

被申请人(一审原告、二审被上诉人):中国民生银行股份有限公司温州分行。住所地:浙江省温州市瓯海区三垟街道吕家岸村亨哈大厦,统一社会信用代码:91330300788835××××。

负责人:徐文华,系该行行长。

委托诉讼代理人:陈会师,何露露,系该行员工。

一审被告:青田依利高鞋业有限公司,住所地:浙江省青田县船寮镇赤岩村,注册号:33112100000××××。

法定代表人:孙建勇,该公司执行董事。

再审申请人浙江山口建筑工程有限公司(以下简称山口建筑公司)因与被申请人中国民生银行股份有限公司温州分行(以下简称温州民生银行)、一审被告青田依利高鞋业有限公司(以下简称青田依利高鞋业公司)第三人撤销之诉一案,不服丽水市中级人民法院(2018)浙11民终446号民事判决,向本院申请再审。本院依法组成合议庭进行了审查,本案现已审查终结。

山口建筑公司申请再审称,一、本案系第三人撤销之诉,依法应当由作出(2016)浙1121民初1800号民事判决(以下简称原案生效判决)的青田县人民法院专属管辖,云和县人民法院无权撤销同级别其他基层法院生效判决,本案程序违法,云和县人民法院管辖有误,应裁定撤销一审判决并移送青田县人民法院。二、温州民生银行的起诉不符合第三人撤销之诉的法定要件,应裁定驳回。1.依据《民事诉讼法》第五十六条第三款以及《民事诉讼法解释》第二百九十二条之规定,第三人撤销之诉中,第三人应当提供原案生效判决的全部或者部分内容有误的证据材料,但温州民生银行没有提供任何证据证明原案生效判决全部或者部分错误,属于对原案生效判决的判决理由不服，在执行阶段对拟执行标的有异议，应当以案外人身份依法提起执行异议之诉，应裁定驳回其起诉。其他地区法院的操作指引也明确，第三人仅对生效判决的法律适用（裁判理由）不服的应当依法裁定驳回。2. 山口建筑公司已经依法行使了建设工程价款优先权并在诉讼时效内提起诉讼，原审判决混淆了优先权行使方式导致判决错误。建设工程价款优先受偿权是法定抵押权，无须司法确认，法律并未限定优先权的行使方式，只要符合立法本意的方式都应当认定为对优先权的行使而无须经过司法确认，参考最高法院判决以及重庆高院的解答意见，发函也属于行使优先权的一种方式。山口建筑公司向青田依利高鞋业公司发函明确主张优先受偿请求应认定已经行使优先权。3. 优先权的行使期间与诉讼时效为不同概念，山口建筑公司在优先权行使期间内依法行使权利，已取得优先权权利，在主债务诉讼时效内，2014 年 8 月山口建筑公司起诉主债务合法有效，并在 2014 年 9 月取得生效判决。因此，建设工程价款优先权的诉讼时效为 2014 年 9 月至 2016 年 9 月，山口建筑公司于 2016 年 4 月 20 日起诉并未超出时效期间，原案生效判决认定事实清楚，适用法律无误，应当依法驳回温州民生银行的诉讼请求。综上，本案原审判决适用法律错误，程序上错误认定本案属第三人撤销之诉，实体上错误认定山口建筑公司未行使优先权。请求再审本案。

温州民生银行提交书面意见称，一、山口建筑公司不符合再审申请条件，应当依法驳回再审请求，山口建筑公司并未提交新证据推翻原判决的基本事实，也不存在诉讼证据类的再审事由，原审判决均有充分证据支撑、适用法律正确，不存在《民事诉讼法》第二百条第（六）项规定的再审事由，也不存在其他再审事由。二、本案程序合法，一审法院受理本案管辖正确，本案温州民生银行向青田县人民法院提起第三人撤销之诉后，丽水市中级人民法院经审查依据《民事诉讼法》第三十七条之规定，指定云和县人民法院审理本案。山口建筑公司在答辩期内未提出管辖权异议，本案也不属专属管辖的情形，本案程序合法。三、本案符合第三人撤销之诉的条件，应适用第三人撤销之诉程序。四、山口建筑公司未在法定期限内以法定方式主张建设工程价款优先权，其权利已经消灭，双方发函行为以及内容并不构成对建设工程价款优先权的行使。按照《合同法》第二百八十六条之规定，建设工程价款优先受偿权的行使方式有两种，一是承包人与发包人协议将工程折价，二是承包人申请人民法院将工程依法拍卖，山口建筑公司以催款通知书方式声明对涉案建筑工程享有优先受偿权，既没有与发包人就具体工程抵债达成合意，也没有通过行使诉权主张对变价款优先受偿，不属于法律规定的任何一种行使方式；山口建筑公司向法院主张优先受偿权时已经超出建设工程价款优先受偿权的法定行使期限，本案中山口建筑公司自 2011 年 10 月 21 日经竣工验收合格依法取得建设工程价款优先权,但直至2016年4月20日才起诉已经远远超出法定六个月期限。请求驳回再审申请。

本院经审查认为,本案争议焦点是:(一)云和县人民法院管辖本案是否符合法律规定;(二)本案是否符合第三人撤销之诉的起诉条件;(三)原案生效判决是否存在错误并损害温州民生银行的民事权益。

(一)云和县人民法院管辖本案是否符合法律规定

根据《中华人民共和国民事诉讼法》第五十六条第三款之规定,第三人应向作出生效判决、裁定、调解书的人民法院提起撤销之诉。温州民生银行向作出原案生效判决的青田县人民法院提起本案诉讼并无不当。之后,青田县人民法院受理本案并报请丽水市中级人民法院指定管辖,丽水市中级人民法院依据《中华人民共和国民事诉讼法》第三十七条第一款"有管辖权的人民法院由于特殊原因,不能行使管辖权的,由上级人民法院指定管辖"之规定,指定云和县人民法院管辖本案亦无不当。因此,云和县人民法院依照上级人民法院指定管辖本案并作出判决在程序上并无违法之处。而且,管辖错误也不是《中华人民共和国民事诉讼法》第二百条规定的再审事由,故山口建筑公司该项再审事由缺乏事实和法律依据。

(二)本案是否符合第三人撤销之诉的起诉条件

第三人撤销之诉的审理对象是原案生效裁判,为保障生效裁判的权威性和稳定性,第三人撤销之诉的立案审查相比一般民事案件更加严格。正如山口建筑公司所称,《最高人民法院关于适用〈中华人民共和国民事诉讼法〉的解释》第二百九十二条规定,第三人提起撤销之诉的,应当提供存在发生法律效力的判决、裁定、调解书的全部或者部分内容错误情形的证据材料,即在受理阶段需对原生效裁判内容是否存在错误从证据材料角度进行一定限度的实质审查。但前述司法解释规定本质上仍是对第三人撤销之诉起诉条件的规定,起诉条件与最终实体判决的证据要求存在区别,前述司法解释规定并不意味着第三人在起诉时就要完成全部的举证义务,毋宁说,第三人在提起撤销之诉时应对原案判决可能存在错误并损害其民事权益的情形提供初步证据材料加以证明。温州民生银行提起撤销之诉时已经提供证据材料证明自己是同一标的物上的抵押权人,山口建筑公司依据原案生效判决第一项要求参与抵押物折价或者拍卖所得价款的分配将直接影响温州民生银行债权的优先受偿,而且山口建筑公司自案涉工程竣工验收至提起原案诉讼远远超过六个月期限,山口建筑公司主张在六个月内行使建设工程价款优先权时并未采取起诉、仲裁等具备公示效果的方式。因此,从起诉条件审查角度看,温州民生银行已经提供初步证据证明原案生效判决第一项内容可能存在错误并将损害其抵押权的实现。其提起诉讼要求撤销原案生效判决主文第一项符合法律规定的起诉条件。

（三）原案生效判决是否存在错误并损害温州民生银行的民事权益

建设工程价款优先受偿权作为法定优先权，与抵押权等优先权确实存在不同。以本案所涉的抵押权为例，抵押权设定需抵押合同双方当事人签订抵押合同确定抵押物和抵押担保范围并办理抵押登记，而建设工程价款优先权则无须建设工程施工合同双方当事人约定优先权的行使对象以及优先受偿范围，亦无须以登记等方式进行公示。但正因为建设工程价款优先受偿权是法定优先权，其行使对象、优先受偿范围以及行使期限、行使方式均应符合法律规定的要求。根据《中华人民共和国合同法》第二百八十六条以及《最高人民法院关于建设工程价款优先受偿权问题的批复》的相关规定，除按照建设工程的性质不宜折价、拍卖的以外，承包人行使优先权的方式是与发包人协议将该工程折价或者申请人民法院将该工程依法拍卖，承包人行使优先权的期限为六个月，自建设工程竣工之日或者建设工程合同约定的竣工之日起计算。司法实务中，在建设工程合同约定争议解决方式为仲裁或者建设工程已经被拍卖的情况下，普遍认可承包人可以通过申请仲裁要求确认其建设工程价款优先受偿权或者以优先权人身份申请参加建设工程拍卖价款的参与分配程序等方式行使优先权。具体到本案，案涉工程并非不宜折价、拍卖的建设工程，已于2011年10月21日通过竣工验收，山口建筑公司2012年3月18日向青田依利高鞋业公司发出《催款通知书》时，案涉建筑工程价款已经结算清楚，山口建筑公司发出《催款通知书》主张优先权、对方回函认可并非法律规定的行使优先权方式，也不是司法实务普遍认可的行使方式；山口建筑公司于2014年5月23日第一次通过诉讼方式主张享有优先权，已经超出法定期限。原案生效判决主文第一项对此予以支持错误，损害了温州民生银行抵押权的实现，原审据此撤销原案生效判决主文第一项并无明显不当。

综上，山口建筑公司的再审申请不符合《中华人民共和国民事诉讼法》第二百条规定的情形。依照《中华人民共和国民事诉讼法》第二百零四条第一款、《最高人民法院关于适用〈中华人民共和国民事诉讼法〉的解释》第三百九十五条第二款的规定，裁定如下：

驳回浙江山口建筑工程有限公司的再审申请。

审 判 长　刘国华
审 判 员　谢静华
审 判 员　沈　伟
二〇一八年十二月十四日
书 记 员　来益芸

指导案例151号《台州德力奥汽车部件制造有限公司诉浙江建环机械有限公司管理人浙江安天律师事务所、中国光大银行股份有限公司台州温岭支行第三人撤销之诉案》的理解与参照

——汇票保证人提起第三人撤销之诉的资格认定

2021年2月19日,最高人民法院发布了第27批指导性案例,共9个案例,包括6个第三人撤销之诉案例和3个案外人执行异议之诉案例。其中,第151号指导性案例为《台州德力奥汽车部件制造有限公司诉浙江建环机械有限公司管理人浙江安天律师事务所、中国光大银行股份有限公司台州温岭支行第三人撤销之诉案》。为了正确理解和准确参照适用该指导性案例,现对该指导性案例的选编过程、裁判要点、参照适用等有关情况予以解释、论证和说明。

一、案例选编过程及指导意义

该案例由最高人民法院第三巡回法庭推选为备选指导性案例。最高人民法院研究室收到案例后送立案庭、民一庭、民二庭、审监庭、第一至六巡回法庭征求意见。研究室于2020年11月5日召开室务会讨论通过了该案例。2020年12月31日,该案例经最高人民法院民专会第366次会议讨论,同意作为指导性案例。2021年2月19日,最高人民法院以法〔2021〕55号文件将该案例编入第27批指导性案例予以发布。

二、关于本案例的相关情况

(一)基本情况

2014年3月21日,中国光大银行股份有限公司台州温岭支行(以下简称光大

银行温岭支行）分别与浙江建环机械有限公司（以下简称建环公司）、台州德力奥汽车部件制造有限公司（以下简称德力奥公司）等签订综合授信协议、最高额保证合同，约定光大银行温岭支行在2014年4月1日至2015年3月31日向建环公司提供最高额520万元的授信额度，德力奥公司等为该授信协议项下最高本金余额520万元提供连带责任保证。2014年4月2日，光大银行温岭支行与建环公司签订银行承兑协议，建环公司提供50%保证金（260万元），光大银行温岭支行向建环公司出具承兑汇票520万元，汇票到期日为2014年10月2日。2014年10月2日，陈某1将260万元汇至陈某2兴业银行的账户，然后陈某2将260万元汇至其在光大银行温岭支行的账户，再由陈某2将260万元汇至建环公司在光大银行温岭支行的还款账户。2014年10月8日，光大银行温岭支行在建环公司的上述账户内扣划2563430.83元，并陆续支付持票人承兑汇票票款共37笔，合计520万元。

2015年1月4日，浙江省玉环县人民法院受理建环公司的破产重整申请，并指定浙江安天律师事务所担任管理人（以下简称建环公司管理人）。因重整不成，浙江省玉环县人民法院裁定终结建环公司的重整程序并宣告其破产清算。2016年10月13日，建环公司管理人提起请求撤销个别清偿行为之诉，浙江省玉环县人民法院于2017年1月10日作出（2016）浙1021民初7201号民事判决，判令光大银行温岭支行返还建环公司管理人2563430.83元及利息损失。光大银行温岭支行不服提起上诉，浙江省台州市中级人民法院于2017年7月10日作出（2016）浙10民终360号二审判决：驳回上诉，维持原判。

2018年1月，光大银行温岭支行因保证合同纠纷案将德力奥公司等诉至温岭市人民法院。原告、被告均不服一审判决，上诉至台州市中级人民法院，二审判决德力奥公司等连带偿还光大银行温岭支行垫付款本金及利息等。

德力奥公司遂向台州市中级人民法院起诉撤销浙江省玉环县人民法院（2016）浙1021民初7201号民事判决第一项及台州市中级人民法院（2016）浙10民终360号民事判决。

台州市中级人民法院于2019年3月15日作出（2018）浙10民撤2号民事判决：驳回原告台州德力奥汽车部件制造有限公司的诉讼请求。台州德力奥汽车部件制造有限公司不服，上诉至浙江省高级人民法院。浙江省高级人民法院于2019年7月15日作出（2019）浙民终330号民事判决：（1）撤销台州市中级人民法院（2018）浙10民撤2号民事判决；（2）撤销台州市中级人民法院（2016）浙10民终360号民事判决和浙江省玉环县人民法院（2016）浙1021民初7201号民事判决第一项“限被告中国光大银行股份有限公司台州温岭支行于判决生效后一个月内返还原告浙江建环机械有限公司管理人浙江安天律师事务所人民币2563430.83元，并从2016年10月13日起按中国人民银行规定的同期同类贷款基准利率赔偿利息损失”;(3)改判浙江省玉环县人民法院(2016)浙1021民初7201号民事判决第二项“驳回原告浙江建环机械有限公司管理人浙江安天律师事务所的其余诉讼请求”为“驳回原告浙江建环机械有限公司管理人浙江安天律师事务所的全部诉讼请求”;(4)驳回台州德力奥汽车部件制造有限公司的其他诉讼请求。浙江建环机械有限公司管理人浙江安天律师事务所不服,向最高人民法院申请再审。最高人民法院于2020年5月27日作出(2020)最高法民申2033号民事裁定:驳回浙江建环机械有限公司管理人浙江安天律师事务所的再审申请。

(二)法律适用相关问题

2012年《民事诉讼法》修正时,第五十六条增加了第三款,即:“前两款规定的第三人,因不能归责于本人的事由未参加诉讼,但有证据证明发生法律效力的判决、裁定、调解书的部分或者全部内容错误,损害其民事权益的,可以自知道或者应当知道其民事权益受到损害之日起六个月内,向作出该判决、裁定、调解书的人民法院提起诉讼。人民法院经审理,诉讼请求成立的,应当改变或者撤销原判决、裁定、调解书;诉讼请求不成立的,驳回诉讼请求。”由此我国在法律上正式确立了第三人撤销之诉的诉讼制度。

该制度创设之初,学术界存在“否定适用说”和“肯定适用说”两种不同的观点,其中“否定适用说”的主要观点认为新法确立的第三人撤销之诉制度对有独立请求权第三人进行权利救济,将使有独立请求权第三人制度的意义受到否定,两种制度并行成立,将使法律适用者无所适从;在已有审判监督等救济程序的情况下,无独立请求权第三人适用第三人撤销之诉的范围也极其有限,难以实现遏制恶意诉讼、虚假诉讼以保护第三人利益的立法目的①。“肯定适用说”则主张把事后救济的必要性作为第三人撤销之诉解释适用的出发点,以原告与原诉讼当事人之间的实体法律关系作为类型化的基础,适度地扩大解释未参加诉讼的第三人范围,在支持立法者所设定的规范目的之前提下,对第三人撤销之诉的主体适格问题进行类型化的分析并做出具体判断。② 至于如何适度扩大解释的方法选用上,是直接运用体系解释或者目的解释等方法,探讨某一类主体作为原告提起第三人撤销之诉的适格与否,待得出肯定的结论后,再将该类主体视同为有独立请求权第三人或无独立请求权第三人,还是首先采用文义解释方法对《民事诉讼法》(2017年)第五十六条第

---

① 陈刚:《第三人撤销判决诉讼的适用范围——兼论虚假诉讼的责任追究途径》,载《人民法院报》2012年10月31日。

② 王亚新、刘君博:《有关第三人撤销之诉的另一种思考》,载《民事程序法研究》第十一辑,厦门大学出版社2014年版,第15页。

三款进行解释，用尽文义解释方法仍得不出明确的解释结论，再借助其他解释方法进行探讨，以确定某一主体是否符合第三人撤销之诉的资格，学者之间尚存在较大争议。①

2019年11月，最高人民法院发布的《全国法院民商事审判工作会议纪要》第一百二十条对此作出了相对明确的规定，②提起第三人撤销之诉的民事主体原则上应为《民事诉讼法》第五十六条第一款、第二款规定的第三人，特定情形下的债权人亦可以提起第三人撤销之诉，其中包括法律明确给予特殊保护的债权，如建设工程价款优先受偿权、船舶优先权，以及债权人对债务人的行为依法享有撤销权，但因该裁判导致该撤销权不能行使的，债权人有证据证明生效裁判系虚假诉讼的等情形。本案涉及破产管理人提起个别债权清偿撤销之诉并获法院支持的情况下，汇票的保证人对该生效判决是否具有法律上的利害关系，是否具有提起第三人撤销之诉的主体资格的问题，相关法律条文规定的较为原则，涉及进一步理解适用的问题，本案对前述事项的处理具有一定的典型示范意义，有利于衡平保护金融机构、破产企业债权人、担保人的合法利益，更好地维护金融秩序和交易安全。

三、裁判要点的理解与说明

该指导性案例的裁判要点为：在银行承兑汇票的出票人进入破产程序后，对付款银行于法院受理破产申请前六个月内从出票人还款账户划扣票款的行为，破产管理人提起请求撤销个别清偿行为之诉，法院判决予以支持的，汇票的保证人与该生效判决具有法律上的利害关系，具有提起第三人撤销之诉的原告主体资格。对该案例的裁判要点，应从以下几个方面理解与把握：

（一）汇票的保证人在破产管理人撤销个别清偿行为之诉中属于先决型无独立请求权第三人

先决型无独立请求权第三人，是指一方当事人以原案的处理结果为依据，在后诉中向第三人提出一定的请求；第三人若能通过对原案的参加，达到改变后诉裁判

---

① 刘东：《回归法律文本：第三人撤销之诉原告适格再解释》，载《中外法学》2017年第5期。

② 《全国法院民商事审判工作会议纪要》第一百二十条规定：第三人撤销之诉中的第三人仅局限于《民事诉讼法》第56条规定的有独立请求权及无独立请求权的第三人，而且一般不包括债权人。但是，设立第三人撤销之诉的目的在于，救济第三人享有的因不能归责于本人的事由未参加诉讼但因生效裁判文书内容错误受到损害的民事权益，因此，债权人在下列情况下可以提起第三人撤销之诉：(1)该债权是法律明确给予特殊保护的债权，如《合同法》第286条规定的建设工程价款优先受偿权，《海商法》第22条规定的船舶优先权；(2)因债务人与他人的权利义务被生效裁判文书确定，导致债权人本来可以对《合同法》第74条和《企业破产法》第31条规定的债务人的行为享有撤销权而不能行使的；(3)债权人有证据证明，裁判文书主文确定的债权内容部分或者全部虚假的。债权人提起第三人撤销之诉还要符合法律和司法解释规定的其他条件。对于除此之外的其他债权，债权人原则上不得提起第三人撤销之诉。

结果的效果,便与原案具有了法律上的利害关系。① 本案中,建环公司管理人针对建环公司在汇票到期日向其在光大银行温岭支行账户的汇款行为,提起撤销个别清偿行为之诉(原案)。若建环公司管理人的诉求得到支持,光大银行温岭支行要将从建环公司账户扣划并支付给持票人的票款退回给建环公司;如此光大银行温岭支行就形成对建环公司的垫款,因建环公司已经进入破产程序,光大银行温岭支行可向建环公司管理人申报该项债权,同时还可以依约要求德力奥公司等保证人承担连带还款责任。事实上,光大银行温岭支行在撤销个别清偿行为之诉案中被判返还其扣划、支付给持票人的票款本息后,即向德力奥公司等人提起了诉讼,要求德力奥公司等保证人承担连带偿付责任,并得到法院支持。就此而言,德力奥公司尽管对建环公司在汇票到期日汇至还款账户的260万元不能主张实体权利,但该撤销个别清偿行为之诉案的处理结果明显与德力奥公司有法律上的利害关系,德力奥公司应属于《民事诉讼法》(2007年)第五十六条第二款规定的无独立请求权第三人,可以申请或者由人民法院通知他参加该案诉讼。

(二)汇票的保证人未参加原案诉讼并非可归责于其本人的事由所致

第三人撤销之诉的立法目的在于维护案外第三人的合法民事权益,即具有同时追求程序保障和实体权利救济的双重意义;第三人撤销之诉追求的是为未获得机会参加原案诉讼的第三人提供不低于另行提起新诉讼的充足程序保障。② 若第三人已经参加原案诉讼,或者明知原案诉讼正在进行中而选择不予参加(应视为第三人放弃通过参加原案诉讼为自己利益进行抗辩主张的机会,系其对自己权利的处分,应予尊重),均不能在原案裁判生效后又提起第三人撤销之诉,否则就丧失了第三人撤销之诉制度创设的意义,造成司法资源的不当浪费。本案中,建环公司管理人提供了证据拟证明德力奥公司知道或者应当知道管理人提起的撤销个别清偿行为之诉一案二审正在进行中,因自身原因而不参加,但是经审查,现有证据尚不足以证明其主张的德力奥公司在原案二审期间即已经知道诉讼的存在,不能确定德力奥公司未参加原案诉讼有可归责于其本人的事由。

综上所述,德力奥公司作为汇票的保证人与建环公司管理人提起的撤销个别清偿行为之诉案有法律上的利害关系,属于无独立请求权第三人;鉴于德力奥公司没有机会参加该案诉讼且不存在能归责于其本人的事由,在个别清偿行为清偿之诉案生效判决支持建环公司管理人诉求的情况下,德力奥公司有权提起第三人撤销之诉。

---

① 刘东:《回归法律文本:第三人撤销之诉原告适格再解释》,载《中外法学》2017年第5期。

② 刘君博:《第三人撤销之诉的程序建构》,载《法学》2014年第12期。

四、参照适用时应注意的问题

人民法院在审理相关案件参照适用本案例时，须注意：

撤销个别清偿行为之诉案与汇票的保证人存在法律上的利害关系，破产管理人在提起撤销之诉时亦应将保证人列为第三人或者申请人民法院通知其参加；若第三人因不能归责于本人的事由未能参加原案诉讼，人民法院亦应保障其在事后提起第三人撤销之诉的诉权，以确保程序正义。汇票的保证人因不能归责于本人的事由未参加原案诉讼的举证责任应由出票人的破产管理人负担，即破产管理人须举证证明保证人知道或者应当知道原案诉讼的存在，有机会参加而不参加。同时，对该部分证据的审查认定应采用较为严格的标准，毕竟破产管理人在提起撤销个别清偿行为之诉时即应审查注意到保证人的存在以及该诉对保证人民事权益的影响，理应将保证人列为第三人或者申请人民法院通知其参加诉讼，以避免当事人诉累、提高司法效率。当然，若破产管理人有充分证据证明汇票的保证人明知原案诉讼的存在而故意不参加，在原案判决生效后又提起第三人撤销之诉亦应不予支持，以避免第三人撤销之诉对程序保障和案外人权利救济功能的滥用。

（执笔人：最高人民法院　贾清林

编审人：最高人民法院案例指导工作办公室　马蓓蓓）

指导案例 151 号　台州德力奥汽车部件制造有限公司诉浙江建环机械有限公司管理人浙江安天律师事务所、中国光大银行股份有限公司台州温岭支行第三人撤销之诉案

最高人民法院案例指导工作办公室编审人：马蓓蓓

1. 案例推荐单位：最高人民法院第三巡回法庭

2. 案例编写人：最高人民法院第三巡回法庭　贾清林

3. 案件裁判法院：浙江省高级人民法院（二审）、最高人民法院（再审）

4. 案件承办人：沈伟（二审）、贾清林（再审）

相关法条

1.《中华人民共和国民事诉讼法》（2017 年 7 月 1 日实施）（已被修改）

第五十六条　对当事人双方的诉讼标的，第三人认为有独立请求权的，有权提起诉讼。

对当事人双方的诉讼标的，第三人虽然没有独立请求权，但案件处理结果同他有法律上的利害关系的，可以申请参加诉讼，或者由人民法院通知他参加诉讼。人民法院判决承担民事责任的第三人,有当事人的诉讼权利义务。

前两款规定的第三人,因不能归责于本人的事由未参加诉讼,但有证据证明发生法律效力的判决、裁定、调解书的部分或者全部内容错误,损害其民事权益的,可以自知道或者应当知道其民事权益受到损害之日起六个月内,向作出该判决、裁定、调解书的人民法院提起诉讼。人民法院经审理,诉讼请求成立的,应当改变或者撤销原判决、裁定、调解书;诉讼请求不成立的,驳回诉讼请求。

2.《中华人民共和国民事诉讼法》(2022年1月1日实施)

第五十九条　对当事人双方的诉讼标的,第三人认为有独立请求权的,有权提起诉讼。

对当事人双方的诉讼标的,第三人虽然没有独立请求权,但案件处理结果同他有法律上的利害关系的,可以申请参加诉讼,或者由人民法院通知他参加诉讼。人民法院判决承担民事责任的第三人,有当事人的诉讼权利义务。

前两款规定的第三人,因不能归责于本人的事由未参加诉讼,但有证据证明发生法律效力的判决、裁定、调解书的部分或者全部内容错误,损害其民事权益的,可以自知道或者应当知道其民事权益受到损害之日起六个月内,向作出该判决、裁定、调解书的人民法院提起诉讼。人民法院经审理,诉讼请求成立的,应当改变或者撤销原判决、裁定、调解书;诉讼请求不成立的,驳回诉讼请求。

中华人民共和国最高人民法院民事裁定书

(2020)最高法民申2033号

再审申请人(一审被告、二审被上诉人):浙江建环机械有限公司管理人浙江安天律师事务所。住所地:浙江省台州市市府大道289号耀达大厦10层AB区。

诉讼代表人:蒋志虎,该所负责人。

委托诉讼代理人:王鸿海,浙江安天律师事务所律师。

委托诉讼代理人:陈敏剑,浙江安天律师事务所律师。

被申请人(一审原告、二审上诉人):台州德力奥汽车部件制造有限公司。住所地:浙江省玉环市芦蒲镇漩门工业城。

法定代表人:李祖良,该公司执行董事。

一审被告:中国光大银行股份有限公司台州温岭支行。住所地:浙江省温岭市城东街道九龙大道106-114号一至二层。

负责人:童继华,该支行行长。

委托诉讼代理人:金薇薇,浙江海贸律师事务所律师。

委托诉讼代理人:李淑芳,浙江海贸律师事务所律师。

再审申请人浙江建环机械有限公司管理人浙江安天律师事务所(以下简称建环公司管理人)因与被申请人台州德力奥汽车部件制造有限公司(以下简称德力奥公司)及一审被告中国光大银行股份有限公司台州温岭支行(以下简称光大银行温岭支行)第三人撤销之诉一案,不服浙江省高级人民法院(2019)浙民终330号民事判决,向本院申请再审。本院依法组成合议庭进行了审查,本案现已审查终结。

建环公司破产管理人申请再审称:(一)二审判决认定事实有误,认定的基本事实缺乏证据证明,德力奥公司诉讼主体不适格且怠于行使诉讼权利,无权提起第三人撤销之诉。1.原案[(2016)浙1021民初7201号、(2016)浙10民终360号民事判决书及(2017)浙民申3568号民事裁定书],即建环公司破产管理人与一审被告光大银行温岭支行的请求撤销个别清偿行为纠纷案非虚假诉讼。2.德力奥公司怠于行使权利。德力奥公司于2017年3月7日就已知晓原案诉讼,且知晓建环公司破产管理人一审已胜诉,二审尚在法院审理中,而其作为建环公司向光大银行温岭支行申请开具银行承兑汇票的连带责任保证人,理应积极申请参加诉讼维护权利而却怠于行使,不符合“因不能归责于本人的事由未参加诉讼”的第三人行使撤销权的条件。(二)德力奥公司行使撤销权已过6个月除斥期间,建环公司破产管理人现有新的证据足以推翻二审判决。2017年3月7日,建环公司第二次债权人会议在玉环市人民法院召开;会议上,建环公司破产管理人在《浙江建环机械有限公司破产案件第二次债权人会议管理人工作报告》第二项第6点“通过法院诉讼撤销个别清偿行为”中向各债权人报告(德力奥公司特别授权代理人参加了会议):建环公司管理人与王永康的诉讼已败诉;与浙江玉环农村合作银行广陵支行(后名称变更为浙江玉环农村商业银行股份有限公司玉城支行,以下简称农商银行玉城支行)的诉讼尚在一审审理中;与光大银行温岭支行的诉讼一审已胜诉,二审尚在台州中院审理中。同时在该报告第三项第2点及《关于提请债权人会议审议浙江建环机械有限公司破产财产分配方案的报告》第六项中也载明了存在诉讼中的2个撤销个别清偿案件。另,建环公司破产管理人与农商银行玉城支行的请求撤销个别清偿行为纠纷一案,经农商银行玉城支行申请,玉环市人民法院于2016年12月23日依法追加并通知德力奥公司参与诉讼,而该案与本案所涉原案无论案由、案件情形、审理法院、主审法官均相同,且两个案件中涉及担保责任的相对人均系德力奥公司,其又系建环公司的债权人,基于上述特殊情形可以确定德力奥公司此时就已知道前案的存在。尤其建环公司破产管理人在建环公司第二次债权人会议上将前案的诉讼情况明确向德力奥公司等债权人如实告知的情况下,至迟于2017年3月7日德力奥公司也应当知道本案所涉原案的存在,而非二审判决认定的德力奥公司在2018年1月5日一审被告光大银行温岭支行起诉或2018年1月31日建环公司破产管理人提交《破产财产第二次分配方案报告》后才知道其民事权益受到损害。而德力奥公司向一审法院起诉的时间为2018年11月30日,故德力奥公司行使第三人撤销之诉已远远超过法律规定的6个月除斥期间:即使认可二审判决认定德力奥公司提起第三人撤销之诉时间至迟为2018年5月25日,也已超过法律规定的6个月除斥期间,建环公司破产管理人提交的新证据可证明上述事实。(三)原案及一审判决认定的事实和法律关系准确无误,光大银行温岭支行系建环公司的债权人。银行承兑汇票系银行为企业提供信贷支持的方式之一,也是企业向银行融资方式的一种,即银行承兑汇票具有融资性。本案中,根据建环公司与光大银行温岭支行签订的综合授信协议第三条约定,银行承兑汇票属于授信额度下的具体业务。另根据二者签订的综合授信协议及银行承兑协议,建环公司在提供了担保的情况下,还需提供不低于银行承兑汇票票面金额50%的保证金,才可进行出票;建环公司将于本协议项下的银行承兑汇票到期前将票款足额存入其在光大银行温岭支行开立的账户;即建环公司负有在汇票到期日前向光大银行温岭支行足额偿付汇票融资款的义务,故光大银行温岭支行享有合同债权,具有债权人资格;且在一、二审诉讼过程中,光大银行温岭支行自身也认可其债权人身份。二审判决认为若将涉案建环公司的行为认定为"对个别债权人进行清偿",将直接导致银行因超高风险而拒绝以银行承兑汇票形式对企业予以授信、支持企业经营,有悖通常的市场交易规则,银行开具承兑汇票不能只获取利益,而不承担任何风险。(四)二审判决明知建环公司破产管理人在原案胜诉后,对光大银行温岭支行返还的案涉款项经建环公司债权人授权的债权人委员会会议表决通过并经玉环市人民法院裁定,依据该裁定对案涉款项进行了全部分配,并已终结破产程序的情况下,也不考虑光大银行温岭支行还向浙江省高级人民法院申请再审被驳回的情况,更不考虑生效裁判的既判力、稳定性,轻率地判决撤销了原案的一、二审生效判决及本案的一审判决,是极不负责任且不严肃的。(五)二审判决认定事实错误,导致适用法律错误,应予纠正。综上,建环公司破产管理人根据《中华人民共和国民事诉讼法》第二百条第(一)项、第(二)项、第(六)项之规定申请再审。

光大银行温岭支行提交意见称,二审判决认定事实不清,适用法律错误,本案已过六个月的除斥期间,二审判决不仅错误否定了光大银行温岭支行是建环公司的债权人,也未考虑原六份生效判决的既判力和稳定性。

本院经审查认为,本案再审审查的核心问题是:德力奥公司提起第三人撤销之诉是否符合法定条件。

《中华人民共和国民事诉讼法》第五十六条第三款规定:"前两款规定的第三人,因不能归责于本人的事由未参加诉讼,但有证据证明发生法律效力的判决、裁定、调解书的部分或者全部内容错误,损害其民事权益的,可以自知道或者应当知道其民事权益受到损害之日起六个月内,向作出该判决、裁定、调解书的人民法院提起诉讼。人民法院经审理,诉讼请求成立的,应当改变或者撤销原判决、裁定、调解书;诉讼请求不成立的,驳回诉讼请求。"据此,提起第三人撤销之诉需要具备的法定条件,可区分为:1. 资格性或者主体性条件,即原则上应属于前条规定的第三人(有独立请求权第三人和无独立请求权第三人),且不能归责于本人的事由未参加原案诉讼;2. 实体性条件,即原案裁判部分或者全部内容错误,损害其民事权益;3. 程序性条件,即第三人自知道或者应当知道其民事权益受到损害之日起六个月内提起。现分述如下:

(一)关于德力奥公司是否有权提起第三人撤销之诉的问题

基于本案已经查明的事实,2014 年 3 月 21 日,光大银行温岭支行分别与建环公司、德力奥公司签订综合授信协议、最高额保证合同,约定光大银行温岭支行在

2014年4月1日至2015年3月31日向建环公司提供最高额520万元的授信额度，德力奥公司为该授信协议项下最高本金余额520万元提供连带责任保证。2014年4月2日，光大银行温岭支行与建环公司签订银行承兑协议，建环公司提供50%保证金(260万元)，光大银行温岭支行向建环公司出具承兑汇票520万元，汇票到期日为2014年10月2日。由此，若汇票到期前建环公司未能依约将票款足额存入其在光大银行温岭支行的账户，基于票据无因性以及光大银行温岭支行作为银行承兑汇票的第一责任人，光大银行温岭支行须先行向持票人兑付票据金额，然后再向出票人(本案即建环公司)追偿，德力奥公司依约亦需承担连带偿付责任。由于案涉汇票到期前，建环公司依约将票款足额存入了其在光大银行温岭支行的账户，光大银行温岭支行向持票人兑付了票款，故不存在建环公司欠付光大银行温岭支行票款的问题，德力奥公司亦就无须承担连带偿付责任。但是，由于建环公司破产管理人针对建环公司在汇票到期前向其在光大银行温岭支行账户的汇款行为提起"个别债权撤销"之诉(即原案)，若建环公司破产管理人的诉求得到支持，德力奥公司作为建环公司申请光大银行温岭支行开具银行承兑汇票的保证人即要承担连带还款责任，故原案的处理结果与德力奥公司有法律上的利害关系，二审判决认定德里奥公司属于《中华人民共和国民事诉讼法》第五十六条规定的无独立请求权第三人，有相应的事实依据。

就德力奥公司是否因不能归责于本人的事由未参加原案诉讼的问题。基于已经查明事实，原案一审判决系2017年1月10日作出、二审判决系2017年7月10日作出。建环公司破产管理人申请再审主张德力奥公司在2017年3月7日即已经知道原案诉讼的存在，德力奥公司理应积极申请参加诉讼维护权利而却怠于行使，不符合"因不能归责于本人的事由未参加诉讼"的法定条件。经查，建环公司破产管理人该项主张的主要依据是其在2017年3月7日建环公司召开的第二次债权人会议上，提交的《建环公司破产案件第二次债权人会议管理人工作报告》第二项第6点关于"通过法院诉讼撤销个别清偿行为"的内容，以及建环公司破产管理人与农商银行玉城支行请求撤销个别清偿行为一案(以下简称另案)中德力奥公司被法院通知参加诉讼的事实。经查，《建环公司破产案件第二次债权人会议管理人工作报告》第二项第6点关于"通过法院诉讼撤销个别清偿行为"中载明："管理人通过财务审查，发现建环公司有3笔清偿行为符合破产法可撤销个别清偿行为。为此，管理人分别对建环公司向王永康、浙江玉环农村合作银行广陵支行、中国光大银行股份有限公司台州温岭支行的3笔个别清偿行为向玉环法院提起诉讼。其中与王永康的诉讼已败诉；与浙江玉环农村合作银行广陵支行的诉讼还在一审中；与中国光大银行股份有限公司台州温岭支行的诉讼一审已胜诉，二审尚在台州中院审理中。"前述报告内容尽管表明存在一起针对光大银行温岭支行的个别清偿行为撤销诉讼,但因缺乏该案的具体信息,如案涉个别清偿的时间、缘由、金额等,在没有其他证据佐证的情况下,建环公司破产管理人据此主张德力奥公司应当知道该案即原案诉讼,且因自身原因未能参加该案二审诉讼,不符合第三人撤销之诉的资格条件,证据不足。至于另案中,德力奥公司被审理法院通知参与诉讼,并不当然意味着其同时知晓原案的存在,在无其他证据佐证的情况下,建环公司破产管理人主张德力奥公司应当知道原案诉讼的存在属于自己的推断,依据不足。建环公司破产管理人在申请再审中提交的前述证据材料不属于《最高人民法院关于适用〈中华人民共和国民事诉讼法〉的解释》第三百八十七条第一款规定的足以推翻二审判决的新的证据。由此,二审判决认定本案并无证据证明德力奥公司在原案诉讼过程中知晓该案的存在,其未参加原案诉讼属于不可归责于本人的事由,并无明显不当。

(二)关于原案裁判部分或者全部内容是否错误、损害德力奥公司民事权益的问题

基于前述分析,建环公司破产管理人针对建环公司2014年10月2日向其在光大银行温岭支行账号存入260万元提起个别债权清偿撤销之诉,原案一、二审判决支持了建环公司破产管理人的诉讼请求。基于该案判决结果,建环公司清偿行为无效,德力奥公司作为该笔授信业务的连带保证人即负有连带偿付该债务的保证责任,对其民事权益造成损害是可以确定的。故德力奥公司提起第三人撤销之诉能否成立的核心要件在于原案裁判是否有误,具体地说,诉争清偿行为是否属于《中华人民共和国企业破产法》第三十二条规定的"个别清偿行为",若属于,则原案裁判无误。

《中华人民共和国企业破产法》第三十二条规定:"人民法院受理破产申请前六个月内,债务人有本法第二条第一款规定的情形,仍对个别债权人进行清偿的,管理人有权请求人民法院予以撤销。但是,个别清偿使债务人财产受益的除外";第二条第一款规定:"企业法人不能清偿到期债务,并且资产不足以清偿全部债务或者明显缺乏清偿能力的,依照本法规定清理债务。"鉴于2015年1月4日玉环市人民法院受理建环公司的破产重整申请,故该日期前六个月内符合前述规定的个别债权清偿行为,破产管理人有权请求予以撤销。就案涉建环公司2014年10月2日向其在光大银行温岭支行的账号汇入260万元如何认定事宜,经查,光大银行温岭支行基于双方所签综合授信协议、银行承兑协议,对建环公司作为出票人的520万元商业汇票予以承兑,并约定建环公司于银行承兑协议项下汇票到期前将票款足额存入其在光大银行温岭支行开立的账户,由光大银行温岭支行于银行承兑汇票到期日兑付给持票人。据此,建环公司作为银行承兑汇票的出票人(最终付款人)向其在光大银行温岭支行开立的账户汇入260万元是履行其在银行承兑协议中的付款行为,并非向光大银行温岭支行的清偿,因此时光大银行温岭支行尚不是建环

公司的债权人,实际上接受该款项、获得清偿的是该汇票的持票人,光大银行温岭支行也仅是履行无条件代建环公司向汇票持票人付款的票据义务。具体来说,若作为出票人的建环公司在汇票到期前依约将诉争260万元汇入约定的指定账户,光大银行温岭支行则在汇票到期后无条件将票据金额支付给持票人,基于该汇票产生的法律关系一并终止;若建环公司未能依约将260万元汇入指定账户,则光大银行温岭支行基于承兑人的身份依然要无条件对持票人付款,并因此成为建环公司的债权人,可依法向建环公司追偿,以及要求保证人承担担保责任。由此,二审判决认定建环公司在汇票到期前将诉争260万元汇入约定的指定账户系履行自身合同项下义务的行为,不属于《中华人民共和国企业破产法》第三十二条规定的"对个别债权进行清偿"的行为,有相应的事实和法律依据,并无不当。

(三)关于德力奥公司提起本案诉讼是否超过法定六个月期限的问题

经查,2018年1月5日光大银行温岭支行向温岭市人民法院提起(2018)浙1081民初349号保证合同纠纷诉讼,要求德力奥公司、王建亮、陈媚对建环公司所欠的银行承兑汇票垫付资本金2563430.83元及利息122555.48元承担连带清偿责任;1月31日,建环公司破产管理人向债权人会议提交《破产财产第二次分配方案报告》,载明:因对光大银行温岭支行行使撤销个别清偿行为,返还本金利息合计2654186.96元,作为本次分配财产。而德力奥公司向台州中院提交本案起诉状的落款时间为2018年5月10日,且其提交起诉材料时签署的当事人送达地址确认书注明落款时间为2018年5月25日。由此,二审判决认定2018年1月应当知道其民事权益受到损害,德力奥公司2018年5月25日提起本案诉讼,并未超过六个月法定期限,有相应的事实依据,并无明显不当。

综上,建环公司破产管理人的再审申请不符合《中华人民共和国民事诉讼法》第二百条第(一)项、第(二)项、第(六)项规定的情形。依照《中华人民共和国民事诉讼法》第二百零四条第一款、《最高人民法院关于适用〈中华人民共和国民事诉讼法〉的解释》第三百九十五条第二款规定,裁定如下:

驳回浙江建环机械有限公司管理人浙江安天律师事务所的再审申请。

审 判 长 贾清林
审 判 员 杨 春
审 判 员 王成慧
二〇二〇年五月二十七日
法官助理 周传植
书 记 员 盛家璐

指导案例 152 号
《鞍山市中小企业信用担保中心诉汪薇、鲁金英第三人撤销之诉案》的理解与参照

——对主张享有合同撤销权的债权人提起的第三人撤销之诉原告主体资格的认定

2021 年 2 月 19 日，最高人民法院发布了第 27 批指导性案例，共 9 个案例，包括 6 个第三人撤销之诉案例和 3 个案外人执行异议之诉案例。其中，第 152 号指导性案例为《鞍山市中小企业信用担保中心诉汪薇、鲁金英第三人撤销之诉案》。为了正确理解和准确参照适用该指导性案例，现对该指导性案例的选编过程、裁判要点、参照适用等有关情况予以解释、论证和说明。

一、案例选编过程及指导意义

该案例由最高人民法院第二巡回法庭推选为备选指导性案例。最高人民法院研究室收到案例后送立案庭、民一庭、民二庭、审监庭征求意见。研究室于 2020 年 11 月 5 日召开室务会讨论通过了该案例。2020 年 12 月 31 日，该案例经最高人民法院民专会第 366 次会议讨论，同意作为指导性案例。2021 年 2 月 19 日，最高人民法院以法〔2021〕55 号文件将该案例编入第 27 批指导性案例予以发布。

二、关于本案例的相关情况

（一）基本案情及裁判结果

2008 年 12 月，鞍山市中小企业信用担保中心（以下简称担保中心）与台安县农村信用合作社黄沙坨信用社（以下简称黄沙坨信用社）签订保证合同，为汪薇经营的鞍山金桥生猪良种繁育养殖厂（以下简称养殖厂）在该信用社的贷款提供连带责任担保。汪薇向担保中心出具一份个人连带责任保证书，为借款人的债务提供反担保。后因养殖厂及汪薇没有偿还贷款，担保中心于 2010 年 4 月向黄沙坨信用社

支付代偿款2973197.54元。2012年担保中心以养殖厂、汪薇等为被告起诉至铁东区人民法院,要求养殖厂及汪薇等偿还代偿款。辽宁省鞍山市铁东区人民法院于2013年6月作出判决:(1)汪薇于该判决书生效之日起十五日内给付担保中心代偿银行欠款2973197.54元及银行利息;(2)张某某以其已办理的抵押房产对前款判项中的本金及利息承担抵押担保责任;(3)驳回担保中心的其他诉讼请求。该判决已经发生法律效力。

2010年12月汪薇将养殖厂转让给鲁金英,转让费450万元,约定合同签订后立即给付163万余元,余款于2011年12月1日全部给付。如鲁金英不能到期付款,养殖厂的所有资产仍归汪薇,首付款作违约金归汪薇所有。合同签订后,鲁金英支付了约定的首付款。汪薇将养殖厂交付鲁金英,但鲁金英未按约定支付剩余转让款。2014年1月,铁东区人民法院基于担保中心的申请,从鲁金英处执行其欠汪薇资产转让款30万元,将该款交给了担保中心。

汪薇于2013年11月起诉鲁金英,请求判令养殖厂的全部资产归其所有;鲁金英承担违约责任。辽宁省鞍山市中级人民法院经审理认为,汪薇与鲁金英签订的资产转让合同书合法有效,鲁金英未按合同约定期限支付余款构成违约。据此作出(2013)鞍民三初字第66号民事判决:(1)鲁金英将养殖厂的资产归还汪薇所有;(2)鲁金英赔偿汪薇实际损失及违约金1632573元。其中应扣除鲁金英代汪薇偿还的30万元,实际履行中由汪薇给付鲁金英30万元。鲁金英向辽宁省高级人民法院提起上诉。该案二审期间,汪薇和鲁金英自愿达成调解协议。辽宁省高级人民法院于2014年8月作出(2014)辽民二终字第00183号民事调解书予以确认。调解协议主要内容为养殖厂归鲁金英所有,双方同意将原转让款450万元变更为3132573元,鲁金英已给付汪薇1632573元,再给付150万元,不包括鲁金英已给付担保中心的30万元等。

鲁金英依据调解书向担保中心、执行法院申请回转已被执行的30万元,担保中心知悉汪薇和鲁金英买卖合同纠纷诉讼及调解书内容,随即提起本案第三人撤销之诉。

辽宁省高级人民法院于2017年5月23日作出(2016)辽民撤8号民事判决:(1)撤销辽宁省高级人民法院(2014)辽民二终字第00183号民事调解书和鞍山市中级人民法院(2013)鞍民三初字第66号民事判决书;(2)被告鲁金英于判决生效之日起十日内,将金桥生猪良种繁育养殖厂的资产归还被告汪薇所有;(3)被告鲁金英已给付被告汪薇的首付款1632573元作为实际损失及违约金赔偿汪薇,但应从中扣除代替汪薇偿还担保中心的30万元,即实际履行中由汪薇给付鲁金英30万元。鲁金英不服,提起上诉。最高人民法院于2018年5月30日作出(2017)最高法民终626号民事判决：(1)维持辽宁省高级人民法院(2016)辽民撤8号民事判决第一项；(2)撤销辽宁省高级人民法院(2016)辽民撤8号民事判决第二项、第三项；(3)驳回鞍山市中小企业信用担保中心的其他诉讼请求。

(二)所涉法律适用问题

本案纠纷发生后，因担保中心提起本案第三人撤销之诉主体资格问题即产生争议，主要问题为担保中心作为汪薇的债权人，是否属于汪薇和鲁金英买卖合同纠纷案的第三人，以及其主张受损害的民事权益是否属于第三人撤销之诉保护范围。

2012年《民事诉讼法》通过第五十六条第三款增设了第三人撤销之诉制度，将有权提起第三人撤销之诉的主体限定在因不能归责于其本人的事由未参加诉讼的该条第一款、第二款规定的第三人。自民事诉讼法施行时起，对第五十六条第二款规定的“对当事人双方的诉讼标的，第三人虽然没有独立请求权，但案件处理结果同他有法律上的利害关系的”的无独立请求权第三人的判断标准，始终存在两种观点，一种观点认为，第三人应是与案件所涉法律关系有密切联系，因而案件处理结果对他的利益有直接影响。另一种观点认为，无须考虑第三人与案件法律关系的关联性，只要案件处理结果影响到他的利益，即可以认定为案件处理结果同他有法律上的利害关系。[①] 虽然为解决司法实践中通知参加诉讼的第三人过于宽泛，造成当事人不必要诉累的情形，《最高人民法院关于在经济审判工作中严格执行〈中华人民共和国民事诉讼法〉的若干规定》(已失效)第九条规定“受诉人民法院对与原被告双方争议的诉讼标的无直接牵连和不负有返还或者赔偿等义务的人，以及与原告或被告约定仲裁或有约定管辖的案外人，或者专属管辖案件的一方当事人，均不得作为无独立请求权的第三人通知其参加诉讼”，但在第三人撤销之诉制度设立后，基于对该制度设立目的、功能及价值取向的不同认识，司法实践中对无独立请求权第三人范围再次形成了明显分歧。一种观点认为，从打击虚假诉讼、借诉讼逃避债务等为民事权益受到生效裁判、调解书损害的案外人畅通救济途径的第三人撤销之诉制度设立的立法本意考虑，对无独立请求权第三人的范围应从宽掌握，只要其民事权益受到错误裁判、调解书内容影响，即可认定为属于案件处理结果与其有法律上的利害关系的无独立请求权第三人。另一种观点认为，从防止第三人撤销之诉制度被滥用、浪费司法资源、动摇生效裁判既判力考虑，对有权提起第三人撤销之诉的无独立请求权第三人范围仍应从严掌握，仍应严格限定在与原诉讼标的存在直接利害关系的主体。前述不同观点，不仅影响到当事人诉讼权利的保护，

① 参见最高人民法院修改后民事诉讼法贯彻实施工作领导小组编著：《最高人民法院民事诉讼法司法解释理解与适用》，人民法院出版社2015年版，第777页。

而且影响到第三人撤销之诉制度功能的发挥。虽然2015年1月30日最高人民法院发布了《关于适用〈中华人民共和国民事诉讼法〉的解释》(已被修改)(以下简称《民事诉讼法解释》),设专章对第三人撤销之诉加以规定,但对前述争议问题没有作出明确规定。《最高人民法院民事诉讼法司法解释理解与适用》一书中载明:对无独立请求权第三人范围仅从概念及类型上无法判断,需结合《民事诉讼法》第五十六条规定的实体条件来判断。同时载明普通债权原则上不属于第三人撤销之诉保护的民事权益范畴,但对一些特殊债权,即依法享有法律规定的优先权或撤销权等特殊情形的债权应属于第三人撤销之诉保护的民事权益范畴。① 但因始终缺乏法律和司法解释支撑,司法实践中对该问题的认识仍难以统一,个案裁判中如何具体适用仍存在困惑。

(三)本案的指导意义

本案作为指导性案例的原因在于,本案涉及的主张享有《民法典》第五百三十八条、第五百三十九条撤销权的债权人提起第三人撤销之诉的原告主体、民事权益范围争议,《民事诉讼法》及《民事诉讼法解释》没有明确规定,司法实践中此类案件趋于增多,急需统一认识和裁判标准。对此,我们认为,2012年修改《民事诉讼法》时,因民事诉讼中出现的虚假诉讼及借诉讼转移财产、逃避债务等侵害案外人权益的情形不断发生且越发严重,立法部门在借鉴域外立法经验,并通过比较当事人另诉、案外人申请再审及第三人撤销之诉在制度设计、救济渠道等方面优劣以及《民事诉讼法》对案外人救济已经确立的制度,选择了设立第三人撤销之诉制度,形成了我国现行由第三人参加诉讼、第三人撤销之诉及案外人执行异议之诉、案外人申请再审制度组成的对案外人民事权益予以救济的民事诉讼法律框架体系。因设立第三人撤销之诉制度目的之一系为解决借诉讼逃避债务及虚假诉讼等损害案外人合法权益情形,如果按照必须与原诉讼当事人争议的法律关系存在直接的、密切的牵连关系,或者是否可能承担责任作为界定无独立请求权第三人范围的标准,会使无独立请求权第三人范围过窄,无法实现第三人撤销之诉制度设立之目的。且在原有第三人参加诉讼的条文中增设新的制度后,对原条文中"案件处理结果与其有法律上的利害关系"赋予与新制度立法目的相符的解释,符合法律解释规则。对于担保中心主张的债权利益应否纳入第三人撤销之诉保护范围问题,涉及本案争议的调解书内容是否错误并损害担保中心民事权益的认定。民事诉讼中当事人在自愿、合法的基础上有权进行调解,这既是当事人依法享有的诉讼权利,也是当事人

① 参见最高人民法院修改后民事诉讼法贯彻实施工作领导小组编著:《最高人民法院民事诉讼法司法解释理解与适用》,人民法院出版社2015年版,第777~780页。

对自身实体权益享有处分权的体现。民事诉讼中达成的调解协议通常是双方当事人基于各自各方面利益综合衡量考虑的结果,双方当事人都可能存在放弃一定利益的情形,甚至放弃巨大利益,通常情形下司法并不能够对当事人的自愿处分行为予以干预。但是,并非在自愿的基础上当事人即可随意处分其民事权益,不受任何限制。《民事诉讼法》(2017 年)第九十六条明确规定:调解协议的内容不得违反法律规定。根据《民事诉讼法解释》第二百九十六条的规定,第三人诉请撤销的调解书的部分或全部内容错误,是指调解书中处理当事人民事权利义务的结果错误。根据《合同法》(已失效)第七十四条规定,债务人以明显不合理低价转让财产对债权人造成损害,并且受让人知道的,赋予债权人撤销债务人交易行为的权利。该法律规定即意味着债务人和受让人此种交易行为因损害债权人的利益而不受法律保护。故如果调解书确认的调解协议存在《合同法》(已失效)第七十四条规定的债权人享有撤销权的情形且债权人已在法定期限内请求撤销的,则调解书内容应属于违法,此种情形下应符合民事诉讼法第三人撤销之诉规定的调解书内容部分或全部错误并损害第三人民事权益情形应予撤销情形。故此,在第三人撤销之诉制度相关规定尚不完善的情况下,对是否有权提起第三人撤销之诉原告主体及民事权益范围的判断,不应简单采取所谓"宽泛"或"限缩"解释,而应秉承结合第三人撤销之诉制度设立目的、功能及现行民事诉讼对案外人救济途径确立的框架体系,兼顾充分维护案外人合法权益及生效裁判既判力,亦防止第三人撤销之诉制度被滥用的要求,立足案件具体事实,围绕债权人与争议案件的牵连关系及其实体主张是否成立,作出符合第三人撤销之诉制度功能的裁决。

最高人民法院对鞍山市中小企业信用担保中心诉汪薇、鲁金英第三人撤销之诉一案的裁判,秉承了前述原则。通过该案裁判,充分诠释了以案件具体事实为依据,立足现行法律规定,结合立法本意,兼顾债权人与原诉当事人之间的利益,充分体现了第三人撤销之诉制度在打击和防范通过诉讼调解规避执行、逃避债务以及维护案外人合法权益方面应发挥的制度效能,填补了第三人撤销之诉具体法律规则适用方面的空白和不足,对认定债权人是否符合提起第三人撤销之诉主体资格方面的司法理念及裁判标准具有指导意义。

三、裁判要点的理解与说明

该指导性案例的裁判要点确认:债权人申请强制执行后,被执行人与他人在另外的民事诉讼中达成调解协议,放弃其取回财产的权利,并大量减少债权,严重影响债权人债权实现,符合《合同法》(已失效)第七十四条规定的债权人行使撤销权条件的,债权人对民事调解书具有提起第三人撤销之诉的原告主体资格。

本案认定担保中心具备提起第三人撤销之诉的原告主体资格,主要基于以下几方面考虑:

第一,担保中心与汪薇和鲁金英基于养殖厂转让形成的买卖合同纠纷案件处理结果的牵连关系。就法律关系而言,担保中心与汪薇之间为贷款代偿形成的债权债务法律关系,与汪薇和鲁金英因养殖厂转让形成的买卖合同关系无直接牵连关系。但是,本案的特殊之处在于:(1)担保中心系为汪薇开办养殖厂贷款向银行承担担保责任后与汪薇之间形成债权债务关系,其债权形成与汪薇转让给鲁金英的养殖厂有关;(2)担保中心的债权已经生效判决确认并进入执行程序,担保中心也已申请对汪薇转让养殖厂形成的到期债权采取了保全措施。鲁金英也向执行法院确认其欠付汪薇转让款,并明确表示同意通过法院向担保中心履行,并已实际给付了30万元。因此,基于前述强制执行措施,担保中心可以从鲁金英处执行的汪薇欠付款及数额是确定的。在此情形下,汪薇和鲁金英就养殖厂转让权利义务的变化,对担保中心债权能否按照预期实现存在直接影响。

第二,担保中心是否享有《合同法》(已失效)第七十四条规定的撤销权的判断。汪薇和鲁金英签订的资产转让合同中对转让款支付时间及违约责任有明确约定。鲁金英仅支付了首期转让款,未按约定支付余款,违约事实清楚。汪薇系在该案一审法院查明鲁金英违约事实并根据双方合同约定判决鲁金英返还养殖厂、赔偿汪薇实际损失及违约金160余万元的情况下,放弃要求鲁金英返还养殖厂并承担违约责任的主张,与鲁金英以不到原交易价70%的对价达成了将养殖厂转让给鲁金英的调解协议,该行为显然不符合常理,结合担保中心债权当时正处于强制执行期间,汪薇取得转让款后分文未用于偿还担保中心欠款的事实,本案在受理阶段通过适当实质审查即可认定汪薇存在通过调解规避执行以逃避清偿担保中心到期债权损害担保中心民事权益的可能,因此担保中心的起诉符合《民事诉讼法解释》第二百九十二条规定的有一定证据证明调解书全部或部分内容错误并损害其民事权益的实体受理条件。本案在审理中进一步查明,鲁金英通过直接给付汪薇现金及将款项转入汪薇指定的案外人账户的方式支付了转让款,而汪薇银行账户当时已被执行法院查封,故汪薇为了逃避清偿担保中心欠款而作出巨大让利与鲁金英达成调解协议的意图是非常明显的。鲁金英参与了担保中心向汪薇追偿欠款纠纷案,并基于执行程序,对汪薇欠付担保中心款项已进入执行程序属于明知,虽然本案没有认定双方恶意串通达成调解协议逃避执行,但前述事实足以证明鲁金英为了少给付转让款等自身利益在明知会损害担保中心利益的情况下与汪薇达成调解协议并履行完毕,而汪薇并无其他可供执行的财产。据此,虽然本案双方对达成调解协议时养殖厂的实际价值各执一词,但基于前述汪薇和鲁金英达成的调解协议的目的、内容及履行情况，结合汪薇和鲁金英达成调解协议确定的交易价与原交易价的差异，汪薇放弃的基于合同可以获得保护的民事权益等本案基本事实，可以确认汪薇在诉讼中达成的转让养殖厂的交易构成“明显不合理的低价”，根据《合同法》（已失效）第七十四条规定，担保中心应享有撤销权。

第三，担保中心是否有其他救济途径。第三人撤销之诉虽然规定在《民事诉讼法》（2017 年）第五十六条中，但因其动摇的是生效裁判的既判力，因而在能够通过其他程序对案外第三人的民事权益予以救济的情形下，不宜动摇生效裁判的既判力。本案中，担保中心作为汪薇的债权人，汪薇以明显不合理低价转让资产符合《合同法》（已失效）第七十四条规定情形的，依法享有在法定期间内提起诉讼撤销汪薇转让行为的权利，但是，因汪薇和鲁金英系在诉讼中重新达成养殖厂转让协议，经人民法院作出民事调解书予以确认并已发生法律效力。在此情形下，担保中心认为汪薇与鲁金英诉讼中形成的资产转让行为符合《合同法》（已失效）第七十四条规定的情形，因受生效民事调解书的法律效力限制，无法依据《合同法》（已失效）第七十四条规定另行提起诉讼行使撤销权。另外，汪薇和鲁金英系通过调解对原资产转让价款进行变更，并非将已采取查封保全措施的资产进行转让，因而并不属于应通过执行程序解决的问题。

综上所述，最高人民法院判决认为，本案担保中心与汪薇之间虽然属于债权债务关系，但基于担保中心对汪薇债权形成与汪薇转让的养殖厂之间的关联关系，法院对汪薇因养殖厂转让形成的到期债权在诉讼和执行程序中采取的保全和执行措施使得汪薇与鲁金英买卖合同纠纷案件处理结果对担保中心利益产生的影响，以及担保中心主张受损害的民事权益因（2014）辽民二终字第 00183 号民事调解书而存在根据《合同法》（已失效）第七十四条提起撤销权诉讼障碍等本案基本事实，可以认定汪薇和鲁金英买卖合同纠纷案件处理结果与担保中心具有法律上的利害关系，担保中心有权提起本案第三人撤销之诉。

四、总结

在债权人已经基于执行程序对债务人相关资产采取保全措施的情形下，债务人与他人就该资产原有权利义务发生纠纷诉至法院并达成调解协议，变更了原权利义务内容，则可能存在虚假诉讼或借诉讼逃避执行损害债权人合法权益的可能，且此类案件通常不会进入执行程序。对于类似案件的债权人提起的第三人撤销之诉，应综合原诉当事人诉讼行为目的、案件处理结果对债权人利益的影响以及债权人实体主张是否成立等进行综合判断，认定债权人是否有权提起第三人撤销之诉，以充分发挥通过第三人撤销之诉制度防范和打击虚假诉讼或借诉讼逃避债务、维护第三人合法权益的制度目的,维护司法公正。

(执笔人:最高人民法院 董 华
天津市第一中级人民法院 苗 佳
编审人:最高人民法院案例指导工作办公室 马蓓蓓)

指导案例152号 鞍山市中小企业信用担保中心诉汪薇、鲁金英第三人撤销之诉案

最高人民法院案例指导工作办公室编审人:马蓓蓓

1. 案例推荐单位:最高人民法院第二巡回法庭
2. 案例编写人:最高人民法院第二巡回法庭 董华
3. 案件裁判法院:最高人民法院
4. 案件承办人:董华(二审)

相关法条

1.《中华人民共和国民事诉讼法》(2017年7月1日实施)(已被修改)

第五十六条 对当事人双方的诉讼标的,第三人认为有独立请求权的,有权提起诉讼。

对当事人双方的诉讼标的,第三人虽然没有独立请求权,但案件处理结果同他有法律上的利害关系的,可以申请参加诉讼,或者由人民法院通知他参加诉讼。人民法院判决承担民事责任的第三人,有当事人的诉讼权利义务。

前两款规定的第三人,因不能归责于本人的事由未参加诉讼,但有证据证明发生法律效力的判决、裁定、调解书的部分或者全部内容错误,损害其民事权益的,可以自知道或者应当知道其民事权益受到损害之日起六个月内,向作出该判决、裁定、调解书的人民法院提起诉讼。人民法院经审理,诉讼请求成立的,应当改变或者撤销原判决、裁定、调解书;诉讼请求不成立的,驳回诉讼请求。

2.《中华人民共和国民事诉讼法》(2022年1月1日实施)

第五十九条 对当事人双方的诉讼标的,第三人认为有独立请求权的,有权提起诉讼。

对当事人双方的诉讼标的,第三人虽然没有独立请求权,但案件处理结果同他有法律上的利害关系的,可以申请参加诉讼,或者由人民法院通知他参加诉讼。人民法院判决承担民事责任的第三人,有当事人的诉讼权利义务。

前两款规定的第三人,因不能归责于本人的事由未参加诉讼,但有证据证明发生法律效力的判决、裁定、调解书的部分或者全部内容错误,损害其民事权益的,可以自知道或者应当知道其民事权益受到损害之日起六个月内,向作出该判决、裁定、调解书的人民法院提起诉讼。人民法院经审理,诉讼请求成立的,应当改变或者撤销原判决、裁定、调解书;诉讼请求不成立的,驳回诉讼请求。

3.《中华人民共和国民法典》(2021 年 1 月 1 日实施)

第五百三十八条　债务人以放弃其债权、放弃债权担保、无偿转让财产等方式无偿处分财产权益,或者恶意延长其到期债权的履行期限,影响债权人的债权实现的,债权人可以请求人民法院撤销债务人的行为。

第五百三十九条　债务人以明显不合理的低价转让财产、以明显不合理的高价受让他人财产或者为他人的债务提供担保,影响债权人的债权实现,债务人的相对人知道或者应当知道该情形的,债权人可以请求人民法院撤销债务人的行为。

第五百四十条　撤销权的行使范围以债权人的债权为限。债权人行使撤销权的必要费用,由债务人负担。

4.《中华人民共和国合同法》(已失效)

第七十四条　因债务人放弃其到期债权或者无偿转让财产,对债权人造成损害的,债权人可以请求人民法院撤销债务人的行为。债务人以明显不合理的低价转让财产,对债权人造成损害,并且受让人知道该情形的,债权人也可以请求人民法院撤销债务人的行为。

撤销权的行使范围以债权人的债权为限。债权人行使撤销权的必要费用,由债务人负担。

中华人民共和国最高人民法院民事判决书

(2017)最高法民终626号

上诉人(原审被告):鲁金英。

委托诉讼代理人:侯剑兰,辽宁弘扬律师事务所律师。

委托诉讼代理人:高某,辽宁弘扬律师事务所律师。

被上诉人(原审原告):鞍山市中小企业信用担保中心。住所地:辽宁省鞍山市铁东区中华南路75-2号。

法定代表人:周春燕,该中心主任。

委托诉讼代理人:邹云强,辽宁钢城正大律师事务所律师。

被上诉人(原审被告):汪薇。

委托诉讼代理人:赵连武,辽宁佐度律师事务所律师。

上诉人鲁金英因与被上诉人汪薇及鞍山市中小企业信用担保中心(以下简称担保中心)第三人撤销之诉一案,不服辽宁省高级人民法院(以下简称辽宁高院)(2016)辽民撤8号民事判决,向本院提起上诉。本院依法组成合议庭,公开开庭对本案进行了审理。鲁金英委托诉讼代理人侯剑兰、高某,担保中心委托诉讼代理人邹云强,汪薇及其委托诉讼代理人赵连武到庭参加诉讼。本案现已审理终结。

鲁金英上诉请求:1. 依法撤销辽宁高院(2016)辽民撤8号民事判决,维持辽宁高院(2014)辽民二终字第00183号民事调解书(以下简称183号民事调解书),驳回担保中心的诉讼请求;2. 本案一审、二审诉讼费用均由汪薇及担保中心承担。主要事实和理由:一、一审判决认定担保中心具备本案第三人撤销之诉主体资格错误。担保中心与汪薇之间的担保追偿权法律关系和鲁金英与汪薇之间的买卖合同法律关系均属于普通债权法律关系,应受到平等保护,买卖合同之诉中当事人行使权利、履行义务并未直接或者间接影响担保追偿权之诉的当事人行使权利、履行义务,买卖合同之诉的审理结果对汪薇与担保中心的担保追偿权之诉的审理结果无法律上的牵连,并未损害担保中心的权益。即便鲁金英与汪薇资产转让合同的权利义务发生变化,虽可能对汪薇的财产产生影响,但不至于影响到担保中心的利益,因在汪薇与担保中心担保合同纠纷中,责任主体既有汪薇,也有汪薇的保证人,完全有能力履行判决义务，鲁金英只是其中的协助执行人，其与汪薇达成的调解协议并不导致担保中心的权益受损。该情形应是执行过程中所涉及的问题，不属于“案件处理结果与其有法律上的利害关系”的情形，担保中心不属于无独立请求权第三人。另，第三人撤销之诉规定的民事权益适用《中华人民共和国侵权责任法》第二条的规定。本案所涉两个债权均系普通债权，原则上不适用第三人撤销之诉保护。本案所涉债权也不属于法律明确规定给予特别保护的债权，不符合提起第三人撤销之诉的要件。二、一审判决认定鲁金英与汪薇之间资产转让合同中鲁金英违约错误。在资产转让合同履行过程中汪薇存在违约行为，鲁金英有权行使抗辩权。鲁金英之所以未能按照资产转让合同书约定期限即于2011年12月1日前将转让款余款全部给付汪薇，原因是汪薇一直隐瞒鞍山金桥生猪良种繁育养殖厂（以下简称金桥养殖厂）向台安县农村信用合作社黄沙坨信用社（以下简称黄沙坨信用社）贷款300万元，以及担保中心为其担保的事实。直至2011年11月，担保中心告知鲁金英金桥养殖厂欠其300万元担保贷款，不能再将剩余转让款给付汪薇时，鲁金英才知道实情。且在2011年12月1日前三方多次就该剩余款项的支付进行商谈，鲁金英同意直接将款项支付给担保中心，汪薇不同意。鲁金英面临此种被担保中心起诉的情况下，享有同时履行抗辩权。虽然并未判决鲁金英承担还款义务，但在执行中确定了鲁金英的协助执行义务。而后，鲁金英履行协助执行义务，将剩余款项支付给担保中心，但又遭遇汪薇起诉，鲁金英无奈停止协助执行义务。在二审调解后，鲁金英按照调解协议履行了全部义务。所以，认定鲁金英违约与事实不符，显失公平。三、一审法院认定183号民事调解书存在错误并予以撤销错误。183号民事调解书是鲁金英与汪薇的真实意思表示，也是双方在法庭主持下自愿处分其民事权益所达成的调解，程序、内容均不存在错误。在担保中心与汪薇担保合同纠纷案件中，法院没有向鲁金英下达过强制执行文书，且因汪薇在履行中存在违约行为，执行的到期债权不确定。在鲁金英与汪薇买卖合同纠纷案中，鲁金英有权利与汪薇达成和解且调解结果不属于明显不合理的低价（原价格76%）。183号民事调解书并未损害汪薇及担保中心的民事权益。

担保中心辩称，一审判决认定事实清楚，适用法律正确，应予维持。担保中心在辽宁省鞍山市铁东区人民法院（以下简称铁东区法院）明确申请执行汪薇对鲁金英的到期债权，铁东区法院向鲁金英下达了协助执行通知书并查封了养殖厂设备、土地等。鲁金英明确表示将欠付汪薇的转让款直接给付担保中心。因此汪薇和鲁金英的调解对担保中心的合法权益有重大利害关系，担保中心有权作为第三人参加到汪薇和鲁金英的买卖合同纠纷诉讼中。汪薇与鲁金英明知担保中心为汪薇代偿银行贷款，明知汪薇不能偿还担保中心欠款的情形下达成调解协议，对双方这种行为会导致汪薇无力给付担保中心欠款,会损害担保中心的合法权益属于明知。双方调解行为损害了担保中心合法权益,调解书内容违法,应依法予以撤销。鉴于鲁金英存在违约行为,应按照双方合同约定将鞍山金红生猪良种繁育养殖厂(以下简称金红养殖厂)归还汪薇,并将鲁金英支付给汪薇的首付款作为违约金赔偿给汪薇。辽宁省鞍山市中级人民法院(以下简称鞍山中院)(2013)鞍民三初字第66号民事判决(以下简称66号民事判决)合法有效,本案一审对此予以确认正确。

汪薇辩称,担保中心是否有权提起第三人撤销之诉的争议已经正确的生效裁决解决。鲁金英在签订资产转让合同书时对汪薇欠付黄沙坨信用社贷款的事实明知。双方约定的首付款实际为150万元,同时约定由鲁金英偿还当时欠付黄沙坨信用社的贷款利息,鲁金英亲自向信用社核实欠付利息数额为132573元,双方因此约定首付款为1632573元。鲁金英亲自派人到信用社还款。鲁金英称在签订合同时不知道汪薇欠黄沙坨信用社贷款与事实不符。对剩余转让款,鲁金英、汪薇和担保中心虽然多次商谈,但由于鲁金英没有偿还诚意,始终没有达成还款协议。汪薇之所以同意放弃大部分债权与鲁金英达成调解协议,是因为当时生活所迫,不存在恶意损害他人利益。汪薇现除了抵押物,确实没有可以用于偿还债务的财产。汪薇在本案中没有主观过错,更不存在违约行为,所实施的行为是否具有法律效力,请法院依法裁决。

担保中心向一审法院提起本案诉讼称,汪薇和鲁金英的调解行为导致其损失不能得到赔偿,严重损害了其合法权益,依据《中华人民共和国合同法》(以下简称《合同法》)第七十四条、第七十五条及《中华人民共和国民事诉讼法》(以下简称《民事诉讼法》)第五十六条、《最高人民法院关于适用〈中华人民共和国民事诉讼法〉的解释》(以下简称《民事诉讼法解释》)第二百九十二条、第二百九十八条之规定,请求:1.撤销辽宁高院183号民事调解书;2.维持鞍山中院66号民事判决;3.由汪薇和鲁金英承担本案诉讼费用。

一审法院认定事实:2008年12月,担保中心与黄沙坨信用社签订保证合同两份,约定由担保中心为汪薇经营的金桥养殖厂与黄沙坨信用社所签订的两份借款合同共计300万元贷款提供连带责任担保。汪薇向担保中心出具一份个人连带责任保证书,自愿为借款人的债务向担保中心提供反担保。案外人张某某也与担保中心签订抵押反担保合同一份,约定以其位于高××××路一处住宅为汪薇的借款提供反担保。2010年3月1日,黄沙坨信用社向担保中心下达代偿通知书,要求其履行代偿义务。担保中心于2010年4月9日以电汇方式向黄沙坨信用社支付代偿款2973197.54元。担保中心于2012年向铁东区法院起诉金红养殖厂、张某某、汪薇追索代偿款,该院于2013年6月作出(2012)铁东民三初字第239号民事判决

(以下简称239号民事判决):(一)汪薇于该判决书生效之日起十五日内给付担保中心代偿银行欠款2973197.54元及银行利息;(二)张某某以其已办理的抵押房产(房屋产籍号42-94-25-1062)对前款判项中的本金及利息承担抵押担保责任;(三)驳回担保中心的其他诉讼请求。该判决已经发生法律效力。2014年1月,铁东区法院基于担保中心的申请,从鲁金英处执行其欠汪薇资产转让款30万元交给了担保中心。

又查明,2010年12月3日,汪薇与鲁金英签订了一份资产转让合同书,将金桥养殖厂转让给鲁金英。合同主要内容为:1.汪薇协助鲁金英办理该养殖厂所占土地60.8亩继续承包的相关事宜;2.汪薇的资产一并转让鲁金英所有,如果第三人对汪薇出让的资产主张权利,由汪薇承担责任;3.转让费450万元,合同签订后鲁金英立即给付1632573元,余款于2011年12月1日全部给付,同时约定,如鲁金英不能到期付款,养殖厂的所有资产仍归汪薇所有,其先期给付汪薇的人民币1632573元作违约金归汪薇所有;4.养殖厂在出让前的一切债权债务由汪薇承担,出让后所发生的一切债权债务由鲁金英承担;5.汪薇保证出让的资产没有抵押或其他的担保形式,也没有为第三人提供担保;6.如果双方违反上述约定,违约方赔偿守约方经济损失40万元,并返还转让费。合同签订后,鲁金英支付了首付款1632573元。汪薇协助鲁金英办理了工商档案、税务登记变更手续。鲁金英亦与金桥养殖厂所涉及的土地发包方重新签订了土地发包合同。但是,鲁金英并未按约定将资产转让款余欠款于2011年12月1日给付汪薇。直至2013年11月汪薇向鞍山中院对鲁金英提起诉讼,对于欠付的资产转让款,鲁金英既未给付汪薇,也未代替汪薇给付担保中心。

汪薇于2013年11月向鞍山中院起诉鲁金英,请求判令鲁金英的金红养殖厂的全部资产归汪薇所有;鲁金英承担违约责任金1632573元及该案诉讼费用。事实与理由:2010年12月3日,鲁金英与汪薇签订了一份资产转让合同书,以450万元转让费受让汪薇所有的位于台安县黄沙坨镇金桥村牧业小区内的金桥养殖厂的全部资产。合同签订后,汪薇依约交付全部资产,并协助鲁金英到相关部门办理了更名、过户等一切手续。鲁金英除依约定给付了汪薇1632573元外,剩余款项至今不按约定给付。虽经汪薇数次催讨,均遭到鲁金英无理推脱和拒绝,给汪薇造成了巨大的经济损失。鲁金英应当承担约定的违约责任。鞍山中院一审审理认为,汪薇与鲁金英签订的资产转让合同书系双方当事人真实意思表示,内容不违反相关法律法规规定,合法有效。在鲁金英履行了第一笔付款义务后,汪薇已协助鲁金英办理了相关的工商档案变更和税务登记变更,并按照合同约定交付了该养殖厂的全部资产给鲁金英实际经营。现鲁金英未按合同约定期限支付剩余款项,属于合同违约。关于鲁金英主张其之所以不向汪薇还款,系因为担保中心向其主张债权,故余款应向担保中心支付。首先,在生效的铁东区法院239号民事判决中并未判令由鲁金英承担还款责任,故鲁金英并不存在向担保中心还款的责任。其次,依照双方当事人所签订的资产转让合同书第二条"如果第三人对汪薇出让的资产主张权利,由汪薇承担责任"的内容,即便汪薇在转让资产前与案外人有债权债务或涉及资产抵押担保等法律情形,亦应由汪薇自行承担该责任,与鲁金英无关,不应阻碍其与鲁金英签订的资产转让合同书的履行。故对于鲁金英的辩解不予采信。依照《合同法》第八条"依法成立的合同,对当事人具有法律约束力。当事人应当按照约定履行自己的义务"、第一百零七条"当事人一方不履行合同义务或者履行合同义务不符合约定的,应当承担继续履行、采取补救措施或者赔偿损失等违约责任"之规定,对汪薇诉求鲁金英因违约而依照合同约定将金红养殖厂的资产归还汪薇所有的诉讼请求予以支持。关于汪薇主张因鲁金英违约,给其造成巨大经济损失,应依照合同约定,由鲁金英给付其1632573元。双方签订的资产转让合同书第三条和第九条都有关于违约金的约定。鲁金英表示第三条违约金约定过高,要求法院予以调整,而汪薇自愿放弃对于合同第九条中40万元违约金的约定,仅要求鲁金英依照合同第三条支付1632573元作为弥补其实际损失的违约金。纵观全案,汪薇所主张的1632573元,不仅包含了违约金,同时亦包含其实际损失。汪薇的实际损失包括以下几部分:首先,因鲁金英未于2011年12月1日支付余款,致使汪薇无法偿还其所欠担保中心的款项,该款项经法院判决,时至今日已产生了130万元左右的利息。其次,鲁金英已经取得了该养殖厂的相关手续,从2010年12月3日至今一直实际使用金红养殖厂的全部转让资产并经营获利。再次,鲁金英余款未付,该款项亦产生相应的利息。依据《最高人民法院关于适用〈中华人民共和国合同法〉若干问题的解释(二)》(以下简称《合同法解释(二)》)第二十九条规定,违约金应以实际损失为基础,兼顾其他情况,综合衡量裁判。按照我国法律规定违约金具有补偿性为主,惩罚性为辅的性质。鲁金英逾期未付款违约,应承担给付违约金的民事责任。按照上述合同法司法解释的规定,结合本案具体事实,汪薇的实际损失已经超过了1632573元。故对汪薇要求鲁金英给付其1632573元的诉讼请求予以支持。鞍山中院于2014年5月作出66号民事判决:(一)鲁金英将金桥养殖厂的资产归还汪薇所有;(二)鲁金英赔偿汪薇实际损失及违约金1632573元。其中应扣除鲁金英代汪薇偿还的30万元,实际履行中由汪薇给付鲁金英30万元;(三)案件受理费54728元由鲁金英承担。

鲁金英不服,上诉至辽宁高院,请求撤销鞍山中院66号民事判决,驳回汪薇的诉讼请求。事实与理由:一、鞍山中院一审判决认定鲁金英违约错误。鲁金英之所以未能按约定期限向汪薇给付转让余款,有以下事实和原因:1. 从签订资产转让合同书至 2011 年 11 月,汪薇一直隐瞒金桥养殖厂向黄沙坨信用社贷款 300 万元,以及担保中心为其担保的事实。2011 年 11 月,担保中心告知鲁金英汪薇转让的金桥养殖厂欠其 300 万元担保贷款,不能再将剩余转让费给付汪薇,否则,担保中心有权通过法院起诉鲁金英向其主张债权,收回养殖厂。2011 年 12 月之前,担保中心多次找鲁金英和汪薇协商,虽然鲁金英同意以转让费余款替汪薇偿还担保贷款,但因汪薇不同意而导致担保中心将鲁金英诉至铁东区法院。资产转让合同书对汪薇解决出让前债务义务与鲁金英给付转让费余款义务虽然没有履行顺序约定,但至少在担保中心找到双方时应当同时履行,因此根据《合同法》第六十六条规定,鲁金英享有同时履行抗辩权。虽然法院判决鲁金英不向担保中心还款,但担保中心向鲁金英主张债权、主张收回养殖厂、起诉鲁金英是客观事实,并且客观上导致鲁金英不能正常生产经营,这一结果完全是汪薇造成的,根据《合同法》第一百五十二条规定,鲁金英有权中止支付转让费余款。由此,应认定汪薇违约,而不是鲁金英违约。2. 汪薇除欠担保中心贷款外,尚有其他债务 100 余万元。汪薇向债权人承诺由鲁金英从转让费余款中支付,债权人与鲁金英同意履行汪薇的承诺,并且鲁金英已与债权人达成意向,因此鲁金英未能按约定期限向汪薇给付转让费余款不应认定鲁金英违约。二、鞍山中院一审判决认定违约金为 1632573 元错误。鲁金英在签订资产转让合同书时即给付汪薇 1632573 元,但汪薇并没有用该款偿还贷款,在担保中心找到鲁金英及汪薇协商以转让费余款偿还担保贷款时,遭汪薇拒绝,可见汪薇根本不同意偿还担保贷款而不是无法偿还贷款,鲁金英未给付转让费余款与汪薇主张的 130 万元利息损失之间没有因果关系。虽然鲁金英实际使用金桥养殖厂,但是汪薇交付的生猪因未免疫导致大批生病、死亡、贱卖,鲁金英为建设养殖厂也投入巨资,加之市场萎靡,鲁金英并未获利。关于转让费余款的利息,即使按人民银行六月期同期贷款利率计算,2011 年 12 月 1 日至 2013 年 10 月 30 日,286 万元的利息也只有 30 万元。因此,鞍山中院一审判决认定违约金为 1632573 元错误。汪薇在贷款后就将养殖厂出售,在出售过程中既不向鲁金英告知贷款事实,也不向担保中心告知转让事实,在担保中心主张债权时又阻止鲁金英向担保中心偿还贷款,显然汪薇具有非法占有贷款的目的,涉嫌贷款诈骗;在鲁金英配合铁东区法院执行局向担保中心偿还贷款后,汪薇就起诉鲁金英要求归还养殖厂资产并支付违约金,实质目的是通过诉讼非法侵占鲁金英财产。如果汪薇的诉讼请求得到支持,将对鲁金英极不公平。该案二审过程中,双方当事人自愿达成调解协议,辽宁高院于 2014 年 8 月作出 183 号民事调解书,内容为:(一)金红养殖厂(原金桥养殖厂)归鲁金英所有。(二)汪薇与鲁金英双方同意将原转让款 450 万元变更为 3132573 元。鲁金英已给付汪薇1632573元,现再给付150万元,不包括鲁金英已给付担保中心的30万元。调解书生效当日给付20万元,9月30日给付30万元,10月30日给付50万元,11月30日给付50万元。鲁金英如未按上述任一期限履行相关给付义务,双方同意按一审判决全部主文执行。(三)鲁金英已给付案外人担保中心的30万元,由鲁金英自行解决,与汪薇无关,不在鲁金英给付汪薇的150万元内。(四)一审案件受理费54728元,由汪薇承担;二审案件受理费54728元减半收取为27364元,由鲁金英承担。

还查明,汪薇在2010年12月与鲁金英签订资产转让合同书时得到鲁金英给付首付款1632573元,没有偿还其对担保中心欠款。2014年在183号民事调解书生效后本人直接接收资产转让调解款100万元,也没有偿还对担保中心的欠款。尤其是汪薇在与鲁金英的资产转让合同纠纷二审审理期间,以家里急需用钱为由,对一审胜诉的判决做出巨大让步,由一审判决预期得到价值450万元的养殖厂和违约赔偿金1632573元,让步到放弃索要归还价值450万元养殖厂所有权,放弃索要违约赔偿金1632573元,并且原资产转让款本金再下降1367427元,只收取转让款本金3132573元,总计下降300万元。目前汪薇除了有以张某某名义抵押给担保中心的建筑面积214.81平方米、价值100余万元的房产可供执行还债外,没有其他有价值的财产可供执行。迄今,担保中心对汪薇的担保追偿权本金及利息已近400万元,只得到鲁金英代替汪薇偿还的30万元,汪薇分文未还。

再查明,鲁金英依据183号民事调解书,于2015年4月20日向铁东区法院递交执行回转申请书,申请从担保中心回转已被执行的30万元。担保中心在起诉状中自认其是在2015年3月30日才获悉汪薇对鲁金英为追讨欠款而起诉至鞍山中院,得知该院一审判决鲁金英将金桥养殖厂的资产归还汪薇,赔偿汪薇实际损失及违约金1632573元,及鲁金英不服该一审判决提起上诉,在二审审理期间双方已达成调解协议,汪薇放弃了一审判决应得利益至少超过270余万元。至今,没有充分证据证明担保中心在2015年3月30日前知道汪薇与鲁金英为追讨转让款欠款提起诉讼未申请参加,也没有证据证明担保中心此前知道汪薇与鲁金英追讨转让款欠款案件的二审调解结果。担保中心于2015年5月20日提起本案诉讼,未超过法定诉讼时限。

一审法院认为,本案系第三人撤销之诉纠纷,争议的焦点问题有三:一、担保中心是否具备提起本案第三人撤销之诉的主体资格;二、汪薇与鲁金英的资产转让合同是否合法有效及鲁金英是否违约;三、汪薇在二审调解中是否存在过错,183号民事调解书是否依法应予撤销。

一、关于担保中心是否具备提起本案第三人撤销之诉的主体资格问题。首先,担保中心因代替汪薇经营的金桥养殖厂偿还贷款提起追偿权之诉，已由铁东区法院作出239号民事判决，司法确认其对汪薇享有债权。汪薇因鲁金英拖欠金桥养殖厂转让款提起买卖合同之诉，已经一审、二审法院分别作出66号民事判决、183号民事调解书。担保中心虽然不是汪薇与鲁金英之间资产转让合同书的权利义务主体，对汪薇与鲁金英之间买卖合同案件的诉讼标的不具有独立请求权，不属于有独立请求权的第三人，但是，其对汪薇的追偿权债权已经法院生效判决确认，并在2013年8月汪薇对鲁金英提起买卖合同欠款之诉前已经进入执行程序，担保中心申请执行汪薇的财产中包括汪薇对鲁金英的到期债权。因此，汪薇与鲁金英资产转让合同权利义务发生巨大变化，客观上会对担保中心能否顺利执行对汪薇的债权产生较大影响。担保中心与汪薇起诉鲁金英买卖合同处理结果存在重大利益关联关系，会直接影响到担保中心债权能否顺利实现。据此，可以认定担保中心属于汪薇与鲁金英买卖合同诉讼无独立请求权的第三人。其次，担保中心在起诉状和一审中提交的情况说明中称，鲁金英于2015年3月30日到其单位要求返还30万元，此时才知道有汪薇起诉鲁金英资产转让合同诉讼，得知该院作出了183号民事调解书，了解自己的民事权益受到了损害。鲁金英虽然主张担保中心早已知道汪薇与鲁金英买卖合同纠纷诉讼存在，但没有充分有效的证据证明，更没有证据证明担保中心此前已知道183号民事调解书内容。因此，无法认定担保中心有可以归责于其自身的事由未申请参加汪薇与鲁金英资产转让合同诉讼。担保中心自知道183号民事调解书内容之日起到提起第三人撤销之诉未超过法定6个月诉讼时限。依据《民事诉讼法》第五十六条之规定，担保中心具备提起本案第三人撤销之诉的主体资格。此节已被最高人民法院（2016）最高法民终145号民事裁定书确认。

二、关于汪薇与鲁金英之间的资产转让合同是否合法有效及鲁金英是否违约的问题。2010年12月3日，汪薇与鲁金英签订资产转让合同书，将金桥养殖厂转让给鲁金英。合同约定转让费450万元，合同签订后鲁金英立即给付1632573元，余款于2011年12月1日全部给付。如鲁金英不能到期付款，养殖厂的所有资产仍归汪薇所有，其先期给付汪薇的人民币1632573元作违约金归汪薇所有。该合同内容系双方真实意思表示，不违反相关法律法规规定，依法应为合法有效。在鲁金英履行了首付款义务后，汪薇协助鲁金英办理了相关的工商档案变更和税务登记变更，并按照合同约定交付了该养殖厂的全部资产给鲁金英实际经营。依据资产转让合同约定，鲁金英应于2011年12月1日将余欠款全部给付汪薇。2011年12月1日，汪薇、鲁金英、担保中心三方会面，对于欠汪薇的资产转让余款，鲁金英既未按担保中心要求给付担保中心，也未按合同约定给付汪薇。并且，直至2012年3月担保中心向铁东区法院起诉汪薇及鲁金英的金红养殖厂，鲁金英也未将对汪薇的余欠款给付担保中心;至2013年11月汪薇向鞍山中院起诉索要余欠款,也未给付汪薇。依据双方签订的合法有效的资产转让合同付款约定,鲁金英在二审调解前仍未支付对汪薇余欠款证据确凿,构成严重违约,依法应该承担相应的违约责任。汪薇依据双方签订的资产转让合同书第三条之约定,起诉请求判令鲁金英的金红养殖厂的全部资产归其所有及判令鲁金英承担违约责任金1632573元两项诉讼请求,具有有效的合同条款约定依据。由于鲁金英未按时给付余欠款,致使汪薇在鞍山中院2014年5月作出一审判决时已产生较大数额利息。且鲁金英自2010年12月开始,一直使用养殖厂全部转让资产经营获利。故此,汪薇提出鲁金英返还养殖厂并赔偿其1632573元违约损失的诉讼请求具有合同和法律依据,应予支持。但是,鲁金英不欠担保中心任何债务,也没有代替汪薇偿还担保中心债务的法定义务,其在本案诉前代替汪薇偿还担保中心的30万元,应从汪薇已实际得到的首付款1632573元中扣除,在实际履行中由汪薇给付鲁金英。

三、关于汪薇在调解中是否存在过错,183号民事调解书是否依法应予撤销的问题。本案汪薇与鲁金英资产转让诉讼一审判决胜诉,可得返还价值450万元的养殖厂和赔偿实际损失及违约金1632573元,合计6132573元。在此情况下,汪薇以家庭困难为由,二审调解过程中主动放弃索要价值450万元的养殖厂所有权,放弃已判决给付的赔偿金与违约金1632573元,又将原资产转让款本金从450万元下调至3132573元,总计让步300万元,幅度达48.9%。如果汪薇不欠案外人债务,在不损害国家、集体及他人合法利益的情况下,可以认定为当事人意思自治,可以得到法律的尊重与社会的认可。但是,本案汪薇因创办养殖厂而实际拖欠担保中心追偿权债务本息400余万元,除了有一处以张某某名义抵押给担保中心的价值100万元左右的房产可用于偿债外,没有其他有价值的资产足够用以偿债,其在二审调解中随意做出巨大让步,与我国相关法律规定不符。《合同法》第七十四条第一款规定,"因债务人放弃其到期债权或者无偿转让财产,对债权人造成损害的,债权人可以请求人民法院撤销债务人的行为。债务人以明显不合理的低价转让财产,对债权人造成损害,并且受让人知道该情形的,债权人也可以请求人民法院撤销债务人的行为"。《合同法解释(二)》第十九条第二款规定,"转让价格达不到交易时交易地的指导价或者市场交易价百分之七十的,一般可以视为明显不合理的低价;对转让价格高于当地指导价或者市场交易价百分之三十的,一般可以视为明显不合理的高价"。本案二审调解中资产转让价格较一审判决下降达48.9%,已超过法定的转让价格达不到市场交易价70%的底线,相借鉴可以认定为不合理低价。并且,汪薇对于偿还欠担保中心的巨额债务一直持懈怠态度,其本人一直分文未还。依据相关法律规定,汪薇在二审调解中应属存在错误。同时,作为二审调解相对方的鲁金英，在调解时也知道汪薇对担保中心尚欠巨额债务。故此，依据《合同法》第七十四条和《合同法解释(二)》第十九条，担保中心申请撤销183号民事调解书，于法有据，应予支持。

综上，汪薇在对担保中心负有巨额债务的情况下，在二审调解中随意放弃一审判决中初步取得的巨额资产及债权，构成了法律所规定的明显不合理低价，且无足够资产用于偿还尚欠债务，严重损害了案外债权人利益。调解的相对方鲁金英也明知汪薇对担保中心欠有巨额债务，双方在二审调解中存在违法行为。担保中心诉讼请求撤销183号民事调解书，具有事实和法律依据，应予支持。由于183号民事调解书撤销后，鞍山中院66号民事判决必将出现效力不确定状态，依据何种法律程序处理，目前我国民事诉讼法及相关司法解释尚无明确具体的规定。鉴于此，经一审法院审判委员会讨论决定，撤销汪薇与鲁金英之间资产转让纠纷二审调解书和鞍山中院一审判决书，将汪薇与鲁金英之间资产转让诉讼审级上提一级，由该院结合担保中心的第三人撤销之诉的诉讼请求，一并按一审普通程序进行实体审理，作出判决。各方当事人如有不服，可依法进行上诉。故依据《合同法》第七十四条，《合同法解释(二)》第十九条，《民事诉讼法》第五十六条、第九十六条及《民事诉讼法解释》第二百九十四条、第二百九十八条、第三百条第一款第(二)项之规定，一审法院于2017年5月23日作出(2016)辽民撤8号民事判决：(一)撤销该院183号民事调解书和鞍山中院66号民事判决；(二)鲁金英于判决生效之日起十日内，将金桥养殖厂的资产归还汪薇所有(具体资产以后附双方认可的资产明细表二页为准)；(三)鲁金英已给付汪薇的首付款1632573元作为实际损失及违约金赔偿汪薇，但应从中扣除代替汪薇偿还担保中心的30万元，即实际履行中由汪薇给付鲁金英30万元。担保中心交纳的案件受理费54728元，由汪薇负担；汪薇起诉鲁金英资产转让纠纷案交纳的案件受理费54728元，由鲁金英负担；鲁金英上诉交纳的案件受理费54728元，由该院退回。

本院二审期间，鲁金英作为新证据向本院举示以下证据：1. 三份还款计划(承诺)复印件。意欲证明在资产转让合同履行期间，汪薇没有按照合同约定处理好与其他债权人的关系，使鲁金英无法确定向谁支付转让余款，应认定汪薇构成违约，鲁金英享有同时履行抗辩权。2. 2014年8月21日鲁金英律师高某的邮箱信息。意欲证明鲁金英在与汪薇买卖合同纠纷案件诉讼中已将汪薇违约的证据发送给二审法院，包括担保中心出具的情况说明，表明鲁金英在二审诉讼中没有向法院隐瞒铁东区法院执行的相关事实，鲁金英没有过错。担保中心质证认为，还款计划(承诺)均为复印件，无法确定真实性，也不能证明汪薇违约。如果鲁金英按照合同约定日期支付了余款，汪薇可以直接支付给担保中心和其他债权人，该证据可以证明鲁金英没有按照约定支付余款构成违约。邮箱发送材料不属于证据范畴,且之前也没有向法院举示,不予质证。汪薇质证认为,同意担保中心质证意见。对三份还款计划(承诺)真实性有异议。汪薇并不欠他们钱。且无论汪薇存在多少债权人,鲁金英作为给付义务人,向任何人履行均可以避免违约行为出现,鲁金英并没有给付到期转让款,应承担违约责任。本院经审核认为,鲁金英举示的三份还款协议(承诺)均为复印件,真实性无法确认。邮箱信息并不能证明发送的相关资料内容及与本案待证事实的关联关系,故对鲁金英举示的上述证据本院不予采纳。

双方当事人对本案一审判决查明认定的事实无异议,本院予以确认。

根据本院(2016)最高法民终145号民事裁定认定的事实,本院二审另查明,在铁东区法院受理的担保中心诉汪薇、金红养殖厂等保证合同纠纷一案诉讼中,铁东区法院于2013年5月23日作出(2012)铁东民三初字第239号民事裁定,冻结金红养殖厂拖欠汪薇的欠款2367427元或查封相应数额的财产,并于2013年6月21日作出239号民事判决。该判决发生法律效力后,担保中心于2013年8月19日申请执行,申请执行书所列可供执行财产状况中记载:汪薇对金红养殖厂(投资人为鲁金英)的到期债权。2013年11月21日铁东区法院询问笔录载明鲁金英称:"尚欠汪薇2867427元转让款未支付。由于汪薇欠担保中心的钱,而且法院已对我的债务进行了诉讼保全。因此我同意把钱经法院交付给汪薇的债权人担保中心。今天我交付法院30万元人民币,经法院转交担保中心。余额明年给付100万元,剩余款后年付清,但利息我们不承担。"2014年1月17日,铁东区法院作出(2013)东执字第497号民事裁定,以张某某、汪薇未按执行通知书履行上述生效民事判决确定的义务为由对金红养殖厂的房产、土地、设施予以冻结查封,并于当日向金红养殖厂送达了协助执行通知书。

汪薇和鲁金英在本院二审期间称双方达成调解协议后鲁金英给付汪薇20万元现金,分期向汪薇指定的案外人银行账户转入80万元。另有50万元转入汪薇律师账户后被铁东区法院冻结。

本院认为,本案二审争议焦点为担保中心是否具备提起本案第三人撤销之诉的主体资格及183号民事调解书是否存在错误并损害担保中心民事权益应予撤销。

关于担保中心是否具备提起本案第三人撤销之诉的主体资格问题。根据《民事诉讼法》第五十六条规定,因不能归责于本人的事由未参加诉讼的第三人,包括有独立请求权和无独立请求权第三人,有证据证明发生法律效力的判决、裁定、调解书的部分或全部内容错误,损害其民事权益的,有权提起第三人撤销之诉。《民事诉讼法》第五十六条及《民事诉讼法解释》对于如何界定案件处理结果同其有法律上的利害关系的无独立请求权第三人以及可以通过第三人撤销之诉救济的民事权益范围没有进一步作出具体规定。

本案中,虽然担保中心与汪薇之间基于贷款代偿形成的债权债务关系,与汪薇和鲁金英之间因转让原金桥养殖厂形成的买卖合同关系属两个不同法律关系,但是,汪薇系为创办原金桥养殖厂与担保中心形成案涉债权债务关系,与黄沙坨信用社签订借款合同的主体亦为原金桥养殖厂,故汪薇和鲁金英转让的原金桥养殖厂与担保中心对汪薇债权的形成存在关联关系。在汪薇与鲁金英因养殖厂转让发生纠纷提起诉讼时,担保中心对汪薇的债权已经生效民事判决确认并已进入执行程序。在该案诉讼及判决执行过程中,铁东区法院已裁定冻结了汪薇对金红养殖厂(投资人鲁金英)的到期债权。鲁金英亦已向铁东区法院确认其欠付汪薇转让款及数额,同意通过法院向担保中心履行,并已实际给付了30万元。铁东区法院也对金红养殖厂的相关财产予以查封冻结,并向金红养殖厂送达了协助执行通知书。故汪薇与鲁金英因养殖厂资产转让合同权利义务的变化与上述对汪薇财产的执行存在直接牵连关系,并可能影响担保中心的利益。《合同法》第七十四条中规定:"债务人以明显不合理的低价转让财产,对债权人造成损害,并且受让人知道该情形的,债权人也可以请求人民法院撤销债务人的行为。"因本案汪薇和鲁金英系在诉讼中达成以3132573元交易价转让原金桥养殖厂的协议,该协议经人民法院作出183号民事调解书予以确认并已发生法律效力。在此情形下,担保中心认为汪薇与鲁金英该资产转让行为符合《合同法》第七十四条规定的情形,无法依据《合同法》第七十四条规定另行提起诉讼行使撤销权。纵观现行《民事诉讼法》第三人撤销之诉、案外人执行异议及审判监督程序等制度中对民事权益受损害的案外人救济的相关规定,结合2012年《民事诉讼法》修订时为加强对因虚假诉讼或借诉讼转移财产、逃避债务等行为损害案外第三人合法权益进行救济而设立第三人撤销之诉制度的现实需要,并不能得出本案担保中心主张受损害的民事权益不属于第三人撤销之诉救济范围的结论。故本案担保中心与汪薇之间虽然属于债权债务关系,但基于担保中心对汪薇债权形成与汪薇转让的养殖厂之间的关联关系,法院对汪薇因养殖厂转让形成的到期债权在诉讼和执行程序中采取的保全和执行措施使汪薇与鲁金英买卖合同纠纷案件处理结果对担保中心利益的影响,以及担保中心主张受损害的民事权益因183号民事调解书而存在根据《合同法》第七十四条提起撤销权诉讼障碍等本案基本事实,可以认定汪薇和鲁金英买卖合同纠纷案件处理结果与担保中心具有法律上的利害关系,担保中心有权提起本案第三人撤销之诉。鲁金英上诉主张担保中心不属于与汪薇和鲁金英买卖合同纠纷案件处理结果"具有法律上的利害关系",本案所涉债权不属于第三人撤销之诉保护的民事权益,缺乏充分的法律依据,对其该上诉主张本院不予支持。

关于183号民事调解书内容是否存在错误并损害担保中心民事权益应予撤销的问题。民事诉讼中双方当事人在自愿的基础上有权通过调解处分其民事权益,但调解协议的内容不得违反法律规定。根据《民事诉讼法解释》第二百九十六条规定,调解书的部分或全部内容错误,是指调解书中处理当事人民事权利义务的结果错误。《合同法解释(二)》第十九条规定:"对于合同法第七十四条规定的'明显不合理的低价',人民法院应当以交易当地一般经营者的判断,并参考交易当时交易地的物价部门指导价或者市场交易价,结合其他相关因素综合考虑予以确认。转让价格达不到交易时交易地的指导价或者市场交易价百分之七十的,一般可以视为明显不合理的低价……"本案中,担保中心对汪薇与鲁金英签订的资产转让合同书未行使撤销权。铁东区法院执行过程中查封冻结金红养殖厂财产时,汪薇已将转让的原金桥养殖厂全部资产交付给鲁金英,并已办理了工商档案变更登记。故仅就汪薇和鲁金英调解协议第一条约定原金桥养殖厂归鲁金英所有而言,汪薇属于有权处分。但是,双方在调解协议第二条约定汪薇同意将原转让价款450万元变更为3132573元,该交易价未达到原转让合同约定交易价的70%。鲁金英主张其已支付给担保中心的30万元仍属于转让款,没有打算收回,并因此主张双方调解变更的交易价超过了原交易价的70%,但鲁金英该主张与调解协议中约定的3132573元不包括鲁金英已经给付担保中心的30万元,以及鲁金英在调解后向担保中心及铁东区法院申请退回其已给付的30万元的意思表示不一致。故基于调解协议第二条、第三条约定,汪薇与鲁金英通过调解达成了以总价3132573元(不包括鲁金英已给付担保中心的30万元)将原金桥养殖厂转让给鲁金英的协议。综合分析本案查明的调解协议内容、实际履行情况及汪薇对担保中心的债务清偿和执行情况等基本事实,应认定183号民事调解书内容错误并损害了担保中心民事权益应予撤销。具体分析评述意见如下:

首先,汪薇与鲁金英达成调解协议确定的交易价及放弃的权益不具有合理性,存在规避执行生效民事判决确定其对担保中心应履行的义务的目的。本案诉讼期间,汪薇和鲁金英均未主张调解协议约定的交易价格系双方根据转让的原金桥养殖厂当时的市场行情确定,也没有提交证据证明调解时原金桥养殖厂的市场价值。汪薇主张其与鲁金英签订资产转让合同书约定的450万元转让价远低于签订合同当时养殖厂的市场价值,鲁金英提出调解时因生猪市场行情低迷,养殖厂市场价较签订资产转让合同时已大幅下跌均没有充分证据证明。参照双方签订的资产转让合同书约定的交易价,汪薇和鲁金英调解形成的原金桥养殖厂转让价未达到原交易价的70%。而汪薇和鲁金英签订资产转让合同书后,汪薇已将养殖厂全部资产交付鲁金英。鲁金英仅支付了首期转让款1632573元,余款没有按合同约定时间即于2011年12月1日支付。根据资产转让合同书约定,鲁金英未按约定日期支付转让款余款,养殖厂的所有资产仍归汪薇所有,已支付的首期款作为违约金归属汪薇。故在汪薇已按合同约定履行了养殖厂交付义务,鲁金英未按约定支付转让款余款,双方资产转让合同中对鲁金英未按期支付转让款余款应承担的违约责任有明确约定,且鞍山中院一审作出的66号民事判决已认定鲁金英违约并基本支持了汪薇诉讼请求的情形下,汪薇在该案二审期间与鲁金英达成调解协议,不仅放弃继续追究鲁金英违约责任,约定原金桥养殖厂归属鲁金英所有,且在转让交易价格上作出未达到原交易价70%的大幅让利,其行为明显不符合常理。汪薇和鲁金英均承认双方达成调解协议后,鲁金英通过直接给付汪薇现金或将转让款转入汪薇指定的案外人银行账户的方式支付给汪薇100万元。根据本院查明的事实,双方调解时,因汪薇没有履行铁东区法院239号民事判决确定的偿还担保中心欠款义务,该案已进入执行程序并正在执行中。汪薇和鲁金英在本院二审期间均称汪薇的银行账户当时已被法院查封。故汪薇与鲁金英达成调解协议后转让款的支付方式表明至少汪薇存在避开担保中心和法院执行的故意。汪薇称其同意调解是因家庭出现变故且其身体原因急需资金,主观上没有逃避执行的故意,但汪薇取得鲁金英支付的100万元后分文未用于履行铁东区法院239号民事判决确定的义务,也没有提供证据证明该款项实际用于交纳了医疗费用等为生活急需支出的事实证据。综合上述本案基本事实足以认定汪薇在调解中存在通过不合理让利使得双方能够达成调解协议,并可以从鲁金英处直接取得转让款,以规避生效民事判决确定其对担保中心应履行的义务的目的。

其次,汪薇和鲁金英的调解行为损害了担保中心的合法民事权益。担保中心对汪薇的债权已经铁东区法院239号民事判决确定,汪薇应给付担保中心代偿银行欠款2973197.54元及利息。因汪薇未履行生效判决确定的义务,经担保中心申请已进入执行程序。该案诉讼及执行过程中对汪薇和鲁金英之间因原金桥养殖厂资产转让合同的履行而形成的到期债权采取了保全措施。而汪薇和鲁金英在诉讼过程中以未达到原合同转让价70%的交易价将原金桥养殖厂转让给鲁金英,并将转让款通过直接支付给汪薇现金及汪薇指定的案外人的方式履行了调解协议。汪薇收到转让款后并未用于清偿拖欠的担保中心债务。迄今为止,除鲁金英代汪薇偿还的30万元外,汪薇分文未还。现没有证据证明汪薇除有以案外人张某某名义抵押给担保中心的价值100余万元的房产外还有可供执行的其他财产。故鲁金英上诉主张本案不存在因调解行为损害担保中心民事权益的情形,与实际不符。

最后,鲁金英对汪薇为规避执行以明显不合理低价达成调解协议以及因此会给担保中心造成损害应属于明知。因金红养殖厂为铁东区法院239号民事判决所涉保证合同纠纷案件中的当事人,该案执行程序中铁东区法院已查封冻结金红养殖厂相关财产并送达了协助执行通知书,也向鲁金英调查了其与汪薇的债权债务情况,故鲁金英对汪薇与担保中心之间债权债务关系及铁东区法院239号民事判决内容属于明知,对汪薇没有履行该生效判决确定的应对担保中心履行的义务亦应属于明知。鲁金英在与汪薇买卖合同纠纷案件二审上诉中作出的其给付汪薇的首期款汪薇没有用于偿还银行贷款、汪薇具有非法占有贷款的目的等陈述,表明鲁金英对汪薇取得其支付的转让款后是否能够用于清偿担保中心的欠款应有预见。故鲁金英对汪薇在鞍山中院一审胜诉的情况下作出大幅不合理让利与其达成协议,采取的将款项通过给付现金及转入案外人账户的履行方式明显表现出的规避执行的目的,以及因此会损害担保中心债权利益应该能够预见。虽然汪薇称调解时系鲁金英提出的只能再给付150万元缺乏证据证明,本案也不能够认定汪薇和鲁金英恶意串通逃避执行,但可以认定鲁金英为少给付转让款等自身利益而在明知会因此给汪薇债权人的合法权益造成损害的情形下与汪薇达成不合理低价转让原金桥养殖厂的调解协议,并将转让款直接支付给汪薇,给担保中心造成了损害。

综上所述,汪薇为规避执行以明显不合理低价达成调解协议将原金桥养殖厂转让给鲁金英,并因此给担保中心的民事权益造成损害,鲁金英对此应属于明知。根据《合同法》第七十四条规定,担保中心有权撤销汪薇的转让行为,故本案应认定汪薇与鲁金英达成的调解协议内容违法。一审判决认定183号民事调解书内容错误并损害了担保中心的民事权益,依法应予以撤销,有事实和法律依据。鲁金英上诉称183号民事调解书不存在内容错误并损害担保中心民事权益的主张不成立,本院不予支持。

对于183号民事调解书撤销后,鞍山中院66号民事判决应如何处理,目前民事诉讼法及相关司法解释确无明确规定。本院认为,根据《民事诉讼法解释》第三百条的规定,改变原判决、裁定、调解书内容的错误部分的情形是第三人"请求成立且确认其民事权利的主张全部或部分成立"。本案中,担保中心在汪薇和鲁金英签订的资产转让合同书中不享有权利义务内容,在汪薇和鲁金英买卖合同纠纷诉讼中属于无独立请求权第三人,亦不享有请求解除或继续履行该合同的权利。担保中心作为汪薇的债权人,通过提起本案第三人撤销之诉依法享有的是撤销汪薇以明显不合理低价与鲁金英达成调解协议转让原金桥养殖厂的行为。且在汪薇与鲁金英买卖合同纠纷诉讼中,虽然汪薇一审诉请确认养殖厂全部资产归其所有并由鲁金英承担违约责任金,但该案二审期间汪薇自愿与鲁金英达成原金桥养殖厂归鲁金英所有等内容的调解协议并已实际履行,故汪薇一审提出的诉讼请求经双方通过达成调解协议形成的意思表示及履行行为已发生了变化。另外,在本案第三人撤销之诉的裁判发生法律效力前,183 号民事调解书是否应予撤销尚不确定。一审法院在本案第三人撤销之诉的裁判尚未生效之前,决定撤销鞍山中院 66 号民事判决和 183 号民事调解书,将汪薇和鲁金英买卖合同纠纷案件审级上提一级,与本案担保中心提起的第三人撤销之诉一并进行实体审理,在诉讼程序上存在本案第三人撤销之诉的裁判尚未发生法律效力,鞍山中院 66 号民事判决及 183 号民事调解书是否应予撤销尚不确定的情形下已启动汪薇和鲁金英买卖合同纠纷案件一审审理程序,在程序上存在瑕疵。鉴于本案上述情形,结合第三人撤销之诉旨在撤销损害案外第三人民事权益的行为这一制度设立的主要功能,本院认为,本案在撤销 183 号民事调解书的同时对鞍山中院 66 号民事判决一并予以撤销,既可以维护债权人担保中心的合法权益,也未阻却汪薇和鲁金英因案涉资产转让合同书产生的纠纷另循法律途径解决的救济渠道。

综上,一审判决认定担保中心具备提起本案第三人撤销之诉主体资格,183 号民事调解书内容错误并损害了担保中心民事权益应予撤销,认定事实清楚,适用法律正确,鲁金英上诉请求不成立。但一审部分审判程序及判决结果缺乏法律依据,本院依法予以纠正。汪薇和鲁金英因案涉资产转让合同书产生的争议另循法律途径解决。依照《中华人民共和国民事诉讼法》第五十六条第三款、第一百七十条第一款第(二)项,《最高人民法院关于适用〈中华人民共和国民事诉讼法〉的解释》第三百条第一款第(二)项规定,判决如下:

一、维持辽宁省高级人民法院(2016)辽民撤 8 号民事判决第一项;

二、撤销辽宁省高级人民法院(2016)辽民撤 8 号民事判决第二项、第三项;

三、驳回鞍山市中小企业信用担保中心的其他诉讼请求。

本案一审案件受理费 54728 元由汪薇负担,二审案件受理费 54728 元由鲁金英负担。汪薇起诉鲁金英买卖合同纠纷案件交纳的一审案件受理费 54728 元、鲁金英上诉交纳的该案二审案件受理费 27364 元予以退回。

本判决为终审判决。

审 判 长 董 华
审 判 员 万 挺
审 判 员 武建华
二〇一八年五月三十日
法官助理 侯 望
书 记 员 黄婷婷

指导案例153号《永安市燕诚房地产开发有限公司诉郑耀南、远东(厦门)房地产发展有限公司等第三人撤销之诉案》的理解与参照

——债权人知道或者应当知道该生效裁判损害其民事权益的起算期间认定

2021年2月19日,最高人民法院发布了第27批指导性案例,共9个案例,包括6个第三人撤销之诉案例和3个案外人执行异议之诉案例,总结了审判实践中某些普遍的疑难复杂法律适用问题,有利于进一步明确裁判规则,统一司法尺度。其中,第153号指导性案例为《永安市燕诚房地产开发有限公司诉郑耀南、远东(厦门)房地产发展有限公司等第三人撤销之诉案》。为了正确理解和准确参照适用该指导性案例,现对该指导性案例的选编过程、裁判要点、参照适用等有关情况予以解释、论证和说明。

一、案例选编过程及指导意义

该案例由最高人民法院第三巡回法庭推选为备选指导性案例。最高人民法院研究室收到案例后送最高人民法院立案庭、民一庭、民二庭、审监庭征求意见。最高人民法院研究室于2020年11月5日召开室务会讨论通过了该案例。2020年12月31日,该案例经最高人民法院民专会第366次会议讨论,同意作为指导性案例。2021年2月19日,最高人民法院以法〔2021〕55号文件将该案例编入第27批指导性案例予以发布。

该案例旨在明确出现债务人通过诉讼处分财产并得到生效裁判确认的情形,当出现债务人进入破产程序、有关生效裁判成为他人申报债权的依据、债务人没有足够财产清偿债务导致影响债权人债权实现的情形时,应当认定债权人知道或者应当知道债务人以诉讼形式处分财产的生效裁判损害其民事权益,债权人据此提起第三人撤销之诉的六个月期间自此开始起算。在该案例中,人民法院对第三人

撤销之诉制度的正确理解与适用，具有一定普遍性，对于类案的审理具有一定指导价值，为解决类似案件提供了良好范本。

二、关于本案例的相关情况

2003 年 5 月，福建省高级人民法院受理郑耀南诉远东（厦门）房地产发展有限公司（以下简称远东厦门公司）借款纠纷一案。2003 年 6 月 2 日，该院作出（2003）闽民初字第 2 号民事调解书，确认远东厦门公司共结欠郑耀南借款本息共计人民币 123129527.72 元，之后的利息郑耀南自愿放弃；如果远东厦门公司未按还款计划返还任何一期欠款，郑耀南有权要求提前清偿所有未返还欠款。远东厦门公司由在香港注册的远东房地产发展有限公司（以下简称香港远东公司）独资设立，法定代表人为张琼月。雷远思为永安市燕诚房地产开发有限公司（以下简称燕诚公司）法定代表人。张琼月与雷远思同为香港远东公司股东、董事，各持香港远东公司 50% 股份。雷远思曾向福建省人民检察院申诉，该院于 2003 年 8 月 19 日向福建省高级人民法院发出检察建议书，建议对（2003）闽民初字第 2 号案件依法再审。福建省高级人民法院向福建省公安厅出具犯罪线索移送函，认为郑耀南与张琼月涉嫌恶意串通侵占远东厦门公司资产，进而损害香港远东公司的合法权益。

2015 年 4 月 8 日，郑耀南与高某珍签订债权转让协议书并进行了公证，约定把（2003）闽民初字第 2 号民事调解书项下的全部债权转让给高某珍；截至协议签订之日，债权转让的对价已支付完毕；协议签署后，高某珍可以自己名义直接向远东厦门公司主张上述全部债权权益，享有合法的债权人权益。2015 年 4 月 10 日，远东厦门公司声明知悉债权转让事宜。

2015 年 12 月 21 日，福建省厦门市中级人民法院裁定受理案外人对远东厦门公司的破产清算申请，并指定福建英合律师事务所为破产管理人。破产管理人于 2016 年 3 月 15 日向燕诚公司发出《远东厦门公司破产一案告知函》，告知远东厦门公司债权人查阅债权申报材料事宜，其中破产管理人目前接受的债权申报信息统计如下：……5. 燕诚公司申报 14158920 元；6. 高某珍申报 312294743.65 元；合计 725856487.91 元。如债权人在查阅债权申报材料后，对他人申报的债权有异议，请于 3 月 18 日前向破产管理人书面提出。

燕诚公司以（2003）闽民初字第 2 号案件是当事人恶意串通转移资产的虚假诉讼、影响其作为破产债权人的利益为由，向福建省高级人民法院提交诉状请求撤销（2003）闽民初字第 2 号民事调解书。

福建省高级人民法院于 2017 年 7 月 31 日作出（2016）闽民撤 6 号民事裁定书，驳回永安市燕诚房地产开发有限公司的起诉。永安市燕诚房地产开发有限公司不服一审裁定,向最高人民法院提起上诉。最高人民法院于2018年9月21日作出(2017)最高法民终885号民事裁定:(1)撤销福建省高级人民法院(2016)闽民撤6号民事裁定;(2)指令福建省高级人民法院审理。

(一)第三人撤销之诉制度的目的与功能

对于人民法院已经作出的生效民事裁判,民事诉讼法赋予案外人的救济渠道主要有申请再审、提起执行异议之诉以及提起第三人撤销之诉等,其中第三人撤销之诉是民事诉讼中较晚出现的制度。比较而言,申请再审是民事诉讼审判监督程序中赋予当事人的基本诉讼权利,是对生效裁判的主要救济途径。对于案外人而言,按照现行法律规定,作为依法承继已经死亡或终止的案件当事人权利义务的承继者,依法准用当事人的有关规定申请再审;作为被遗漏的必要共同诉讼的案外人,以及认为生效裁判错误并已在执行程序提出异议被驳回的当事人,依法赋予其申请再审的权利;作为依据合意受让案件当事人生效裁判权利的受让人,依法不享有申请再审的权利。执行异议之诉是民事诉讼法是在执行异议制度基础上增加规定的救济途径,主要适用于案外人对案件的执行标的提出异议但并不认为生效裁判错误的情形。第三人撤销之诉是《民事诉讼法》2012年修改时在第三人制度基础上增加规定的救济途径,主要适用于第三人因不能归责于本人的事由未参加诉讼且能够初步明证生效裁判错误、影响其民事权益的情形。从《民事诉讼法》《民事诉讼法解释》规定的起诉条件和审查要求来看,第三人撤销之诉制度更加注重第三人与案件诉讼标的或案件处理结果的紧密联系。《民事诉讼法》设立第三人撤销之诉制度的目的,即是保护受错误生效裁判损害特别是受虚假诉讼损害的第三人民事权益,使因不能归责于本人原因未参加诉讼的第三人,可以向人民法院提起诉讼请求救济。因此,第三人撤销之诉制度也具有兜底性、补充性的作用,突出对受错误生效裁判影响的第三人实际民事权益的保护。就本案而言,(2003)闽民初字第2号民事调解书虽然被其他民事主体提出过申诉、检察监督等程序,但并不能因此当然否定燕诚公司据此提起第三人撤销之诉的原告主体资格。

(二)债权人对债务人与他人诉讼案件的认知

根据《民事诉讼法》(2017年)第五十六条第三款的规定,第三人可以自知道或者应当知道其民事权益受到损害之日起六个月内提起第三人撤销诉讼。第三人撤销之诉的实体性、结果性条件,是生效裁判损害了第三人的民事权益。这也是第三人撤销之诉起诉条件中第三人知道或者应当知道的内容。在债权人提起第三人撤销之诉的场合,债权人对债务人与他人诉讼案件的认知内容,即债权人知道或者应当知道债务人与他诉讼案件的生效裁判损害了其债权。对于第三人对民事权益受到损害的认知时点,即何时知道或者应当知道,应从《民事诉讼法》(2017年)第五十六条的整体规定进行体系解释。《民事诉讼法》(2017 年)第五十六条第一款规定的是有独立请求权第三人,第二款规定的是无独立请求权第三人。该两款规定均侧重于第三人有权提起诉讼或者参加诉讼,在此情形下,对第三人的性质及类别进行判断的时点,应截止在当事人诉讼结束之前。《民事诉讼法》(2017 年)第五十六条第三款规定的是未能参加诉讼的第三人提起撤销之诉的条件,该款规定侧重于第三人的民事权益因他人诉讼案件生效裁判而受到损害,在此情形下,第三人对自身民事权益受到损害认知的时点,显然不应局限于当事人诉讼发生时,而更可以在当事人诉讼结束乃至裁判生效之后。需要进一步说明的是,从《民事诉讼法》(2017 年)第五十六条的整体规定来看,前两款与第三款各有侧重而又相互补充,进而构成对第三人及第三人撤销之诉的全面规范。从《民事诉讼法》(2017 年)第五十六条第三款规定的目的来看,即赋予非因自身原因未能参加诉讼的第三人以救济的途径,使与当事人诉讼有关联的第三人由此修复因虚假诉讼等案件错误生效裁判而受到的损害。从目的性解释的角度反向推导,因他人错误生效裁判而受到民事权益损害之人,可以回溯式适用《民事诉讼法》(2017 年)第五十六条第一款、第二款的规定判断第三人的性质及类别。审查第三人的时点,也不应仅限于当事人诉讼发生之时,而是可以在当事人诉讼发生之后其民事权益因该诉讼案件的生效裁判而实际受到损害之时。本案中,燕诚公司作为远东厦门公司的普通债权人,在远东厦门公司进入破产程序前,其债权是否会受到案涉民事调解书的损害是不确定的,无从认定燕诚公司知道或者应当知道其债权受到案涉民事调解书的损害。在远东厦门公司进入破产程序后,燕诚公司的债权受因案涉民事调解书而可能降低清偿比例,应于此时认定燕诚公司知道或者应当知道其民事权益受到损害。

该案例确立为指导性案例,有利于厘清司法实践中关于此类问题的认识,统一裁判尺度,便于在法律没有对普通债权人就债务人与他人诉讼案件的生效裁判提起第三人撤销之诉作出规定的背景下,平衡生效裁判的权威性、稳定性与债权人民事权益的司法救济。其裁判要点关于债权人自债务人进入破产程序等直接影响债权实现的情形时起六个月内有权对债务人处分财产行为的生效裁判提起第三人撤销之诉,明确了普通债权人就债务人通过与他人诉讼处分财产行为的救济途径,对于我国相关司法实践的发展具有启示意义。

三、裁判要点的理解与说明

该指导性案例的裁判要点确认:债权人对确认债务人处分财产行为的生效裁判提起第三人撤销之诉的,在出现债务人进入破产程序、无财产可供执行等影响债权人债权实现的情形时,应当认定债权人知道或者应当知道该生效裁判损害其民

事权益,提起诉讼的六个月期间开始起算。现围绕与该裁判要点相关的问题逐一解释和说明如下:

关于债权人认知其民事权益受到损害的时间,根据《民事诉讼法》(2017年)第五十六条的规定,提起第三人撤销之诉的程序条件,要求第三人因不能归责于本人的事由未参加诉讼,而且要在知道或者应当知道其民事权益受到损害之日起六个月内提起诉讼。《民事诉讼法解释》(2015年)第二百九十二条、第二百九十五条对此又作了进一步的规定。其中,对于第三人因不能归责于本人的事由未参加诉讼,包括不知道诉讼而未参加、知道诉讼但申请参加未获准许或者因客观原因无法参加等情形。在债权人提起第三人撤销之诉的场合,由于债权本身的相对性,债权人一般难以知道债务人与他人诉讼的发生,更难以知道债务人与他人诉讼的裁判结果可能影响其债权的实现,所以在债务人参与虚假诉讼或明显不当诉讼情形下,应适当弱化对债权人未能参加诉讼事由的要求,只要债权人未参加诉讼符合以上情形且没有明显过错即可。对于第三人知道或者应当知道民事权益受到损害的时间,应当以错误生效裁判对第三人的民事权益直接施加影响时为准,而不能以裁判的生效或裁判作出多久来计算。在债权人提起第三人撤销之诉的场合,错误生效裁判将直接导致债权人的债权无法实现或者无法完全实现之时,如债务人的全部财产因错误生效裁判而导致大幅减少无法清偿债务乃至资不抵债进入破产程序等,即应认定为债权人知道或者应当知道其民事权益受到损害的时间。

(执笔人:最高人民法院民一庭　张　乾

编审人:最高人民法院案例指导工作办公室　马蓓蓓)

指导案例153号　永安市燕诚房地产开发有限公司诉郑耀南、远东(厦门)房地产发展有限公司等第三人撤销之诉案

最高人民法院案例指导工作办公室编审人:马蓓蓓

1. 案例推荐单位:最高人民法院第三巡回法庭

2. 案例编写人:最高人民法院第三巡回法庭　王旭光、张赫

3. 案件裁判法院:最高人民法院

4. 案件承办人:王旭光(二审)

相关法条

1.《中华人民共和国民事诉讼法》(2017 年 7 月 1 日实施)(已被修改)

第五十六条　对当事人双方的诉讼标的,第三人认为有独立请求权的,有权提起诉讼。

对当事人双方的诉讼标的,第三人虽然没有独立请求权,但案件处理结果同他有法律上的利害关系的,可以申请参加诉讼,或者由人民法院通知他参加诉讼。人民法院判决承担民事责任的第三人,有当事人的诉讼权利义务。

前两款规定的第三人,因不能归责于本人的事由未参加诉讼,但有证据证明发生法律效力的判决、裁定、调解书的部分或者全部内容错误,损害其民事权益的,可以自知道或者应当知道其民事权益受到损害之日起六个月内,向作出该判决、裁定、调解书的人民法院提起诉讼。人民法院经审理,诉讼请求成立的,应当改变或者撤销原判决、裁定、调解书;诉讼请求不成立的,驳回诉讼请求。

2.《中华人民共和国民事诉讼法》(2022 年 1 月 1 日实施)

第五十九条　对当事人双方的诉讼标的,第三人认为有独立请求权的,有权提起诉讼。

对当事人双方的诉讼标的,第三人虽然没有独立请求权,但案件处理结果同他有法律上的利害关系的,可以申请参加诉讼,或者由人民法院通知他参加诉讼。人民法院判决承担民事责任的第三人,有当事人的诉讼权利义务。

前两款规定的第三人,因不能归责于本人的事由未参加诉讼,但有证据证明发生法律效力的判决、裁定、调解书的部分或者全部内容错误,损害其民事权益的,可以自知道或者应当知道其民事权益受到损害之日起六个月内,向作出该判决、裁定、调解书的人民法院提起诉讼。人民法院经审理,诉讼请求成立的,应当改变或者撤销原判决、裁定、调解书;诉讼请求不成立的,驳回诉讼请求。

中华人民共和国最高人民法院民事裁定书

(2017)最高法民终885号

上诉人(一审原告):永安市燕诚房地产开发有限公司。住所地:福建省永安市五四路35号。

法定代表人:雷远思,该公司董事长。

委托诉讼代理人:张丽键,福建金海湾律师事务所律师。

委托诉讼代理人:谢光东,福建金海湾律师事务所律师。

被上诉人(一审被告):郑耀南,台湾地区居民,男,1949年11月28日出生,住台湾地区台北市中正区新生南路××××号。

被上诉人(一审被告):远东(厦门)房地产发展有限公司。住所地:福建省厦门市思明区湖滨北路振业大厦13楼C、D座。

法定代表人:张琼月,该公司董事长。

委托诉讼代理人:王国文,福建英合律师事务所律师。

委托诉讼代理人:刘岩,福建英合律师事务所律师。

一审第三人:高俪珍,台湾地区居民,女,1971年12月6日出生,住台湾地区台中市南屯区宝山里17邻工业区××××号。

委托诉讼代理人:罗长水,福建天衡联合律师事务所律师。

委托诉讼代理人:吕良怡,福建天衡联合律师事务所律师。

上诉人永安市燕诚房地产开发有限公司(以下简称燕诚公司)因与被上诉人郑耀南、远东(厦门)房地产发展有限公司(以下简称远东厦门公司)及一审第三人高俪珍第三人撤销之诉一案,不服福建省高级人民法院(2016)闽民撤6号民事裁定,向本院提起上诉。本院依法组成合议庭,公开开庭进行了审理。上诉人燕诚公司的委托诉讼代理人张丽键、谢光东,被上诉人远东厦门公司的委托诉讼代理人刘岩,一审第三人高俪珍的委托诉讼代理人吕良怡到庭参加诉讼,被上诉人郑耀南经本院传票传唤未到庭参加诉讼。本案现已审理终结。

燕诚公司上诉请求:1. 撤销福建省高级人民法院(2016)闽民撤6号民事裁定;2. 指令福建省高级人民法院依法对本案进行实体审理。事实和理由:(一)燕诚公司系远东厦门公司的破产债权人,高俪珍以(2003)闽民初字第2号郑耀南与远东厦门公司借款纠纷一案(以下简称2号案件)的民事调解书(以下简称2号民事调解书)申报巨额债权,对燕诚公司破产债权的实现产生重大不利影响。2号案件是双方当事人恶意串通转移资产的虚假诉讼,影响破产债权人利益,燕诚公司与2号案件的处理结果存在明显的法律上的利害关系,因此燕诚公司系2号案件无独立请求权的第三人,具备本案的诉讼主体资格。一审法院认为燕诚公司"对郑耀南与远东厦门公司借款纠纷一案所涉及债权债务不存在法律上的利害关系"明显错误。(二)燕诚公司作为远东厦门公司的破产债权人,只有在收到破产管理人确认远东厦门公司存在借款债务的通知后,方可知其民事权益受到损害。因此,本案的诉讼期限应当从燕诚公司收到破产管理人对该借款债权确认的通知时起算,即应当从2016年8月16日起计算诉讼期间。燕诚公司于同年9月12日提起本案诉讼并没有超过第三人撤销之诉为期六个月的法定期限。(三)雷远思代表远东厦门公司的个人申诉行为,并不等于燕诚公司在破产之前就知道或者应当知道其民事权益受到损害。一审法院根据雷远思代表远东厦门公司的个人行为,认定燕诚公司知道或应当知道其权利受到损害存在明显的逻辑与事实错误。(四)人民法院对已发现的确有错误的裁判,有责任依法启动纠错程序。应对本案进行实体审理,以维护法律的尊严,保障当事人及所有破产债权人的合法权益。(五)人民法院对第三人撤销之诉案件应当组成合议庭开庭审理,一审法院没有开庭审理,审理程序及裁定错误。一审法院没有查明2号案件虚假诉讼的基础事实及双方当事人恶意串通的情形,简单认定燕诚公司与2号案件不存在法律上的利害关系,缺乏事实依据。综上,燕诚公司系破产案件的债权人,完全符合第三人撤销之诉的起诉资格及条件。一审法院在认定事实与适用法律上均存在错误,依法应予纠正。

郑耀南提交书面答辩意见称,一审裁定认定事实清楚,适用法律正确。(一)燕诚公司不是本案的适格主体,一审法院认定事实正确。根据合同相对性原则,2号案件是郑耀南与远东厦门公司之间的民间借贷案件,远东厦门公司是否还有其他债权人存在并非该案的审查范围,该案没有也不可能有其他必须参加诉讼的第三人,燕诚公司并非该案的第三人。(二)燕诚公司的法定代表人雷远思早在2003年就已知晓2号案件,并就该案调解书向福建省人民检察院提出过申诉。燕诚公司早已知道该案全部过程,但却从未行使法律赋予的向检察机关申诉等权利,属于怠于行使权利,其提起本案诉讼时,已经超过法定期限。(三)2号民事调解书业已经过福建省高级人民法院审查,该案并不符合提起审判监督程序的条件。可见该调解书不存在内容错误的情形,燕诚公司的诉讼请求不符合《中华人民共和国民事诉讼法》(以下简称《民事诉讼法》)第五十六条规定的条件。即便法院受理本案,燕诚公司的诉讼请求也不能成立。(四)2015年4月8日,郑耀南与第三人高俪珍就2号民事调解书项下债权全部转让给高俪珍事宜签订债权转让协议,并已经通知远东厦门公司。案涉调解书项下所有的民事权利义务均转由高俪珍继受,燕诚公司提起的本案诉讼与郑耀南无关。综上,燕诚公司提起本案第三人撤销之诉的法定期限业已经过,且并非本案的适格主体,请求二审法院依法裁定驳回其全部上诉请求。

远东厦门公司辩称,燕诚公司是否具备提起第三人撤销之诉的条件,由法院依法认定。

高俪珍述称,(一)燕诚公司所称的2号案件存在恶意串通系虚假诉讼,没有任何证据证明。燕诚公司所述的张琼月诉远东房地产发展有限公司(以下简称香港远东公司)借款合同纠纷案在郑耀南起诉的2号案件发生之后,应该由法院来审查后一个案件而不是本案的合法性。(二)一审法院主要是以燕诚公司主体不适格为由驳回其起诉,该等事项属于立案过程中应当由法院直接依职权进行审查的范围,并不需要正式开庭审理,一审程序并无错误,燕诚公司的上诉理由不能成立。其他意见同郑耀南第一、二、三条答辩意见。

燕诚公司向一审法院起诉请求:撤销福建省高级人民法院(2003)闽民初字第2号民事调解书。

一审法院认为,本案属于第三人撤销之诉,应首先从程序上审查燕诚公司是否符合提起第三人撤销之诉的起诉条件。(一)《民事诉讼法》第五十六条规定,“对当事人双方的诉讼标的,第三人认为有独立请求权的,有权提起诉讼。对当事人双方的诉讼标的,第三人虽然没有独立请求权,但案件处理结果同他有法律上的利害关系的,可以申请参加诉讼,或者由人民法院通知他参加诉讼。人民法院判决承担民事责任的第三人,有当事人的诉讼权利义务。前两款规定的第三人,因不能归责于本人的事由未参加诉讼,但有证据证明发生法律效力的判决、裁定、调解书的部分或者全部内容错误,损害其民事权益的,可以自知道或者应当知道其民事权益受到损害之日起六个月内,向作出该判决、裁定、调解书的人民法院提起诉讼……”虽然燕诚公司是远东厦门公司破产案件的债权申报人,但其对2号案件所涉债权债务没有独立的请求权,亦不存在法律上的利害关系,故燕诚公司不是2号案件的第三人。根据上述规定,燕诚公司不具备提起第三人撤销之诉的主体资格。(二)根据《最高人民法院关于适用〈中华人民共和国民事诉讼法〉的解释》(以下简称《民事诉讼法解释》)第二百九十二条关于“第三人对已经发生法律效力的判决、裁定、调解书提起撤销之诉的,应当自知道或者应当知道其民事权益受到损害之日起六个月内,向作出生效判决、裁定、调解书的人民法院提出”的规定,提起第三人撤销之诉的期间自第三人知道或者应当知道其民事权益受到侵害之日起算六个月,该六个月期间为不变期间。即便燕诚公司具备提起第三人撤销之诉的主体资格,亦应当自知道或者应当知道其民事权益受到侵害之日起六个月内提起诉讼。根据燕诚公司提供的证据材料,燕诚公司设立于1992年,1995年3月9日雷远思任总经理,1996年11月11日雷远思任董事长,2003年7月雷远思就2号案件向福建省高级人民法院和福建省人民检察院提出申诉。可以认定燕诚公司知道或者应当知道其民事权益受到侵害的时间为其法定代表人雷远思提起申诉之时。考虑到第三人撤销之诉系《民事诉讼法》于2012年修正后新设立的制度,故即便自2013年1月1日施行之日开始计算六个月期间,燕诚公司亦已超过其有权提起第三人撤销之诉的法定期限。

一审法院依照《民事诉讼法》第五十六条、第一百五十四条第一款第(三)项以及《民事诉讼法解释》第二百九十二条规定,裁定驳回燕诚公司的起诉。

本院审理查明,燕诚公司为证明其具备提起本案第三人撤销之诉的资格条件,向一审法院提交了显示相关情形的以下八个方面的证据材料。

一、福建省高级人民法院2号民事调解书显示,该院于2003年5月12日立案受理2号案件,即郑耀南诉远东厦门公司借款纠纷一案,并于同年6月2日作出2号民事调解书,就当事人双方自愿达成的如下协议予以确认:(一)经双方确认,截至2003年4月10日,远东厦门公司共结欠郑耀南借款本金3306757.78美元、3051046港元(共折合人民币31245079.22元),利息9735293.7美元、8870568.13港元(共折合人民币91884448.5元),以上欠款本金和利息总额折合人民币共计123129527.72元,2003年4月11日之后的利息郑耀南自愿放弃。(二)远东厦门公司愿意按照如下方式返还上述欠款本息:1.在本调解书生效之日起二日内,远东厦门公司返还郑耀南欠款人民币5000万元;2.2003年7月1日前远东厦门公司返还郑耀南欠款人民币2000万元;3.在2003年8月1日至2004年7月31日止的12个月内,远东厦门公司应于每月30日前返还郑耀南欠款人民币400万元;4.在2005年10月31日前远东厦门公司返还郑耀南余款人民币5129527.72元。(三)如果远东厦门公司未按约返还上述任何一期欠款,郑耀南有权要求远东厦门公司提前清偿所有未返还部分的欠款。(四)本案案件受理费625657.6元由远东厦门公司负担,鉴于郑耀南已预交,远东厦门公司应于本调解书生效之日起二日内将该款支付给郑耀南。

二、福建省高级人民法院于2003年10月24日向福建省公安厅出具的(2003)闽民监字第149号犯罪线索移送函载明:郑耀南与张琼月借款关系涉嫌侵占财产的线索疑点。1.郑耀南从1994年至1997年先后12次出借巨款给远东厦门公司,其中1994年8月25日、8月29日、9月2日,1995年1月10日的5张借据借款期限均为一年,而远东厦门公司逾期多年未还款,郑耀南均未催款,直至2003年才催告。2.远东厦门公司成立于1994年10月5日,而1994年8月25日、8月29日、9月2日的4张借据均是在远东厦门公司成立之前,以远东厦门公司便笺纸所写。3.远东厦门公司历年资产负债表、利润表、利润分配表、现金流量表、财务状况变动表和审计报告均未记载远东厦门公司与郑耀南之间的巨额借款。4.本应属于远东厦门公司财务账目存档的6份银行转账凭证(传票)和1份外汇成交通知书,却被郑耀南复印成为其起诉主张债权的证据材料之一。5.既然远东厦门公司承认其向郑耀南借款的事实,并愿意还款,为何双方还要通过法律诉讼的途径解决借款纠纷。综上所述,我们认为郑耀南与远东厦门公司张琼月涉嫌恶意串通,侵占远东厦门公司的财产,进而损害香港远东公司的合法权益。同时鉴于我院所审理的郑耀南与远东厦门公司借款一案,在审判程序和实体处理上符合法律规定,不宜直接提起审判监督程序,因此,根据《最高人民法院关于在审理经济纠纷案件中涉及经济犯罪嫌疑若干问题的规定》第十条"人民法院在审理经济纠纷案件中,发现与本案有牵连、但与本案不是同一法律关系的经济犯罪嫌疑线索、材料,应将犯罪嫌疑线索、材料移送有关公安机关查处"之规定,特将上述线索和疑点移送你厅,请依法查处。

三、福建省人民检察院民事行政检察处于2003年11月10日向雷远思出具的书面通知称:你因郑耀南与远东厦门公司借款合同纠纷案,不服福建省高级人民法院2号民事调解书,向我院申诉。我院于2003年8月19日向福建省高级人民法院发出闽民建(2003)2号检察建议书,建议对该案依法再审。福建省高级人民法院于2003年10月24日函复我院,已对该案进行了复查,并根据《最高人民法院关于在审理经济纠纷案件中涉及经济犯罪嫌疑若干问题的规定》,将远东厦门公司法定代表人张琼月涉嫌与郑耀南恶意串通,侵占远东厦门公司资产的犯罪线索移送给福建省公安厅进行侦查。

四、福建省厦门市公证处于2015年4月8日作出的(2015)厦证内字第12164号公证书显示:公证书出具当日,郑耀南与高俪珍签订债权转让协议书,载明双方经协商达成以下条款:(一)现因远东厦门公司之债权问题长期无法解决,且郑耀南不能在厦门久住,为此特把其于2号民事调解书项下之全部债权转让给高俪珍。自本协议签订之日起,与该笔债权相关的全部权利均由高俪珍行使,概与郑耀南无关,行使债权所需的法律行动及相关费用也均由高俪珍负责及承担,概与郑耀南无关。(二)截止本协议签订之日,前述债权转让的对价已支付完毕。(三)本协议签署后,高俪珍可以其自己名义直接向远东厦门公司主张上述全部债权权益(包括但不限于本金、利息、违约金等),享有合法的债权人权益。远东厦门公司于4月10日向郑耀南、高俪珍作出的声明显示,其确认收到上述公证书,对郑耀南对远东厦门公司的债权转让给高俪珍的相关事宜已经知悉,高俪珍已经成为远东厦门公司的债权人,将依法向高俪珍偿还债务。

五、福建省厦门市中级人民法院于2015年12月21日作出的(2015)厦民破字第6号民事裁定书显示,该院裁定受理申请人厦门凯比特投资有限公司对被申请人远东厦门公司的破产清算申请,指定福建英合律师事务所担任远东厦门公司的管理人。

六、远东厦门公司破产管理人于2016年3月15日向燕诚公司发出(2015)远东破管字告知第8号《远东(厦门)房地产发展有限公司破产一案告知函》显示,该告知函题述"关于告知远东厦门公司债权人查阅债权申报材料事宜",内容为福建英合律师事务所作为破产管理人将目前接受的债权申报信息统计如下:……5.燕诚公司申报14158920元;6.高俪珍申报312294743.65元;合计725856487.91元。现破产管理人将上述债权人申报债权的材料通过扫描的方式汇总成电子档,供各债权人查阅。为了债权人自身利益,如债权人在查阅上述债权申报材料后,对他人申报的债权有异议,请于3月18日前向破产管理人书面提出。该告知函签收人为张丽键,签收时间为2016年3月15日。

七、福建英合律师事务所2016年8月10日编制的(2015)厦民破字第6号债权表载明,债权人高俪珍申报的债权原因为借款合同、债权性质为普通债权的债权数额中,原始债权123755185.32元,孳息债权188539588.33元,合计312294743.65元;管理人审查债权数额中,原始债权123129527.72元,孳息债权178460380.4元,合计301589908.12元。债权人燕诚公司申报的债权性质为普通债权的债权数额中,原始债权390万元,孳息债权10258920元,合计14158920元;管理人审查债权数额中,原始债权390万元,孳息债权0元,合计390万元。

八、燕诚公司法定代表人证明书显示,其法定代表人为雷远思。2号案件中郑耀南诉远东厦门公司的民事诉状载明,远东厦门公司的法定代表人为张琼月。最高人民法院(2013)民四终字第25号民事判决书载明,雷远思、张琼月同为香港远东公司的董事,二人各持有公司50%股份;厦门远东公司由香港远东公司独资设立。

本院认为,本案属于第三人认为当事人恶意串通进行诉讼、损害其利益而提起的第三人撤销之诉。因郑耀南、高俪珍系中国台湾地区居民,本案为涉台民事纠纷。各方当事人对一审法院适用大陆地区法律解决本案争议无异议,本院予以确认。

根据《民事诉讼法》第五十六条的规定,提起第三人撤销之诉应当符合以下条件:一是主体方面,只能是《民事诉讼法》第五十六条第一款、第二款分别规定的,对当事人双方诉讼标的有独立请求权的第三人,或者虽然没有独立请求权但案件处理结果同他有法律上的利害关系的第三人;二是实体方面,有证据证明发生法律效力的判决、裁定、调解书部分或者全部内容错误,损害第三人的民事权益;三是程序方面,第三人因不能归责于本人的事由未参加诉讼,且自知道或者应当知道其民事权益受到损害之日起六个月内,向作出生效判决、裁定、调解书的人民法院提起诉讼。围绕本案一审法院裁定驳回起诉的理由,各方当事人于二审争议的焦点问题是:燕诚公司是否具有提起本案诉讼的主体资格,是否有证据证明2号民事调解书确认的债权存在虚假,燕诚公司的起诉是否超过法定期间,以及一审法院审理本案是否存在程序错误等。

《民事诉讼法》设立第三人撤销之诉制度,目的是保护受错误生效裁判损害,特别是受虚假诉讼损害的第三人的权益,使因不能归责于本人原因未参加诉讼的第三人,可以向人民法院提起诉讼、请求救济。因此,燕诚公司是否属于《民事诉讼法》第五十六条规定之列的第三人,决定着其是否具有提起本案诉讼的主体资格。从所主张的事实看,燕诚公司并非以有独立请求权的第三人的身份提起本案诉讼,而是以相关当事人恶意串通进行虚假诉讼损害其债权作为起诉的理由。显然,燕诚公司能否纳入无独立请求权的第三人之列,是判断本案讼争问题的基本出发点。

根据《民事诉讼法》第五十六条第二款的规定,对当事人双方诉讼标的没有独立请求权,但案件处理结果同他有法律上的利害关系的,属于无独立请求权的第三人。由此可见,有法律上的利害关系是无独立请求权第三人的基本要素。燕诚公司向人民法院提起本案诉讼,请求保护的民事权利系债权。由债权的相对性所决定,在一般情况下,作为普通债权人的第三人不具有基于其债权提起第三人撤销之诉的事由。但根据《中华人民共和国合同法》(以下简称《合同法》)第七十四条第一款的规定,因债务人放弃其到期债权或者无偿转让财产,对债权人造成损害的,债权人可以请求人民法院撤销债务人的行为;债务人以明显不合理的低价转让财产,对债权人造成损害,并且受让人知道该情形的,债权人也可以请求人民法院撤销债务人的行为。由此,如果生效裁判所确认的债务人的相关财产处分行为符合《合同法》第七十四条所规定的撤销权的条件,则依法享有撤销权的债权人就与该生效裁判案件的处理结果具有法律上的利害关系,从而具备了以无独立请求权第三人的身份提起第三人撤销之诉的原告主体资格。

本案中,燕诚公司举示的证据显示,福建省人民检察院曾于2003年8月19日发出闽民建(2003)2号检察建议书,建议福建省高级人民法院对2号民事调解书依法再审。福建省高级人民法院于2003年10月24日发出(2003)闽民监字第149号犯罪线索移送函,认为郑耀南与张琼月涉嫌恶意串通,侵占远东厦门公司的财产,进而损害香港远东公司的合法权益,依法将有关犯罪线索移送福建省公安厅进行侦查。由此,燕诚公司已就2号案件为虚假诉讼、2号民事调解书确认的债权存在虚假的问题提供了相应的证据材料。其所主张的远东厦门公司在民事诉讼程序中以达成调解协议方式承认郑耀南的虚假债权并制订还款计划的情形,属于《合同法》第七十四条第一款规定的无偿转让财产损害债权人利益的行为之列,燕诚公司对于2号案件的处理结果,有法律上的利害关系,特别是在远东厦门公司为人民法院宣告破产、其财产已经不足以清偿全部债务的情况下,燕诚公司的债权必然会因为郑耀南债权的有无以及数额的大小而受到直接影响。燕诚公司作为远东厦门公司的债权人,依据《合同法》第七十四条规定享有撤销权,具备提起本案第三人撤销之诉的主体资格。

根据《民事诉讼法》第五十六条第三款的规定,第三人"可以自知道或者应当知道其民事权益受到损害之日起六个月内",向人民法院提起诉讼。该六个月起诉期间的起算点,为当事人知道或者应当知道其民事权益受到损害之日。本案中,在远东厦门公司有足够资产清偿所有债务的前提下,2号民事调解书对燕诚公司债权的实现没有影响;在远东公司正常生产经营的情况下,亦难以确定2号民事调解书会对燕城公司的债权造成损害。但是,在远东厦门公司因不能足额清偿所欠全部债务而进入破产程序,燕诚公司、郑耀南债权的受让人高俪珍均系其破产债权人,且高俪珍依据2号民事调解书申报债权的情况下,燕诚公司破产债权的实现程度会因高俪珍破产债权所依据的2号民事调解书而受到损害,故应认定燕诚公司在获知远东厦门公司进入破产程序的信息后才会知道或者应当知道其民事权益受到损害。而燕诚公司举示的《远东(厦门)房地产发展有限公司破产一案告知函》显示,燕诚公司于2016年3月15日签收破产管理人制作的有关债权人申报材料,其于2016年9月12日向福建省高级人民法院提交诉状请求撤销2号民事调解书,未超过六个月的起诉期间。虽然燕诚公司时任总经理雷远思于2003年7月就2号案件向福建省高级人民法院和福建省人民检察院提出申诉,但其系以香港远东公司股东、董事及远东厦门公司董事、总经理的身份为保护远东厦门公司的利益而非燕诚公司的债权提出的申诉,且此时燕诚公司是否因2号民事调解书而遭受损害并不确定,也就不存在其是否知道或者应当知道,进而依照《民事诉讼法》第五十六条第三款的规定起算六个月起诉期间的问题。郑耀南、高俪珍主张燕诚公司提起本案诉讼时已经超过法定期间,理据不足。一审判决对此认定错误,应予纠正。此外,2号民事调解书项下的债权虽然已经转让给高俪珍,但因该债权涉嫌由虚假诉讼形成,郑耀南作为提起2号案件之诉讼的债权人,依法应作为第三人撤销之诉的被告参加本案诉讼。郑耀南关于案涉调解书项下的债权已经合法转让,本案与其无关的主张不能成立。

鉴于第三人撤销之诉案件涉及对生效裁判的判定,关系到原生效裁判的当事人以及第三人的权利义务,《民事诉讼法解释》第二百九十四条专门规定,“人民法院对第三人撤销之诉案件,应当组成合议庭开庭审理”。由此,第三人撤销之诉案件立案后,不适用书面审理,受案法院应当组成合议庭开庭进行审理。对方当事人就第三人的诉讼主体资格及其他起诉条件提出异议的,亦需经合议庭开庭审理后依法予以判定。一审法院受理本案后,未依法开庭审理即驳回燕诚公司的起诉,程序错误,应予纠正。

综上,燕诚公司提起本案第三人撤销之诉,符合《中华人民共和国民事诉讼法》第五十六条规定的起诉条件,一审法院裁定驳回其起诉,适用法律不当。燕诚公司的上诉理由成立,本院予以支持。依照《中华人民共和国民事诉讼法》第一百七十一条、《最高人民法院关于适用〈中华人民共和国民事诉讼法〉的解释》第三百三十二条规定,裁定如下:

一、撤销福建省高级人民法院(2016)闽民撤6号民事裁定;

二、本案指令福建省高级人民法院审理。

本裁定为终审裁定。

审 判 长　王旭光
审 判 员　周伦军
审 判 员　马东旭
二〇一八年九月二十一日
法官助理　张　乾
书 记 员　李　娜

指导案例154号《王四光诉中天建设集团有限公司、白山和丰置业有限公司案外人执行异议之诉案》的理解与参照

——《民事诉讼法》第二百二十七条中“与原判决、裁定无关”的认定标准

2021年2月19日，最高人民法院发布了第27批指导性案例，共9个案例，包括6个第三人撤销之诉案例和3个案外人执行异议之诉案例。其中，第154号指导性案例为《王四光诉中天建设集团有限公司、白山和丰置业有限公司案外人执行异议之诉案》。为了正确理解和准确参照适用该指导性案例，现对该指导性案例的基本案情、裁判要点、参照适用等有关情况予以解释和说明。

一、案例选编过程及指导意义

最高人民法院第二巡回法庭推荐本案作为备选指导性案例后，最高人民法院案例指导工作办公室经过初审认为，本案例基本符合指导性案例要求，并提交研究室室务会讨论。2020年11月15日，研究室室务会讨论同意，建议提交院审委会讨论。12月21日，该案例经最高人民法院民事专业委员会第365次会议讨论，同意作为指导性案例。2021年2月19日，最高人民法院以法〔2021〕55号文件将本案例列在第27批指导性案例予以发布。

《民事诉讼法》（2017年）第二百二十七条规定案外人提起执行异议之诉的条件是案外人对执行标的提出的异议或者诉讼请求“与原判决、裁定无关”。该规定相对原则和抽象，有关司法解释也没有作出更为具体的规定，司法实践中有关理解尚不完全一致，需要进一步明确“与原判决、裁定无关”的认定标准。本案具体阐明《民事诉讼法》（2017年）第二百二十七条中“与原判决、裁定无关”的认定标准，对于明确案外人、当事人不服执行异议裁定的下一步救济途径究竟是申请再审抑或是提起执行异议之诉，具有指导意义。

二、关于本案例的相关情况

2016年10月29日,吉林省高级人民法院(以下简称吉林高院)就中天建设集团有限公司(以下简称中天公司)诉白山和丰置业有限公司(以下简称和丰公司)建设工程施工合同纠纷一案作出(2016)吉民初19号民事判决:和丰公司支付中天公司工程款4274余元及利息,中天公司可就案涉7栋房产折价、拍卖款优先受偿。该判决生效后,吉林省白山市中级人民法院(以下简称白山中院)于2017年11月10日依中天公司申请作出执行裁定,查封上述部分案涉房产(商铺),王四光向该院提出异议,该院于2017年11月24日作出执行裁定,驳回王四光的异议请求。此后,王四光以其在白山中院查封上述房屋之前已经签订书面买卖合同并占有使用该房屋为由,向该院提起案外人执行异议之诉。

白山中院一审认为王四光与和丰公司在该院查封前已签订合法有效的书面买卖合同,支付全部价款,且合法占有该商铺,其应当依法获得涉案商铺的所有权,王四光未办理过户登记原因是开发单位未办理初始登记,王四光无过错。该院依照《最高人民法院关于人民法院办理执行异议和复议案件若干问题的规定》第二十八条、《最高人民法院关于人民法院民事执行中查封、扣押、冻结财产的规定》第十七条的规定,于2018年4月18日作出(2018)吉06民初12号民事判决:(1)不得执行案涉商铺;(2)驳回王四光其他诉讼请求。

中天公司不服一审判决提出上诉。吉林高院二审认为根据已生效的(2016)吉民初19号民事判决,案涉商铺在中天公司享有建设工程价款优先受偿权的范围内,王四光作为案外人对执行标的物主张排除执行的异议实质上是对上述生效判决的异议,人民法院应当依照审判监督程序办理,而不应按案外人执行异议之诉进行审理。吉林高院遂于2018年9月4日作出(2018)吉民终420号民事裁定:(1)撤销白山中院(2018)吉06民初12号民事判决;(2)驳回王四光的起诉。

王四光对裁定不服,申请再审。最高人民法院再审认为:本案再审审理的重点是王四光提起的执行异议之诉是否属于《民事诉讼法》(2017年)第二百二十七条规定的案外人的执行异议"与原判决、裁定无关"的情形。根据《民事诉讼法》(2017年)第二百二十七条规定的文义,该条法律规定的案外人的执行异议"与原判决、裁定无关"是指案外人提出的执行异议不含有其认为原判决、裁定错误的主张。案外人主张排除建设工程价款优先受偿权的执行与否定建设工程价款优先受偿权权利本身并非同一概念。前者是案外人在承认或至少不否认对方权利的前提下,对两种权利的执行顺位进行比较,主张其根据有关法律和司法解释的规定享有的民事权益可以排除他人建设工程价款优先受偿权的执行;后者是从根本上否定建设工程价款优先受偿权权利本身，主张诉争建设工程价款优先受偿权本身不存在。简言之，当事人主张其权益在特定标的的执行上优于对方的权益，不能等同于否定对方权益的存在；当事人主张其权益会影响生效裁判的执行，也不能等同于其认为生效裁判错误。根据王四光提起案外人执行异议之诉的请求和具体理由，王四光并没有否定原生效判决确认的中天公司所享有的建设工程价款优先受偿权，王四光提起案外执行异议之诉意在请求法院确认其对案涉房屋享有可以排除强制执行的民事权益；如果一、二审法院支持王四光关于执行异议的主张也并不动摇生效判决关于中天公司享有建设工程价款优先受偿权的认定，仅可能影响该生效判决的具体执行。王四光的执行异议并不包含其认为已生效的（2016）吉民初19号民事判决存在错误的主张，属于《民事诉讼法》（2017年）第二百二十七条规定的案外人的执行异议"与原判决、裁定无关"的情形。二审法院认定王四光作为案外人对执行标的物主张排除执行的异议实质上是对上述生效判决的异议，应当依照审判监督程序办理，据此裁定驳回王四光的起诉，适用法律错误。鉴于二审法院对本案未作出实体判决，根据本案具体案情，最高人民法院于2019年3月28日作出（2019）最高法民再39号民事裁定：（1）撤销吉林高院（2018）吉民终420号民事裁定；（2）指令吉林高院对本案进行审理。

三、裁判要点的理解与说明

该指导性案例的裁判要点确认：1.《民事诉讼法》（2017年）第二百二十七条中"与原判决、裁定无关"是指案外人提出的执行异议不含有其认为原判决、裁定错误的主张。2.在建设工程价款强制执行过程中，房屋买受人对强制执行的房屋提起案外人执行异议之诉，请求确认其对案涉房屋享有可以排除强制执行的民事权益，且不否定原生效判决确认的债权人所享有的建设工程价款优先受偿权的，属于《民事诉讼法》（2017年）第二百二十七条规定的"与原判决、裁定无关"的情形，人民法院应予依法受理。

上述两个要点并不难理解，主要可从两个层面来说明：一是从文义解释层面进行基本概念辨识与区分；二是从基本法理层面进行分析论证。单纯从上述"与原判决、裁定无关"的表述看，的确难以把握究竟什么与原判决、裁定的什么内容在什么范围或者程度内无关，但根据该表述所在条款的上下文可大概知其含义，该表述的上文是"案外人、当事人对裁定不服，认为原判决、裁定错误的，依照审判监督程序办理"，通过上下文对比，如果法院作出执行异议裁定后，案外人、当事人对裁定不服，但不认为原判决、裁定错误，对于原判决、裁定就不按审判监督程序处理，而是由当事人、案外人提起执行异议之诉。由此看来，当事人、案外人是否主张原判决、错误,系案件具体按审判监督程序还是按照执行异议之诉程序处理的区分标准。这种在条款文义上的初步理解是否成立或者可行,还可以在法理上进一步探究。对原判决、裁定启动审判监督程序的依据,基本上是原判决、裁定发生错误。如果法院在执行过程中决定对特定标的是否执行,会与生效的原裁判(执行依据)发生冲突,影响执行依据的既判力,则应当启动审判监督程序;如果对特定执行标的是否执行,并不与生效的原裁判发生冲突,则没有对原判决、裁定启动审判监督程序的必要。具体来讲,如果原判决、裁定没有涉及具体执行标的,则对特定标的执行与否一般均不会影响原判决、裁定的既判力,对当事人、案外人就是否执行特定标的的诉求则按执行异议之诉处理;如果原判决、裁定涉及特定执行标的(如判令一方当事人向另一方给付特定标的物),而案外人主张其对该标的享有实体权益,仅仅排除执行而不纠正该执行依据就不足以保护其实体权益,则对该案外人诉求的救济途径是对原判决、裁定启动审判监督程序,而不是按照执行异议之诉程序处理。

接下来的问题,是"原判决、裁定错误"的范围究竟是限于裁判主文,还是包括原裁判所认定的事实和所阐述的裁判理由。这涉及生效裁判的既判力的客观范围问题,法理上普遍认为原则上裁判仅对其主文中的判断产生既判力,而裁判中的事实认定和裁判理由均应排除在既判力的客观范围之外。对于生效裁判所确认的基本事实,当事人可以在另案中提供相反证据予以推翻,没有必要通过启动对生效裁判的审判监督程序解决事实认定问题。生效裁判中的裁判理由原则上对于另案裁判亦没有拘束力,尽管学理上对于缓解裁判理由与裁判既判力之间可能出现的矛盾,提出既判力客观范围扩张说、争点效说、诚信原则约束力说等方案,但在我国民事诉讼法及有关司法解释中尚未具体规定;现行民事诉讼法司法解释基本上确认上述法理中的原则性意见,具体可见于《最高人民法院关于适用〈中华人民共和国民事诉讼法〉的解释》(2015年)第二百九十六条关于"民事诉讼法第五十六条第三款规定的判决、裁定、调解书的部分或者全部内容,是指判决、裁定的主文,调解书中处理当事人民事权利义务的结果"的规定,尽管司法解释没有明确《民事诉讼法》(2017年)第二百二十七条中"原判决、裁定错误"的客观范围,但上述司法解释的精神是可以参照适用的,即可以明确该"原判决、裁定错误"的客观范围原则上限于裁判主文,而不含裁判中的事实认定和裁判理由。

该指导性案例所涉及具体情形是,生效判决确认债权人对特定房产享有建设工程价款优先受偿权(裁判主文表述为债权人可就案涉房产折价、拍卖款优先受偿),而案外人以其在法院查封前合法购买并支付价款为由诉请排除对该房产的执行。问题是该生效判决主文与案外人诉请之间是否存在冲突,即案外人诉请是否含有否定生效判决关于建设工程价款优先受偿权认定的主张，或者说如果法院支持案外人的诉请是否会动摇生效判决的既判力。简要对比分析，应当得出否定意见。首先，生效判决的既判力与执行力，或者说判决的确认与判决的执行，属于两个不同层面的概念。具有给付内容的生效判决具有强制执行的效力，但在不具备强制执行条件情况下就不能得以执行，案外人诉请排除强制执行也未必就影响生效裁判的既判力，案外人的诉请可能是请求在特定条件下排除对特定标的的强制执行，而未必就否定生效判决主文确定的内容。其次，就案外人作为购房者主张排除对案涉房产的强制执行而言，该诉请在性质上属于主张其享有一种优先于建设工程价款优先受偿权等其他权利而更需要特殊保护的权益，案外人享有的该权益可以排除其他权利的执行，但并没有否定建设工程价款优先受偿权等其他权利的存在。对此，该指导性案例的裁判进行了阐述，并作出延伸拓展，指出：当事人主张其权益在特定标的的执行上优于对方的权益，不能等同于否定对方权益的存在；当事人主张其权益会影响生效裁判的执行，也不能等同于其认为生效裁判错误。这就是该指导性案例参照适用的价值所在。

（执笔人：最高人民法院　余晓汉

编审人：最高人民法院案例指导工作办公室　李予霞）

指导案例154号　王四光诉中天建设集团有限公司、白山和丰置业有限公司案外人执行异议之诉案

最高人民法院案例指导工作办公室编审人：李予霞

1. 案例推荐单位：最高人民法院第二巡回法庭
2. 案例编写人：最高人民法院第二巡回法庭　余晓汉
3. 案件裁判法院：最高人民法院（再审）
4. 案件承办人：余晓汉（再审）

相关法条

1.《中华人民共和国民事诉讼法》（2017年7月1日实施）（已被修改）

第二百二十七条　执行过程中，案外人对执行标的提出书面异议的，人民法院应当自收到书面异议之日起十五日内审查，理由成立的，裁定中止对该标的的执行；理由不成立的，裁定驳回。案外人、当事人对裁定不服，认为原判决、裁定错误的，依照审判监督程序办理；与原判决、裁定无关的，可以自裁定送达之日起十五日内向人民法院提起诉讼。

2.《中华人民共和国民事诉讼法》(2022年1月1日实施)

第二百三十四条　执行过程中,案外人对执行标的提出书面异议的,人民法院应当自收到书面异议之日起十五日内审查,理由成立的,裁定中止对该标的的执行;理由不成立的,裁定驳回。案外人、当事人对裁定不服,认为原判决、裁定错误的,依照审判监督程序办理;与原判决、裁定无关的,可以自裁定送达之日起十五日内向人民法院提起诉讼。

中华人民共和国最高人民法院民事裁定书

(2019)最高法民再39号

再审申请人(一审原告、二审被上诉人):王四光,男,1987年8月22日出生,汉族,住吉林省通化市东昌区。

委托诉讼代理人:焦立臣,吉林浩祥律师事务所律师。

被申请人(一审被告、二审上诉人):中天建设集团有限公司。住所地:浙江省东阳市吴宁东路65号。

法定代表人:楼永良,该公司董事长。

委托诉讼代理人:金兆成,北京大成(沈阳)律师事务所律师。

委托诉讼代理人:崔士朋,北京大成(沈阳)律师事务所律师。

一审第三人、二审被上诉人:白山和丰置业有限公司。住所地:吉林省白山市浑江区。

法定代表人:何亮,该公司总经理。

再审申请人王四光因与被申请人中天建设集团有限公司(以下简称中天公司)及一审第三人、二审被上诉人白山和丰置业有限公司(以下简称和丰公司)案外人执行异议之诉一案,不服吉林省高级人民法院(以下简称二审法院)作出的(2018)吉民终420号民事裁定,向本院申请再审。本院于2018年12月14日作出(2018)最高法民申5987号民事裁定,提审本案,并依法组成合议庭进行了审理。

王四光申请再审称:(一)王四光与和丰公司签订的商品房买卖合同系双方真实意思表示,合法有效。王四光已全额支付购房款,和丰公司也认可。(二)王四光已对案涉商铺占有使用,并进行装修。(三)案涉商铺未办理过户登记系因开发商未办理房屋产权初始登记,王四光无过错。王四光对案涉房屋享有合法权益,可以排除中天公司主张的建设工程价款优先受偿权。综上,二审裁定适用法律错误。王四光请求:撤销二审裁定;判令依法停止执行王四光购买的白山市浑江区春江花园B1、B2、B3、B4栋的11××-××号商铺,解除查封;判令一、二审案件受理费由中天公司承担。

吉林省白山市中级人民法院(以下简称一审法院)经审理查明:2013年11月26

日,和丰公司(出卖人)与王四光(买受人)签订商品房买卖合同,约定:出卖人以出让方式取得位于吉林省白山市星泰桥北的土地使用权,出卖人经批准在上述地块上建设商品房春江花园;买受人购买的商品房为预售商品房,预售商品房批准机关为白山市房地产管理局;买受人购买的商品房为B1、B2、B3、B4栋11××-××号房,该商品房的用途为商铺,属框架结构,该商品房建筑面积共5339.04平方米;出卖人与买受人按每平方米7492元计算商品房价款(总金额40000088元);买受人按其他方式按期付款,其他方式为买受人已付清总房款的50%以上计20000088元,剩余房款2000万元10日内通过办理银行按揭贷款的方式付清;出卖人应当在2014年12月31日前按合同约定将商品房交付买受人;商品房预售的,自该合同生效之日起30天内,由出卖人向产权处申请登记备案。该合同附和丰公司房号明细表,合同约定的商铺共计241户5339.04平方米,涉案商铺包含在明细表内。

2014年2月17日,贷款人(抵押权人)招商银行股份有限公司、借款人王四光、抵押人王四光、保证人和丰公司共同签订个人购房借款及担保合同,约定:贷款用途及所购房产为借款人或抵押人从和丰公司处购买春江花园B1、B2、B3、B4栋11××-××号房产建筑面积5339.04平方米,评估值40000088元,借款人向贷款人申请个人购房贷款用于支付购房款,贷款人同意支付此项贷款;贷款金额2000万元;贷款期限为120个月,即从2014年2月17日起至2024年2月17日止;借款人按月结息,按月还本,等额本息的方式归还贷款本息,并委托贷款人从622××××××××44×××账户中扣划贷款本金和利息;保证期间为自该合同签订之日起至借款人持抵押物之房地产权办妥正式抵押登记,房地产证或房地产他项权证交由贷款人保管之日止;抵押人愿意以其从售房人处购买的该合同约定的房产的全部权益抵押给贷款人,作为偿还该合同项下贷款本息及其他一切相关费用的担保。如该合同签订之时抵押房产尚未办妥产权证书的,抵押人应按照贷款人的要求,积极配合贷款人办理预告抵押登记或者楼花抵押登记,抵押房产具备办理正式抵押登记条件起60日内,抵押人必须无条件配合贷款人办妥由预告抵押登记或者楼花抵押登记转为正式抵押登记的手续。

2013年11月26日,和丰公司向王四光出具20000088元购房收据。2013年12月20日,王四光通过中国建设银行股份有限公司白山怡滨支行向和丰公司转账支付400万元。2014年1月21日,王四光通过中国建设银行股份有限公司白山怡滨支行向和丰公司转账支付1744万元。2014年2月25日,招商银行股份有限公司通化分行向王四光发放贷款2000万元,该款转入和丰公司在招商银行股份有限公司通化分行开立的账号为435××××××××09××的账户。

2014年9月10日,王四光(借款人)与中国建设银行股份有限公司吉林省分行

（贷款人）签订个人住房（商业用房）借款合同，约定：王四光为购买春江花园B1、B2、B3、B4号楼09××-××号房产向银行贷款500万元；贷款人将款项一次性划入和丰公司在中国建设银行股份有限公司白山东风桥支行开设的账户。招商银行股份有限公司通化分行向王四光出具还款明细表体现，招商银行股份有限公司通化分行在王四光账号为622××××××××44×××的账户中自2014年4月15日至2018年3月15日累计扣划贷款本金6470119.45元、利息4678103.26元。白山市不动产登记中心出具的不动产保险期权档案查询证明显示：抵押人王四光以不动产权证号为白山房权证白BQ字第2014××××××号，建筑面积5339.04平方米的房产为招商银行股份有限公司通化分行设立预购商品房抵押权预告。2013年8月23日，涉案商铺在产权部门取得商品房预售许可证，并办理了商品房预售许可登记。2018年2月26日，吉林省电力有限公司白山供电公司出具历月电费明细，显示春江花园B1-4号楼门市2017年1月至2018年2月用电情况。

白山市房屋产权管理中心出具的查询证明载明："经查询，白山和丰置业有限公司B-1、2、3、4#楼在2013年8月23日已办理商品房预售许可登记。没有办理房屋产权初始登记，因开发单位未到房屋产权管理中心申请办理。"

2015年8月11日，和丰公司与中天公司签订的《和丰春江花园三期终止扫尾工程施工合同及撤场决算付款协议》中显示"中天公司已向和丰公司主张了建设工程价款优先受偿权"。2016年10月29日，吉林省高级人民法院就中天公司起诉和丰公司建设工程施工合同纠纷一案作出（2016）吉民初19号民事判决：和丰公司支付中天公司工程款42746020元及利息，设备转让款23万元，中天公司可就春江花园B1、B2、B3、B4栋及B区16、17、24栋折价、拍卖款优先受偿。和丰公司不服该判决，于2016年11月17日向最高人民法院上诉。2017年4月7日，和丰公司撤回上诉，最高人民法院于2017年4月13日作出（2017）最高法民终86号民事裁定，准许和丰公司撤回上诉，原判决生效。中天公司向吉林省高级人民法院申请执行上述判决，该院裁定由一审法院执行。2017年11月10日，一审法院依中天公司申请作出（2017）吉06执82号（之五）执行裁定，查封春江花园B1、B2、B3、B4栋的11××-××号商铺。王四光向一审法院提出异议，一审法院于2017年11月24日作出（2017）吉06执异87号执行裁定，驳回王四光的异议请求。

此后，王四光以其在一审法院查封上述房屋之前已经签订书面买卖合同并占有使用该房屋为由，向一审法院提起案外人执行异议之诉，请求法院判令：依法解除查封，停止执行王四光购买的白山市浑江区春江花园B1、B2、B3、B4栋的11××-××号商铺。

一审法院经审理认为：《最高人民法院关于人民法院办理执行异议和复议案件

若干问题的规定》第二十八条规定:"金钱债权执行中,买受人对登记在被执行人名下的不动产提出异议,符合下列情形且其权利能够排除执行的,人民法院应予支持:(一)在人民法院查封之前已签订合法有效的书面买卖合同;(二)在人民法院查封之前已合法占有该不动产;(三)已支付全部价款,或者已按照合同约定支付部分价款且将剩余价款按照人民法院的要求交付执行;(四)非因买受人自身原因未办理过户登记。"《最高人民法院关于人民法院民事执行中查封、扣押、冻结财产的规定》第十七条规定:"被执行人将其所有的需要办理过户登记的财产出卖给第三人,第三人已经支付部分或者全部价款并实际占有该财产,但尚未办理产权过户登记手续的,人民法院可以查封、扣押、冻结;第三人已经支付全部价款并实际占有,但未办理过户登记手续的,如果第三人对此没有过错,人民法院不得查封、扣押、冻结。"虽然中天公司抗辩主张王四光未取得涉案商铺所有权,已生效的法律文书确定其对涉案商铺享有优先受偿的权利,依照《最高人民法院关于建设工程价款优先受偿权问题的批复》第一条的规定,建设工程价款优先受偿权属于法定优先权,中天公司具有涉案房屋折价、拍卖后价款优先受偿的权利。但本案系执行异议之诉,争议焦点是王四光是否享有排除执行的权利,《最高人民法院关于人民法院办理执行异议和复议案件若干问题的规定》第二十八条、《最高人民法院关于人民法院民事执行中查封、扣押、冻结财产的规定》第十七条的规定是在执行程序中对无过错买受人物权期待权的保护。王四光与和丰公司在一审法院查封前已签订合法有效的书面买卖合同,支付全部价款,且合法占有该商铺,其应当依法获得涉案商铺的所有权,王四光未办理过户登记原因是开发单位未办理初始登记,王四光无过错。故中天公司以其对涉案商铺折价、拍卖所得价款享有优先受偿权主张执行,一审法院不予支持。

综上,依照《中华人民共和国民事诉讼法》第六十五条、第二百二十七条,《最高人民法院关于人民法院办理执行异议和复议案件若干问题的规定》第二十八条,《最高人民法院关于人民法院民事执行中查封、扣押、冻结财产的规定》第十七条,《最高人民法院关于审理商品房买卖合同纠纷案件适用法律若干问题的解释》第二条,《最高人民法院关于适用〈中华人民共和国民事诉讼法〉的解释》第九十条、第三百一十二条之规定,一审法院于2018年4月18日作出(2018)吉06民初12号民事判决:(一)不得执行白山市浑江区春江花园B1、B2、B3、B4栋11××-××号商铺;(二)驳回王四光其他诉讼请求。一审案件受理费3142元由中天公司负担。

中天公司不服一审判决提出上诉。

二审法院另查明:作为执行依据的(2016)吉民初19号民事判决(已生效),主文为"一、和丰公司于本判决生效之日向中天公司支付尚欠工程款42746020元及利息。其中9903817元自2015年10月15日起至实际履行之日止，按月1.5%支付逾期付款利息；32842203元自2017年12月31日起至实际履行之日止，按中国人民银行同期同类贷款利率支付利息；二、和丰公司于本判决生效之日向中天公司支付设备转让款、租赁费等费用230000元；三、中天公司可就其承建的春江花园B1、B2、B3、B4栋及B区16、17、24栋折价、拍卖款优先受偿；四、驳回中天公司的其他诉讼请求。”

二审法院经审理认为：《中华人民共和国民事诉讼法》第二百二十七条规定：“执行过程中，案外人对执行标的提出书面异议的，人民法院应当自收到书面异议之日起十五日内审查，理由成立的，裁定中止对该标的的执行，理由不成立的，裁定驳回。案外人、当事人对裁定不服，认为原判决、裁定错误的，依照审判监督程序办理；与原判决、裁定无关的，可以自裁定送达之日起十五日内向人民法院提起诉讼。”根据已生效的(2016)吉民初19号民事判决，案涉商铺在中天公司享有建设工程价款优先受偿权的范围内，王四光作为案外人对执行标的物主张排除执行的异议实质上是对上述生效判决的异议，人民法院应当依照审判监督程序办理，而不应按案外人执行异议之诉进行审理。一审判决适用法律不当，应予纠正。

综上，依照《中华人民共和国民事诉讼法》第一百七十条第一款第(二)项、《最高人民法院关于适用〈中华人民共和国民事诉讼法〉的解释》第三百三十条之规定，二审法院于2018年9月4日作出(2018)吉民终420号民事裁定：(一)撤销吉林省白山市中级人民法院(2018)吉06民初12号民事判决；(二)驳回王四光的起诉。一审案件受理费3142元退还王四光；中天公司预交的二审案件受理费3142元予以退还。

本院再审认为：本案为案外人执行异议之诉。根据王四光在再审中的主张，本案再审审理的重点是王四光提起的执行异议之诉是否属于《中华人民共和国民事诉讼法》第二百二十七条规定的案外人的执行异议“与原判决、裁定无关”的情形。

根据《中华人民共和国民事诉讼法》第二百二十七条规定的文义，该条法律规定的案外人的执行异议“与原判决、裁定无关”是指案外人提出的执行异议不含有其认为原判决、裁定错误的主张，或者人民法院如果支持其执行异议相关主张会动摇原判决、裁定的既判力。案外人主张排除建设工程价款优先受偿权的执行与否定建设工程价款优先受偿权权利本身并非同一概念。前者是案外人在承认或至少不否认对方权利的前提下，对两种权利的执行顺位进行比较，主张其根据有关法律和司法解释的规定享有的民事权益可以排除他人建设工程价款优先受偿权的执行；后者是从根本上否定建设工程价款优先受偿权权利本身，主张诉争建设工程价款优先受偿权本身不存在。简言之，当事人主张其权益在特定标的的执行上优于对方的权益,不能等同于否定对方权益的存在;当事人主张其权益会影响生效裁判的执行,也不能等同于其认为生效裁判错误。根据王四光提起案外人执行异议之诉的请求和具体理由,王四光并没有否定原生效判决确认的中天公司所享有的建设工程价款优先受偿权,王四光提起案外执行异议之诉意在请求法院确认其对案涉房屋享有可以排除强制执行的民事权益;如果一、二审法院支持王四光关于执行异议的主张也并不动摇生效判决关于中天公司享有建设工程价款优先受偿权的认定,仅可能影响该生效判决的具体执行。王四光的执行异议并不包含其认为已生效的(2016)吉民初19号民事判决存在错误的主张,属于《中华人民共和国民事诉讼法》第二百二十七条规定的案外人的执行异议"与原判决、裁定无关"的情形。二审法院认定王四光作为案外人对执行标的物主张排除执行的异议实质上是对上述生效判决的异议,应当依照审判监督程序办理,据此裁定驳回王四光的起诉,适用法律错误,本院予以纠正。鉴于二审法院对本案未作出实体判决,根据本案具体案情,本院裁定撤销二审裁定,指令二审法院继续审理本案。

综上,本院依照《中华人民共和国民事诉讼法》第一百七十条第一款第(二)项和第二百零七条第一款之规定,裁定如下:

一、撤销吉林省高级人民法院(2018)吉民终420号民事裁定;

二、指令吉林省高级人民法院对本案进行审理。

审 判 长 余晓汉
审 判 员 张代恩
审 判 员 仲伟珩
二〇一九年三月二十八日
法官助理 张 娜
书 记 员 隋 欣

指导案例155号《中国建设银行股份有限公司怀化市分行诉中国华融资产管理股份有限公司湖南省分公司等案外人执行异议之诉案》的理解与参照

——房屋买受人仅以其享有优先于房屋抵押权的权利而非以否定原判决确认的抵押权为由提起执行异议之诉,人民法院应当受理

2021年2月19日,最高人民法院发布了第27批指导性案例,共9个案例,包括6个第三人撤销之诉案例和3个案外人执行异议之诉案例。其中,第155号指导性案例为《中国建设银行股份有限公司怀化市分行诉中国华融资产管理股份有限公司湖南省分公司等案外人执行异议之诉案》。为了正确理解和准确参照适用该指导性案例,现对该指导性案例的选编过程、裁判要点、参照适用等有关情况予以解释、论证和说明。

一、案例选编过程

该案例由最高人民法院第一巡回法庭报送。第一巡回法庭审查后认为该案例符合《最高人民法院关于案例指导工作的规定》第二条之规定,在对案例进行编写后,向最高人民法院案例指导工作办公室推荐。2020年11月15日,研究室室务会对该案例进行了讨论。会议同意作为备选指导性案例,同时提出修改裁判要点后征求立案庭、民一庭、民二庭、审监庭、执行局、各巡回法庭的意见。2020年12月21日,该案例经最高人民法院民专会第365次会议讨论,同意作为指导性案例。2021年2月19日,最高人民法院以法〔2021〕55号文件将该案例编入第27批指导性案例予以发布。

二、关于本案例的相关情况

(一)基本情况

中国华融资产管理股份有限公司湖南省分公司(以下简称华融湖南分公司)与怀化英泰建设投资有限公司(以下简称英泰公司)、东星建设工程集团有限公司(以下简称东星公司)、湖南辰溪华中水泥有限公司(以下简称华中水泥公司)、谢某某、陈某某合同纠纷一案,湖南省高级人民法院(以下简称湖南高院)于2014年12月12日作出(2014)湘高法民二初字第32号民事判决(以下简称第32号判决),判决:解除华融湖南分公司与英泰公司签订的债务重组协议,由英泰公司向华融湖南分公司偿还债务9800万元及重组收益、违约金和律师代理费,东星公司、华中水泥公司、谢某某、陈某某承担连带清偿责任。未按期履行清偿义务的,华融湖南分公司有权以英泰公司已办理抵押登记的房产折价或者以拍卖、变卖该抵押房产所得价款优先受偿。双方均未上诉,该判决生效。英泰公司未按期履行第32号判决所确定的清偿义务,华融湖南分公司向湖南高院申请强制执行。湖南高院执行立案后,作出拍卖公告,拟拍卖第32号判决所确定华融湖南分公司享有抵押权的案涉房产。中国建设银行股份有限公司怀化市分行(以下简称建行怀化分行)以其就案涉房产已签订房屋买卖合同且支付购房款为由,向湖南高院提出执行异议。湖南高院于2017年12月12日作出(2017)湘执异75号执行裁定书,驳回建行怀化分行的异议请求。建行怀化分行不服,遂提起案外人执行异议之诉,请求:不得执行案涉房产,确认华融湖南分公司对案涉房产的优先受偿权不得对抗建行怀化分行。

湖南高院于2018年9月10日作出(2018)湘民初10号民事裁定,驳回建行怀化分行的起诉。建行怀化分行不服,向最高人民法院提起上诉。最高人民法院于2019年9月23日作出(2019)最高法民终603号裁定:(1)撤销湖南高院(2018)湘民初10号民事裁定;(2)本案指令湖南高院审理。

(二)法律适用难点

本案法律适用难点在于如何理解《民事诉讼法》(2017年)第二百二十七条中的“与原判决、裁定无关”。《民事诉讼法》(2017年)第二百二十七条规定:“执行过程中,案外人对执行标的提出书面异议的,人民法院应当自收到书面异议之日起十五日内审查,理由成立的,裁定中止对该标的的执行;理由不成立的,裁定驳回。案外人、当事人对裁定不服,认为原判决、裁定错误的,依照审判监督程序办理;与原判决、裁定无关的,可以自裁定送达之日起十五日内向人民法院提起诉讼。”本案中,建行怀化支行在其执行异议被驳回后,起诉请求确认华融湖南分公司对案涉房产的优先受偿权不得对抗其对案涉房产享有的权利,这一诉讼请求是否属于“与原判决、裁定无关”的情形，进而是否符合执行异议之诉的受理条件，是本案审理的重点和难点。

（三）推荐理由

就如何理解《民事诉讼法》（2017 年）第二百二十七条中的“与原判决、裁定无关”，司法实践中存在颇多争议。原判决（执行所依据的生效判决）的主文内容是抵押权人可与抵押人协议以抵押房产折价或者抵押权人对拍卖、变卖抵押房产所得价款享有优先受偿权。在执行抵押房产过程中，案外人以其是抵押房产的买受人为由，依据《民事诉讼法》（2017 年）第二百二十七条就抵押房产提出排除强制执行的执行异议，在执行异议被驳回后，其起诉请求排除对抵押房产的强制执行并确认抵押权人对抵押房产的优先受偿权不得对抗其对抵押房产享有的权利。此情形下，人民法院是应认定案外人的诉讼请求属于“认为原判决、裁定错误”的情形而裁定不予受理或驳回起诉，还是认定属于“与原判决、裁定无关”的情形而依照执行异议之诉进行审理，实践中存在不同观点和做法。本案中，最高人民法院经审查，裁定撤销一审法院驳回起诉的裁定，明确指出此情形下案外人的诉讼请求并未否定抵押权人对抵押房产的抵押权，亦未请求纠正原判决，其诉讼请求实质上仅系请求确定其与抵押权人对抵押房产享有的不同权利之间的顺位问题，属于“与原判决、裁定无关”的情形。因此，本案属于典型的案外人执行异议之诉，应予立案审理。本案确立的裁判规则对今后类似案件的处理具有很强的指导意义。

三、裁判要点的理解与说明

该指导性案例的裁判要点为：在抵押权强制执行中，案外人以其在抵押登记之前购买了抵押房产，享有优先于抵押权的权利为由提起执行异议之诉，主张依据《最高人民法院关于人民法院办理执行异议和复议案件若干问题的规定》排除强制执行，但不否认抵押权人对抵押房产的优先受偿权的，属于《民事诉讼法》（2017 年）第二百二十七条规定的“与原判决、裁定无关”的情形，人民法院应予依法受理。现围绕与该裁判要点相关的问题逐一解释和说明如下：

1. 案外人可依据《民事诉讼法》（2017 年）第二百二十七条对执行标的提出书面异议。人民法院在执行中，通常会依据“形式审查原则”对登记在被执行人名下的不动产、特殊动产或由被执行人实际占有的动产采取查封、扣押、拍卖等强制执行措施，案外人如认为人民法院的强制执行措施侵害了其对被执行财产享有的合法权益，有权依据《民事诉讼法》（2017 年）第二百二十七条“执行过程中，案外人对执行标的提出书面异议的，人民法院应当自收到书面异议之日起十五日内审查，理由成立的，裁定中止对该标的的执行；理由不成立的，裁定驳回”之规定，向执行法院提出书面执行异议,请求排除对执行标的的强制执行。

2. 案外人对执行异议裁定不服,根据不同情形,可申请启动审判监督程序或提起执行异议之诉。人民法院对执行标的采取的强制执行措施,会对执行标的的物权产生重大影响,因此,在案外人的执行异议请求被驳回的情形下,有必要赋予案外人进一步地采取救济措施的权利。依据《民事诉讼法》(2017年)第二百二十七条规定,案外人认为原判决、裁定错误的,依照审判监督程序办理;与原判决、裁定无关的,可以自裁定送达之日起十五日内向人民法院提起诉讼。《最高人民法院关于适用〈中华人民共和国民事诉讼法〉的解释》(2015年)第四百二十三条进一步对案外人启动审判监督程序作出了明确规定:“根据民事诉讼法第二百二十七条规定,案外人对驳回其执行异议的裁定不服,认为原判决、裁定、调解书内容错误损害其民事权益的,可以自执行异议裁定送达之日起六个月内,向作出原判决、裁定、调解书的人民法院申请再审。”因此,案外人对执行异议裁定不服的,“案外人认为原判决、裁定错误的”可在执行异议裁定送达之日起六个月内申请再审,“与原判决、裁定无关的”可在执行异议裁定送达之日起十五日内提起诉讼。

3. “与原判决、裁定无关”是指“诉讼请求”与原判决、裁定无关。案外人执行异议之诉针对的是执行行为,其核心在于以案外人是否对执行标的享有足以阻却执行的正当权利为前提,就应当继续还是停止执行程序作出评价和判断,而非否定原判决、裁定的实体内容。就如何理解《民事诉讼法》(2017年)第二百二十七条中的“与原判决、裁定无关”,《最高人民法院关于适用〈中华人民共和国民事诉讼法〉的解释》(2015年)第三百零五条作了进一步规定,“案外人提起执行异议之诉,除符合民事诉讼法第一百一十九条规定外,还应当具备下列条件……(二)有明确的排除对执行标的执行的诉讼请求,且诉讼请求与原判决、裁定无关……”因此,人民法院判断“与原判决、裁定是否有关”,应重点审查案外人的诉讼请求,如果其诉讼请求旨在否定原判决、裁定,则属于“认为原判决、裁定错误”的情形,应依照审判监督程序处理;如果其诉讼请求并未否定原判决、裁定,则属于“与原判决、裁定无关”的情形,应按照执行异议之诉进行审理。具体到本案中,建行怀化分行的诉讼请求并未主张第32号判决存在错误,而是在未否定第32号判决确定的华融湖南分公司对案涉房产的抵押权的前提下,仅请求确认该等抵押权不得对抗建行怀化分行因在抵押之前已签订购房合同、支付购房款并占有案涉房产而对案涉房产享有的权利。因此,建行怀化分行的诉讼请求的实质是解决其基于房屋买卖关系对案涉房产享有的权利与华融湖南分公司对案涉房产的抵押权之间的权利顺位问题,属于“与原判决、裁定无关”的情形,是执行异议之诉的审理范畴,应予立案审理。

四、参照适用时应注意的问题

本案在参照适用时应注意以下问题：

1. 本案原判决的主文是判决英泰公司向华融湖南分公司偿还债务，华融湖南分公司有权对案涉抵押房产折价或者拍卖、变卖所得价款优先受偿。建行怀化分行以其是案涉房产的买受人提出执行异议，并未否定案涉房产的抵押权，因此，本案属于“与原判决、裁定无关”的情形。如果原判决是确定案涉房产所有权的确权判决，则建行怀化分行的诉讼请求明显意在否定或者推翻原判决，属于“认为原判决、裁定错误”的情形，其应就原判决申请再审启动审判监督程序，而不能提起执行异议之诉。

2. 本案案外人未对案涉房产的抵押权提出异议。建行怀化分行的诉讼请求是请求排除对案涉房产的强制执行同时确认案涉房产的抵押权不得对抗其对案涉房产享有的权利，如果建行怀化分行直接提出案涉房产抵押权不成立或者无效等直接否定案涉房产抵押权的诉讼请求，则该等诉讼请求旨在否定原判决的正确性，此情形属于“认为原判决、裁定错误”的情形，其亦不能提起执行异议之诉，同样应就原判决申请再审启动审判监督程序。

（执笔人：最高人民法院　高燕竹
宁波海事法院　王智锋
编审人：最高人民法院案例指导工作办公室　李予霞）

指导案例 155 号　中国建设银行股份有限公司怀化市分行诉中国华融资产管理股份有限公司湖南省分公司等案外人执行异议之诉案

最高人民法院案例指导工作办公室编审人：李予霞

1. 案例推荐单位：最高人民法院第一巡回法庭
2. 案例编写人：最高人民法院第一巡回法庭　高燕竹
3. 案件裁判法院：最高人民法院（二审）
4. 案件承办人：高燕竹（二审）

相关法条

1.《中华人民共和国民事诉讼法》（2017 年 7 月 1 日实施）（已被修改）

第二百二十七条　执行过程中，案外人对执行标的提出书面异议的，人民法院应当自收到书面异议之日起十五日内审查，理由成立的，裁定中止对该标的的执行；理由不成立的，裁定驳回。案外人、当事人对裁定不服,认为原判决、裁定错误的,依照审判监督程序办理;与原判决、裁定无关的,可以自裁定送达之日起十五日内向人民法院提起诉讼。

2.《中华人民共和国民事诉讼法》(2022年1月1日实施)

第二百三十四条　执行过程中,案外人对执行标的提出书面异议的,人民法院应当自收到书面异议之日起十五日内审查,理由成立的,裁定中止对该标的的执行;理由不成立的,裁定驳回。案外人、当事人对裁定不服,认为原判决、裁定错误的,依照审判监督程序办理;与原判决、裁定无关的,可以自裁定送达之日起十五日内向人民法院提起诉讼。

3.《最高人民法院关于适用〈中华人民共和国民事诉讼法〉的解释》(2015年2月4日实施)(已被修改)

第三百零五条　案外人提起执行异议之诉,除符合民事诉讼法第一百一十九条规定外,还应当具备下列条件:

(一)案外人的执行异议申请已经被人民法院裁定驳回;

(二)有明确的排除对执行标的执行的诉讼请求,且诉讼请求与原判决、裁定无关;

(三)自执行异议裁定送达之日起十五日内提起。

人民法院应当在收到起诉状之日起十五日内决定是否立案。

中华人民共和国最高人民法院民事裁定书

(2019)最高法民终603号

上诉人(一审原告):中国建设银行股份有限公司怀化市分行。住所地:湖南省怀化市鹤城区迎丰中路380号。

负责人:王中魁,该分行行长。

委托诉讼代理人:蒋铁华,男,该分行员工。

委托诉讼代理人:雷少华,湖南融邦律师事务所律师。

被上诉人(一审被告):中国华融资产管理股份有限公司湖南省分公司。住所地:湖南省长沙市开福区五一大道976号。

法定代表人:柳庆红,该公司副总经理。

委托诉讼代理人:姚纪言,北京中银(长沙)律师事务所律师。

委托诉讼代理人:邹佳君,北京中银(长沙)律师事务所律师。

一审第三人:怀化英泰建设投资有限公司。住所地:湖南省怀化市鹤城区鹤州北路火车站广场。

法定代表人:谢永健,该公司董事长。

破产管理人:湖南通程律师事务所。

委托诉讼代理人:刘涛,湖南通程律师事务所律师。

一审第三人:东星建设工程集团有限公司。住所地:湖南省怀化市顺天北路。

法定代表人:谢永健,该公司董事长。

破产管理人:湖南通程律师事务所。

委托诉讼代理人:刘涛,湖南通程律师事务所律师。

一审第三人:湖南辰溪华中水泥有限公司。住所地:湖南省辰溪县火马冲工业园。

法定代表人:谢永健,该公司董事长。

破产管理人:湖南通程律师事务所。

委托诉讼代理人:刘涛,湖南通程律师事务所律师。

一审第三人:谢永健,男,1964年11月16日出生,汉族。

一审第三人:陈桃芳,女,1968年4月5日出生,汉族。

上诉人中国建设银行股份有限公司怀化市分行(以下简称建行怀化分行)因与被上诉人中国华融资产管理股份有限公司湖南省分公司(以下简称华融湖南分公司)及一审第三人怀化英泰建设投资有限公司(以下简称英泰公司)、东星建设工程集团有限公司(以下简称东星公司)、湖南辰溪华中水泥有限公司(以下简称华中水泥公司)、谢永健、陈桃芳案外人执行异议之诉一案,不服湖南省高级人民法院(2018)湘民初10号民事裁定,向本院提起上诉。本院依法组成合议庭对本案进行了审理。

建行怀化分行上诉请求:撤销一审裁定,指令湖南省高级人民法院审理本案。事实和理由:本案系建行怀化分行因对执行标的享有的物权期待权与华融湖南分公司对执行标的享有的抵押权产生争议,属于执行异议之诉的审查范围,一审法院裁定驳回建行怀化分行的起诉错误,应予纠正。(一)依据《最高人民法院关于人民法院办理执行异议和复议案件若干问题的规定》第二十七条至第三十条规定,即使申请执行人对执行标的享有担保物权,案外人仍然依法有权对执行标的提出异议,并在符合法律规定的条件时排除申请执行人对执行标的的强制执行。(二)建行怀化分行提起的本案执行异议之诉,实质上是其对执行标的享有的物权期待权与华融湖南分公司对执行标的依原判决确认的抵押权产生冲突时的权利优先保护问题。一审裁定认为建行怀化分行的诉讼请求实质上是对原判决作为执行依据的合法性和正当性的否定,明显错误。(三)建行怀化分行的起诉符合《中华人民共和国民事诉讼法》(以下简称《民事诉讼法》)第二百二十七条规定的起诉条件和《最高人民法院关于适用〈中华人民共和国民事诉讼法〉的解释》(以下简称《民事诉讼法解释》)第三百零五条规定的三项条件。建行怀化分行提出的执行异议已被湖南省高级人民法院(2017)湘执异75号执行裁定书驳回,其有权选择针对原判决提起执行异议之诉,其提出的"不得执行诉争执行标的、确认华融湖南分公司对诉争执行标的的优先受偿权不得对抗建行怀化分行"诉讼请求,并未否定原判决。一审裁定认为建行怀化分行的起诉不符合《民事诉讼法解释》第三百零五条第一款第(二)项"有明确的排除对执行标的执行的诉讼请求,且诉讼请求与原判决、裁定无关"规定,明显有误。

华融湖南分公司辩称,一审裁定认定事实清楚,适用法律正确,建行怀化分行的上诉请求无法律依据。英泰公司、东星公司、华中水泥公司目前已进入破产重整程序,湖南省怀化市中级人民法院在2018年11月16日作出(2018)湘12执204号之一执行裁定,裁定中止(2014)湘高法民二初字第32号民事判决(以下简称第32号判决)第一、二、三、四、五项判决的执行。建行怀化分行排除对案涉房产强制执行的请求已丧失前提条件,应通过破产重整程序解决。事实上,建行怀化分行已在债权申报期间向破产管理人申报了债权。综上,请求本院驳回建行怀化分行的上诉请求。

英泰公司、东星公司、华中水泥公司述称,对一审裁定无异议,如建行怀化分行的权利属于《最高人民法院关于建设工程价款优先受偿权问题的批复》中消费者购房所享有的物权期待权,应考虑其优先性。

建行怀化分行向一审法院起诉请求:1. 不得执行湖南省怀化市鹤城区迎丰西路英泰国际二期2栋1－16号房产;2. 确认华融湖南分公司对湖南省怀化市鹤城区迎丰西路英泰国际二期2栋1－16号房产的优先受偿权不得对抗建行怀化分行。事实和理由:建行怀化分行签订案涉房产商品房买卖合同及支付98%购房款的时间在华融湖南分公司办理抵押时间之前,并在办理抵押之前已实际占有并持续使用至今,根据《最高人民法院关于人民法院民事执行中查封、扣押、冻结财产的规定》第十七条规定,建行怀化分行对案涉商品房的交付请求权优先于华融湖南分公司的优先受偿权。

一审法院认定事实:华融湖南分公司与英泰公司、东星公司、华中水泥公司、谢永健、陈桃芳合同纠纷一案,湖南省高级人民法院于2014年12月12日作出第32号判决,判决解除华融湖南分公司与英泰公司签订的债务重组协议,由英泰公司向华融湖南分公司偿还债务9800万元及重组收益、违约金和律师代理费695431元,东星公司、华中水泥公司、谢永健、陈桃芳承担连带清偿责任。未按期履行清偿义务的,华融湖南分公司有权以英泰公司已办理抵押登记的房产3194.53平方米、2709.09平方米及相应土地使用权(房屋他项权证编号:怀房鹤他字第××号、怀房建鹤城字第××号)作为抵押物折价或者以拍卖、变卖该抵押物所得价款优先受偿。双方均未上诉,该判决生效。英泰公司未按期履行第32号判决所确定的清偿义务,华融湖南分公司向湖南省高级人民法院申请强制执行。湖南省高级人民法院执行立案后,于2017年8月21日作出(2015)湘高法执字第22号拍卖公告,拟拍卖第32号判决所确定华融湖南分公司享有优先受偿权的包括案涉房产在内的英泰国际的多项房产,建行怀化分行不服,向湖南省高级人民法院提出执行异议,该院于2017年12月12日作出(2017)湘执异75号执行裁定书,裁定驳回建行怀化分行的异议请求。建行怀化分行遂提起本案诉讼。

一审法院认为,本案中当事人所争议的案涉房产系由人民法院作出的生效判决所直接确定执行的标的物,现建行怀化分行认为,其对该房产所享有的权利可以阻却执行,即该种权利效力可排除第32号判决所确定的华融湖南分公司对该房产所享有的优先受偿权。建行怀化分行的该异议内容,与第32号判决确定的权利义务关系的客体具有同一性，本质上是对原生效判决作为执行依据的合法性和正当性的否定，属于《民事诉讼法》第五十六条第三款“发生法律效力的判决、裁定、调解书的部分或者全部内容错误，损害其民事权益的”和第二百二十七条所规定的“认为原判决、裁定错误”情形，建行怀化分行提起案外人执行异议之诉不符合《民事诉讼法解释》第三百零五条第一款第(二)项“有明确的排除对执行标的执行的诉讼请求，且诉讼请求与原判决、裁定无关”之规定，其可通过其他途径寻求救济。综上所述，依照《民事诉讼法》第五十六条第三款、第一百五十四条第一款第(三)项、第二百二十七条、《民事诉讼法解释》第三百零五条第一款第(二)项之规定，裁定如下：驳回建行怀化分行的起诉。

华融湖南分公司提交了湖南省怀化市中级人民法院(2018)湘12执204号之一执行裁定书作为二审新证据，以证明湖南省怀化市中级人民法院于2018年11月16日已裁定中止第32号判决第一、二、三、四、五项的执行，建行怀化分行的上诉已丧失前提条件。

建行怀化分行质证认为，对该证据的真实性无异议，但对证明目的有异议。破产重整存在失败的可能，中止执行事由消失时应当恢复执行，该裁定并不代表诉争执行标的已停止执行。本案要解决的是建行怀化分行与华融湖南分公司对诉争执行标的的权利优先保护问题，并非形式意义上的中止执行问题。英泰公司、东星公司、华中水泥公司对该证据予以认可。本院经审查认为，该证据是湖南省怀化市中级人民法院作出的执行裁定书，有原件核对，对其真实性本院予以认定。

本院认为，本案二审争议焦点为一审法院是否应当受理建行怀化分行提起的执行异议之诉。

《民事诉讼法》第二百二十七条规定：“执行过程中，案外人对执行标的提出书面异议的，人民法院应当自收到书面异议之日起十五日内审查，理由成立的，裁定中止对该标的的执行；理由不成立的，裁定驳回。案外人、当事人对裁定不服，认为原判决、裁定错误的，依照审判监督程序办理；与原判决、裁定无关的，可以自裁定送达之日起十五日内向人民法院提起诉讼。”《民事诉讼法解释》第三百零五条进一步规定，“案外人提起执行异议之诉，除符合民事诉讼法第一百一十九条规定外，还应当具备下列条件：(一)案外人的执行异议申请已经被人民法院裁定驳回；(二)有明确的排除对执行标的执行的诉讼请求，且诉讼请求与原判决、裁定无关；(三)自执行异议裁定送达之日起十五日内提起。人民法院应当在收到起诉状之日起十五日内决定是否立案”。

本院认为，《民事诉讼法解释》第三百零五条明确，案外人提起执行异议之诉，应当符合“诉讼请求与原判决、裁定无关”这一条件。因此，《民事诉讼法》第二百二十七条规定的“与原判决、裁定无关”应为“诉讼请求”与原判决、裁定无关。华融湖南分公司申请强制执行所依据的原判决即第32号判决的主文内容是判决英泰公司向华融湖南分公司偿还债务9800万元及重组收益、违约金和律师代理费695431元，华融湖南分公司有权以案涉房产作为抵押物折价或者以拍卖、变卖该抵押物所得价款优先受偿。本案中，建行怀化分行一审诉讼请求是排除对案涉房产的强制执行，确认华融湖南公司对案涉房产的优先受偿权不得对抗建行怀化分行。起诉理由是以其签订购房合同、支付购房款及占有案涉房产在办理抵押之前为由，主张排除对案涉房产的强制执行。建行怀化分行在本案中并未否定华融湖南分公司所享有的抵押权，也未请求纠正第32号判决，实际上其诉请解决的是其主张基于房屋买卖享有的权益与华融湖南分公司所享有的抵押权之间的权利顺位问题，属于“与原判决、裁定无关”的情形，是执行异议之诉案件审理的内容，应予立案审理。一审法院裁定驳回起诉不当，本院予以纠正。

依照《中华人民共和国民事诉讼法》第一百七十一条、《最高人民法院关于适用〈中华人民共和国民事诉讼法〉的解释》第三百三十二条规定，裁定如下：

一、撤销湖南省高级人民法院(2018)湘民初10号民事裁定；

二、本案指令湖南省高级人民法院审理。

本裁定为终审裁定。

审　判　长　高燕竹
审　判　员　奚向阳
审　判　员　杨　蕾
二〇一九年九月二十三日
法官助理　王智锋
书　记　员　黄慧航

指导案例156号《王岩岩诉徐意君、北京市金陛房地产发展有限责任公司案外人执行异议之诉案》的理解与参照

——《最高人民法院关于人民法院办理执行异议和复议案件若干问题的规定》第二十八条、第二十九条的选择适用关系

2021年2月19日,最高人民法院发布了第27批指导性案例,共9个案例,包括6个第三人撤销之诉案例和3个案外人执行异议之诉案例。这批指导性案例总结了审判实践中某些普遍的疑难复杂法律适用问题,有利于进一步明确裁判规则,统一裁判标准。其中,第156号指导性案例为《王岩岩诉徐意君、北京市金陛房地产发展有限责任公司案外人执行异议之诉案》。为了正确理解和准确参照适用该指导性案例,现对该指导性案例的选编过程、裁判要点、参照适用等有关情况予以解释、论证和说明。

一、案例选编过程

2016年4月29日,最高人民法院对再审申请人王岩岩诉徐意君、北京市金陛房地产发展有限责任公司案外人执行异议之诉案裁定指令北京高院审理。该案对于指导类似案件审判,增强全民法治观念,推进法治社会建设均具有积极而深远的影响,受到国内外舆论的广泛赞誉,取得了良好的法律效果和社会效果。鉴于本案对于相关法律适用问题具有重要指导价值,民二庭将本案作为指导性案例进行推荐。2020年11月15日,研究室室务会讨论同意,建议提交审委会讨论。12月21日,该案例经最高人民法院民专会第365次会议讨论,同意作为指导性案例。2021年2月19日,最高人民法院以法〔2021〕55号文件将该案例编入第27批指导性案例予以发布。

二、关于本案例的相关情况

2007年,徐意君因商品房委托代理销售合同纠纷一案起诉北京市金陛房地产

发展有限责任公司(以下简称金陛公司),经审理于2008年12月作出(2007)二中民初第00127号生效民事判决,解除徐意君与金陛公司所签协议书,金陛公司返还徐意君预付款、资金占用费、违约金、利息等。后因金陛公司未主动履行判决,徐意君于2009年向法院申请强制执行。执行程序中,北京市第二中级人民法院(以下简称北京二中院)于2012年8月31日查封了涉案房屋。

涉案房屋被查封后,王岩岩于2007年8月8日即与金陛公司签订合法有效商品房买卖合同,于2007年8月28日支付了全部购房款1450790元,已合法占有房屋且非因自己原因未办理过户手续等理由向北京二中院提出执行异议,请求依法中止对该房屋的执行。北京二中院驳回了王岩岩的异议请求。王岩岩不服该裁定,向北京二中院提起案外人执行异议之诉。本案的争议焦点为王岩岩对涉案房屋享有的权利能否排除强制执行的问题。北京二中院审理后认为,王岩岩购买涉案房屋的事实真实存在,符合《最高人民法院关于人民法院办理执行异议和复议案件若干问题的规定》(以下简称《异议复议规定》)第二十八条之情形,应予支持。故北京二中院于2015年6月19日作出(2015)二中民初字第00461号判决:停止对北京市朝阳区儒林苑×楼×单元×房屋的执行程序。徐意君不服一审判决,向北京市高级人民法院(以下简称北京高院)提起上诉。北京高院审理后认为,王岩岩实际权利人身份存在疑点,现有证据难以确定其符合《异议复议规定》第二十九条关于排除执行的条件,其执行异议理由难以支持。故北京高院于2015年12月30日作出(2015)高民终字第3762号民事判决,判令撤销(2015)二中民初字第00461号民事判决,驳回王岩岩之诉讼请求。王岩岩不服二审判决,向最高人民法院申请再审称,二审判决适用法律错误。王岩岩仅需符合《异议复议规定》第二十八条或第二十九条两条中任一条的规定,法院即应支持其执行异议。王岩岩完全符合第二十八条规定情形,但二审判决认为王岩岩不符合第二十九条规定情形,却没有适用第二十八条,存在法律适用错误。最高人民法院于2016年4月29日作出(2016)最高法民申254号裁定,指令北京高院再审本案。

最高人民法院审理认为,《异议复议规定》第二十八条适用于金钱债权执行中,买受人对登记在被执行人名下的不动产提出异议的情形。第二十九条则适用于金钱债权执行中,买受人对登记在被执行的房地产开发企业名下的商品房提出异议的情形。上述两条文虽然适用于不同的情形,但是如果被执行人为房地产开发企业,且被执行的不动产为登记于其名下的商品房,同时符合了“登记在被执行人名下的不动产”与“登记在被执行的房地产开发企业名下的商品房”两种情形,则《异议复议规定》第二十八条与第二十九条适用上产生竞合。案外人对登记在被执行的房地产开发企业名下的商品房请求排除强制执行的,可以选择适用第二十八条或者第二十九条规定;案外人主张适用第二十八条规定的,人民法院应予审查。本案一审判决经审理认为王岩岩符合《异议复议规定》第二十八条规定的情形,具有能够排除执行的权利,而二审判决则认为现有证据难以确定王岩岩符合《异议复议规定》第二十九条的规定,没有审查其是否符合《异议复议规定》第二十八条规定的情形,就直接驳回了王岩岩的诉讼请求,适用法律确有错误。

关于王岩岩是否支付了购房款的问题。王岩岩主张其已经支付了全部购房款,并提交了金陛公司开具的付款收据、商品房买卖合同、证人证言及部分取款记录等予以佐证,金陛公司对王岩岩付款之事予以认可。上述证据是否足以证明王岩岩已经支付了购房款,应当在再审审理过程中,根据审理情况查明相关事实后予以认定。

本案最主要贡献是阐明了《异议复议规定》第二十八条与第二十九条之间的关系问题。上述两条虽各有适用的前提条件,但第二十八条指向的标的物是"登记在被执行人名下的不动产",第二十九条指向的标的物是"登记在被执行的房地产开发企业名下的商品房"。如果在金钱债权执行中,被执行人为房地产开发企业,且被执行的不动产为登记于其名下的商品房,则同时符合了上述两条的指向。在该种情形下,第二十八条与第二十九条之间是选择适用关系,还是只能适用第二十九条排除强制执行?关于这一问题,中基层法院在选择适用上存在疑虑,有的虽然能选择正确,但裁判说理方面仍然不充分,确有发布指导性案例的必要。本案厘清了《异议复议规定》第二十八条与第二十九条规定之间的关系,明确了金钱债权执行中,案外人对登记在被执行的房地产开发企业名下的商品房提起的异议之诉中,上述两条可以选择适用,即使案外人不符合第二十九条规定的条件,也可以适用第二十八条规定排除对标的物的执行。本案对于正确适用相关法律规定,处理同类案件,具有指导意义。

三、裁判要点的理解与说明

该指导性案例的裁判要点是:《异议复议规定》第二十八条规定了不动产买受人排除金钱债权执行的权利,第二十九条规定了消费者购房人排除金钱债权执行的权利。案外人对登记在被执行的房地产开发企业名下的商品房请求排除强制执行的,可以选择适用第二十八条或者第二十九条规定;案外人主张适用第二十八条规定的,人民法院应予审查。现围绕与该裁判要点相关的问题逐一解释和说明如下:

(一)《异议复议规定》第二十八条与第二十九条的异同

我国采取不动产物权转移登记生效原则,而基于我国房地产交易现状,部分不动产买受人签订买卖合同甚至支付价款后，出于各种原因往往不能即时进行登记，买受人取得法律意义上的所有权总会滞后于债权合意。此时，买卖的不动产在法律上属于出卖人所有，买受人仅享有不动产登记请求权或交付请求权。此时，如果仅仅将买受人当作普通的债权人，基于债权平等性，买受人对于不动产的登记或者交付请求权并不具有排除出卖人其他债权人就所买卖不动产提出的受偿要求，将面临其他金钱债权人请求就买卖不动产另行变价的风险。不动产为人民群众基本生活资料，有必要对不动产买受人予以优先保护。故此，在此前司法解释基础上，有了《异议复议规定》第二十八条。该条规定："金钱债权执行中，买受人对登记在被执行人名下的不动产提出异议，符合下列情形且其权利能够排除执行的，人民法院应予支持：（一）在人民法院查封之前已签订合法有效的书面买卖合同；（二）在人民法院查封之前已合法占有该不动产；（三）已支付全部价款，或者已按照合同约定支付部分价款且将剩余价款按照人民法院的要求交付执行；（四）非因买受人自身原因未办理过户登记。"符合上述保护条件的买受人，其对于所指向标的的房屋所享有的权益，赋予其能够排除出卖人其他金钱债权人请求变价房屋进行受偿的优先权。

在房价居高的当下，许多家庭穷尽三代人努力，购买一套居住用房，因此在不动产的买受人中，对唯一住房消费者的保护具有更加深刻的社会基础。故此有了《异议复议规定》第二十九条规定。该条规定："金钱债权执行中，买受人对登记在被执行的房地产开发企业名下的商品房提出异议，符合下列情形且其权利能够排除执行的，人民法院应予支持：（一）在人民法院查封之前已签订合法有效的书面买卖合同；（二）所购商品房系用于居住且买受人名下无其他用于居住的房屋；（三）已支付的价款超过合同约定总价款的百分之五十。"

综观第二十八条与第二十九条，该两条的相同点为：申请执行的债权都是金钱债权。均要求在人民法院查封之前已经签订合法有效的书面买卖合同。其不同点在于：首先，第二十九条指向的标的物必须是房地产经营者所开发的商品房。第二十八条指向的标的物则是登记在被执行人名下的不动产。从范围上看，第二十八条标的物范围上涵盖了第二十九条指向的标的物。其次，对于消费者保护的标准，不要求主观上无过错，不要求支付全部价款或者按照合同要求支付价款，只要求其实际交付50%以上的购房款即可，更不要求占有房屋。对普通不动产买受人的保护，则要求其在人民法院查封之前已合法占有该不动产，已支付全部价款，或者已按照合同约定支付部分价款，而且要求未办理过户登记非因买受人自身原因。从这一点来看，对消费者保护要求的条件总体上比较宽松。但是，其要求保护的对象必须是消费者，要求所购商品房系用于居住且买受人名下无其他用于居住的房屋。

从这一点来看,第二十九条的要求又比第二十八条的要求更加严苛。

分析下来,有的买受人可能符合第二十八条的保护条件而不符合第二十九条的保护条件;有的买受人则相反,符合第二十九条的保护条件而不符合第二十八条的保护条件。当然,还有的买受人可能同时符合第二十八条与第二十九条两条的保护条件。

(二)关于《异议复议规定》第二十八条与第二十九条的关系问题

如上文所述,《异议复议规定》第二十八条指向标的物为登记在被执行人名下的不动产,而第二十九条指向标的物为登记在被执行的房地产开发企业名下的商品房。上述两条文虽然适用于不同的情形,但是如同本案例所述情形,如果被执行人为房地产企业,且被执行的不动产为登记于其名下的商品房,则同时符合了"登记在被执行人名下的不动产"与"登记在被执行的房地产开发企业名下的商品房"两种情形。此时,《异议复议规定》第二十八条与第二十九条适用上产生竞合,两者并非非此即彼,互相排斥。

本案一审判决经审查认为王岩岩符合《异议复议规定》第二十八条规定的情形,具有能够排除执行的权利,而二审判决则认为现有证据难以确定王岩岩符合《异议复议规定》第二十九条的规定,没有审查其是否符合《异议复议规定》第二十八条规定的情形,就直接驳回了王岩岩的诉讼请求,确实存在适用法律上的错误。王岩岩关于二审判决适用法律错误的申请事由具有事实与法律依据,应予支持。

当然,从实体权利角度分析,二审判决认定现有证据不能证明王岩岩已经支付了购房款,而第二十八条与第二十九条同样有付款的要求,甚至第二十八条对于付款要求更高。因此,虽然二审判决没有考察是否符合第二十八条规定情况,但就目前认定来说,也可以推测出其认为王岩岩肯定不符合第二十八条保护要求。但鉴于二审判决对第二十八条与第二十九条关系认识的错误需要再审。

综上,本案例阐明了第二十八条与第二十九条的关系问题。金钱债权执行中,被执行人为房地产开发企业,且被执行的不动产为登记于其名下的商品房,同时符合了"登记在被执行人名下的不动产"与"登记在被执行的房地产开发企业名下的商品房"两种情形下,产生《异议复议规定》第二十八条与第二十九条适用上的竞合。人民法院不能因为被执行人是房地产开发企业,就当然适用《异议复议规定》第二十九条,而排斥适用《异议复议规定》第二十八条。案外人对标的物的权益不符合《异议复议规定》第二十九条规定的保护条件,但符合第二十八条规定条件,案外人主张适用第二十八条排除强制执行的,人民法院应予支持。

四、参照适用时应注意的问题

司法实践中,针对本案例还应当思考以下两个问题。

(一)关于案外人异议之诉审查范围的问题

案外人异议审查的主要目的,在于对案外人的实体权利异议成立与否迅速作出判决。由于仅有十五日的审查期间,客观上只能过滤掉一些明显成立或不成立的案外人异议,而将实质审查的任务交给执行异议之诉承担。而且案外人异议审查的结论并非终局结论,无论何种结果,当事人或案外人不服的,皆可通过诉讼程序寻求救济。换言之,程序设计的最终落脚点在于执行异议之诉应当承担起最终查明真相、解决纠纷的程序职能。

《异议复议规定》第二十八条、第二十九条、第三十条总体来看,并非确认权属的规则,而是对物权期待权的保护。我国不动产物权变动实行登记生效原则,在物权变动过程中,尚且登记在作为出卖人的被执行人名下的不动产从法律上讲,是被执行人的责任财产,然而,如果案外人有正当理由相信自己能够获得该不动产且已经付出了相当的代价,其就对该不动产权属就产生合理信赖,在商事交易中,该信赖应当受到法律的保护,即买受人的物权期待权,有别于一般的债权。我国自《物权法》(已失效)就确认经过预告登记的权利人的物权期待权能够对抗物权。该法第二十条第一款规定:"当事人签订买卖房屋或者其他不动产物权的协议,为保障将来实现物权,按照约定可以向登记机构申请预告登记。预告登记后,未经预告登记的权利人同意,处分该不动产的,不发生物权效力。"《异议复议规定》第三十条从另一角度又确认了这一点。《最高人民法院关于审理涉及国有土地使用权合同纠纷案件适用法律问题的解释》(2005 年)第十条第一款规定:"土地使用权人作为转让方就同一出让土地使用权订立数个转让合同,在转让合同有效的情况下,受让方均要求履行合同的,按照以下情形分别处理:(一)已经办理土地使用权变更登记手续的受让方,请求转让方履行交付土地等合同义务的,应予支持;(二)均未办理土地使用权变更登记手续,已先行合法占有投资开发土地的受让方请求转让方履行土地使用权变更登记等合同义务的,应予支持;(三)均未办理土地使用权变更登记手续,又未合法占有投资开发土地,先行支付土地转让款的受让方请求转让方履行交付土地和办理土地使用权变更登记等合同义务的,应予支持;(四)合同均未履行,依法成立在先的合同受让方请求履行合同的,应予支持。"该条包含了一种形式化的对于不同程度的信赖利益的保护。尤其是第二、三项与第一、四项之间对比的顺序,显示了我国对于物权期待权的保护程度:不能对抗物权、优于普通债权。《异议复议规定》第二十八条和第二十九条则表明物权期待权优先于普通金钱债权受到保护。

案外人异议之诉阶段,法院首先应当审查被执行的财产是不是被执行人的责任财产,如果是,才存在继续执行的可能性;在确认被执行的财产属于被执行人的责任财产后,还要确定第三人对该财产所主张的权利是否成立以及该权利能否阻止执行。本案遵循这一思路审理的话,第一步应当确认案涉房屋是否属于被执行人金陛公司的责任财产。因为该房屋因整体拍卖目前登记在另一案外人新锐公司名下,但该公司承认涉案房屋不属于拍卖范围,另有权利主体。如果根据事实情况确定其不属于被执行人金陛公司的责任财产的话,则无论王岩岩是否对该房屋享有权利,徐意君都无权要求继续执行该房屋。确认涉案房屋是被执行人金陛公司的责任财产后,第二步则需要考察案外人王岩岩是否享有其主张的物权期待权。如果享有,则可以排除徐意君因金钱债权对该房屋的执行。

(二)执行行为异议与案外人异议的区分问题

执行行为异议和案外人异议作为执行程序中两种最基本的救济制度,发挥着重要作用。但仍有许多问题需要在执行实践中不断探索,总结经验,其中一个基本问题就是如何区分这两种异议,尤其是如何区分案外人异议与利害关系人提出的执行行为异议。

案外人异议是案外人认为法院的执行行为侵害了其实体权利,是基于对执行标的主张实体权利提出的异议,即实体异议。利害关系人异议是因执行行为本身违反程序性规定,侵害了执行案件当事人以外第三人的合法权益,由利益受损的第三人以法院违反执行程序为由提出的异议,即程序异议。从实践中看,所有的异议从表面上看都指向执行行为,主张执行行为错误,但是判断一个异议是实体异议还是程序异议,也就是说,判断实体异议和程序异议的标准,只能是看异议所依据的基础权利的性质。如果异议指向的对象是执行标的物,且所提异议依据的是所有权或者其他足以阻止执行标的物转让、交付的实体权利的,就构成实体异议。反之,如果案外人(以利害关系人的身份)所提异议所依据的基础权利为程序权利,如排除超标的查封的权利,因为在先查封所主张的优先受偿权利等,则构成程序异议。笼统地说,执行异议审查的是程序问题,案外人异议审查的是实体问题。

这两种异议分别规定于《民事诉讼法》(2017 年)第二百二十五条与第二百二十七条。前者属于程序上的执行救济,目的在于将违反法律规定的执行行为予以更正或撤销,以维护执行当事人或利害关系人程序上的利益;后者属于实体上的执行救济,目的则在于排除对特定标的的执行,以维护当事人或利害关系人的实体权益。执行行为异议涉及的是程序问题,因此处理上可以由执行法院的执行机构进行,在审查处理时不一定要进行言词辩论,可以直接作出裁定;案外人异议和异议之诉涉及实体争议,执行机构只能作初步审查,最终需要由审判机构进行实体审理。案外人异议之诉应依照通常诉讼程序进行审理,除不予受理、驳回起诉、对管辖有异议等事项使用裁定外,其他事项的处理应当作出判决。

异议被提出后应当适用哪种程序进行处理，笔者认为，最主要的应当从事由和当事人两方面来进行辨别：

第一，从事由方面来看。对执行行为提出异议的事由系针对执行程序本身存在的违法问题；案外人异议和异议之诉的事由系案外人主张对特定标的有所有权或其他足以排除强制执行的实体权利。值得注意的是，执行程序中被执行人提出已偿还债务、行使抵销权、已自行达成和解等实体抗辩事由的，本应该由债务人异议之诉解决，由于我国没有规定债务人异议之诉制度，只能将之放在执行行为异议部分处理。

第二，从当事人方面来看。对执行行为的异议可以由申请执行人、被执行人或其他利害关系人提起；案外人异议和异议之诉只能由案外人提起。实践中，案外人与利害关系人身份混淆是最为常见的错误形式，即应当适用案外人异议程序审查的案件，却以利害关系人身份适用执行行为异议程序进行审查。此外，被执行人与案外人在某些情形下也并非泾渭分明。例如，在某案中，生效判决判令债务人 A 向债权人承担 100 万元的付款责任，债务人 B 对其中的 30 万元承担连带清偿责任。进入执行程序后，A 与 B 均为被执行人。后 B 履行了 30 万元的给付义务，执行法院对 A 继续采取执行措施，查封了 A 占有使用的未经初始登记的一处房产。B 提出异议，称该房产虽由 A 占有使用，但实为 B 所有，请求法院解除查封。执行法院以《民事诉讼法》第二百二十五条规定的执行行为异议程序进行审查。此时 B 虽然名义上还是本案的被执行人，但实际是以案外人身份对执行标的权属提出争议，应当适用的是《民事诉讼法》第二百二十七条规定的程序进行审查，执行法院适用执行行为异议程序进行审查，则侵犯了当事人的程序权利。

（执笔人：最高人民法院　潘勇锋

编审人：最高人民法院案例指导工作办公室　李予霞）

指导案例 156 号　王岩岩诉徐意君、北京市金陛房地产发展有限责任公司案外人执行异议之诉案

最高人民法院案例指导工作办公室编审人：李予霞

1. 案例推荐单位：最高人民法院民二庭
2. 案例编写人：最高人民法院民二庭　潘勇锋
3. 案件裁判法院：最高人民法院（再审）
4. 案件承办人：潘勇锋（再审）

相关法条

《最高人民法院关于人民法院办理执行异议和复议案件若干问题的规定》(2015年5月5日实施)(已被修改)

第二十八条　金钱债权执行中,买受人对登记在被执行人名下的不动产提出异议,符合下列情形且其权利能够排除执行的,人民法院应予支持:

(一)在人民法院查封之前已签订合法有效的书面买卖合同;

(二)在人民法院查封之前已合法占有该不动产;

(三)已支付全部价款,或者已按照合同约定支付部分价款且将剩余价款按照人民法院的要求交付执行;

(四)非因买受人自身原因未办理过户登记。

第二十九条　金钱债权执行中,买受人对登记在被执行的房地产开发企业名下的商品房提出异议,符合下列情形且其权利能够排除执行的,人民法院应予支持:

(一)在人民法院查封之前已签订合法有效的书面买卖合同;

(二)所购商品房系用于居住且买受人名下无其他用于居住的房屋;

(三)已支付的价款超过合同约定总价款的百分之五十。

中华人民共和国最高人民法院民事裁定书

(2016)最高法民申254号

再审申请人(一审原告、二审被上诉人):王岩岩,女,1973年10月18日出生,汉族,中信信托有限责任公司职员,住北京市西城区。

委托代理人:张宇浓,北京市中伦律师事务所律师。

委托代理人:周斌,北京中伦(成都)律师事务所律师。

被申请人(一审被告,二审上诉人):徐意君,女,1958年3月6日出生,台湾同胞,无业,住中国台湾地区桃园市。

委托代理人:钟静,北京市杜衡律师事务所律师。

被申请人(一审被告,二审被上诉人):北京市金陛房地产发展有限责任公司,住所地:北京市朝阳区南沙滩66号院1号楼××B区××号。

法定代表人:张振军,该公司董事长。

再审申请人王岩岩因与被申请人徐意君、北京市金陛房地产发展有限责任公司(以下简称金陛公司)案外人执行异议之诉一案,不服北京市高级人民法院(2015)高民终字第3762号民事判决,向本院申请再审。本院依法组成合议庭对本案进行了审查,现已审查终结。

王岩岩申请再审称:(一)二审判决认定事实错误。1.关于王岩岩是否已经支付了全部购房价款。(1)王岩岩提交了购买涉案房产的盖有金陛公司财务专用章的购房款收据,金陛公司对此表示认可,该收据与双方签订的商品房买卖合同相互印证,足以证明王岩岩已经支付了全部价款。王岩岩提供了亲属当时从银行提取现金的凭证,借款和支付房屋价款均为现金方式,当然没有转账记录,二审判决不应以没有转账记录为由认定现有证据难以确定,王岩岩没有实际支付房屋价款。本案中,除亲属以借款形式提供部分购房款外,王岩岩其他资金来源均是从其丈夫开设的公司宝德投资管理咨询(杭州)有限公司以及金威置业(杭州)有限公司中提取的相关现金予以支付。王岩岩新提交刘某(身份证号:××××××××××××××××××)证人证言,证明证人刘某于2007年与王岩岩一同购买房屋,且同样通过现金方式支付了购房款。金陛公司在2007年已处于资不抵债的情况,公司账户多处于司法查封状态,为保障自身利益通过现金形式收取全部购房款符合情理。(2)二审判决举证责任分配错误。王岩岩已经尽到举证责任,足以证明其以现金方式交付了全部购房价款。徐意君主张王岩岩与金陛公司恶意串通付款不真实,应承担举证责任。(3)一审判决查明,涉案房屋所在的北京市朝阳区三源里北小街16号楼曾于2007年8月21日经过司法拍卖整体过户至案外人北京新锐房地产开发有限公司(以下简称新锐公司)名下,而新锐公司曾向执行法院承认,包括涉案房屋在内的六套房屋不属其所有,16号楼整体拍卖时不包括"执行主体不同的"六套房屋。证明包括涉案房屋在内的六套房屋并非开发商金陛公司所有,而是属于实际买受人,当初执行法院亦应对此予以查明。二审判决忽略在新锐公司司法拍卖整体过户时,法院就已明确排除涉案房屋不属于金陛公司所有这一事实情况,支持徐意君的不当诉讼请求,违反了司法裁判前后的一致性。(4)上述六套房屋中1单元×号、1单元×号、3单元×号房屋,亦因徐意君的前述强制执行程序曾被法院查封。后买受人王某、马某某、陈某分别提起执行异议,在与本案基本事实相同的情况下,法院裁定中止对上述三套房屋的执行。徐意君提起许可执行之诉,经两审判决驳回徐意君的诉讼请求。上述三起案件中金陛公司均未向买受人出具发票,买受人均称以现金方式支付全部购房款并出具支付购房款的收据,法院最终均认定买受人已经支付了全部价款。生效判决认定两项基本事实:一是买受人均为现金方式支付并无转账记录;二是金陛公司仅开具收据而未开具发票,但生效判决认定该等收据足以证明买受人的付款事实。2. 关于王岩岩权利主张是否有悖常理,是否属于实际权利人的问题。(1)涉案房屋在2012年被查封时,金陛公司为了其自身利益,没有表示存在房屋实际权利人为买受人王岩岩这一事实,完全合乎情理,且在前述案外人王某、马某某、陈某执行异议案中,金陛公司也同样未表示被查封房屋存在作为实际权利人的买受人。(2)涉案房屋使用人刘世玮出庭作证,称其并不知晓涉案房屋当时被查封,仅是有自称法院法官电话告知要调查取证,约好时间后法官却没有出现,客观上刘世玮因此没有及时告知王岩岩涉案房屋被查封合乎情理。(3)王岩岩2012年至2013年赴台湾地区生子,2013年年底回北京得知涉案房屋被查封后依法提出异议,合乎情理。(4)即使王岩岩怠于主张权利,只要未超过诉讼时效,也不影响行使权利。(5)王岩岩提供了缴纳供暖费、物业费以及收取涉案房屋租金的相关证据,证明对涉案房屋享有实际权利。供暖费、物业费以及房租支付记录因其时间的连续性客观上很难在诉讼阶段进行伪造,是王岩岩对于涉案房屋存在连续实际控制的最好证明。二审判决对事实的查明和举证责任的分配都存在明显错误,导致本案的基本事实认定错误。

(二)二审判决适用法律错误。1. 王岩岩仅需符合《最高人民法院关于人民法院办理执行异议和复议案件若干问题的规定》(以下简称《异议复议规定》)第二十八条或第二十九条中任一条款的规定,法院即应支持其执行异议。二审判决错误适用了第二十九条进行裁判,而没有适用第二十八条,存在法律适用错误。2.《异议复议规定》第二十九条适用于不符合第二十八条规定,但作为唯一住房又支付了半数以上房款的买受人,依法能够排除执行的情形,充分保护弱势的买受人排除执行的权利。王岩岩完全适用该规定第二十八条,不需要适用该规定的第二十九条,二审判决适用法律错误。

法庭询问后,王岩岩补充提交意见为:(一)二审判决举证责任分配错误,王岩岩所提交的证据属于《中华人民共和国民事诉讼法》规定的新证据,应当采信。(二)王岩岩一、二审期间对于涉案房屋购房款资金来源的主张不同,原因是王岩岩在一审中未完整提交关于自有资金来源的全部证据。金陛公司对涉案房屋自述前后矛盾的责任在于金陛公司。(三)涉案房屋预售登记人不是王岩岩而是曲人家,而曲人家主张涉案房屋权属的诉讼请求已经法院判决被驳回。涉案房屋门牌号与2008年证明信不一致的问题不能证明王岩岩与金陛公司签订的商品房买卖合同虚假。

王岩岩依照《中华人民共和国民事诉讼法》第二百条第(一)项、第(二)项、第(六)项之规定,申请再审。

徐意君提交意见称:(一)关于王岩岩是否支付了全部购房款的问题。王岩岩称支付了全部购房价款,但就购房资金来源的陈述自相矛盾。在执行异议阶段,王岩岩陈述其购房款全部现金支付,用自有资金支付;而在诉讼阶段却称不是自有资金支付房款,而是向两个亲属借款支付的购房款。而且借款没有转账记录,没有大额取款记录和大额余款记录。金陛公司的陈述也前后矛盾,不可信。金陛公司确实自认房屋出售给王岩岩并收取了全额价款。然而,金陛公司与徐意君在执行过程中签署了书面协议,确认本案所涉房屋属于金陛公司所有,由金陛公司管理,执行中也是金陛公司向执行法院提供了承租人的联系方式。王岩岩提出异议之诉后金陛公司又改变了说法,而且不再出庭。二审判决不是因为没有转账记录,或只有收据没有发票才不认可王岩岩支付了购房款,而是因为证据链条不完整,才没有认定王岩岩实际支付了价款。(二)关于王岩岩主张之前本案所涉房屋所在楼宇整体司法拍卖给新锐公司时就排除了金陛公司所有权的问题。如果金陛公司没有所有权,王岩岩也无法从金陛公司处购买房屋。而且2007年执行案件与徐意君没有关系。(三)本案和王某、马某某等其他案件是不同的案件,没有可比性。我国大陆法域不实行判例法,不存在违反司法一致性的问题,其他案件与本案没有关联性。(四)二审判决适用法律正确。《异议复议规定》司法解释第二十八条、第二十九条区分不同的情形适用不同的条款。结合本案具体情况,王岩岩购买房地产开发企业的商品房,显然只能适用第二十九条。王岩岩要求适用第二十八条不符合法律规定,不存在可以在第二十八条、第二十九条之间选择的依据。王岩岩的再审申请缺乏事实与法律依据,请求予以驳回。

本院经审查认为,《异议复议规定》第二十八条适用于金钱债权执行中,买受人对登记在被执行人名下的不动产提出异议的情形,而第二十九条则适用于金钱债权执行中,买受人对登记在被执行的房地产开发企业名下的商品房提出异议的情形。上述两条文虽然适用于不同的情形,但是如果被执行人为房地产开发企业,且被执行的不动产为登记于其名下的商品房,同时符合了"登记在被执行人名下的不动产"与"登记在被执行的房地产开发企业名下的商品房"两种情形,则《异议复议规定》第二十八条与第二十九条适用上产生竞合,并非能够适用第二十九条就自然排斥适用第二十八条。本案一审判决经审理认为王岩岩符合《异议复议规定》第二十八条规定的情形,具有能够排除执行的权利,而二审判决则认为现有证据难以确定王岩岩符合《异议复议规定》第二十九条的规定,没有审查其是否符合《异议复议规定》第二十八条规定的情形,就直接驳回了王岩岩的诉讼请求,适用法律确有错误。

关于王岩岩是否支付了购房款的问题。王岩岩主张其已经支付了全部购房款,并提交了金陛公司开具的付款收据、商品房买卖合同、证人证言及部分取款记录等予以佐证,金陛公司对王岩岩付款之事予以认可。上述证据是否足以证明王岩岩已经支付了购房款,应当在再审审理过程中,根据审理情况查明相关事实后予以认定。

综上,王岩岩的再审申请符合《中华人民共和国民事诉讼法》第二百条第(二)项、第(六)项规定的情形。依照《中华人民共和国民事诉讼法》第二百零四条之规定,裁定如下:

指令北京市高级人民法院再审本案。

审 判 长 毛宜全
审 判 员 潘勇锋
代理审判员 葛洪涛
二〇一六年四月二十九日
书 记 员 杜圣杰

【参考性案例】

河北省高级人民法院第4号参考性案例

中国农业银行股份有限公司邢台八一路支行诉邢台银行股份有限公司汇通支行、郭金良等第三人撤销之诉案

（河北省高级人民法院审判委员会讨论通过　2021年9月1日发布）

关键词　民事　执行程序　首封　轮候查封　执行异议之诉　第三人撤销之诉

参阅要点

多个债权人针对被执行人同一执行标的进行查封，各债权人形成首封与轮候查封关系，因首封解除对轮候查封产生效力影响，故在案外人与首封债权人之间形成执行异议之诉时，轮候查封债权人可作为该案的利害关系人参加诉讼。未参加诉讼的，轮候查封债权人可以其他方式主张权利，不得提起第三人撤销之诉。

相关法条

《中华人民共和国民事诉讼法》*第五十六条第一款、第二款　对当事人双方的诉讼标的，第三人认为有独立请求权的，有权提起诉讼。

对当事人双方的诉讼标的，第三人虽然没有独立请求权，但案件处理结果同他有法律上的利害关系的，可以申请参加诉讼，或者由人民法院通知他参加诉讼。人民法院判决承担民事责任的第三人，有当事人的诉讼权利义务。

《最高人民法院关于适用〈中华人民共和国民事诉讼法〉的解释》**第三百零八条　申请执行人提起执行异议之诉的，以案外人为被告。被执行人反对申请执行

---

* 此处为2017年修正的《民事诉讼法》。——编者注

** 此处为2015年《民事诉讼法解释》。——编者注

人主张的,以案外人和被执行人为共同被告;被执行人不反对申请执行人主张的,可以列被执行人为第三人。

《最高人民法院关于人民法院民事执行中查封、扣押、冻结财产的规定》第二十六条第一款　对已被人民法院查封、扣押、冻结的财产,其他人民法院可以进行轮候查封、扣押、冻结。查封、扣押、冻结解除的,登记在先的轮候查封、扣押、冻结即自动生效。

当事人基本情况

原告(二审上诉人):中国农业银行股份有限公司邢台八一路支行(以下简称农行八一路支行)。

被告(二审被上诉人):邢台银行股份有限公司汇通支行(以下简称邢台银行汇通支行)。

被告(二审被上诉人):郭金良。

被告(二审被上诉人):邢台县庆鑫经贸有限责任公司(以下简称庆鑫公司)。

被告(二审被上诉人):周亚敏。

被告(二审被上诉人):王社礼。

被告(二审被上诉人):邢台金丰球铁科技有限公司(以下简称金丰公司)。

被告(二审被上诉人):河北博盛冷轧带钢有限公司(以下简称博盛公司)。

基本案情

邢台银行汇通支行诉庆鑫公司、金丰公司、博盛公司、周亚敏、王社礼借款合同纠纷一案,邢台桥西法院于2016年5月15日作出(2016)冀0503民初660号民事判决书。判决:一、邢台县庆鑫经贸有限责任公司于本判决生效后十日内偿还邢台银行汇通支行15,014,349.27元并支付利息。二、金丰公司、博盛公司、周亚敏、王社礼对上述款项承担连带偿还责任。

判决生效后,邢台桥西法院于2016年9月29日作出(2016)冀0503执911号执行裁定书,拍卖位于邢台市海大商务中心1号楼1单元21、22层1－18号房产(以下简称案涉房产)。案外人郭金良提出执行异议,邢台桥西法院作出(2016)冀0503执异84号执行裁定书,中止对案涉房产的执行。邢台银行汇通支行不服,向邢台桥西法院提起申请执行人执行异议之诉。邢台桥西法院作出(2016)冀0503民初3723号民事判决书,驳回邢台银行汇通支行的诉讼请求。邢台中院作出(2017)冀05民终3127号民事判决,维持一审判决,该判决已生效。

另查明,农行八一路支行与王社礼、张俊平等借款担保合同纠纷一案,邢台中院于2017年5月25日作出(2016)冀05民初91号民事判决书,判决:一、邢台市海福通金属材料有限公司、王社礼、任广进等对金丰公司向农行八一路支行借款本金

6000万元及相应利息；二、驳回农行八一路支行的其他诉讼请求。农行八一路支行不服，上诉至河北高院，河北高院于2018年5月2日作出（2018）冀民终391号民事判决书，判决：一、维持河北省邢台市中级人民法院（2016）冀05民初91号民事判决书第二项；二、变更河北省邢台市中级人民法院（2016）冀05民初91号民事判决书第一项为：邢台市海福通技术材料有限公司、王社礼、任广进等共同对金丰公司向农行八一路支行借款本金57,639,211.95元及相应利息承担连带偿还责任。

在农行八一路支行与王社礼、任广进等借款担保合同诉讼期间，农行八一路支行于2017年3月20日向邢台中院申请财产保全，当日，邢台中院作出（2016）冀05民初91号民事裁定书，查封案涉房产。据查，邢台中院系轮候查封，农行八一路支行系轮候查封债权人；案涉房产的首封为邢台桥西法院，首封债权人系邢台银行汇通支行。

因邢台桥西法院（2016）冀0503民初3723号民事判决、邢台中院（2017）冀05民终3127号民事判决，支持了案外人郭金良的诉讼请求，排除了邢台桥西法院对案涉房产的强制执行。邢台桥西法院针对案涉房产解除了查封，邢台中院的轮候查封因在先查封解除而升为首封，农行八一路支行从轮候查封债权人转变为首封债权人，在执行依据生效后，其向邢台中院申请对案涉房产的执行。

邢台中院于2018年9月9日作出（2018）冀05执170号执行裁定书，执行案涉房产。案外人郭金良再次针对案涉房产提出书面异议，请求撤销邢台中院（2016）冀05初字第91号民事裁定，终止对（2018）冀05执170号案的执行。邢台中院于2018年10月22日作出（2018）冀05执异57号执行裁定书，驳回案外人郭金良的异议请求。

郭金良在法定期限内提起执行异议之诉，邢台中院于2019年2月13日作出（2018）冀05民初111号民事判决书，判决：不得执行位于邢台市桥东区团结东大街与邢州北路交叉口西北角海大商务中心1号楼1单元21、22层1－18号房产。农行八一路支行不服，向本院提起上诉。

在该案上诉期间，农行八一路支行向邢台中院提起第三人撤销之诉，请求撤销邢台桥西法院（2016）冀0503民初3723号民事判决及邢台中院（2017）冀05民终3127号民事判决，形成本案诉讼。

裁判结果

邢台市中级人民法院（2019）冀05民撤5号一审裁定：驳回农行邢台八一路支行的起诉。农行八一路支行不服，向河北高院提起上诉。河北高院作出（2020）冀民终89号民事裁定：驳回上诉，维持原裁定。

裁判理由

一审法院经审查认为,根据《中华人民共和国民事诉讼法》第五十六条规定,第三人撤销之诉中的第三人应为该条规定的有独立请求权和无独立请求权的第三人,不包括普通债权人。农行八一路支行请求撤销邢台桥西法院(2016)冀0503民初3723号民事判决书和邢台中院(2017)冀05民终3127号民事判决书,该两份判决是邢台银行汇通支行作为申请执行人,在金钱债权执行中,因执行王社礼等人财产时,查封了案涉房产,郭金良作为案外人提起执行异议被支持后,邢台银行汇通支行提起执行异议之诉,请求继续执行诉争房产被驳回诉讼请求的判决。根据《最高人民法院关于适用〈中华人民共和国民事诉讼法〉的解释》第三百零八条规定:"申请执行人提起执行异议之诉的,以案外人为被告。被执行人反对申请执行人主张的,以案外人和被执行人为共同被告;被执行人不反对申请执行人主张的,可以列被执行人为第三人。"农行八一路支行在其请求撤销判决案件中既非申请执行人,也非案外人、被执行人,其只是同王社礼等人之间存在普通债权关系,根本无法参加到该案的诉讼中去,也不是该案件的第三人。综上,农行八一路支行不是其请求撤销执行异议之诉判决案件的第三人,其不具备提起第三人撤销之诉的主体资格。

二审法院认为,农行八一路支行提起第三人撤销之诉,请求撤销邢台桥西法院(2016)冀0503民初3723号民事判决及邢台中院(2017)冀05民终3127号民事判决(以下简称原案判决),其主要理由为,农行八一路支行系原案中的第三人,因非本人原因未参加到原案诉讼之中,原案判决错误且侵害其合法权益,故提起第三人撤销之诉。

一、关于农行八一路支行能否作为原案中的第三人问题。因原案为申请执行人提起的执行异议之诉,依据《最高人民法院关于适用〈中华人民共和国民事诉讼法〉的解释》第三百零八条规定:"申请执行人提起执行异议之诉的,以案外人为被告。被执行人反对申请执行人主张的,以案外人和被执行人为共同被告;被执行人不反对申请执行人主张的,可以列被执行人为第三人。"由上述规定可知,在申请执行人提起执行异议之诉案件中,只有被执行人在不反对申请执行人诉讼请求的情形下,才可以列为第三人。因上诉人农行八一路支行在原案诉讼期间系案涉房产的轮候查封债权人,从目前执行异议之诉相关法律规定看,轮候查封债权人作为第三人参加到首封执行异议之诉中,尚没有明确法律依据。

二、关于农行八一路支行是否属于《民事诉讼法》第五十六条规定的第三人问题。

第一,《中华人民共和国民事诉讼法》第五十六条第一款规定:"对当事人双方的诉讼标的,第三人认为有独立请求权的,有权提起诉讼。”依据该款规定,有独立请求权第三人针对原案诉讼标的可以单独提出既不同于原告主张,又区别于被告抗辩的独立请求,其带着独立请求参加到他人诉讼之中,构成了诉的合并。本案中,如果农行八一路支行能够作为有独立请求权第三人参加到原案诉讼中,其必然能够提出区别于原告请求和被告抗辩的独立诉讼请求。因原案为申请执行人邢台银行汇通支行提起的执行异议之诉,原案诉讼标的为“对案涉执行标的能否继续执行”。农行八一路支行在原案诉讼中系轮候查封债权人,相对于执行标的来说,轮候查封不发生查封效力。在首封有效且执行过程中,轮候查封基于未生效而无法产生对执行标的主张权利的可能性。因此,农行八一路支行作为轮候查封债权人针对首封执行异议之诉“能否继续执行”的诉讼标的,因其执行地位属于轮候状态而不具有独立的请求权。

第二,关于农行八一路支行能否作为无独立请求权第三人参加原案诉讼之中。《中华人民共和国民事诉讼法》第五十六条第二款规定:“对当事人双方的诉讼标的,第三人虽然没有独立请求权,但案件处理结果同他有法律上的利害关系的,可以申请参加诉讼,或者由人民法院通知他参加诉讼。人民法院判决承担民事责任的第三人,有当事人的诉讼权利义务。”依上述规定,首先,无独立请求权第三人参加到原案诉讼中的方式有两种,自己申请参加或由人民法院通知其参加诉讼。其次,无独立请求权第三人不能提出区别于原案的诉讼请求,其在原案中发表的意见,可能是为了协助原告主张,抑或支持被告抗辩。最后,虽然第三人对原案无独立请求权,但案件处理结果对其有法律上的利害关系,此为定义无独立请求权第三人的核心要件。

原案处理结果是否对农行八一路支行具有法律上的利害关系。《最高人民法院关于适用〈中华人民共和国民事诉讼法〉的解释》第三百一十三条规定,“对申请执行人提起的执行异议之诉,人民法院经审理,按照下列情形分别处理:(一)案外人就执行标的不享有足以排除强制执行的民事权益的,判决准许执行该执行标的;(二)案外人就执行标的享有足以排除强制执行的民事权益的,判决驳回诉讼请求。”依据上述规定,原案处理结果主要有两种:一是支持申请执行人的诉讼请求,准许执行该执行标的;二是驳回申请执行人诉讼请求,案涉执行标的中止执行。因原案为首封执行异议之诉,农行八一路支行在原案审理期间系轮候查封债权人,因此,如果原案处理结果支持首封债权人,则意味着案涉执行标的继续执行,在首封执行依然有效的情形下,农行八一路支行作为轮候查封债权人,其申请法院执行的效力以及民事权益的实现均不会受到影响。反之,如果原案处理结果驳回首封债权人诉讼请求,即案涉执行标的不得继续执行,此处理结果的直接法律后果为:首封法院的查封将因查封错误而解除。

关于首封法院解除查封对于轮候查封有何影响。《最高人民法院关于人民法院民事执行中查封、扣押、冻结财产的规定》第二十六条第一款规定:“对已被人民法院查封、扣押、冻结的财产,其他人民法院可以进行轮候查封、扣押、冻结。查封、扣押、冻结解除的,登记在先的轮候查封、扣押、冻结即自动生效。”针对上述规定中的“轮候查封、扣押、冻结即自动生效”的内容,当前存在两种解释方法:目的解释和文义解释。持目的解释者认为,上述规定中“在先查封、扣押、冻结解除的”,应限于合法的查封、扣押、冻结因合法原因解除,即只有在原有查封、扣押、冻结合法且解除原因合法的情形下第二顺位的查封、扣押、冻结才可自动生效;如果是在法院查封错误的情形下解除或违法解除,则不产生轮候查封自动升为首封的效力。例如,法院将案外人的财产作为被执行人的财产查封的,即属于因查封错误而导致解除,此时同一被执行人的债权人在该执行标的上的轮候查封应一并解除。如果轮候查封债权人对法院解除查封有异议,其可以依据《最高人民法院关于人民法院办理执行异议和复议案件若干问题的规定》第五条规定,作为利害关系人对法院解除查封的行为提出执行异议;如果轮候查封债权人认为首封执行异议之诉判决结果错误,其可针对首封执行异议之诉申请再审。

持文义解释者认为,上述规定中“在先查封、扣押、冻结解除的”无须考虑何种原因导致解除,只要在先查封、扣押、冻结解除,第二顺位的查封、扣押、冻结自动生效。因此,根据这种解释,在执行异议之诉的判决结果支持了案外人排除执行的民事权益、首封执行法院解除查封后,即使错误地将案外人的财产作为被执行人的财产轮候查封,第二顺位的轮候查封也升为首封。

依据上述分析,本院认为,在执行程序中,轮候查封债权人与首封债权人针对被执行人同一执行标的申请法院查封,一旦案外人针对该执行标的提起执行异议之诉,并获得法院支持,无论是依据《最高人民法院关于人民法院民事执行中查封、扣押、冻结财产的规定》第二十六条的目的解释的“首封解除后轮候查封一并解除”,还是依据文义解释的“首封解除后轮候查封自动生效”,轮候查封的效力均可能因首封被排除而受到影响。此种情形下轮候查封债权人提出应作为无独立请求权第三人参加首封执行异议之诉审理中,具有一定的合理性。

但在本案中,农行八一路支行并未在其作为轮候查封债权人时申请参加到原案诉讼中,在原案处理结果支持案外人、继而首封解除之后,其申请法院的查封由轮候查封升为首封。此时不仅原首封执行关系不复存在,而且轮候查封债权人的身份亦因升为首封而发生变化。因此,在农行八一路支行由轮候查封债权人转变为首封债权人之后,其可以依据有效查封申请执行或主张权利,而不能再对因首封引发的执行异议之诉提起第三人撤销之诉。

三、农行八一路支行上诉中提出，在其由轮候查封升为有效查封并申请法院强制执行期间，因原案判决结果支持了案外人，使案外人郭金良持有首封执行异议之诉胜诉判决再次提出执行异议。基于先诉判决结果与后诉有先决关系，农行八一路支行作为首封债权人亦与原案具有法律上的利害关系。对此本院认为，农行八一路支行主张对案涉房产的有效执行是基于首封债权人的身份而言，而其之所以能够获得有效查封并进一步申请法院强制执行，均是依据原案处理结果而获得。因此，农行八一路支行在获得有效查封后又请求撤销其获得有效查封的基础，其主张与其所获得的执行地位相矛盾，不予支持。

关于农行八一路支行提出原案判决错误、邢台银行汇通支行与案外人郭金良涉嫌恶意串通的问题。基于本案执行法院已经赋予其轮候查封自动生效的执行权，其在与案外人执行异议之诉中，如果农行八一路支行有证据证明原案判决确实存在错误，或原案当事人存在恶意串通情形，其可在与郭金良之间的执行异议之诉中主张权利。本院在针对本案审查中，未发现原案当事人之间有恶意串通或虚假诉讼的线索。故对于上诉人的上述理由，不予支持。

（生效裁判审判人员：窦淑霞、王振健、张美英）

安徽省高级人民法院第49号参考性案例

合肥中元籴焜融资担保有限公司与合肥建工集团有限公司、安徽圣智科技投资有限公司第三人撤销之诉案

(安徽省高级人民法院审判委员会讨论通过 2020年12月17日发布)

关键词 民事 第三人撤销之诉 建设工程价款优先受偿权

裁判要点

建设工程价款基于承包人的劳务、材料等投入物化到建筑工程中转化而来。同一个建设工程施工合同项下的工程,因承包人投入的人力、物力、财力在事实上难以准确拆分,故在发包人与承包人没有特别约定的情况下,建设工程价款优先受偿权不宜区分不同的单体建筑分别行使,而应作为一个整体统一计算和行使。

相关法条

《中华人民共和国合同法》*第二百八十六条

基本案情

2010年8月18日,合肥建工集团有限公司(以下简称合肥建工)与安徽圣智科技投资有限公司(以下简称安徽圣智)签订建设工程施工合同,约定由合肥建工承建圣智科技园一期,即1#~7#楼及相应地下室工程。签订合同后,合肥建工首先进场对6#、7#楼进行施工,随后安徽圣智又将双方建设工程施工合同约定之外的1#~3#楼地下室的基坑支护工程交由合肥建工施工。6#、7#楼土建工程已经完工,尚未进行竣工验收。1#~3#楼施工至三层。因工程款支付等问题,双方发生争议,致该工程处于停工状态。

此后,合肥建工为主张工程款以安徽圣智为被告诉至合肥市中级人民法院,该

* 该法已失效。——编者注

院(2012)合民一初字第00481号民事判决,支持了合肥建工部分诉讼请求。宣判后,安徽圣智提出上诉。安徽省高级人民法院作出(2013)皖民四终字第00232号民事判决:驳回上诉,维持原判。

2015年1月,合肥建工再次向合肥市中级人民法院提起诉讼。该院经审理作出(2015)合民一初字第00057号民事判决:一、解除合肥建工与安徽圣智签订的建设工程施工合同、补充协议书及补充协议……四、合肥建工在工程欠款5598242元范围内就圣智科技园1#~3#楼、6#、7#楼工程折价或拍卖价款享有优先受偿权。宣判后,安徽圣智提起上诉,请求撤销原判第四项,改判合肥建工对本案工程不享有优先受偿权。安徽省高级人民法院经审理作出(2015)皖民四终字第00467号民事判决:驳回上诉,维持原判。

就上述(2015)皖民四终字第00467号民事判决,原告合肥中元汆焜融资担保有限公司(以下简称中元公司)以合肥建工、安徽圣智为被告提起本案第三人撤销之诉。中元公司认为,案涉6#、7#楼工程款已经付清,合肥建工不应享有相应的优先受偿权。(2012)合民二初字第00309号民事判决已确认中元公司对圣智科技园6#、7#享有抵押权,但安徽省高级人民法院(2015)皖民四终字第00467号民事判决书第四项判决"合肥建工在工程欠款5598242元范围内就圣智科技园1#~3#楼、6#、7#工程折价或拍卖价款享有优先受偿权",侵害了中元公司作为合法抵押权人的权益。

裁判结果

安徽省高级人民法院于2018年8月8日作出(2017)皖民撤1号民事判决:驳回中元公司的诉讼请求。宣判后,中元公司提出上诉。最高人民法院于2019年10月31日作出(2019)最高法民终486号民事判决:驳回上诉,维持原判。

裁判理由

法院生效裁判认为:从安徽圣智与合肥建工签订的建设工程施工合同及6#、7#楼的建设工程规划许可证、建设工程施工许可证、工程开工报审表与开工报告等证据综合判断,可以认定在整个案涉工程中,6#、7#楼单独规划、先行施工,且根据建设工程施工合同中的约定,6#、7#楼工程进度在先,应当先行支付工程进度款。截至2013年4月,安徽圣智已向合肥建工支付工程款14343916元,但每笔付款时,双方并未就相应款项系针对哪部分工程的支出作出专门约定。在案涉建设工程施工合同第三部分"专用条款"第23.2条中,双方约定采用可调价格合同,并约定了相应的合同价款调整方法。在6#、7#楼主体工程完工但未进行竣工验收,案涉工程并未整体完工的情况下,双方因工程款问题发生争议,引发(2012)合民一初字第00481号案件。在该案诉讼过程中,安徽圣智与合肥建工达成一致意见,确认将安徽圣智已支付的14343916元全部计入1#～3#楼地下结构及地上三层工程的工程款,不违反法律规定,且该事实已经由生效判决确认,应予以认可。因此,从安徽圣智已支付14343916元工程款的事实无法推断出该款项系针对6#、7#楼的付款,中元公司关于安徽圣智不拖欠该两栋楼工程款的理由不能成立。同时,案涉工程整体由合肥建工承建,虽然在具体建设过程中分为不同的单体建筑,但作为同一建设工程施工合同项下工程,承包人投入的人力、物力、财力无法准确拆分计算,故建设工程优先受偿权不宜针对单体建筑分别计算,而应作为一个整体统一计算。中元公司关于合肥建工在6#、7#楼工程款已经付清的情况下,对该两栋楼不再享有优先受偿权的理由不能成立。

(案例编写人:赵晓利

生效裁判审判人员:包剑平、杜军、朱燕)

天津市高级人民法院第 9 号参考性案例

陈嘉诉江苏省建工集团有限公司、天津中联发展有限公司案外人执行异议之诉案

（天津市高级人民法院审判委员会讨论通过　2018 年 3 月 28 日发布）

关键词　民事　案外人执行异议之诉　商品房　法律适用　特别条款

裁判要点

在以不动产为诉讼标的的执行异议之诉案件中，《最高人民法院关于人民法院办理执行异议和复议案件若干问题的规定》第二十八条的立法目的是保护无过错不动产买受人的物权期待权，第二十九条的立法目的是保护商品房消费者的物权期待权。如果案情同时符合第二十八条与第二十九条的适用条件，即被执行人为房地产开发企业，且被执行的不动产为登记于其名下的商品房，此时的法条竞合并不产生排斥适用的效力。审理中，需要在查明事实的基础上，针对案件具体情况进行法律适用选择。如果适用第二十八条更有利于保护房屋消费者的合法权益，可以径行适用。

相关法条

《中华人民共和国物权法》* 第九条、第十四条

《最高人民法院关于审理商品房买卖合同纠纷案件适用法律若干问题的解释》第五条

《最高人民法院关于人民法院民事执行中查封、扣押、冻结财产的规定》第十七条

《最高人民法院关于人民法院办理执行异议和复议案件若干问题的规定》第二十八条、第二十九条

---

* 该法已失效。——编者注

基本案情

原告陈嘉诉称:陈嘉与被告天津中联发展有限公司(以下简称中联公司)于2013年2月19日签订房屋预定书,购买了由中联公司开发建设的天津市河西区九连山路与绥江道交口西南侧弘泽印象(顺水园)12号楼2门401室房屋(以下简称诉争房屋)。该房屋预定书具备商品房买卖合同的主要内容,应认定为商品房买卖合同。合同签订后,陈嘉在2013年2月19日、4月1日、5月17日分三次交齐全部房款570万元,2013年6月办理入住手续,后对诉争房屋进行装修且实际居住至今。在天津市高级人民法院查封前,陈嘉已合法占有诉争房屋,只因中联公司原因而未能签订天津市商品房买卖合同、办理房屋所有权登记手续,陈嘉不存在任何过错。根据《最高人民法院关于人民法院民事执行中查封、扣押、冻结财产的规定》(以下简称《查封、扣押、冻结规定》)中相关规定,中联公司将其开发建设的诉争房屋出卖给陈嘉,陈嘉已支付全部购房款并实际占有房屋,对于未办理过户登记手续不存在任何过错,人民法院不得查封诉争房屋。根据《最高人民法院关于人民法院办理执行异议和复议案件若干问题的规定》(以下简称《执行异议和复议规定》)中相关规定,在法院查封诉争房屋之前,陈嘉已与中联公司签订合法有效的书面买卖合同,陈嘉支付全部购房款并合法占有该不动产,非因陈嘉自身原因未办理过户登记,应撤销对诉争房屋的评估、拍卖等执行措施。(2014)津高民一初字第19号民事案件诉讼保全阶段对诉争房屋的查封,以及天津市第二中级人民法院在(2015)二中执字第221号执行案件对诉争房屋采取执行措施,对陈嘉合法利益造成损害,(2016)津02执异00001号执行裁定书驳回陈嘉异议申请亦未能实现对陈嘉利益的保护,故提起诉讼,请求:1.确认诉争房屋为陈嘉合法购买,属陈嘉所有,撤销在(2015)二中执字第221号执行案件中对诉争房屋的评估、拍卖等执行措施,并解除由被告江苏省建工集团有限公司(以下简称江苏建工集团)申请天津市高级人民法院作出的对该房屋的查封;2.诉讼费用由二被告承担。

被告江苏建工集团辩称,陈嘉并没有实际购买诉争房屋,购房款项也没有全部汇入中联公司的账户,中联公司没有开具发票,也没有与陈嘉签订商品房买卖合同,江苏建工集团对陈嘉与中联公司之间系商品房买卖合同关系的事实不予认可。请求驳回陈嘉的诉讼请求。

被告中联公司辩称,陈嘉与中联公司签订了房屋预定书并分三次交齐全部购房款,其中270万元的发票是正式的购房发票,另外的300万元是购房收据,虽然该300万元不是正式发票,但是并不影响其为购房款的性质。中联公司认为诉争房屋已出卖给陈嘉,陈嘉在诉争房屋被查封前已经实际办理了入住手续,实际占有该房屋并使用至今,该房屋应属于陈嘉所有。

法院经审理查明,2013 年 2 月 19 日,陈嘉与中联公司签订房屋预定书,约定:陈嘉预定购买诉争房屋,认购总房款为 570 万元。第三条约定:"本预定书不得用于证明乙方(陈嘉)对该认购房屋拥有所有权、使用权……"该房屋预定书签订当日,陈嘉向中联公司支付定金 60 万元,2013 年 4 月 1 日陈嘉向中联公司支付房款 210 万元,中联公司分别向陈嘉开具同等金额收据,并于 2013 年 3 月 31 日向陈嘉开具销售不动产统一发票一份,该发票备注处注明"总房款 5700000 累计已交 2700000"。2013 年 5 月 17 日,陈嘉向案外人天津海泽源房地产开发有限公司(以下简称海泽源公司)账户支付 300 万元。同日,中联公司向陈嘉开具收据一份(编号 0091377),载明"今收到陈嘉 12－2－401 交来房款人民币(大写)叁佰万元整"。海泽源公司 2013 年 5 月 31 日记账凭证记载"其他应付款/单位往来中联发展 3000000",中联公司 2013 年 5 月 31 日记账凭证记载"预收账款/梅江项目/售房款 12－2－401 陈嘉 3000000"。一审中,海泽源公司出具书面证明一份,表示陈嘉交纳 300 万元房款是由海泽源公司代收,财务按"其他应付款"记账,并称"此款项只作为我公司代天津中联发展有限公司收陈嘉的购房款,我公司与陈嘉无任何业务往来"。陈嘉于 2013 年 10 月 25 日向天津安和物业管理有限公司交纳 12－2－401 号房屋装修垃圾清运费、2013 年 10 月 25 日至 2014 年 10 月 24 日物业费等费用,并持有诉争房屋的自来水预付费智能卡、购电卡、电梯卡。中联公司当庭陈述,因其自身原因,至今未与陈嘉签订天津市商品房买卖合同,亦未办理房屋所有权转移登记手续。陈嘉及江苏建工集团对此事实均无异议。

另,江苏建工集团与中联公司建设工程施工合同纠纷案件,天津市高级人民法院于 2014 年 12 月 19 日作出(2014)津高民一初字第 0019 号民事判决书生效后,权利人江苏建工集团向天津市高级人民法院申请强制执行。在诉讼保全阶段,天津市高级人民法院于 2014 年 7 月 28 日查封了中联公司所有的坐落于天津市河西区九连山路与绥江道交口西南侧顺水园 12－2－401 号房屋。

2016 年 1 月 4 日,陈嘉在知悉诉争房屋即将进行拍卖的消息后提出执行异议,天津市第二中级人民法院作出(2016)津 02 执异 00001 号执行裁定书,以"现有证据不足以证明异议人陈嘉(原告)购买了该房产"为由,裁定驳回陈嘉的异议申请。陈嘉认为此裁定错误,向天津市第二中级人民法院提起案外人执行异议之诉。

裁判结果

天津市第二中级人民法院于 2016 年 11 月 21 日作出(2016)津 02 民初 100 号民事判决:一、停止在被告江苏建工集团与被告中联公司建设工程施工合同纠纷一案中对被告中联公司所有坐落于天津市河西区九连山路与绥江道交口西南侧顺水园 12－2－401 号房屋的执行;二、驳回原告陈嘉的其他诉讼请求。宣判后,江苏建工集团不服,提出上诉,请求:撤销(2016)津02民初100号民事判决,依法改判驳回陈嘉的诉讼请求。主要理由是:(一)一审法院认定陈嘉支付给案外人海泽源公司的300万元为诉争房屋购房款是错误的。陈嘉支付270万元购房款时,中联公司开具了发票,而该300万元却未开具相应的发票,有悖常理。而且,中联公司、海泽源公司仅以陈述和书面证明等证据支持陈嘉已全部支付购房款的主张,并未提供能够反映真实情况的财务记账凭证。(二)一审法院以中联公司自认为依据认定未办理房屋所有权转移登记手续并非陈嘉自身原因,与事实不符。而且,陈嘉完全可以通过诉讼等救济途径保护自身合法权益,其怠于行使权利也是过错。(三)一审判决适用法律错误。中联公司是房地产开发企业,诉争房屋属于登记在房地产开发企业名下的商品房,故对陈嘉执行异议的审查应当适用《最高人民法院关于人民法院办理执行异议和复议案件若干问题的规定》第二十九条的规定。一审判决适用该规定第二十八条错误。天津市高级人民法院于2017年5月12日作出(2017)津民终78号民事判决:驳回上诉,维持原判。

裁判理由

法院生效判决认为,本案系案外人执行异议之诉。二审争议焦点为:1.一审判决适用法律是否错误;2.陈嘉是否已经支付了全部购房款;3.陈嘉对未办理过户登记是否存在过错。

关于一审判决适用法律是否错误的问题,《最高人民法院关于人民法院办理执行异议和复议案件若干问题的规定》第二十八条是关于无过错不动产买受人物权期待权的保护条件,属于一般条款,对于所有类型的被执行人均适用;而第二十九条是关于房屋消费者物权期待权的保护条件,是专门针对作为房地产开发企业的被执行人而规定的特别条款。如果被执行人为房地产开发企业,且被执行的不动产为登记于其名下的商品房,同时符合了登记在被执行人名下的不动产与登记在被执行的房地产开发企业名下的商品房两种情形,则《最高人民法院关于人民法院办理执行异议和复议案件若干问题的规定》第二十八条与第二十九条适用上产生竞合,既可以适用特别条款也可以适用普通条款,并非能够适用第二十九条就自然排斥适用第二十八条。本案即属于此种情形。一审判决适用该司法解释第二十八条并不存在适用法律错误,江苏建工集团的该项上诉主张不能成立。

关于陈嘉是否已经支付全部购房款问题,该争议主要涉及陈嘉支付最后一笔款项300万元能否认定为系支付诉争房屋购房款的问题。一审期间,陈嘉提供的证据可以证明该300万元已于房屋预定书约定的付款期限内付至海泽源公司账户,当日中联公司向陈嘉出具收据,注明收到房款300万元。一审中,中联公司和海泽源公司均提交了本公司记账凭证、往来收据及书面证明,证明海泽源公司系代中联公司收取陈嘉购房款，并对代收原因作出了解释。江苏建工集团虽然对上述证据不予认可，并主张该300万元不能认定为诉争房屋购房款，但一、二审期间均未能针对上述证据提供足以反驳的相反证据，亦未举证证明陈嘉与海泽源公司、陈嘉与中联公司之间存在其他经济往来，或者陈嘉与中联公司、海泽源公司之间存在恶意串通、逃避履行债务等情形。故应当认定该300万元系陈嘉支付给中联公司的诉争房屋购房款。江苏建工集团的该项上诉主张，不能成立。

关于陈嘉对未办理过户登记是否存在过错的问题，一审期间，中联公司自认由于其自身原因，即未将陈嘉支付的购房款打入资金监管账户，导致未能办理诉争房屋过户登记手续。对此，江苏建工集团表示无异议。二审期间，江苏建工集团虽主张陈嘉对未办理过户登记存在过错，但又不能提供证据予以证明。而且，陈嘉作为普通消费者，并非法律专业人士，在提起执行异议之前未通过诉讼行使权利亦不能当然视为其存在过错。一审法院认定本案符合“非因买受人自身原因未办理过户登记”的情形，并无不当。江苏建工集团的该项上诉主张，理据不足，亦不能成立。

综上，现有证据可以证明陈嘉在人民法院查封诉争房屋之前已经签订合法有效的书面买卖合同，已合法占有诉争房屋，且已支付全部购房款，未办理过户登记亦非陈嘉自身原因所致，故应认定陈嘉对诉争房屋享有足以排除强制执行的民事权利。

陕西省高级人民法院第152号参考性案例

杨陆刚诉陕西建工第四建设集团有限公司、陕西百姓房地产开发有限公司案外人执行异议之诉案

——办理预告登记的权利人并不当然享有排除执行的民事权益

(陕西省高级人民法院审判委员会民事行政审判专业委员会
2020年第21次会议讨论通过)

关键词 借款合同 商品房买卖合同 预告登记 以房抵债

裁判要点

在民间借贷合同与商品房买卖合同并存情形下,债权人就同一款项已通过民间借贷诉讼主张了债权,在另案法院执行查封登记在开发商名下的案涉房屋后,又以其对该房屋办理了预告登记为由提起案外人执行异议之诉,主张排除强制执行的,需对民间借贷合同与商品房买卖合同二者之间的关系进行判断。商品房买卖合同是为民间借贷提供担保的,则应认定债权人未支付购房款,该预告登记所依附的商品房买卖合同实际未履行,债权人以其对案涉房屋办理了预告登记主张物权期待权从而排除强制执行的,不予支持。

相关法条

《中华人民共和国物权法》*第20条

《最高人民法院关于人民法院办理执行异议和复议案件若干问题的规定》第30条

《最高人民法院关于审理民间借贷案件适用法律若干问题的规定》第24条

《最高人民法院关于适用〈中华人民共和国民事诉讼法〉的解释》第311条

---

* 该法已失效。——编者注

案件索引

一审:渭南市中级人民法院(2018)陕05民初125号民事判决书(2019年9月29日)

二审:陕西省高级人民法院(2020)陕民终17号民事判决书(2020年5月28日)

再审:最高人民法院(2020)最高法民申4357号民事裁定书(2020年8月28日)

基本案情

陕西建工第四建设集团有限公司(以下简称陕四建公司)与陕西百姓房地产开发有限公司(以下简称百姓公司)建设工程施工合同纠纷一案,渭南市中级人民法院判决百姓公司支付陕四建公司工程款595万元;百姓公司返还陕四建公司工程款1618176元及相应利息。陕四建公司据此申请强制执行,渭南中院裁定查封被执行人百姓公司位于大荔县同州花园小区单元房26套(包含本案诉争的8套房屋:3-1-902、3-1-1002、3-2-201、3-2-301、3-2-401、3-1-502、3-2-501、3-2-1001),查封期限二年。该裁定书送达后,本案原告杨陆刚以查封裁定中涉及案外人的财产为由向渭南中院提出执行异议,该院作出(2018)陕05执异23号执行裁定,驳回案外人杨陆刚的异议请求。杨陆刚不服,提起案外人执行异议诉讼,主张其对大荔县同州花园3号楼的8套单元房依法办理了预告登记,根据《物权法》第二十条之规定,预告登记后未经权利人同意处分该不动产的,不发生物权效力。现该预告登记仍然合法有效,故原告对诉争单元房享有排他的权利,渭南中院查封该房屋是错误的,请求解除对大荔县同州花园3号楼上述8套单元房的查封措施,并不得执行。

另查明,2013年7月2日,案外人冯文政、睢美侠因房地产开发需要资金周转,向原告杨陆刚借款300万元,期限自2013年7月2日至2014年1月1日止。借款人到期未还款,2014年9月18日,冯文政、睢美侠以百姓公司名义与杨陆刚签订了19份商品房买卖合同,百姓公司向杨陆刚出具了房款300万元的收款收据。同年9月25日,双方到大荔县房产管理部门办理了预告登记,领取了19份房屋预告登记证明,其中包含本案所涉8套商品房。杨陆刚于2016年以民间借贷纠纷为由向大荔县人民法院起诉睢美侠、冯文政、百姓公司等,请求偿还上述300万元借款及利息。大荔县人民法院经审理认为:“借款期满后,原告与被告百姓公司签订19套商品房买卖合同,该商品房买卖合同是为了担保债权的实现,符合法律规定,按照《最高人民法院关于审理民间借贷案件适用法律若干问题的规定》第二十四条规定,原告在被告冯文政、睢美侠不履行生效判决确定的金钱义务,可以申请拍卖合同标的物，以偿还债务。”遂判决被告冯文政、睢美侠偿还原告杨陆刚借款本金2765800元及逾期利息，若被告冯文政、睢美侠不履行本判决确定的金钱债务，原告杨陆刚可以依据本判决，申请强制执行买卖合同标的物同州花园3－1－302号等19套房屋。冯文政、睢美侠不服，提出上诉，渭南中院作出(2017)陕05民终2320号民事判决，驳回上诉，维持原判。2018年3月杨陆刚依据该判决向大荔县人民法院申请执行，该院经两次拍卖流拍后作出执行裁定：解除对位于大荔县同州花园3－1－302、3－1－802、3－1－1202、5－1－702号房产的查封；将上述4套房产作价1114470元，交付申请执行人杨陆刚抵偿案件款。

裁判结果

渭南市中级人民法院2019年9月29日作出(2018)陕05民初125号民事判决：不得执行大荔县同州花园3号楼3－1－902、3－1－1002、3－2－201、3－2－301、3－2－401、3－1－502、3－2－501、3－2－1001号单元房。宣判后，陕四建公司提出上诉。

陕西省高级人民法院于2020年5月28日作出(2020)陕民终17号民事判决：一、撤销渭南市中级人民法院(2018)陕05民初125号民事判决；二、驳回杨陆刚的诉讼请求。

宣判后，杨陆刚申请再审，最高人民法院于2020年8月28日作出(2020)最高法民申4357号民事裁定：驳回杨陆刚的再审申请。

裁判理由

渭南市中级人民法院一审认为，本案涉诉房屋杨陆刚已经办理了预告登记，预告登记的效力在于使权利人获得一种预先的排他性保全，未经预告登记权利人同意所作出的处分行为，不发生物权效力；能否对抗人民法院的强制执行行为，主要根据《最高人民法院关于人民法院办理执行异议和复议案件若干问题的规定》第三十条之规定审查。审查重点应是是否符合物权登记的条件，本案因实际开发人逃跑，工程未达到竣工验收条件，无法办理物权登记，故本案虽未进行物权登记但受让人杨陆刚对此并无过错，其请求排除强制执行，应予支持。

陕西省高级人民法院二审认为，本案争议的焦点问题是杨陆刚对案涉房屋是否享有足以排除强制执行的民事权益。

根据《最高人民法院关于适用〈中华人民共和国民事诉讼法〉的解释》第三百一十一条、第三百一十二条的规定，案外人执行异议之诉是以排除对特定标的物的执行行为为目的，审理中应当首先查明案外人对执行标的物是否享有权利、享有何种民事权利，进而综合判断案外人所享有的权利能否排除对诉争房屋的强制执行。

第一，关于杨陆刚对人民法院查封诉争房屋享有权利的性质。杨陆刚与睢美侠、冯文政、百姓公司等民间借贷纠纷案一审民事判决书认定的借款本金为2765800元,并明确认定案涉商品房买卖合同是为了担保债权的实现,若被告冯文政、睢美侠不履行本判决确定的金钱债务,原告杨陆刚可以依据本判决,申请强制执行买卖合同标的物。该判决确定了杨陆刚对冯文政、睢美侠享有借款及利息债权,并可以申请执行案涉房屋。所依据的法律是《最高人民法院关于审理民间借贷案件适用法律若干问题的规定》第二十四条规定:“当事人以签订买卖合同作为民间借贷合同的担保,借款到期后借款人不能还款,出借人请求履行买卖合同的,人民法院应当按照民间借贷法律关系审理,并向当事人释明变更诉讼请求。当事人拒绝变更的,人民法院裁定驳回起诉。按照民间借贷法律关系审理作出的判决生效后,借款人不履行生效判决确定的金钱债务,出借人可以申请拍卖买卖合同标的物,以偿还债务。就拍卖所得的价款与应偿还借款本息之间的差额,借款人或者出借人有权主张返还或补偿。”该生效判决已经明确认定杨陆刚与百姓房地产公司签订的商品房买卖合同是为民间借贷提供的房屋担保,因而,本案应认定案涉房屋买卖合同的性质是为民间借贷提供的担保。

第二,关于杨陆刚对案涉房产是否享有足以排除执行的民事权益。杨陆刚对案涉房屋办理了预购商品房预告登记。预告登记所登记的,不是不动产物权,而是目的在于将来发生不动产物权变动的请求权。《中华人民共和国物权法》第二十条规定:“当事人签订买卖房屋或者其他不动产物权的协议,为保障将来实现物权,按照约定可以向登记机构申请预告登记。预告登记后,未经预告登记的权利人同意,处分该不动产的,不发生物权效力。预告登记后,债权消灭或者自能够进行不动产登记之日起三个月内未申请登记的,预告登记失效。”该规定是对真实的不动产交易买受人的保护。本案中,杨陆刚在渭南中院查封案涉房屋之前与百姓房地产公司签订了案涉房屋商品房买卖合同,但因其并未支付房屋价款,也未实际占有案涉房屋,且其在先已经主张民间借贷债权,并经生效判决确定其对案涉房屋享有一般债权。杨陆刚在本案中主张案涉商品房买卖合同是其与冯文政、睢美侠借款到期后,双方经过结算达成以房抵债的房屋买卖关系。因以物抵债协议成立要件之一就是债权人与债务人达成以物抵债协议后,原来的债务随之减少或者消灭。但杨陆刚在该民间借贷案件中主张了债权,并经生效判决确定其对案涉房屋享有一般债权,双方的债权债务并未减少,杨陆刚主张的以房抵债关系因无证据证明其原借款减少或消灭而不能成立。

《最高人民法院关于人民法院办理执行异议和复议案件若干问题的规定》第三十条,即“金钱债权执行中,对被查封的办理了受让物权预告登记的不动产,受让人提出停止处分异议的,人民法院应予支持;符合物权登记条件,受让人提出排除执行异议的,应予支持”,规定了金钱债权执行中,预告登记权利人提出案外人异议的审查规则。预告登记的权利人对不动产享有的是物权期待权并未完成本登记,未取得不动产所有权。该司法解释对预告登记权利人提出的案外人异议区分了两种情况:一是如果受让人请求停止处分不动产,因预告登记的目的就是排除包括强制执行在内的处分行为,人民法院对停止处分的异议请求应予支持;二是如果受让人请求排除人民法院查封则应审查其是否符合取得物权的条件,如果符合,则受让人应确定无疑地取得不动产物权,人民法院应当解除查封。本案杨陆刚在一审的诉讼请求是解除对案涉房屋的查封,并不得执行。那么,其应当证明其符合取得案涉房屋物权的条件,可以确定地取得不动产物权,则人民法院对其异议请求应予支持,将相关执行措施予以解除,以利于受让人办理物权登记。事实上,杨陆刚在先主张了债权,并获得生效判决,且已经申请强制执行,并已经大荔县法院强制执行拍卖了预告登记的其中4套房屋,实现了部分债权。现杨陆刚主张房屋买受人的权利与其在先主张债权相悖,即其已主张债权,就意味着未支付购房款,也就不能确定地取得案涉房屋。因此,杨陆刚对案涉房屋并不享有足以排除强制执行的民事权利。

综上所述,上诉人陕四建公司的上诉请求成立,应予支持。一审判决认定基本事实清楚,但适用法律有误,应予纠正。

最高人民法院经审查认为,本案为再审审查案件,应当围绕再审申请人的再审事由进行审查。杨陆刚依照《中华人民共和国民事诉讼法》第二百条第(一)项、第(六)项规定申请再审。故本院仅围绕本案是否有新证据足以推翻原判决、原审判决适用法律是否错误进行审查。

关于本案是否有新证据足以推翻原判决问题。杨陆刚申请再审提交了某民事判决和某执行异议之诉案件观点作为新证据,拟证明本案存在同案不同判情况进而推翻原判决。对此,本院审查认为,上述材料并未涉及本案相关事实,与本案缺乏关联性,不能作为推翻本案原判决的依据。杨陆刚该申请再审事由不成立。

关于原判决适用法律是否确有错误问题。首先,杨陆刚在签订以物抵债型房屋买卖合同并办理房屋预告登记后,先以另案诉讼方式选择了该合同基础的民间借贷法律关系主张权利。根据杨陆刚的诉讼请求,在另案生效判决已将杨陆刚与冯文政、雎美侠、百姓房地产公司之间确认为民间借贷法律关系,并判决确认了相应债权债务之后,杨陆刚又以房屋买卖合同关系就同一债权债务在本案诉讼中主张房屋买受人权利。因案涉债权债务已为此前生效判决确认,意味着房屋买卖合同中买受人的付款义务未履行,百姓房地产公司亦未实际收到购房款,故杨陆刚又以预告登记为由主张房屋买受人权利及抵销权,缺乏事实根据。其次,另案生效判决确定杨陆刚对案涉房屋的权利为具有担保性质的一般债权,并不具有优先性,与陕四建公司的债权属于同一顺位。因陕四建公司首先申请查封案涉房屋,而杨陆刚的权益不足以排除强制执行,故二审判决未支持杨陆刚的诉讼请求,并无不当。最后,案外人执行异议之诉是针对执行标的本身,以案外人是否对执行标的享有足以阻却执行的正当权利为前提,就执行程序应否继续,作出评价和判断。关于百姓房地产公司是否还有其他财产可供执行,以及作为执行依据的生效裁判是否妥当,陕四建公司是否未通过执行程序处分案涉财产,均不属于本案审理范围,本院不予审查。

综上,杨陆刚的再审申请不符合《中华人民共和国民事诉讼法》第二百条第(一)项、第(六)项规定的情形。

江西省高级人民法院第2号参考性案例

熊胜华诉谢小毛、熊雪华、孙金亮、抚州市临川房屋建筑工程公司及第三人江西和合房地产开发经营有限公司案外人执行异议之诉案

(江西省高级人民法院审判委员会讨论通过　2021年11月22日发布)

关键词　民事　抵押权　物权期待权　权利顺位　案外人执行异议之诉

裁判要点

1. 抵押权人依据生效裁判对其优先受偿客体抵押物申请强制执行,案外人提起执行异议之诉,未明确是否对执行依据有异议时,若案外人对抵押物的权利成立于执行依据作出之后则不属对执行依据的异议,应适用案外人执行异议之诉程序;若案外人对抵押物的权利成立于执行依据作出之前,其对抵押权的成立提出异议属于对执行依据的异议,其未明确是否对执行依据或抵押权的成立有异议时,法官应行使释明权以明确案外人对执行依据是否有异议。案外人仅以其权利优先于抵押权为由主张排除强制执行,适用案外人执行异议之诉程序。

2. 基于对商品房消费者生存利益的保护,商品房消费者物权期待权优先于抵押权并可排除对抵押物的强制执行。一般不动产购房人的物权期待权不涉及生存利益的保护,不能排除对抵押物的强制执行。以房抵债消灭的是金钱债权,以房抵债购房人为债权人,除非能证明其属于商品房消费者,根据物权优先于债权的原则,以房抵债购房人的权利不能排除对抵押物的执行。

相关法条

《中华人民共和国民事诉讼法》第227条

《最高人民法院关于适用〈中华人民共和国民事诉讼法〉的解释》第464条

《中华人民共和国消费者权益保护法》第2条

《最高人民法院关于人民法院办理执行异议和复议案件若干问题的规定》第6

条第2款、第27条、第28条、第29条

《最高人民法院关于建设工程价款优先受偿权问题的批复》第1条、第2条

基本案情

招商银行股份有限公司南昌象山南路支行(以下简称招行象山南路支行)与抚州市临川房屋建筑工程公司(以下简称临川房建公司)、江西和合房地产开发经营有限公司(以下简称和合公司)、陈朝明金融借款合同纠纷一案,因招行象山南路支行申请诉讼保全,南昌市中级人民法院作出(2014)洪民二初字第797-1号民事裁定,于2014年12月17日对和合公司的抵押物,即南昌市青云谱区三店西路以北778号和顺象湖大厦第一、五、十、十三、十四层房产(在建工程)及证号为洪土国用登青(2010)第739号的国有土地使用权进行了查封,后又续封了三年。2015年5月4日,该院作出(2014)洪民二初字第797号民事判决,判令临川房建公司在判决生效后十日内向招行象山南路支行归还借款本金及利息,并确认招行象山南路支行有权通过对和合公司用于抵押的南昌市青云谱区三店西路以北778号和顺象湖大厦(非住宅一、五、十、十三、十四)在建工程折价或者拍卖、变卖款项优先受偿。招行象山南路支行于2017年9月25日向法院申请执行,后因债权发生转让,执行法院裁定变更谢小毛、熊雪华、孙金亮为申请执行人。2017年12月18日,执行法院作出拍卖、变卖抵押物的执行裁定。在执行过程中,熊胜华向法院提出书面异议,但于2018年6月12日被裁定驳回。熊胜华遂提起本案执行异议之诉。本案审理期间,和顺象湖大厦第一、五、十、十三、十四层房产经执行法院组织拍卖,于2018年9月30日由谢小毛、熊雪华、孙金亮竞买成功,成交价3600万元。2018年10月11日,执行法院向南昌市房管局、南昌市不动产登记中心发出协助执行通知书。

2007年12月13日,熊胜华与和合公司签订联合开发协议,约定双方联合开发诉争房屋所属地块,熊胜华投入300万元用于支付土地竞买投标保证金,和合公司负责其他一切费用;熊胜华在整个联合开发的工程中不占具体比例份额,现金投入用于熊胜华购买和合公司开发完成的大楼部分房屋;若和合公司未依约售房,熊胜华将参与和合公司的利润分配,和合公司除支付熊胜华本金外,另支付1000万元作为联合开发的利润给熊胜华。2007年12月16日,熊胜华向和合公司转款300万元。2011年8月18日,双方签订商品房购房合同,约定和合公司将一层5-7轴AD、二层4-7轴AD、3-4轴CD号房出售给熊胜华;房屋用途为商业;分期付款,第一次付300万元(用联合开发协议的保证金冲抵购房款),第二次办好购房协议房管部门备案后付余款70%,第三次交房时付余款10%,剩余办好产权证时一次性付清。当日,双方签订购房补充条款,约定一楼、二楼不参与分红价分别为每平方米9000元、4500元,不计公摊面积,合计总价4992930元;若和合公司在大楼竣工后不

交房,愿将整个大楼50%红利分给熊胜华。2013年4月12日,和合公司取得诉争房屋即和顺象湖大厦综合楼(商业、写字楼)的商品房预售许可证。2016年6月,熊胜华将诉争房产租赁给他人。2016年12月5日,南昌市青云谱区人民法院就双方的房屋买卖合同纠纷案作出(2016)赣0104民初865号民事判决,确认双方签订的商品房购房合同及购房补充条款中关于一楼面积为261.52平方米的购房协议有效,驳回熊胜华的其他诉讼请求。

裁判结果

江西省南昌市中级人民法院于2019年8月20日作出(2018)赣01民初275号民事判决,驳回熊胜华的诉讼请求。宣判后,熊胜华不服,提起上诉。江西省高级人民法院于2020年5月25日作出(2020)赣民终397号民事判决,驳回上诉,维持原判。

裁判理由

法院生效裁判认为,本案主要争议焦点为:

一、关于本案是否符合案外人执行异议之诉的受理条件

熊胜华主张对诉争房产享有排除强制执行的民事权益,而诉争房产属于生效民事判决确认的债权人享有优先受偿权的抵押财产的一部分。由此可见,本案中案外人主张享有民事权益的财产与作为执行依据的生效裁判确认的债权人享有抵押权的执行标的存在关联。但是,在本案二审中,熊胜华最终表示其对作为执行依据的生效裁判没有异议,而是认为申请执行人对在建工程的抵押权不能对抗其作为商品房消费者的权利。因此,本案不应通过审判监督程序解决,而应通过案外人执行异议之诉程序解决。

熊雪华、孙金亮、谢小毛在二审中辩称诉争房产已经于2018年9月30日由其竞买成功,且执行法院已于2018年10月11日向南昌市房管局、南昌市不动产登记中心发出协助执行通知书,案涉房产已经执行完毕,本案不属于案外人执行异议之诉的受理范围。对此,根据《中华人民共和国民事诉讼法》第二百二十七条规定,提出案外人异议应在"执行过程"中。关于如何理解"执行过程中",相关司法解释作出了规定。《最高人民法院关于适用〈中华人民共和国民事诉讼法〉的解释》第四百六十四条规定:"根据民事诉讼法第二百二十七条规定,案外人对执行标的提出异议的,应当在该执行标的执行程序终结前提出。"《最高人民法院关于人民法院办理执行异议和复议案件若干问题的规定》第六条第二款规定:"案外人依照民事诉讼法第二百二十七条规定提出异议的,应当在异议指向的执行标的执行终结之前提出;执行标的由当事人受让的,应当在执行程序终结之前提出。"因本案执行标的由执行当事人受让,故熊胜华在执行程序终结前均可提出案外人执行异议。当前,无

证据证明本案执行程序已经终结。且根据一审立案审查、审判流程管理信息表,熊胜华提起本案诉讼的时间为2018年7月16日。另根据一审法院查明的事实,熊胜华提出的执行异议于2018年6月12日被一审法院裁定驳回,故熊胜华提起案外人执行异议的时间应在2018年6月12日之前,其提出案外人执行异议时诉争标的尚未执行完毕。执行法院在熊胜华提出案外人执行异议之诉后继续执行是由于申请执行人提供了执行担保,故熊胜华提出案外人执行异议并未超出法定的期限。综上,本案符合案外人执行异议之诉的受理条件。

二、关于熊胜华对诉争房屋是否享有排除强制执行的民事权益

熊胜华虽与和合公司在人民法院查封前签订了购房合同,且合同经生效裁判确认有效,但熊胜华并未取得物权。其享有的请求和合公司交付诉争房屋及办理过户登记的权利,性质为债权。熊胜华与和合公司签订购房合同的时间2011年8月18日虽早于抵押合同的签订时间,但这并不意味着其享有的债权能优先于抵押权。招行象山南路支行对诉争标的物的抵押权已经登记设立,并已发生公示公信效力。且生效裁判已确认招行象山南路支行就抵押物拍卖、变卖或折价价款有权优先受偿。申请执行人谢小毛、熊雪华、孙金亮因受让诉争债权而享有原债权人招行象山南路支行对诉争标的物的抵押权。至于谢小毛、熊雪华、孙金亮从招行象山南路支行受让债权的合法性问题已经生效裁定审查确认,不属于本案案外人执行异议之诉的审查范围。根据《最高人民法院关于人民法院办理执行异议和复议案件若干问题的规定》第二十七条,申请执行人对执行标的依法享有对抗案外人的担保物权等优先受偿权,人民法院对案外人提出的排除执行异议不予支持,除法律、司法解释另有规定的外。法律、司法解释的例外规定体现在对商品房消费者权益的保护方面。《最高人民法院关于建设工程价款优先受偿权问题的批复》* 第二条规定:“消费者交付购买商品房的全部或者大部分款项后,承包人就该商品房享有的工程价款优先受偿权不得对抗买受人。”另根据该批复第一条的规定,建筑工程承包人的优先受偿权优先于抵押权和其他债权。因此,商品房消费者的物权期待权优先于抵押权。《最高人民法院关于人民法院办理执行异议和复议案件若干问题的规定》第二十九条规定:“金钱债权执行中,买受人对登记在被执行的房地产开发企业名下的商品房提出异议,符合下列情形且其权利能够排除执行的,人民法院应予支持:(一)在人民法院查封之前已签订合法有效的书面买卖合同;(二)所购商品房系用于居住且买受人名下无其他用于居住的房屋;(三)已支付的价款超过合同约定总价款的百分之五十。”由此可见,在特定情形下,商品房消费者的物权期待

---

* 该法已失效。——编者注

权可以排除强制执行。但本案中熊胜华并非商品房消费者。首先,根据熊胜华与和合公司2007年12月13日签订的联合开发协议及2011年8月18日签订的商品房购房合同,双方约定熊胜华购买诉争房屋是熊胜华分享投资收益的一种方式,且熊胜华不承担合作开发的风险,熊胜华与和合公司存在名为合伙实为借贷的法律关系,双方签订商品房买卖合同实为以物抵债。其次,根据《中华人民共和国消费者权益保护法》第二条,消费者为生活消费需要购买、使用商品或者接受服务,其权益受消费者权益保护法保护。因此,购买商品房的人必须是为生活消费,才属于消费者,本案中,熊胜华将诉争房屋租赁给他人使用,其购买诉争房屋并非用于居住,而是用于经营。综上所述,熊胜华依据《最高人民法院关于建设工程价款优先受偿权问题的批复》主张其享有优先于本案债权人享有的抵押权,理由不成立,不予支持。本案也不符合《最高人民法院关于人民法院办理执行异议和复议案件若干问题的规定》第二十九条规定的排除强制执行的情形。

本案诉争房屋虽未办理初始登记,但实由房地产开发企业和合公司开发建设,属于和合公司名下的财产。一审法院适用《最高人民法院关于人民法院办理执行异议和复议案件若干问题的规定》第二十八条之规定,并无不当,且本案不符合该条规定的排除强制执行的情形。该条规定:"金钱债权执行中,买受人对登记在被执行人名下的不动产提出异议,符合下列情形且其权利能够排除执行的,人民法院应予支持:(一)在人民法院查封之前已签订合法有效的书面买卖合同;(二)在人民法院查封之前已合法占有该不动产;(三)已支付全部价款,或者已按照合同约定支付部分价款且将剩余价款按照人民法院的要求交付执行;(四)非因买受人自身原因未办理过户登记。"该条规定的四个条件必须同时具备才能排除执行。本案中,熊胜华提供的证据虽能证明2016年6月其将诉争房产租赁给他人使用,但不能证明2014年12月17日法院查封前其已合法占有诉争房产。另外,熊胜华在购买诉争房屋时和合公司尚未取得商品房预售许可证,且根据熊胜华在上诉状中的陈述,本案诉争房屋一楼备案为一个房号,被分割出售给多人,但分割并未取得行政部门审批和备案,故熊胜华对于诉争房屋不能办理过户登记的风险应能够预知,对诉争房屋未办理过户登记,其自身存在过错。综上所述,熊胜华的上诉理由不成立,对其上诉请求不予支持。原审判决认定事实清楚,适用法律正确,应予维持。

(生效裁判审判人员:彭海鹏、吴玉萍、李平)

四川省高级人民法院参考性案例

管淑群申请执行复议案

——案外人提起的执行异议之诉被驳回后，再以利害关系人身份提出同一异议请求的，人民法院不予受理

（四川省高级人民法院审判委员会讨论通过 2022年3月9日发布）

关键词 执行异议 案外人异议 利害关系人异议 同一异议请求 不予受理

裁判规则

案外人提起的执行异议之诉被驳回后，再以利害关系人身份提出同一异议请求的，人民法院不予受理；已经受理的，裁定驳回异议申请。

相关法条

《中华人民共和国民事诉讼法》第232条、第234条（本案适用2017年修改的《中华人民共和国民事诉讼法》第225条、第227条）

《最高人民法院关于人民法院办理执行异议和复议案件若干问题的规定》第2条、第15条、第23条第1款第2项

案件索引

执行异议：四川省乐山市中级人民法院（2021）川11执异2号（2021年1月22日）

执行复议：四川省高级人民法院（2021）川执复158号（2021年4月29日）

基本案情

四川省乐山市中级人民法院（以下简称乐山中院）在执行李学明与李仲华民间借贷纠纷一案中，冻结了李仲华在大唐雅安水电开发有限公司30%的股权。管淑群向乐山中院提出异议，认为其与李仲华2012年离婚，应分得15%的股权，法院不得执行管淑群所有的一半股权，故请求解除对其所有的股权的冻结。乐山中院认

为管淑群提供的证据不足,依照《中华人民共和国民事诉讼法》第227条①、《最高人民法院关于人民法院办理执行异议和复议案件若干问题的规定》(以下简称《规定》)第17条第1项,裁定驳回其异议请求。

管淑群遂提起案外人执行异议之诉,乐山中院支持其诉讼请求。申请执行人李学明不服一审判决,提起上诉。四川省高级人民法院经审理,于2018年7月27日作出(2018)川民终152号民事判决:"一、维持乐山中院(2017)川11民初59号民事判决第一项,即'确认大唐公司股东李仲华名下15%的股权属于管淑群所有';二、撤销乐山中院(2017)川11民初59号民事判决第二项,即'停止对管淑群在大唐公司15%股权的执行';三、驳回管淑群的其他诉讼请求。"

管淑群又向乐山中院提出执行异议,认为(2018)川民终152号生效判决已确认李仲华名下15%的股权属其所有,乐山中院继续冻结管淑群所有的股权错误,要求解除对其股权的冻结。

裁判结果

乐山中院于2021年1月22日作出(2021)川11执异2号执行裁定:驳回管淑群的异议请求。

管淑群不服,向四川省高级人民法院申请复议。四川省高级人民法院于2021年4月29日作出(2021)川执复158号执行裁定:一、撤销乐山中院(2021)川11执异2号裁定;二、驳回管淑群的异议申请。

裁判理由

管淑群就乐山中院冻结李仲华在大唐雅安水电开发有限公司享有的30%的股权提出异议被驳回后,管淑群提起案外人执行异议之诉,并经四川省高级人民法院(2018)川民终152号终审判决。该终审判决虽然确认管淑群对被冻结的李仲华名下30%股权享有一半权利,但同时认定李仲华对李学明的借款为夫妻关系存续期间的共同债务,管淑群应对该债务承担连带责任,驳回了管淑群要求停止对其在大唐雅安水电开发有限公司15%股权执行的诉讼请求。管淑群如对该终审判决仍不服,法定救济途径为申请再审,而不是再次就执行法院股权查封行为提起执行异议。《规定》第二条第一款规定:"执行异议符合民事诉讼法第二百二十五条或者第二百二十七条规定条件的,人民法院应当在三日内立案,并在立案后三日内通知异议人和相关当事人。不符合受理条件的,裁定不予受理;立案后发现不符合受理条件的,裁定驳回申请。"据此,乐山中院在立案受理管淑群提出的异议申请后,发现

① 本案适用的是2017年修改的《中华人民共和国民事诉讼法》。

其异议不符合受理条件,应当依法驳回其异议申请。乐山中院将裁定主文错误表述为“驳回管淑群的异议请求”,混淆了异议申请与异议请求,应予纠正。

（推荐单位:四川省高级人民法院执行局

推荐人:四川省高级人民法院执行局　周　磊　王长军

编写人:四川省高级人民法院执行局　周　磊　王长军）

【典型案例】

人民法院大力弘扬社会主义核心价值观典型民事案例(第一批)

2020年5月13日,最高人民法院举行新闻发布会,发布人民法院大力弘扬社会主义核心价值观十大典型民事案例。最高人民法院民一庭庭长郑学林、最高人民法院民一庭副庭长刘敏、最高人民法院民一庭审判员潘杰出席发布会并介绍相关情况。最高人民法院新闻发言人李广宇主持发布会。

社会主义核心价值观是社会主义核心价值体系的内核,是社会主义法治建设的灵魂。把社会主义核心价值观融入法治建设,是坚持依法治国和以德治国相结合的必然要求,是加强社会主义核心价值观的重要途径。党的十八大以来,习近平总书记多次就培育和践行社会主义核心价值观作出重要论述、提出明确要求。习近平总书记指出,社会主义核心价值观承载着一个民族、一个国家的精神追求,体现着一个社会评判是非曲直的价值标准。构建具有强大感召力的社会主义核心价值观,关系社会和谐稳定,关系国家长治久安。要在全社会大力弘扬和践行社会主义核心价值观,使之像空气一样无处不在、无时不有,成为全体人民的共同价值追求,成为我们生而为中国人的独特精神支柱,成为百姓日用而不觉的行为准则……人民法院作为国家审判机关,担负着执法办案、定分止争、惩恶扬善、维护正义的神圣使命,用司法公正引领社会公正,是人民法院义不容辞的职责使命。

五年来,最高人民法院党组深入学习、坚决贯彻落实党中央决策部署和习近平总书记关于培育和践行社会主义核心价值观的重要论述,始终坚持将司法为民、公正司法与大力弘扬社会主义核心价值观有机结合,十分注重在司法裁判中体现鲜明价值导向,使符合社会主义核心价值观的行为得到倡导和鼓励,违背社会主义核心价值观的行为受到制约和惩处,以公正裁判树立行为规则,引领社会新风尚,促进人民在理想信念、价值理念、道德观念上紧紧团结在一起,为推动法治中国、平安中国建设和发展发挥有力司法服务和保障作用。

一是狠抓制度建设,确保工作实效。2015年10月12日,最高人民法院发布

《关于在人民法院工作中培育和践行社会主义核心价值观的若干意见》,要求各级人民法院必须始终坚持党的领导,以人民法院的全部工作承担起倡导社会主义核心价值观的责任。该意见以努力实现富强、民主、文明、和谐的价值目标,努力追求自由、平等、公正、法治的价值取向,努力践行爱国、敬业、诚信、友善的价值准则为主要内容,涵盖了人民法院培育和践行社会主义核心价值观的指导思想、基本原则和目标任务等方面的内容,对全国各级人民法院开展社会主义核心价值观建设进行了系统全面部署。2018 年 9 月 18 日,为贯彻落实中央关于社会主义核心价值观融入法治建设的要求,最高人民法院制定发布了《关于在司法解释中全面贯彻社会主义核心价值观的工作规划(2018－2023)》(以下简称《规划》),《规划》明确要以习近平新时代中国特色社会主义思想为指导,坚持全面依法治国,坚持社会主义核心价值体系,坚持党的领导、司法为民,坚持问题导向、价值引领、统筹推进等五项原则,把社会主义核心价值观融入司法解释立项、起草、论证、修改、补充、废止等各项工作中,确保司法解释导向鲜明、要求明确、措施有力,为全面依法治国提供坚实制度保障。《规划》为做好司法解释工作提供了价值指引。

二是精准对接立法,科学对下指导。《中华人民共和国民法总则》(已失效)立足中国国情,明确了弘扬社会主义核心价值观的立法宗旨。最高人民法院于 2017 年 4 月 20 日下发《关于认真学习和贯彻〈中华人民共和国民法总则〉的通知》(以下简称《通知》),要求各级人民法院应当通过审判和执行活动,以案讲法,并注意通过多种形式,广泛宣传民法总则及其颁布施行的重要意义,大力弘扬社会主义核心价值观。《通知》将弘扬社会主义核心价值观与民法总则的宣传学习有机结合,对宣传民法精神以及指导司法审判实践起到积极作用。2018 年 4 月 27 日,《中华人民共和国英雄烈士保护法》经全国人大常委会审议通过,《英雄烈士保护法》是为加强对英雄烈士的保护,维护社会公共利益,传承和弘扬英雄烈士精神、爱国主义精神制定的一部重要法律。2018 年 5 月 8 日,最高人民法院迅速下发通知,要求各级人民法院认真学习宣传贯彻《中华人民共和国英雄烈士保护法》,加强对英雄烈士的全面保护,依法惩处侵害英雄烈士权益、亵渎英雄烈士形象等违法行为。2019 年 12 月 1 日,新修订的《中华人民共和国药品管理法》和颁布的《中华人民共和国疫苗管理法》正式施行,这两部法律坚持以人民健康为中心,致力于解决不适应人民群众健康需求、阻碍医药事业发展的突出问题,其颁布实施具有里程碑意义。为实现良法善治,最高人民法院于 2019 年 12 月 12 日及时下发《关于认真做好〈中华人民共和国疫苗管理法〉〈中华人民共和国药品管理法〉(修订)学习贯彻工作的通知》,要求各级人民法院密切联系审判工作实际,严格落实“四个最严”要求,依法严厉打击疫苗、药品违法犯罪行为,强化行政审判对行政执法的监督规范,正确适用民事赔偿首付责任制、惩罚性赔偿等制度严厉制裁生产者、经营者的违法违规行为,充分维护消费者合法权益,切实保障人民健康。上述举措,传递了以司法手段维护和弘扬社会主义核心价值观的鲜明价值导向,体现了司法与立法的良性互动。

三是强化示范引领,弘扬良好风尚。2016年3月8日和8月22日,最高人民法院先后发布两批弘扬社会主义核心价值观的典型案例,这些案例涵盖民事、行政、刑事审判及执行领域,内容涉及家庭美德、社会公德、公序良俗、友善互助、诚实信用、环境保护等各个方面,通过这些典型案例的释法说理弘扬真善美、鞭笞假丑恶,引起良好社会反响。2016年10月19日,即在《英雄烈士保护法》制定之前,最高人民法院以案例指导方式聚焦英烈权益保护,发布人民法院依法保护英雄人物合法权益的5个典型案例,对诋毁、侮辱、诽谤英雄人物人格,丑化英雄人物形象的行为进行有效遏制,积极引导社会公众崇尚英雄、捍卫英雄、学习英雄、关爱英雄,获得广大群众一致称赞。

社会主义核心价值观与中华民族优秀传统文化同符合契,与民法的平等、诚信、公序良俗等原则息息相通。人民法院的传统民事审判,相较其他类型的审判工作,更加强调诚实信用原则的适用,更加重视个案中的社会伦理评价,更加注重实质公平与追求和谐。因此,民事审判工作是培育和践行社会主义核心价值观的重要阵地。新时期,面对世界范围思想文化交流交融交锋形势下价值观较量的新态势,面对改革开放和发展社会主义市场经济条件下思想意识多元多样多变的新特点,民事审判工作在多元价值评判、复杂利益平衡以及社会主义核心价值观培育、引领、践行等方面面临不小的挑战。全国各级人民法院坚守“公正司法、司法为民”的初心使命,不断提升审判工作质效和司法服务水平,在民事审判领域充分发挥“用司法公正引领社会公正”的职能作用,涌现出许多弘扬社会主义核心价值观的优秀案例。此次发布的10件大力弘扬社会主义核心价值观典型民事案例,是2018年以来发生法律效力的、广受社会关注和舆论赞誉的生动案例,分别从英烈保护、见义勇为、公序良俗、诚信友善、孝老爱亲等不同方面体现和弘扬了社会主义核心价值观的目标、导向和准则,以小案例讲述大道理,引领时代新风尚。

2020年是全面建成小康社会和“十三五”规划收官之年,人民法院继续做好社会主义核心价值观建设意义重大。各级人民法院将深入贯彻落实党的十九大和十九届二中、三中、四中全会以及中央政法工作会议精神,以习近平新时代中国特色社会主义思想武装头脑、指导实践、推动工作,持之以恒、久久为功,通过公正高效权威的司法裁判,教育引导社会公众增强对社会主义核心价值观的内心认同,让崇尚和践行社会主义核心价值观成为人民群众的自觉行动和全体社会的良好风尚,为实现经济持续健康发展和社会大局稳定,推动建设更高水平的平安中国和法治中国，全面建成小康社会，提供有力司法服务和保障。

案例目录

案例一

董存瑞、黄继光英雄烈士名誉权纠纷公益诉讼案

——杭州市西湖区人民检察院诉瞿某某侵害烈士名誉权公益诉讼案

核心价值：革命英烈保护

一、基本案情

瞿某某在其经营的网络店铺中出售两款贴画，一款印有"董存瑞舍身炸碉

堡”形象及显著文字“连长 你骗我！两面都有胶!!”,另一款印有“黄继光舍身堵机枪口”形象及显著文字“为了妹子,哥愿意往火坑跳!”。杭州市某居民在该店购买了上述印有董存瑞、黄继光宣传形象及配文的贴画后,认为案涉网店经营者侵害了董存瑞、黄继光的名誉并伤害了其爱国情感,遂向杭州市西湖区检察院举报。

西湖区检察院发布公告通知董存瑞、黄继光近亲属提起民事诉讼。公告期满后,无符合条件的原告起诉,西湖区检察院遂向杭州互联网法院提起民事公益诉讼。

二、裁判结果

杭州互联网法院认为,英雄烈士是国家的精神坐标,是民族的不朽脊梁。英雄烈士董存瑞在“解放战争”中舍身炸碉堡,英雄烈士黄继光在“抗美援朝”战争中舍身堵枪眼,用鲜血和生命谱写了惊天动地的壮歌,体现了崇高的革命气节和伟大的爱国精神,是社会主义核心价值观的重要体现。任何人都不得歪曲、丑化、亵渎、否定英雄烈士的事迹和精神。被告瞿某某作为中华人民共和国公民,应当崇尚、铭记、学习、捍卫英雄烈士,不得侮辱、诽谤英雄烈士的名誉。其通过网络平台销售亵渎英雄烈士形象贴画的行为,已对英雄烈士名誉造成贬损,且主观上属明知,构成对董存瑞、黄继光的名誉侵权。同时,被告瞿某某多年从事网店销售活动,应知图片一经发布即可能被不特定人群查看,商品一经上线便可能扩散到全国各地,但其仍然在网络平台发布、销售上述贴画,造成了恶劣的社会影响,损害了社会公共利益,依法应当承担民事法律责任。该院判决瞿某某立即停止侵害英雄烈士董存瑞、黄继光名誉权的行为,即销毁库存、不得再继续销售案涉贴画,并于判决生效之日起十日内在国家级媒体公开赔礼道歉、消除影响。

三、典型意义

董存瑞、黄继光等英雄烈士的事迹和精神是中华民族共同的历史记忆和宝贵的精神财富。对英烈事迹的亵渎,不仅侵害了英烈本人的名誉权,给英烈亲属造成精神痛苦,也伤害了社会公众的民族和历史感情,损害了社会公共利益。互联网名誉侵权案件具有传播速度快、社会影响大等特点,该两案系全国首次通过互联网审理涉英烈保护民事公益诉讼案件,明确侵权结果发生地法院对互联网民事公益诉讼案件具有管辖权,有利于高效、精准打击利用互联网侵害英雄烈士权益不法行为,为网络空间注入尊崇英雄、热爱英雄、景仰英雄的法治能量。

案例二

淮安谢勇烈士名誉权纠纷公益诉讼案

——淮安市人民检察院诉曾某侵害烈士名誉权公益诉讼案

核心价值:当代英烈保护

一、基本案情

江苏省淮安市某小区一高层住宅发生火灾,消防战士谢勇在解救被困群众时坠楼壮烈牺牲,公安部和江苏省有关部门追认谢勇同志"革命烈士"称号,追记一等功以及追授谢勇"灭火救援勇士"荣誉称号。被告曾某对谢勇烈士救火牺牲一事在微信群中公然发表"不死是狗熊,死了就是英雄""自己操作失误掉下来死了能怪谁,真不知道部队平时是怎么训练的""别说拘留、坐牢我多(都)不怕"等侮辱性言论,歪曲烈士谢勇英勇牺牲的事实。谢勇的近亲属表示对曾某的侵权行为不提起民事诉讼,并支持检察机关提起诉讼追究曾某侵权责任。江苏省淮安市人民检察院遂向淮安市中级人民法院提起民事公益诉讼,请求判令曾某通过媒体公开赔礼道歉、消除影响。

二、裁判结果

淮安市中级人民法院认为,英烈精神是弘扬社会主义核心价值观和爱国主义精神的体现,全社会都应当认识到对英雄烈士合法权益保护的重要意义,有责任维护英雄烈士的名誉和荣誉等民事权益。本案中,被告曾某利用微信群,发表带有侮辱性质的不实言论,歪曲烈士谢勇英勇牺牲的事实。因该微信群成员较多且易于传播,被告的此种行为对谢勇烈士不畏艰难、不惧牺牲、无私奉献的精神造成了负面影响,已经超出了言论自由的范畴,构成了对谢勇烈士名誉的侵害。网络不是法外之地,任何人不得肆意歪曲、亵渎英雄事迹和精神。诋毁烈士形象是对社会公德的严重挑战,被告曾某的行为侵犯社会公共利益,该院判令曾某应当在当地地级市一级报纸上公开赔礼道歉。

三、典型意义

本案是《中华人民共和国英雄烈士保护法》实施后全国首例适用该法进行审判的案件,是以检察机关提起公益诉讼方式保护当代消防英烈名誉、维护社会公共利益的典型案例。本案中,谢勇烈士的英雄事迹和精神为国家所褒扬,成为全社会、全民族宝贵的精神遗产,其名誉、荣誉等人格权益已经上升为社会公共利益,不容亵渎。曾某利用成员众多、易于传播的微信群,故意发表带有侮辱性质的不实言论,歪曲烈士谢勇英勇牺牲的事实,诋毁烈士形象,已经超出了言论自由的范畴,侵害了谢勇烈士人格权益和社会公共利益,应承担相应的法律责任。本案裁判顺应时代要求,回应民众呼声,通过释法说理匡扶正义,传播社会正能量,弘扬时代主旋律,对营造崇尚英烈、敬重英烈、捍卫英烈精神的社会环境以及引导公众树立正确的历史观、民族观、文化观,起到积极作用。

案例三

村民私自上树摘果坠亡索赔案

——李某某等人诉某村委会违反安全保障义务责任纠纷案

核心价值:公序良俗、文明出行

一、基本案情

案涉某村为国家3A级旅游景区,不收门票,该村内河堤旁边栽种有杨梅树,该村村委会系杨梅树的所有人。杨梅树仅为观赏用途,该村委会未向村民或游客提供杨梅采摘旅游项目。吴某系该村村民,其私自上树采摘杨梅不慎从树上跌落受伤。随后,该村委会主任拨打120救助,在急救车到来之前又有村民将吴某送往市区医院治疗,吴某于摔倒当日抢救无效死亡。吴某子女李某某等人以某村委会未尽安全保障义务为由起诉该村委会承担赔偿责任共计60余万元。

二、裁判结果

广州市中级人民法院再审认为,安全保障义务内容的确定应限于管理人的管理和控制能力范围之内。案涉景区属于开放式景区,未向村民或游客提供采摘杨梅的旅游项目,杨梅树本身并无安全隐患,若要求某村委会对景区内的所有树木加以围蔽、设置警示标志或采取其他防护措施,显然超过善良管理人的注意标准。吴某作为具有完全民事行为能力的成年人,应当充分预见攀爬杨梅树采摘杨梅的危险性,并自觉规避此类危险行为。吴某私自爬树采摘杨梅,不仅违反了该村村规民约中关于村民要自觉维护村集体的各项财产利益的村民行为准则,而且违反了爱护公物、文明出行的社会公德,有悖公序良俗。吴某坠落受伤系其自身过失行为所致,某村委会难以预见并防止吴某私自爬树可能产生的后果,不应认为某村委会未尽安全保障义务。事故发生后,某村委会亦未怠于组织救治。吴某因私自爬树采摘杨梅不慎坠亡,后果令人痛惜,但某村委会对吴某的死亡不存在过错,不应承担赔偿责任。

三、典型意义

本案是人民法院依职权再审改判不文明出行人自行承担损害后果的案件。再审判决旗帜鲜明地表明,司法可以同情弱者,但对于违背社会公德和公序良俗的行为不予鼓励、不予保护,如果“谁闹谁有理”“谁伤谁有理”,则公民共建文明社会的道德责任感将受到打击,长此以往,社会的道德水准将大打折扣。本案再审判决明确对吴某的不文明出行行为作出了否定性评价,改判吴某对坠亡后果自行担责,倡导社会公众遵守规则、文明出行、爱护公物、保护环境,共建共享与新时代相匹配的社会文明,取得了良好的社会效果。

案例四

撞伤儿童离开被阻猝死索赔案

——刘某某、郭某丽、郭某双诉孙某、某物业公司生命权纠纷案

核心价值:助人为乐、友善共处

一、基本案情

郭某林在某小区骑自行车时将在小区内玩耍的五岁男童罗某某撞倒在地,造成罗某某右颌受伤出血。同为该小区居民的孙某见状后,马上找人联系罗某某家长,并告知郭某林应等待罗某某家长前来处理。郭某林称是罗某某撞了自己,欲先离开。因此,郭某林与孙某发生言语争执。孙某站在自行车前阻拦郭某林,不让郭某林离开。郭某林情绪激动,称此事应交由110处理,随后将自行车停好,并坐在石墩上等候,郭某林坐下后不到两分钟即倒地。孙某拨打120急救电话,医护人员赶到现场即对郭某林实施抢救。郭某林经抢救无效,因心脏骤停死亡。刘某某、郭某丽、郭某双作为郭某林的配偶及子女,起诉请求孙某及小区物业公司承担赔偿责任共计40余万元,并要求孙某赔礼道歉。

二、裁判结果

河南省信阳市平桥区人民法院认为,孙某见到郭某林将罗某某撞倒在地后,让郭某林等待罗某某的家长前来处理相关事宜,其目的在于保护儿童利益,该行为符

合常理,不仅不具有违法性,还具有正当性,应当给予肯定与支持。孙某与郭某林在事发前并不认识,孙某不知道郭某林身体健康状况,孙某在阻拦过程中虽与郭某林发生言语争执,但孙某的言语并不过激,其阻拦方式和内容均在正常限度之内,阻拦行为本身不会造成郭某林死亡的结果。在郭某林倒地后,孙某及时拨打120急救热线救助,郭某林在抢救过程中因心脏骤停而不幸死亡,孙某的阻拦行为与郭某林的死亡结果不存在法律上的因果关系,孙某亦不存在过错,其不应承担侵权责任。

关于某物业公司应否承担责任的问题。郭某林与罗某某相撞的地点为小区居民休闲娱乐广场,该地点并不是行人及非机动车的专用通道,没有证据证明罗某某及其他人员在该地点进行休闲娱乐超过一定的限度,进而影响了正常通行和公共秩序。事故的发生原因并不是小区内正常通行受阻的结果,不能归咎于物业公司管理不善。在郭某林与孙某争执过程中,某物业公司保安人员前去相劝,履行了相应的管理职责。某物业公司对郭某林的死亡不存在过错,不应承担侵权责任。

三、典型意义

一段时期以来,"搀扶摔倒老人反被讹诈"等负面新闻屡屡见诸于媒体报道,公众良知不断受到拷问和挑战,引发了人们对社会道德滑坡的担心和忧虑。本案中,好心人孙某对侵害儿童权益的行为进行合理地阻止,不仅不具有违法性,反而具有正当性,值得肯定和鼓励。本案判决好心人不担责,向社会公众明确传递出法律保护善人善举的信号,消除了老百姓对助人为乐反而官司缠身的担心和顾虑,让"扶不扶""救不救"等问题不再成为困扰社会的两难选择。本案裁判对弘扬诚信相待、友善共处、守望相助的社会主义核心价值观起到积极的宣传和引导作用。

案例五

微信群发表不当言论名誉侵权案

——某公司、黄某诉邵某名誉权纠纷案

核心价值:社会公德、文明交往

一、基本案情

某公司在某小区开有一家美容店,黄某系该公司股东兼任美容师,邵某系该小区业主,邵某因美容服务问题在美容店内与黄某发生口角。邵某利用其小区业主微信群群主的身份,在双方发生纠纷后多次在业主微信群中散布谣言,对某公司、黄某进行造谣、诽谤、污蔑、谩骂,并将黄某从业主群中移出,某公司因邵某的行为生意严重受损。为此,某公司、黄某向法院起诉请求邵某赔礼道歉、消除影响、恢复名誉,同时要求赔偿损失及精神抚慰金共计3万元。

二、裁判结果

北京市顺义区人民法院认为,公民、法人享有名誉权,公民、法人的人格尊严受法律保护,禁止用侮辱、诽谤等方式损害公民、法人的名誉。本案中,邵某在与黄某发生纠纷后,在双方共同居住的小区业主微信群中针对某公司、黄某发表言论并使用黄某照片作为配图,其对某公司、黄某使用了贬损性言辞,但其未提交证据证明其所发表涉案言论的客观真实性,造成不当言论的传播,邵某在主观上具有过错。网络信息传播迅速,从微信群中其他用户反映情况看,涉案言论确易引发对某公司经营的美容店的猜测和误解,导致对某公司、黄某的负面认识,造成原告社会评价降低,故邵某的行为侵犯了某公司和黄某的名誉权,邵某应当就此承担民事侵权责任。一审法院酌情支持了黄某要求赔礼道歉、赔偿精神损失以及某公司要求赔礼道歉、赔偿经济损失的主张。邵某不服一审判决,提起上诉。北京市第三中级人民法院终审判决驳回上诉,维持原判。

三、典型意义

在"互联网+"时代,微信虽为网络虚拟空间,但已成为与人们生活密不可分的交往工具。微信群、朋友圈不是法外之地,公民在微信群和朋友圈等网络空间同样需要遵守国家的法律法规,不能为所欲为、不加节制。在微信群、朋友圈中损毁他人名誉,构成网络名誉侵权,应承担相应的法律责任。本案对于规范公民网络空间行为、树立文明交往风尚、构建良好网络社会秩序具有积极意义。

案例六

"暗刷流量"合同无效案

——常某某诉许某网络服务合同纠纷案

核心价值:诚实守信、网络秩序

一、基本案情

许某通过微信向常某某寻求"暗刷的流量资源",双方协商后确认常某某为许某提供网络暗刷服务,许某共向常某某支付三次服务费共计10000余元。常某某认为,根据许某指定的第三方CNZZ后台数据统计,许某还应向常某某支付流量服务费30743元。许某以流量掺假、常某某提供的网络暗刷服务本身违反法律禁止性规定为由,主张常某某无权要求支付对价,不同意支付上述款项。常某某将许某诉至北京互联网法院,请求判令许某支付服务费30743元及利息。

二、裁判结果

北京互联网法院认为,"暗刷流量"的行为违反商业道德底线,使同业竞争者的诚实劳动价值被减损,破坏正当的市场竞争秩序,侵害了不特定市场竞争者的利益,同时也会欺骗、误导网络用户选择与其预期不相符的网络产品,长此以往,会造成网络市场"劣币驱逐良币"的不良后果,最终减损广大网络用户的利益。常某某与许某之间"暗刷流量"的交易行为侵害广大不特定网络用户的利益,进而损害了社会公共利益、违背公序良俗,其行为应属绝对无效。

"暗刷流量"的交易无效,双方当事人不得基于合意行为获得其所期待的合同利益。虚假流量业已产生,如以互相返还的方式进行合同无效的处理,无异于纵容当事人通过非法行为获益,违背了任何人不得因违法行为获益的基本法理,故对双方希望通过分担合同收益的方式,来承担合同无效后果的主张,一审法院不予支持。常某某与许某在合同履行过程中的获利,应当予以收缴。一审法院判决驳回原告常某某要求许某支付服务费30743元及利息的诉讼请求;并作出决定书,收缴常某某、许某的非法获利。一审判决作出后,双方当事人均未提起上诉,一审判决已发生法律效力。

三、典型意义

此案是全国首例涉及"暗刷流量"虚增网站点击量的案件。网络产品的真实流量能够反映出网络产品的受欢迎度及质量优劣程度,流量成为网络用户选择网络产品的重要因素。"暗刷流量"的行为违反商业道德,违背诚实信用原则,对行业正常经营秩序以及消费者的合法权益均构成侵害,有损社会公共利益。本案对"暗刷流量"交易行为的效力予以否定性评价,并给予妥当的制裁和惩戒,对治理互联网领域内的乱象有积极推动作用。

案例七

开发商“自我举报”无证卖房毁约案

——某房地产公司诉李某某确认合同无效案

核心价值:诚实守信、契约严守

一、基本案情

某房地产公司与李某某签订了商品房内部认购合同书,该认购合同约定了双方的名称、住所、房屋的基本情况、单价、总价款、付款方式、付款时间等内容。合同签订当日,李某某即向某房地产公司交纳全部购房款。其后,该房地产公司在案涉开发项目已经取得土地使用证、建设用地规划许可证、建设工程规划许可证与建筑工程施工许可证的情况下,以案涉房屋未取得商品房预售许可证为由,将李某某起诉至法院,请求确认双方签订的内部认购合同无效。

二、裁判结果

陕西省西安市中级人民法院认为,李某某在签订认购合同当日即支付了全额购房款,某房地产公司作为销售方的合同目的已经实现,但其不积极履行己方合同义务,在房地产市场出现价格大幅上涨的情况下提起本案诉讼主张合同无效,违背诚实信用原则。某房地产公司签约时未取得商品房预售许可证,虽然违反了商品房预售许可制度,但案涉楼盘在一审诉讼前已经取得了除预售许可证之外的“四证”,工程主体已经建成,在李某某上诉过程中,案涉楼盘也取得了商品房预售许可证,预售制度所欲避免的风险在本案中已经不存在。因此,该公司签约时未取得商品房预售许可证的事实,并不必然导致其签订认购合同的民事法律行为无效。该公司为获取超出合同预期的更大利益,违背合同约定,提起本案诉讼主张合同无效,显然与社会价值导向和公众认知相悖,人民法院不予支持。

三、典型意义

本案不因开发商签约时未取得商品房预售许可证而机械认定房屋认购合同无效,而是结合合同目的、合同履行、商品房预售制度的立法目的等因素,认定商品房预售制度所欲避免的风险在本案中已经不存在,开发商提起本案诉讼是为获取超出合同利益的恶意违约行为,故而对开发商违背诚信的行为给予否定性评价,依法保护了消费者合法权益,维护了房地产交易的稳定性,引导市场交易主体诚信经营、严守契约,是一份有温度、有力量的公正判决。

案例八

吃“霸王餐”逃跑摔伤反向餐馆索赔案

——马某诉佘某某、李某侵权责任纠纷案

核心价值:诚实守信

一、基本案情

佘某某、李某系夫妻关系,二人经营餐馆。马某等人在佘某某、李某经营的餐馆就餐,餐费约 260 元。李某因发现马某等人未结账即离开,于是沿路追赶。李某看到马某等人后,呼喊埋单再走,马某等人遂分散走开,其中马某距离李某最近,李某便紧跟着马某,并拨打 110 报警。随后,佘某某赶到,与李某一起追赶马某,马某在逃跑过程中摔伤。经鉴定,马某损伤程度属轻伤二级,住院治疗产生医疗费等支出。马某遂诉至法院,请求判令佘某某、李某赔偿其因被追摔伤所造成的各项经济损失 4 万余元。

二、裁判结果

湖北省襄阳市中级人民法院认为,就餐后付款结账是完全民事行为能力人均应知晓的社会常理。马某等人就餐后未埋单,也未告知餐馆经营人用餐费用怎么处理即离开饭店,属于吃“霸王餐”的不诚信行为,经营者李某要求马某等人付款的行为并无不当。佘某某、李某在发现马某等人逃跑后阻拦其离开,并让马某埋单或者告知请客付款人的联系方式,属于正当的自助行为,不存在过错。马某在逃跑过程中因自身原因摔伤,与李某、佘某某恰当合理的自助行为之间并无直接因果关系,李某、佘某某不应对马某摔伤造成的损失承担赔偿责任。

三、典型意义

吃“霸王餐”是违反公序良俗的不文明行为,吃“霸王餐”后逃跑摔伤,反向餐馆索赔,不仅于法无据,更颠覆了社会公众的是非观。本案不支持“我伤我有理”“我闹我有理”,对吃“霸王餐”者无理的索赔请求不予支持,发挥了司法裁判匡扶正义,引领诚信、友善、文明的社会新风尚的积极作用。

案例九

自愿赡养老人继承遗产案

——高某翔诉高甲、高乙、高丙继承纠纷案

核心价值:中华孝道

一、基本案情

高某启与李某分别系高某翔的祖父母,高某翔没有工作,专职照顾高某启与李某生活直至二人去世,高某启与李某后事由高某翔出资办理。高某启与李某去世前立下代书遗嘱,主要内容为因高某翔照顾老人,二人去世后将居住的回迁房屋送给高某翔。高甲、高乙、高丙为高某启与李某的子女,案涉回迁房屋系高某启、李某与高甲交换房产所得。高甲、高乙、高丙认为案涉代书遗嘱的代书人是高某翔的妻子,且没有见证人在场,遗嘱无效。高某翔以上述三人为被告提起诉讼,请求确认高某启、李某所立案涉遗嘱合法有效,以及确认其因继承取得案涉回迁房屋的所有权。

二、裁判结果

辽宁省鞍山市中级人民法院认为,高某翔提供的代书遗嘱因代书人是高某翔的妻子,在代书遗嘱时双方是恋爱关系,这种特殊亲密的关系与高某翔取得遗产存在身份和利益上的利害关系,属于《中华人民共和国继承法》*(以下简称《继承法》)第十八条规定的禁止代书人,因此其代书行为不符合代书遗嘱的法定形式要求,应属无效。本案应当按照法定继承进行处理。高某翔虽然不是法定第一顺序继承人,但其自愿赡养高某启、李某并承担了丧葬费用,根据《继承法》第十四条的规定,继承人以外的对被继承人扶养较多的人,可以分配给他们适当的遗产,高某翔可以视为第一顺序继承人。

《继承法》第十四条所规定的“适当分配遗产”,是指与非继承人所行扶养行为相适应,和其他有赡养义务的继承人所尽赡养义务相比较的适当比例。高某翔虽没有赡养祖父母的法定义务,但其能专职侍奉生病的祖父母多年直至老人病故,使老人得以安享晚年,高某翔几乎尽到了对高某启、李某两位被继承人生养死葬的全部扶养行为,这正是良好社会道德风尚的具体体现,并足以让社会、家庭给予褒奖。

---

* 现已失效。——编者注

本案其他继承人有能力扶养老人,但仅是在老人患病期间轮流护理,与高某翔之后数年对患病老人的照顾相比,高甲、高乙、高丙的行为不能认为尽到了扶养义务。据此,高某翔有权获得与其巨大付出相适应的继承案涉回迁房屋的权利。

三、典型意义

遗产继承处理的不仅是当事人之间的财产关系,还关系到家庭伦理和社会道德风尚,继承人应当本着互谅互让、和睦团结的精神消除误会,积极修复亲情关系,共促良好家风。本案中,高某翔虽没有赡养祖父母的法定义务,但其能专职侍奉生病的祖父母多年直至老人病故,是良好社会道德风尚的具体体现,应当予以鼓励。本案裁判结合《继承法》的规定对高某翔的赡养行为给予高度肯定,确定了其作为非法定继承人享有第一顺位的继承权利,并结合其赡养行为对高某翔适当继承遗产的范围进行合理认定,实现了情理法的有机融合,弘扬了团结友爱、孝老爱亲的中华民族传统美德。

案例十

困境儿童指定监护人案

——柳州市儿童福利院申请确定监护人纠纷案

核心价值:未成年人保护

一、基本案情

绍某某自幼母亲下落不明,其满月后不久,便被其父绍某甲抱送至大姑母绍某乙家中抚养。2013 年,绍某甲、绍某乙的丈夫相继去世,而绍某乙患有严重眼疾且无固定生活来源,无法继续照顾绍某某,绍某某被安置在其小姑母绍某丙家中生活。然而,绍某丙无暇照看绍某某,无法保障绍某某读书、吃饭等生活成长的基本需求,导致绍某某长期处于流浪状态。2018 年 1 月,绍某某在政府等有关部门的帮助下进入柳州市救助站进行临时保护。2018 年 2 月,柳州市救助站以绍某某属困境儿童身份为由,将其转移至柳州市儿童福利院生活至今。同年 8 月,柳州市民政局和儿童福利院、柳北区政府与绍某某所在街道社区多次协商后,书面确认由柳州市儿童福利院担任绍某某合法监护人,并向法院提交了指定监护人申请书。本案由柳州市柳北区政府督办,柳北区人民检察院支持起诉。

二、裁判结果

柳州市柳北区人民法院认为，对绍某某有监护资格的人员均已丧失监护能力或不愿意担任监护人，儿童福利院作为民政局下属的事业单位，对未成年人负有社会救助职责。为切实保障绍某某的合法权益，使其能在有合法监护人监护的情况下，尽快解决落户及正常上学等实际问题，该院依法判决，指定柳州市儿童福利院为绍某某的合法监护人。

三、典型意义

儿童是家庭的希望，是国家和民族的未来，确保儿童健康成长是全社会共同的责任。本案系广西壮族自治区首例由检察机关支持起诉的困境儿童指定监护人案件，审理法院从充分保护未成年人合法权益的角度出发，通过法律程序指定社会福利机构作为监护人，这是人民法院在家事审判改革中进行的有益探索和实践。该案判决依法保护了未成年人的合法权益，充分体现了司法的人文关怀。

人民法院大力弘扬社会主义核心价值观典型民事案例(第二批)

2022年2月23日,最高人民法院发布第二批人民法院大力弘扬社会主义核心价值观典型民事案例。党的十八大以来,以习近平同志为核心的党中央高度重视社会主义核心价值观建设,习近平总书记多次就培育和践行社会主义核心价值观作出重要论述、提出明确要求,为培育和践行社会主义核心价值观指明了前进方向、提供了根本遵循。最高人民法院始终坚持以习近平新时代中国特色社会主义思想为指导,深入学习贯彻习近平法治思想,通过制定司法解释和司法政策、发布典型案例、加强法治宣传等多种形式,积极推进在司法审判中大力弘扬社会主义核心价值观,在法治轨道上明规则、破难题、扬正气、树新风,使司法审判成为践行社会主义核心价值观的生动实践。

全国法院自觉将社会主义核心价值观融入审判工作,公正审理了“狼牙山五壮士”名誉权纠纷案,董存瑞、黄继光英雄烈士名誉权纠纷公益诉讼案,撞伤儿童离开被阻猝死索赔案等一大批典型案件,将社会主义核心价值观融入裁判文书释法说理已蔚然成风。2017年至2021年,全国法院在法律框架内运用社会主义核心价值观释法说理的一审民事案件超过100万件,年均增长率达24.31%,广布于民间借贷纠纷、买卖合同纠纷、信用卡纠纷等132类民事案件,公正、法治、自由、平等、和谐、诚信等社会主义核心价值观得到广泛弘扬,充分发挥了司法的教育、评价、指引、示范功能,推动社会主义核心价值观转化为广大人民群众的情感认同和行为自觉。

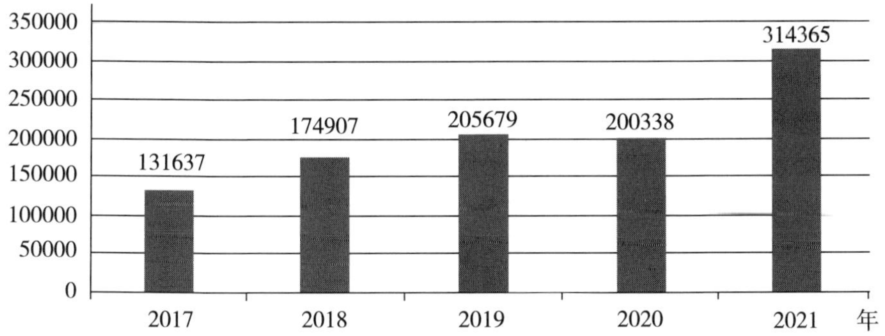

图1　运用社会主义核心价值观释法说理一审民事案件数量分布情况

图1为2017～2021年,人民法院在法律框架内运用社会主义核心价值观释法说理一审民事案件数量分布情况。

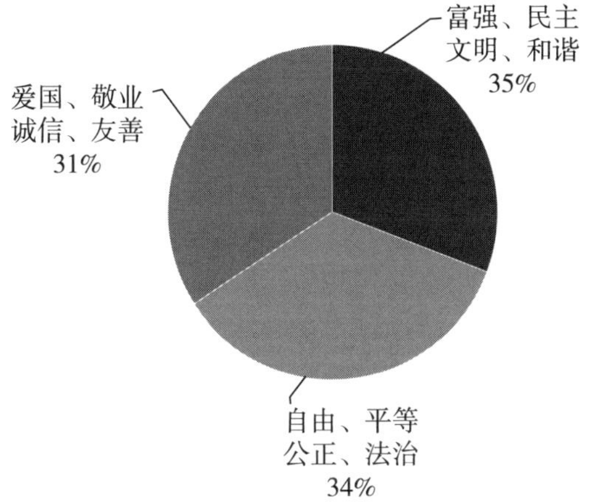

图2　运用各层面社会主义核心价值观释法说理分布情况

图2为2017～2021年,人民法院在法律框架内运用各层面社会主义核心价值观释法说理分布情况。

本次发布的案例是继最高人民法院2020年5月发布第一批典型案例后发布的第二批典型案例,涉及老人赠与孙子房产后还能不能住、父母对成年子女"啃老"能否说不、垫资照顾"空巢"老人费用由谁来担、对劳动者就业实施地域歧视精神抚慰金要不要赔、老旧小区加装电梯能不能拦、享受对口支援政策入学深造后毁约违约金应不应赔、助人为乐担不担责、媒体曝光食品安全问题侵不侵权、好意同乘致人损害赔偿责任能不能减等紧系人民生活、关乎群众利益、紧扣社会主义核心价值观、紧贴民法典实施的问题。此次发布典型案例,彰显了人民法院坚持"法安天下、德润人心"大力践行和弘扬社会主义核心价值观的鲜明态度和坚定决心,为行善者撑腰,让失德者失利,积极引领社会风气向上向善。

案例目录

案例一

祖母赠与孙子房产后有权继续居住

——何某玮诉杜某妹物权保护纠纷案

核心价值:家庭和谐、孝敬老人

一、基本案情

何某玮通过其祖父何某新的遗赠和祖母杜某妹的赠与取得某房屋所有权。后何某玮的父母离婚,何某玮由其母亲伍某抚养。何某玮及其法定代理人伍某向人民法院起诉,请求判令杜某妹腾空交还其赠与的房屋,并支付租金损失。

二、裁判结果

人民法院认为,何某玮受遗赠、赠与取得房屋产权时年仅4岁,根据生活常理,何某新、杜某妹将二人的家庭重要资产全部赠给何某玮显然是基于双方存在祖孙关系。此种源于血缘关系的房屋赠与即便双方没有明确约定赠与人有继续居住的权利,基于人民群众朴素的价值观和善良风俗考虑,在杜某妹年逾60岁且已丧偶的情况下,何某玮取得房屋所有权后不足一年即要求杜某妹迁出房屋,明显有违社会伦理和家庭道德。何某玮虽享有案涉房屋所有权,但杜某妹在该房屋内居住是基于双方存在赠与关系、祖孙关系以及长期共同生活的客观事实,如以所有权人享有的物权请求权而剥夺六旬老人的居住权益,显然有违人之常情和社会伦理,故杜某妹的居住行为不属于无权占有的侵权行为。何某玮要求杜某妹腾退房屋,缺乏法律依据,不应予以支持。故判决驳回何某玮的全部诉讼请求。

三、典型意义

"百善孝为先,孝为德之本"。长辈对晚辈的疼爱,晚辈对长辈的关爱是人类最原始、最基本的自然情感,也是中华民族源远流长的传统美德。祖母在将房屋赠与孙子之后,是否仍有权在该房屋继续居住,需要衡量的不仅是法律的尺度,还包括伦理的限度和情理的温度。本案判决充分考虑孙子的房屋权属来源、居住使用状况以及当事人之间的特定身份关系等因素,作出合情、合法、合理的裁判,弘扬了和谐、友善、法治的社会主义核心价值观,体现了法律对人善良本性的尊重和保护,彰显了尊老敬老的中华民族传统优秀文化,更表达了司法为民的"温度",对维护家庭和睦与社会稳定具有促进作用。

案例二

父母有权拒绝成年子女"啃老"

——杨某顺诉杨某洪、吴某春居住权纠纷案

核心价值:独立自强、家风文明

一、基本案情

杨某顺系杨某洪、吴某春夫妇的儿子。杨某顺出生后一直随其父母在农村同一房屋中居住生活。杨某顺成年后,长期沉迷赌博,欠下巨额赌债。后该房屋被列入平改范围,经拆迁征收补偿后置换楼房三套。三套楼房交付后,其中一套房屋出售给他人,所得款项用于帮助杨某顺偿还赌债;剩余两套一套出租给他人,一套供三人共同居住生活。后因产生家庭矛盾,杨某洪、吴某春夫妇不再允许杨某顺在二人的房屋内居住。杨某顺遂以自出生以来一直与父母在一起居住生活,双方形成事实上的共同居住关系,从而对案涉房屋享有居住权为由,将杨某洪、吴某春夫妇诉至法院,请求判决其对用于出租的房屋享有居住的权利。

二、裁判结果

人民法院认为,杨某顺成年后具有完全民事行为能力和劳动能力,应当为了自身及家庭的美好生活自力更生,而非依靠父母。杨某洪、吴某春夫妇虽为父母,但对成年子女已没有法定抚养义务。案涉房屋系夫妻共同财产,杨某洪、吴某春夫妇有权决定如何使用和处分该房屋,其他人无权干涉。杨某顺虽然自出生就与杨某洪、吴某春夫妇共同生活,但并不因此当然享有案涉房屋的居住权,无权要求继续居住在父母所有的房屋中。故判决驳回杨某顺的诉讼请求。

三、典型意义

青年自立自强是家庭和睦、国家兴旺的前提条件。只有一代又一代人的独立自强、不懈奋斗,才有全体人民的幸福生活。《中华人民共和国民法典》第二十六条规定:"父母对未成年子女负有抚养、教育和保护的义务。成年子女对父母负有赡养、扶助和保护的义务。"对于有劳动能力的成年子女,父母不再负担抚养义务。如果父母自愿向成年子女提供物质帮助,这是父母自愿处分自己的权利;如果父母不愿意或者没有能力向成年子女提供物质帮助,子女强行"啃老",就侵害了父母的民事权利,父母有权拒绝。司法裁判在保护当事人合法权益的同时,也引导人们自尊、自立、自强、自爱。本案的裁判明确了有劳动能力的成年子女在父母明确拒绝的情形下无权继续居住父母所有的房屋,对于成年子女自己"躺平"却让父母负重前行的行为予以了否定,体现了文明、法治的社会主义核心价值观,有助于引导青年人摒弃"啃老"的错误思想,树立正确的人生观、价值观,鼓励青年人用勤劳的汗水创造属于自己的美好生活;有助于弘扬中华民族艰苦奋斗、自力更生、爱老敬老的传统美德;有助于引导社会形成正确价值导向,促进社会养成良好家德家风,传递社会正能量。

案例三

村民委员会垫资照顾“空巢”老人有权请求子女补偿

——某村民委员会诉王某平等六人追索赡养费纠纷案

核心价值:扶弱济困、乡风文明

一、基本案情

杜某先系王某平等六子女的生母,独自居住在某村。2020年2月19日,杜某先在家中不慎摔倒导致下肢骨折,因无人送其就医,某村民委员会将杜某先送至某县人民医院救治,出院后某村民委员会又将杜某先送至某老年公寓。截至2021年3月20日,某村民委员会为杜某先垫付住院期间护理费、伙食费等各类费用共计41700元。某村民委员会认为其垫付的费用应由杜某先子女承担,但其子女均拒绝支付。某村民委员会向人民法院提起诉讼,请求王某平等六子女支付其垫付的41700元费用。

二、裁判结果

人民法院认为,赡养老人是中华民族的传统美德。本案中,某村民委员会对杜某先无法定的扶养义务。某村民委员会在杜某先的赡养义务人未能履行其法定赡养义务时,及时将杜某先送至医院就医,在杜某先出院后又将其送至某老年公寓照顾,并支付了住院期间和居住在老年公寓期间的相关费用,承担了本应由子女承担的赡养义务,有权向杜某先子女追索垫付费用。故判决支持某村民委员会的诉讼请求。

三、典型意义

人终有一老!当前,随着经济社会发展,大量农村青年涌入城市,年轻人到外地成家立业成为十分普遍的社会现象,留下年迈的老人独自在农村居住。家庭养老育幼的功能在一定程度上弱化。“空心村”中“空巢”老人的赡养问题值得社会关注。本案将司法裁判与弘扬社会主义核心价值观相结合,充分肯定了某村民委员会助人为乐、帮扶村民的善举,支持某村民委员会向未尽到赡养义务的子女追索垫付费用,既弘扬了中华民族“孝顺”文化和守望相助的善良风俗,也充分体现了文明、和谐、友善的社会主义核心价值观,对于助推平安法治乡村建设,教育年轻人尊老、爱老、亲老,依法保护老年人合法权益具有重要意义。

案例四

遭遇就业地域歧视可请求赔偿精神抚慰金

——闫某某诉某公司平等就业权纠纷案

核心价值:就业平等、文明用工

一、基本案情

某公司通过某招聘平台向社会发布了一批公司人员招聘信息。闫某某投递了求职简历,其投递的求职简历中,户籍所在地填写为"××省××市"。某公司查阅其投递的简历后,认为闫某某不适合招聘岗位,原因为闫某某系××省人。闫某某认为,某公司上述地域歧视行为,违反《中华人民共和国就业促进法》的相关规定,严重侵犯了其人格权,提起诉讼,请求判令:某公司向其口头道歉、登报道歉、支付精神抚慰金6万余元。

二、裁判结果

人民法院认为,劳动者依法享有平等就业权。对平等就业权的侵害会损害劳动者的人格尊严,受害人有权依照民事法律规定,请求用人单位承担民事责任。就业歧视的本质特征是没有正当理由地差别对待劳动者。用人单位招用人员,不得实施就业歧视。本案中,某公司在案涉招聘活动中因"××省人"这一地域事由对闫某某实施了不合理差别对待,损害了闫某某平等获得就业机会和就业待遇的权利,构成对闫某某平等就业权的侵害,主观上具有明显过错。故判令某公司向闫某某支付精神抚慰金9000元,由某公司向闫某某口头道歉并在国家级媒体登报道歉。

三、典型意义

平等就业权是每个劳动者依法享有的权利。《中华人民共和国就业促进法》第二十六条规定,用人单位招用人员、职业中介机构从事职业中介活动,应当向劳动者提供平等的就业机会和公平的就业条件,不得实施就业歧视。本案通过厘清权利的边界,依法对用人单位用工自主权予以规范,旗帜鲜明地否定侵害劳动者平等就业权的歧视行为,对遭受侵害的劳动者给予及时和充分救济,维护了社会公平正义,体现了文明、平等、公正的社会主义核心价值观,为助力形成公平、高效的用工秩序和市场环境,构建和谐劳动关系,更好满足人民日益增长的美好生活需要提供了有力的司法保障。

案例五

经民主决策以合理方式在老旧小区加装电梯受法律保护

——方某某、黄某某诉周某、陈某某等物权保护纠纷案

核心价值:睦邻友善、社区文明

一、基本案情

某老旧小区业主打算加装电梯。经业主讨论后,绝大多数业主签字同意加装电梯。同意安装电梯的业主占比和其所有的专有部分占建筑物总面积的比例均达到法律规定的要求。根据该小区业主的申请,有关部门于2020年10月22日对该小区加装电梯进行了批前公示并按照相关要求办理了建设工程规划许可证。2021年6月,该小区加装的电梯安装完毕并投入使用。2单元102号房的业主方某某、黄某某以建设电梯未有效公示,建设电梯造成其住宅的通风、采光、日照、隐私等权利受到侵害为由,向人民法院起诉请求判令周某、陈某某等人停止使用电梯、拆除电梯设施、恢复原状,并向其赔偿损失10万元。

二、裁判结果

人民法院认为,案涉电梯的加装符合法律规定的程序。基于现场察看情况,案涉电梯与2单元房屋之间留有足够的距离,对该单元业主的通行并没有造成妨碍;案涉电梯正对2单元楼道的中部,长度为2.9米,超过楼道两侧的距离分别只有0.4米,而面对电梯的阳台长度达到5.7米,电梯对2单元房屋的采光和通风没有造成妨碍,且电梯运行声响很小,未产生明显噪音。老旧小区加装电梯涉及广大群众的出行方便,关系到社会的和谐稳定。即便加装电梯确实给低层住户的居住环境带来一定的变化,但在整体上不妨碍采光、通行、通风等相应权利的情况下,低层住户对小区加装电梯的行为,应负有一定的容忍义务。故判决驳回方某某、黄某某的全部诉讼请求。

三、典型意义

崇德修睦、包容互让是构建和谐邻里关系的重要条件。人们生活的距离越近,越需要包容和体谅。城市化让建筑物区分所有成为房屋所有权的常见形式。在多户同住一栋楼的情况下,无论是使用专有部分还是管理共有部分,都需要考虑其他业主的利益,按照法律规定的方式和程序进行。为老旧小区加装电梯,方便住在高

层的住户出行,尤其是老年人出行,具有重要意义。当前,这一问题具有普遍性。各地政府亦纷纷出台政策支持老旧住宅加装电梯。由该问题引发楼上楼下的纠纷,不仅涉及每栋住宅中住户的权益,亦关系到社会和谐稳定。本案中安装电梯的决定经过绝大部分住户同意,未明显影响低层住户利益。在个别低层住户反对时,人民法院通过明确低层住户对加装电梯的适度容忍义务,保障了高楼层住户的通行方便,体现了和谐、友善的社会主义核心价值观,充分彰显了司法裁判在社会治理中的规则引领和价值导向作用,对于维护团结互助的社区环境,营造和谐友爱的邻里关系具有积极意义。

案例六

通过享受对口支援政策入学深造,学成违约拒回原单位工作,应承担违约责任

——新疆某大学诉谢某人事争议案

核心价值:诚实守信、爱岗敬业

一、基本案情

谢某于2005年7月硕士研究生毕业后,被作为人才引进到新疆某大学担任讲师。2011年5月,谢某享受国家对口支援政策由新疆某大学推荐到浙江某大学攻读博士学位。浙江某大学、新疆某大学、谢某签订《对口支援高等学校定向培养攻读博士学位研究生协议书》,约定谢某毕业后服务期8年。8月,谢某与新疆某大学签订《新疆某大学在职人员攻读博士学位研究生协议书》,约定学习期限为4年(2011年6月至2015年7月),毕业后工作不少于8年;如违约则需支付违约金。谢某读博期间,新疆某大学仍向其发放基本工资。4年后,谢某顺利取得浙江某大学博士毕业证、学位证。2017年3月,谢某毕业后向新疆某大学提出辞职,5月到另一高校任教。2019年11月20日,新疆某大学起诉谢某,要求其承担提前离职的违约金29万余元。

二、裁判结果

人民法院认为,根据国家政策,在为对口支援高校单独招生、定向培养人才的同时约定最低服务期,与我国现行法律法规并不相悖。谢某系利用国家对西部的

倾斜照顾政策由新疆某大学推荐录取，应受其读博前签订的两份协议书所约束。其提前离职行为不仅违反了培养协议的约定，而且明显有悖于诚实信用原则，判令谢某支付新疆某大学违约金29万余元。

三、典型意义

国家实施科教兴国战略，大力培养各类人才。人才培养，树德为先。在国家大力扶持西部偏远、落后、民族地区教育的政策背景下，很多知名高校在入学考试、人才培养等方面向对口支援地区的考生给予政策优惠。受支援地区的高校推荐学生入学后，相应地也要求考生在取得学位后为其服务一定年限。但有的考生毕业即违约，既要享受对口支援政策红利，又不愿承担相应的义务。这种不诚信行为，不值得提倡。本案对弘扬诚信、敬业的社会主义核心价值观，服务科教兴国战略具有重要示范意义。

案例七

乐于助人且无过错不应承担侵权责任

——李某某诉某市第一人民医院、徐某某健康权纠纷案

核心价值：助人为乐、社风文明

一、基本案情

2019年年初，徐某某与李某某在某市第一人民医院骨科陪护各自家人。2019年3月1日晚上8时许，徐某某见骨科病房开水房附近走道上有积水，就使用拖把对医院开水房进行清理，又使用该拖把对楼道走廊进行了擦拭，导致所涉地面潮湿。当晚，李某某步行至上述位置时，因地面湿滑摔倒在地。该公共区域的保洁工作由受医院委托的保洁人员负责，保洁人员的保洁时间为每天05:30～9:30、13:00～17:00。李某某于晚上8:10摔伤，在此之前的一段时间处于非保洁时间，案涉公共区域无人进行卫生保洁。李某某在某市第一人民医院就诊。经诊断，其右锁骨粉碎性骨折，构成十级伤残，经治疗共计花费医疗费18136.27元。李某某遂起诉某市第一人民医院和徐某某，要求赔偿各项损失共计126585.87元。

二、裁判结果

人民法院认为，李某某摔伤的时间段内，某市第一人民医院的骨科开水房及走

廊等公共区域处于无人保洁的状态。李某某摔伤前,开水房有积水,开水房附近的走廊有点状或片状的水渍,经过此处的行人有滑倒摔伤的危险,具有安全隐患。某市第一人民医院存在管理上的疏忽,在较长时间内没有对走廊等公共区域的水渍进行保洁清理,未尽到安全保障义务,导致他人跌倒受伤,应承担相应责任。李某某行走时疏于注意,应自担部分损失。徐某某出于好意,用保洁人员放在走廊里的拖把清理开水房的积水及附近走廊里的水渍,并无过错,不应承担责任。故判令某市第一人民医院赔偿李某某各项损失69599.02元。

三、典型意义

乐于助人、善意施惠既是中华民族的传统美德,也是社会主义核心价值观的应有之义。近年来,关于老人摔倒扶不扶等问题,受到社会各界热议。一度出现了公众担心承担法律责任不敢扶、不愿扶的现象,影响了人们实施善意行为的积极性。本案中,人民法院认定徐某某助人为乐的行为不具有过错,不但不应承担法律责任,反而应予提倡和鼓励,旗帜鲜明为助人为乐者撑腰,让人民群众能够感受到司法的温度、法律的温情及社会的公平正义。本案免除了乐于助人的后顾之忧,对于弘扬友善的社会主义核心价值观,培育我为人人、人人向善的社会风气,构建和谐社会具有重要意义。

案例八

媒体如实曝光食品安全问题不属于侵权行为

——某卤菜厂诉某省广播电视总台名誉权纠纷案

核心价值:求实敬业、诚信经营

一、基本案情

2018年,朱某云经营的熟菜作坊因卫生问题被某省广播电视总台曝光,后被相关部门取缔。两年后朱某云易地重开,以其女儿名义成立某卤菜厂。某省广播电视总台的记者暗访发现,某卤菜厂生产环境堪忧,遂向市场监督管理局举报。当地市场监督管理局查明,某卤菜厂涉嫌经营腐败变质食品,且存在其他违法行为,对其作出行政处罚。某省广播电视总台报道了这一事实,报道中指出:记者在某卤菜厂实地拍摄,地上血水污水混流,绿头苍蝇随处可见,包装袋上爬有白色蛆虫,工人没有任何防护直接在脏地板上操作。同时,案涉报道中插播了记者2018年在朱某云经营的熟菜作坊拍摄的视频，视频右上角标注了时间“2018 年 6 月”。某卤菜厂以某省广播电视总台混淆事实侵犯其名誉权为由提起诉讼，要求某省广播电视总台撤回报道、赔礼道歉、赔偿损失。

二、裁判结果

人民法院认为，某省广播电视总台报道食品卫生问题、揭露食品安全隐患是职责所系，目的是维护社会公共利益，并无侵犯他人名誉权之故意。案涉报道反映出某卤菜厂卫生环境恶劣，且工人操作极不规范，对此市场监督管理局已调查核实，并对某卤菜厂作出行政处罚。报道内容与行政处罚决定书及记者实地拍摄的视频可相互印证，故某省广播电视总台不存在捏造、歪曲事实之情形。案涉新闻系实地拍摄后经剪辑形成，内容来源准确可靠。某省广播电视总台已尽到合理核实义务。报道中的评论性用语较为公正客观，不存在恶意贬损和侮辱诽谤的情形。某省广播电视总台插播朱某云 2018 年违规经营的视频，一方面是出于讲述新闻事实前因后果的需要，另一方面意在回顾朱某云的违法行为，倡导监管机制常态化。案涉报道中对于插播的 2018 年视频进行了时间标注，并未混淆事实、误导观众。综上，某省广播电视总台实施的新闻报道并未侵犯某卤菜厂的名誉权，判令驳回某卤菜厂的全部诉讼请求。

三、典型意义

依法报道新闻事件是新闻媒体的权利。加强对问题食品的新闻舆论监督有利于保护人民群众“舌尖上的安全”。本案系媒体实施新闻报道引发的名誉权纠纷，在法律层面，涉及新闻自由与名誉权保护之间的平衡问题；在社会层面，涉及与千家万户息息相关的食品安全问题；在道德层面，涉及企业商家诚实守信的经营准则问题。食品卫生问题关乎国计民生，“舌尖上的安全”不容侵犯。本案通过对朱某云一再违规生产的行为作出否定性评价，明确了新闻舆论监督权与经营者名誉权的边界，鼓励新闻媒体通过合法合规方式揭露社会问题，维护公共利益。本案对于引导商户诚信经营、推进信用体系建设、形成良好社会风气具有积极作用，不仅弘扬了敬业、诚信的社会主义核心价值观，更彰显了人民法院保护人民群众“舌尖上的安全”、依法支持新闻舆论监督的态度和决心。

案例九

好意同乘期间驾驶员致同乘人损害可依法减轻赔偿责任

——沈某某诉徐某、蒋某某、某保险公司机动车交通事故责任纠纷案

核心价值:好意同乘、善意施惠

一、基本案情

2019年3月29日,徐某驾驶非营运的小型汽车在某县建设西路与某大道岔路口,与蒋某某驾驶的小型汽车发生碰撞,致两车损坏,沈某某受伤。事故发生时,沈某某无偿搭乘徐某驾驶的车辆。该事故经公安局交警部门认定:蒋某某、徐某负事故的同等责任,沈某某无责任。事故发生后,沈某某住院治疗18天,后经鉴定构成九级伤残。蒋某某驾驶的小型汽车在某保险公司投保了交强险和商业三者险100万元,事故发生在保险期限内。沈某某起诉请求判令徐某、蒋某某和某保险公司赔偿医疗费等各项费用369477.34元。

二、裁判结果

人民法院认为,本案是机动车之间发生的交通事故纠纷,蒋某某、徐某负事故的同等责任,沈某某无责任,蒋某某、徐某应向沈某某承担相应赔偿责任。因蒋某某驾驶的机动车在某保险公司投保了交强险及商业三者险100万元,故沈某某的损失由某保险公司首先在交强险保险合同约定的范围内予以赔偿。超出交强险部分根据蒋某某在交通事故中的责任由某保险公司在商业三者险合同约定的范围内按50%比例予以赔偿;徐某驾驶非营运机动车允许沈某某无偿搭乘同行,发生交通事故并造成沈某某受伤,徐某在事故中虽有责任,但与沈某某系好意搭乘关系,依法应当减轻其赔偿责任,故对不属于保险范围内的损失部分酌定由徐某按70%比例予以赔偿。故判决某保险公司赔偿沈某某因该交通事故产生的各项损失合计116559.99元,徐某按70%比例赔偿沈某某经济损失合计85091.99元。

三、典型意义

好意同乘是指行为人出于助人的善意允许他人免费搭乘自己车辆的行为。好意同乘作为一种善意施惠、助人为乐的行为,是互帮互助的中华民族传统美德的生

动体现。如果在好意同乘过程中车辆发生交通事故造成搭乘人损害,让驾驶人承担全部责任,显失公平,也不利于鼓励人民群众善意助人。《中华人民共和国民法典》第一千二百一十七条规定:“非营运机动车发生交通事故造成无偿搭乘人损害,属于该机动车一方责任的,应当减轻其赔偿责任,但是机动车使用人有故意或者重大过失的除外。”本案通过溯及适用《中华人民共和国民法典》的规定,既保护了无偿搭乘人的合法权益,也弘扬了我国助人为乐的传统美德,维护了民事主体之间的信赖关系,有利于倡导友善、文明、和谐的社会主义核心价值观。

【研讨案例】

首例适用《民法典》“自甘风险”条款案例宣判，“自甘风险”如何理解？

中国司法案例研究中心

中国司法案例研究中心由郑州大学和河南省高级人民法院于2013年7月10日联合成立，宗旨是贯彻落实郑州大学与河南省高级人民法院签署的“院校合作”文件精神，发挥院校资源优势，深化院校之间的合作领域。研究中心设在郑州大学法学院，在郑州大学和河南省高级人民法院同时挂牌。

编者按

2021年1月4日，首例适用《民法典》“自甘风险”条款的案件在北京市朝阳区法院宣判。“自甘风险”作为《民法典》侵权责任编确立的新规定，对解决文体活动引发的纠纷具有积极意义，本案作为首例适用“自甘风险”条款正式进行判决的案件，对今后相似案件的裁判也具有典型意义。本文结合该案对“自甘风险”的基本内容进行阐述。

一、案情简介与法院审理情况

70多岁的宋某为羽毛球爱好者，自2015年起就自发参加羽毛球比赛。2020年4月28日上午9时，宋某与周某和其他两名羽毛球爱好者于北京市朝阳区某公园进行羽毛球3对3比赛，在比赛过程中，周某不慎将羽毛球击中宋某的右眼。事发后，宋某在周某陪同下前往医院进行治疗。由于宋某右眼被诊断为人工晶体脱位、前房积血等，宋某以侵害其健康权为由，将周某诉至朝阳法院，要求赔偿医疗费、护理费、住院伙食补助费等各项费用。

经审理，法院认为，根据《民法典》第一千一百七十六条第一款规定的“自愿参加具有一定风险的文体活动，因其他参加者的行为受到损害的，受害人不得请求其他参加者承担侵权责任;但是,其他参加者对损害的发生有故意或者重大过失的除外"可知,羽毛球运动作为典型的对抗性体育运动项目,属于本条规定中的"有一定风险的文体活动",因此原告宋某作为参加多年羽毛球比赛的羽毛球爱好者,对于比赛过程中可能出现的扭伤、拉伤以及最常见的被羽毛球击中的风险,应当有所认知和预见,但其仍然自愿参加比赛的,应当认定为"自甘风险"。

并且宋某在庭审中不主张被告周某对其受伤存在故意,因此在判断被告周某是否符合"重大过失"的条件时,法院认为,被告在高度紧张的比赛中没有过多的时间考虑、判断自身每一次的行为,因此在这种情况下的注意义务应限定在较一般注意义务更宽松的体育道德和规则范围内,因此被告周某杀球进攻的行为应当判定为该类运动的正常技术动作,不存在明显违反比赛规则的情形,故不应当将其认定为重大过失。

据此,朝阳法院一审判决驳回原告的全部诉讼请求。被告表示接受判决结果,原告则表示将考虑是否提出上诉(以上部分参见2021年1月10日《法治日报》06社区版)。

二、裁判要点分析

(一)什么是"自甘风险"

自甘风险也称自甘冒险、危险的自愿承担。王利明教授将其定义为"受害人已经意识到某种风险的存在,或者明知将遭受某种风险,却依然冒险行事,致使自己遭受损害"。原《侵权责任法》中并没有此项规定,《民法典》第一千一百七十六条首次以法律条文的形式将自甘风险作为免责事由规定下来,即"自愿参加具有一定风险的文体活动,因其他参加者的行为受到损害的,受害人不得请求其他参加者承担侵权责任;但是,其他参加者对损害的发生有故意或重大过失的除外。活动组织者的责任适用本法第一千一百九十八条至第一千二百零一条的规定"。

(二)"自甘风险"的构成要件

自甘风险具有以下构成要件:(1)组织者组织的文体活动具有一定的风险。这里规定的"一定的风险"应当仅指超出日常的特殊风险,并且此种风险应当是该文体活动本身就固有的,文体活动自身未具有的风险不应当包括在"一定的风险"范围之内,由于《民法典》将自甘风险的适用范围限定在"文体活动"领域,虽然条文字面未例示"体育比赛等",但"一定风险的文体活动"应限于体育比赛及其他与之相似的文化体育活动。[1] (2)受害人对该危险有意识,但是自愿参加。这表明受害人

---

① 周晓晨:《论受害人自甘冒险现象的侵权法规制》,载《当代法学》2020年第2期。

对此种风险可能带来的后果在行为之前是有预期和认识的,并且这种“有意识”仅能表明受害人对此种风险的发生有过错,不等于受害人故意。“因为一般来说,在自甘冒险的情况下,受害人并不追求损害结果的发生,他仅是意识到损害的发生可能性,甚至受害人并不知道危险造成损害的概率、特定的损害后果,或者虽然意识到危险存在但并不希望损害后果产生,或者客观上认为该危险可以避免或者消除,并且受害人对损害的发生通常持有排斥态度。”①(3)受害人参加此种活动所遭到的损害是因其他参加者的行为造成的。这表明受害人的损害与其所参加活动的其他参与者的活动行为之间有因果关系,即此处“其他参加者的行为”只能是该种行为能够达到构成文体活动内在风险的情形。(4)组织者及活动的其他参加者不是因故意或重大过失使受害人遭到损害的。这表明在“故意或重大过失”的情况下已经超出受害人对该文体活动风险性的认识了,并且此时“造成受害人损害的原因已经不完全是受害人所自愿承担的风险,因此,对于超出受害人自愿承担风险之外的原因所造成的损害,行为人应当承担责任”。②

(三)“自甘风险”的责任承担

根据《民法典》对“自甘风险”的规定来看,在行为人没有故意,或重大过失的情况下,受害人是不能请求行为人承担赔偿责任的,并且在本案判决结果中,法院最终也判定宋某的损失由其本人承担,行为人周某不承担赔偿责任。这表明《民法典》将自甘风险作为绝对免责事由。但这并不等于在行为人没有故意或重大过失的情况下就一定免除其损害赔偿责任,尤其是在受害人没有充分认识到该文体活动的风险时,更不能将其认定为自甘风险。

以本案为例,对于自发组织的羽毛球比赛而言,其专业性和对比赛规则及相关注意事项的告知不能与正式的专业比赛相比,但是由于本案中的受害人宋某为参加多年羽毛球比赛的羽毛球爱好者,其本人对于羽毛球比赛的注意事项和比赛本身固有的风险应当有一定清晰的了解,因此在这种情况下符合《民法典》第一千一百七十六条第一款对自甘风险的规定。但是,如果受害人为首次参加羽毛球比赛的参加者,并且比赛的组织者事先没有履行相关风险的告知义务,那么该组织者就应当承担赔偿责任,《民法典》第一千一百七十六条第二款就将相关活动组织者的安全保障义务也进行了规定。这表明自甘风险并不是完全将受害人置于危险境地而不顾,完全由受害人自负风险,在活动组织者没有严格履行安全保障义务的情况下,受害人仍然能够得到赔偿。

---

① 王利明:《论受害人自甘冒险》,载《比较法研究》2019年第2期。

② 王利明:《论受害人自甘冒险》,载《比较法研究》2019年第2期。

三、结语

“自甘风险”这一免责事由的确立，对于澄清理论上一直以来的纷争，缓解司法实践中的乱象有重要意义，虽然这一免责事由仍有很多具体的内容需要规范，但对解决日常生活中的因“自甘风险”引发的纠纷仍有重要作用。就以本案为例，我们在日常生活中参加有风险的文体活动时，首先，一定要充分了解此项活动的风险和形式特点；其次，在活动时要做好安全保护措施，防止危险的发生；最后，自己也要严格遵守活动的规则，在防止自己受到损害的同时也要尽量避免伤害他人！

相关法规

《中华人民共和国民法典》（节录）

第一千一百七十六条　自愿参加具有一定风险的文体活动，因其他参加者的行为受到损害的，受害人不得请求其他参加者承担侵权责任；但是，其他参加者对损害的发生有故意或者重大过失的除外。

活动组织者的责任适用本法第一千一百九十八条至第一千二百零一条的规定。

【案例论坛】

最高人民法院第27批指导性案例专家点评

最高人民法院指导案例148~153号点评

——理解适用第三人撤销之诉的类型化指针

王亚新　刘君博

最高人民法院近日发布的第27批共九个指导性案例聚焦于第三人撤销之诉和案外人执行异议之诉,为在理论和实务上均有较大分歧的两种诉讼程序提供了类型化的、初具体系性的重要指针。

第三人撤销之诉的解释及适用中最大的难点在于识别原告是否适格的问题,且往往与有关其他诉讼要件的理解缠结到一起。本批的六个指导性案例多从这一角度切入,指导案例148~152号均直接以相关民事主体能否以适格原告身份提起第三人撤销之诉的问题为中心而展开,指导案例153号的裁判要点虽然旨在明示提起第三人撤销之诉的期间计算标准,但其核心仍是破产债权人提起第三人撤销之诉的资格问题。当事人适格在理论上一般指当事人具有提起本案诉讼的资格。具体到第三人撤销之诉而言,因原告提起诉讼的目的在于撤销或者改变已经生效的裁判文书,故而适格当事人需向法院表明其利益如何受到生效裁判效力的"不利影响"。在先的生效裁判与其后第三人撤销之诉的关系也就成为司法实务中准确适用《民事诉讼法》(2017年)第五十六条第三款的难点所在。对于这一难点问题,指导案例148~153号从不同角度展示了若干类型化的解决方案,不仅为逐步统一实务操作提供了明确的指引,而且对于相关理论的体系性建构亦有重要的参考意义。

基于这样的视角,可以从在先裁判的效力对第三人撤销之诉原告适格的影响入手,来梳理指导案例148~153号可能发挥的类型化或者体系性的指引作用。提起第三人撤销之诉的当事人受到在先裁判效力拘束的效果可以区分为直接效果(既判力)、间接效果(既判力扩张及预决效力)以及非法律性质的事实效果这三种情形或者类型。

首先,关于直接受到在先裁判既判力拘束的情形,原则上此种当事人均不具有提起第三人撤销之诉的原告资格。指导案例 149 号中,依法设立并领取工商营业执照*的企业法人分支机构能够以自己名义起诉、应诉,企业法人虽未进入诉讼程序,但根据《民法典》第七十四条、《最高人民法院关于民事执行中变更、追加当事人若干问题的规定》第十五条,仍需承担补充责任,可被追加为被执行人。在理论上,基于诉讼便利的考量,《最高人民法院关于适用〈中华人民共和国民事诉讼法〉的解释》(2015 年)第五十二条赋予法人分支机构一定的当事人能力以便其以自己的名义起诉、应诉,但企业法人作为实质当事人,由于直接受到针对其分支机构的裁判既判力拘束,不应理解为第三人撤销之诉的适格原告。

其次,受到生效裁判的既判力扩张以及预决效力拘束或影响的当事人,一般能够成为提起第三人撤销之诉的适格原告。指导案例 150 号、151 号分别为抵押权人对确认建设工程价款优先受偿权的生效裁判提起撤销之诉和保证人对破产管理人就个别清偿行为的生效裁判提起撤销之诉,均属在先的裁判结果与事后的第三人撤销之诉请求之间存在先决法律关系的情形。当抵押权人或保证人对在先裁判确定的先决关系有争议无法通过另行提起诉讼的方式时,赋予其提起第三人撤销之诉的适格原告资格亦为制度设计的题中应有之义。

在先裁判效力与第三人撤销之诉关系的最后一种情形,不仅在理论上存在很大争议,实务中的处理解决也不易把握。简单说来,如果当事人在法律意义上不受在先裁判的效力拘束,那么其原则上就不能通过提起包括如再审、第三人撤销之诉等非常规的程序去试图推翻或改变在先的裁判结果。正如指导案例 148 号的裁判要点所示,“公司股东对公司法人与他人之间的民事诉讼生效裁判不具有直接的利益关系,不符合《民事诉讼法》第五十六条规定的第三人条件”。“不具有直接的利益关系”应解释为不具有直接的法律上利害关系,公司对外形成的债权债务关系会间接影响股东的经济利益,但股东既非在先诉讼程序的当事人,也不受到裁判结果确定的先决法律关系影响,故而无法成为第三人撤销之诉的适格原告。

另外,指导案例 152 号和 153 号就此种情形进一步地类型化处理提供了重要的指针。这两个指导性案例涉及的是一般债权人或平行债权人的利益保护问题。民事实体法上债的保全制度适用于平等主体之间的法律行为,即债权人可以请求法院撤销债务人与第三人之间低价或无偿转让责任财产的法律行为,只是对于调解书,债权人的撤销权并无适用空间,需要提供某种救济渠道。不过,如果宽泛地承认

---

* 现为营业执照。——编者注

一般债权人可以通过提起第三人撤销之诉的方式撤销生效裁判,又会对判决效力体系以及民事法律秩序产生极大冲击。应对这样的悖论,指导案例152号和153号对一般债权人作为适格原告提起第三人撤销之诉的要件进行了限缩性解释。按照指导案例152号的裁判要点,一般债权人提起第三人撤销之诉至少需要符合以下两个要件,一是债权人已经申请强制执行,这意味着其财产权益已经与在先裁判的效力范围现实地发生了竞合或冲突;二是符合《合同法》(已失效)第七十四条行使撤销权的条件(就满足此条件而言在先裁判对撤销之诉原告的影响已从“事实上”转化为“法律上”的利害关系)。指导案例153号则通过对债权人行使诉权的起算期间作出解释以限定第三人撤销之诉的适用范围,即只是“在出现债务人进入破产程序、无财产可供执行等影响债权人债权实现的情形时”,债权人至此才有了提起撤销之诉的资格。这种限定亦建立在一般债权人的权利实现已到达“明显遭受在先裁判之效力阻碍的某个时间点”这一现实的基础之上。

来源:人民法院新闻传媒总社

作者:清华大学法学院王亚新、中国政法大学民商经济法学院　刘君博｜编辑:张瑾

最高人民法院指导案例154号、155号点评

——填补司法保护漏洞,维护案外人在执行程序中的实体法律地位

金　印

指导案例154、指导案例155号的意义在于填补了司法保护漏洞,进一步维护了案外人在执行程序中的实体法律地位。

当案外人对执行标的主张“足以排除执行的民事权益”(立法用语为“对执行标的提出书面异议”),在案外人依据《民事诉讼法》(2017年)第二百二十七条第1句提出的前置性执行异议程序被驳回后,同条第2句为案外人提供了二元救济体系:案外人“认为原判决、裁定错误”的,应申请再审(案外人申请再审);案外人的诉讼请求“与原判决、裁定无关”的,应提起诉讼(案外人执行异议之诉)。

如何区分这两种诉讼路径的适用边界,是二元救济体系的首要问题。司法实践一般通过执行标的与原判决、裁定裁判主文(判项)的联系判断案外人的诉讼请求是否“与原判决、裁定有关”。《最高人民法院公报》2015年第7期第37页刊登的“孙某诉威特公司等”一案将这一判断方法具体化。依据该案确立的“客体同一性”理论,只要案外人主张的实体法律关系与原判决、裁定确定的实体法律关系指向同

一标的物，案外人的诉讼请求即“与原判决、裁定有关”，案外人“认为原判决、裁定错误”的要件也因此满足，案外人应申请再审。

在某些特定的案件中，作为司法通说的“客体同一性”理论会制造司法保护漏洞：案外人本享有足以排除执行的实体权益，但无法在再审程序中胜诉。这些案件有一个共同的特征，即案外人主张的实体权益并不否定原判决、裁定主文确定的实体法律关系，而只是主张自己的实体权利享有更加优先的权利顺位。例如指导案例 154 号，案外人并不否定原判决确定的建设工程款优先受偿权，而只是主张自己对执行标的享有的实体权利（“消费者优先权”）优先于申请执行人的建设工程款优先受偿权。在指导案例 155 号中，案外人亦不否定原判决、裁定确认的抵押权，而只主张自己的买受人优先权顺位在抵押权之上。在这两个案件中，案外人主张的实体权利和原判决、裁定确认的实体权利不相互否定，而能够在同一时间并存。由于案外人主张的实体权利与原判决确认的实体权利均指向同一标的物，此时本应适用作为司法通说的“客体同一性”理论，要求案外人申请再审。但由于原判决、裁定并不存在任何实体法或程序法层面的错误，即使案外人享有足以排除执行的实体权益，案外人亦无权要求法院撤销原判决、裁定，司法保护漏洞因此产生。当案外人主张的实体权益并不否定原判决、裁定确认的实体权益时，指导案例 154 号、指导案例 155 号通过限制适用“客体同一性”理论，缩小了案外人申请再审的适用范围，相应地扩大了案外人执行异议之诉的适用范围。这一做法更符合立法目的，提高了对案外人实体法律地位的程序保护。

来源：人民法院新闻传媒总社

作者：中国人民大学　金印 | 编辑：张瑾

最高人民法院指导案例 154 ~ 156 号释评

——以案外人执行异议之诉相关规定的理解适用为中心

肖建国　庄诗岳

摘要：指导案例 154、155、156 号是关于案外人执行异议之诉案件的指导性案例。其中，指导案例 154、155 号旨在解决诉讼请求与原判决、裁定无关的判断标准问题，其裁判理由对应着案外人执行异议之诉的诉讼请求与申请执行人据以申请强制执行的判决、裁定所涉及的纠纷无关的程序法理。指导案例 156 号旨在解决《最高人民法院关于人民法院办理执行异议和复议案件若干问题的规定》（以下简称《异议复议规定》）第二十八条、第二十九条的关系问题，其裁判理由明确指出被执行人是房地产开发企业、被执行的不动产是商品房时,《异议复议规定》第二十八条、第二十九条在适用上产生竞合。需要注意的是,即便《异议复议规定》第二十八条、第二十九条在适用上产生竞合,二者规定的案外人的债权得排除强制执行的要件及所能对抗的申请执行人的权利并不相同。

关键词 案外人执行异议之诉 诉讼请求与原判决、裁定无关 《异议复议规定》第二十八条、第二十九条的关系 指导性案例

引 言

2021年2月19日,最高人民法院发布了第27批指导性案例。其中,指导案例154、155、156号旨在解决案外人执行异议之诉案件中的若干实践难题。即指导案例154、155号旨在解决《民事诉讼法》(2017年)第二百二十七条规定的"与原判决、裁定无关"的判断标准问题,指导案例156号旨在解决《异议复议规定》第二十八条与第二十九条的关系问题。指导案例154、155、156号针对以上问题在裁判理由部分提供了十分妥当的解决方案,对于统一裁判尺度、厘清审理思路、明确法律适用具有重要意义。以下,笔者将围绕指导案例154、155、156号所涉及的问题及其提供的解决方案从理论层面予以释评。

一、诉讼请求与原判决、裁定无关的判断标准

根据《民事诉讼法》第二百二十七条、《最高人民法院关于适用〈中华人民共和国民事诉讼法〉的解释》(2015年)第三百零五条的规定,案外人提起执行异议之诉应当具备诉讼请求与原判决、裁定无关的条件。因诉讼请求与原判决、裁定无关的表述较为概括,缺乏更加细致的内容,故如何判断诉讼请求与原判决、裁定无关,成为困扰司法实践的一个难题。

在讨论诉讼请求与原判决、裁定无关的判断标准之前,首先需要说明的是,现行法何以要将诉讼请求与原判决、裁定无关作为案外人执行异议之诉的起诉要件之一。笔者认为,原因有二:一是案外人执行异议之诉旨在处理因执行机关的不当执行行为引发的纠纷,且该纠纷与申请执行人据以申请强制执行的执行依据所涉及的纠纷毫无关联,是一个全新的纠纷,案外人提起执行异议之诉的诉讼请求当然与原判决、裁定无关;二是《民事诉讼法》第二百二十七条采取了案外人执行异议之诉与审判监督程序(以下简称再审程序)的程序分流机制,为了实现程序分流,有效区分案外人执行异议之诉与案外人申请再审程序,立法者将诉讼请求与原判决、裁定无关设为案外人执行异议之诉的起诉要件之一,将原判决、裁定错误设为案外人申请再审程序的适用前提。具体来说:

申请执行人、被执行人和执行机关之间的三面关系，通常被称作“执行法律关系”。其中，执行机关与被执行人之间的法律关系，称作干涉关系。在干涉关系中，执行机关基于国家公权力可以根据执行依据载明的实体法上的请求权强制执行被执行人的财产以满足申请执行人的权利，被执行人负有忍受的义务。不过，此种干涉只能根据法律规定的方式、程序、措施进行。其中，关于被执行人的财产的查明，奉行形式化原则。但因形式物权、权利外观与实质物权、真实权利并非完全一致，故执行机关与被执行人之间的干涉关系可能发生偏离，即干涉关系的承受客体可能由被执行人的财产变成案外人的财产。问题是，因执行依据载明的实体法上的请求权具有相对性，故只有属于被执行人所有或受其支配，而得用以实现申请执行人实体法上请求权的财产，才能构成执行标的。换言之，申请执行人只能申请执行被执行人的财产，而不能通过执行案外人的财产实现权利。此时，关于执行机关能否执行特定执行标的物即会产生争议，且大陆法系国家和地区赋予案外人的救济路径是执行异议之诉。因此，案外人执行异议之诉所要处理的纠纷，是因执行机关错误干涉案外人的财产的不当执行行为引发的关于执行行为或者执行法律关系的纠纷，与申请执行人据以申请强制执行的执行依据所涉及的纠纷，即因当事人的侵权、违约等私法行为引发的关于民事权益或者实体法律关系的纠纷截然不同，是一个全新的纠纷。既然案外人执行异议之诉所要处理的纠纷与申请执行人据以申请强制执行的执行依据所涉及的纠纷毫无关联，案外人执行异议之诉的诉讼请求当然与原判决、裁定无关。

案外人执行异议之诉的诉讼请求与原判决、裁定无关，本应是一个不言自明的法理。但为了部分弥补刺激虚假诉讼的辩论主义之不足、减少二次纠纷出现的概率、净化民事诉讼环境、纯洁民事诉讼秩序、鼓励诚信诉讼，我国确立起了案外人申请再审程序。且案外人申请再审程序的理论基础，是既判力相对性原则的弱化以及既判力主观范围对案外人的扩张。基于此，如何在执行程序中，划定案外人执行异议之诉与案外人申请再审程序各自的适用范围，有效区分案外人执行异议之诉与案外人申请再审程序，便成为立法者必须面对和解决的问题。由于再审程序是为了纠正已经生效裁判的错误而对案件再次进行审理的程序，再审程序所要处理的纠纷是原诉所涉及的纠纷，再审程序是在例外情况下允许冲破既判力的程序，因此立法者将原判决、裁定错误作为案外人申请再审程序的适用前提。由于案外人执行异议之诉所要处理的纠纷是因执行机关错误干涉案外人的财产的不当执行行为引发的全新的纠纷，与申请执行人据以申请强制执行的执行依据所涉及的纠纷毫无关联，且是以尊重执行依据的裁判结果、承认申请执行人的权利为前提的，即案外人执行异议之诉既不挑战执行依据的既判力，也不废弃执行依据的执行力，而只涉及执行依据对案外人主张民事实体权益的特定执行标的物是否具有执行力,因此立法者将诉讼请求与原判决、裁定无关作为案外人执行异议之诉的起诉要件之一。

明确了《民事诉讼法》第二百二十七条何以要将诉讼请求与原判决、裁定无关作为案外人执行异议之诉的起诉要件以后,这一要件的判断标准也就随之明确了。由于案外人执行异议之诉所要处理的纠纷只是因执行机关错误干涉案外人的财产的不当执行行为引发的全新的纠纷,因此,案外人应当仅是请求法院对其对特定执行标的物享有的民事权益是否足以排除执行机关对特定执行标的物的不当执行行为进行裁判。所谓诉讼请求与原判决、裁定无关,是指案外人完全尊重作为执行依据的原判决、裁定的裁判结果尤其是尊重原判决、裁定关于申请执行人享有特定民事权益的认定,其提起的执行异议之诉的诉讼请求与申请执行人据以申请强制执行的作为执行依据的原判决、裁定所涉及的因当事人的侵权、违约等私法行为引发的关于民事权益或者实体法律关系的纠纷无关。

指导案例154号的裁判理由指出:"案外人主张排除建设工程价款优先受偿权的执行与否定建设工程价款优先受偿权权利本身并非同一概念。前者是案外人在承认或至少不否认对方权利的前提下,对两种权利的执行顺位进行比较,主张其根据有关法律和司法解释的规定享有的民事权益可以排除他人建设工程价款优先受偿权的执行;后者是从根本上否定建设工程价款优先受偿权权利本身,主张诉争建设工程价款优先受偿权本身不存在。"对此,笔者完全赞同。案外人主张排除建设工程价款优先受偿权的执行,旨在解决因执行机关的不当执行行为引发的纠纷,与申请执行人据以申请强制执行的执行依据所涉及的纠纷毫无关联,法官只需审理案外人对诉争标的物是否享有民事权益以及案外人享有的民事权益是否足以对抗申请执行人享有的民事权益,而不涉及对申请执行人是否享有民事权益的认定。此时,属于诉讼请求与原判决、裁定无关的情形。指导案例154号也指出:"王四光提起案外执行异议之诉意在请求法院确认其对案涉房屋享有可以排除强制执行的民事权益;如果一、二审法院支持王四光关于执行异议的主张也并不动摇生效判决关于中天公司享有建设工程价款优先受偿权的认定,仅可能影响该生效判决的具体执行。"否定建设工程价款优先受偿权权利本身,显然触及执行依据所涉及的当事人之间关于申请执行人是否享有优先受偿权的纠纷,有可能动摇生效判决关于中天公司享有建设工程价款优先受偿权的认定。此时,属于原判决、裁定错误的情形。指导案例155号与154号的处理完全相同,只不过是将申请执行人享有的权利换成了抵押权。

案外人认为原判决、裁定错误的表现,即对原判决、裁定已经处理完毕的纠纷再起争执。在申请执行人不享有优先受偿权的金钱请求权执行程序中,由于原判决、裁定所涉及的诉讼标的物与执行标的物并不相同,且案外人的目的是排除对特定执行标的物的执行,因此通常不会触及原判决、裁定已经处理完毕的纠纷。但在物之交付请求权执行程序、申请执行人享有优先受偿权的金钱请求权执行程序中,由于原判决、裁定所涉及的诉讼标的物与执行标的物完全相同,因此如果案外人否定原判决、裁定关于申请执行人对标的物享有相应民事权益的认定,则必然触及原判决、裁定已经处理完毕的纠纷。由此可知,原判决、裁定错误的典型情形有二:一是原判决、裁定错误地判令被执行人将案外人所有的特定物交付给申请执行人,二是原判决、裁定错误地将无须承担担保责任的案外人的财产作为担保财产并判令申请执行人对担保财产享有优先受偿权。在物之交付请求权执行程序、申请执行人享有优先受偿权的金钱请求权执行程序中,如果案外人并未否定原判决、裁定关于申请执行人对标的物享有相应民事权益的认定且原判决、裁定确无错误,则不会触及原判决、裁定已经处理完毕的纠纷,案外人得提起执行异议之诉。指导案例154、155号所要解决的问题,即在于此。

二、《异议复议规定》第二十八条、第二十九条的关系

《异议复议规定》第二十八条是关于无过错不动产买受人的债权的保护条件的规定,第二十九条是关于商品房消费者的债权的保护条件的规定。《异议复议规定》第二十八条、第二十九条一经出台,即成为法官审理案外人执行异议之诉案件的重要依据,也是理论和实践中争议颇多的条款。其中,关于《异议复议规定》第二十八条与第二十九条的关系,也是困扰司法实践的一大难题。

指导案例156号的裁判理由指出:"如果被执行人为房地产开发企业,且被执行的不动产为登记于其名下的商品房,同时符合了'登记在被执行人名下的不动产'与'登记在被执行的房地产开发企业名下的商品房'两种情形,则《异议复议规定》第二十八条与第二十九条适用上产生竞合。"对此,笔者完全赞同。从适用情形来看,第二十八条适用的情形是"买受人对登记在被执行人名下的不动产提出异议",第二十九条适用的情形是"买受人对登记在被执行的房地产开发企业名下的商品房提出异议"。因房地产开发企业属于被执行人的一类、商品房属于不动产的一种,故被执行人是房地产开发企业、被执行的不动产是商品房时,则同时符合《异议复议规定》第二十八条与第二十九条的适用情形,在适用上产生竞合,案外人可以选择适用。不过,即便《异议复议规定》第二十八条、第二十九条在适用上会产生竞合,由于二者赋予案外人主张的债权以排除强制执行效力的考量因素并不相同,因此,二者规定的案外人主张的债权得排除强制执行的要件以及所能对抗的申请

执行人的权利也不相同,案外人选择适用《异议复议规定》第二十八条或者第二十九条以及法官适用相关条款进行审理时需要特别注意。由于《异议复议规定》第二十九条涉及对商品房消费者生存权这一更高价值的维护,因此除了“所购商品房系用于居住且买受人名下无其他用于居住的房屋”的要件外,其他要件的设置较之《异议复议规定》第二十八条的要件更为宽松。以下,笔者主要就案外人主张的债权得对抗的申请执行人的权利加以说明。

债权具有相对效力,即债权是只能对债务人主张的权利。基于此,债权原则上不足以排除强制执行。但基于特殊的利益衡量,有时需赋予案外人主张的债权以优先性。且基于不同的考量因素,优先性有强弱之分。判断案外人主张的债权是否足以排除强制执行的正向因素,通常包括案外人生存权的保障、申请执行人利益的保护、社会背景和社会效果。其中,生存权属于基本人权的重要内容,在价值位阶上高于财产权。因此,涉及案外人生存权的债权优先于申请执行人享有的任何类型的财产权,案外人主张的债权具有强优先性,不但优先于普通债权,满足特定条件时,亦优先于担保物权。《异议复议规定》第二十九条是基于对商品房消费者生存权这一更高价值的维护,赋予了商品房消费者的债权以排除强制执行的效力。因此,满足特定条件时,商品房消费者的债权足以对抗申请执行人的担保物权,《异议复议规定》第二十九条是第二十七条规定的法律、司法解释另有规定的除外情形。事实上,《全国法院民商事审判工作会议纪要》第一百二十六条以及最高人民法院2019年11月29日发布的《关于审理执行异议之诉案件适用法律问题的解释(一)》(向社会公开征求意见稿)第十条(方案一)对此作出了明确的规定。因社会背景和社会效果之因素,通常不涉及价值位阶更高的基本人权,故仅能赋予案外人的债权以对抗普通债权的效力。《异议复议规定》第二十八条是基于我国现行房地产开发以及登记制度不完善的社会背景和增强人民群众对法律公平的信心的社会效果,赋予了无过错不动产买受人的债权以排除强制执行的效力。因此,无过错不动产买受人的债权仅能排除普通金钱请求权的执行。且若赋予无过错不动产买受人的债权以强优先效力,将严重损害抵押权人的利益,贬损不动产抵押保全、流通的功能。

结　语

指导案例154、155、156号的发布,及时回应了司法实践中颇有争议的诉讼请求与原判决、裁定无关的判断标准以及《异议复议规定》第二十八条、第二十九条的关系问题,具有重要意义。随着执行难问题逐渐化解、审执分离体制机制改革稳步推进,案外人执行异议之诉程序规范不断完善,案外人执行异议之诉的案件数量于近几年呈现爆发式增长。与此同时,大量新型疑难复杂问题以及传统的理论争议相继浮出水面,而这些问题和争议均需要在明确案外人执行异议之诉基本法理的前提下扎根我国的司法实践予以及时地解决和回应。因此,期待更多关于案外人执行异议之诉案件的指导性案例的发布,也期待《最高人民法院关于审理执行异议之诉案件适用法律问题的解释(一)》早日出台。

来源:人民法院新闻传媒总社

作者:中国人民大学　肖建国　庄诗岳｜编辑:张瑾

最高人民法院指导案例150号评析

——以第三人撤销之诉原告资格认定的证明标准为视角

孙新宽

指导案例150号的指导意义不仅在于裁判要点明确第三人撤销之诉原告主体资格的认定规则,其裁判理由对阐释法院在第三人撤销之诉的起诉阶段审查原告提交的证据材料的标准也提供了指引。

根据《民事诉讼法》(2017年)第五十六条第三款和最高人民法院相关司法解释的规定,原告提起第三人撤销之诉时,需要提供证据证明生效的法律文书存在部分或全部内容错误,损害了其民事权益。指导案例150号认为,应当区分第三人撤销之诉的起诉阶段和实体审理阶段,根据不同的审查标准,对原告提交的证据材料进行审查判断。在案件起诉阶段,第三人"对原案判决可能存在错误并损害其民事权益的情形提供初步证据材料加以证明"即可,而不必达到案件实体判决对证据所要求的标准。

第三人撤销之诉中,原案生效法律文书存在部分或全部内容错误并损害了原告民事权益,既是第三人撤销之诉中的起诉条件,也是案件实体审理的胜诉要件,属于"双重相关事实",原告提供的相关证据在起诉阶段和案件实体审理阶段都具有重要作用。在案件实体审理阶段,《最高人民法院关于适用〈中华人民共和国民事诉讼法〉的解释》(法释〔2015〕5号)(已被修改)第一百零八条第一款规定要求证据要能够证明"待证事实的存在具有高度可能性"。同时,《最高人民法院关于民事诉讼证据的若干规定》(法释〔2019〕19号)第八十六条规定,对欺诈、胁迫、恶意串通事实的证明要"能够排除合理怀疑";诉讼保全、回避等程序事项有关的事实"存在的可能性较大的",即可以认定该事实存在。由此可以看出,我国针对待证事实的不同性质,相应采取了不同的证明标准。指导案例150号进一步明确,对与第三人撤销之诉起诉条件相关事实的证明,原告提供的初步证据能够证明涉案生效法律文书"可能存在错误"并损害其权益的实现即可。

在第三人撤销之诉的起诉阶段,法院审查第三人提供的证据,目的是判断其是否具备提起第三人撤销之诉的原告主体资格。在第三人提供的证据表明涉案生效法律文书"可能存在错误"并损害其民事权益时,给予其提起第三人撤销之诉的机会,有利于更好地维护第三人的合法权益。对第三人撤销之诉中原告起诉条件相关事实的证明标准,指导案例150号提供了相对具体的判断方法,对今后处理类似案件具有重要的参考意义。

来源:人民法院新闻传媒总社

作者:北京师范大学 孙新宽|编辑:张瑾

《民法典》视野下弘扬社会主义核心价值观指导性案例解读

石 磊

内容摘要

《民法典》于2021年1月1日开始实施,"弘扬社会主义核心价值观"明确规定为立法目的之一。指导性案例对于加强裁判标准统一,弘扬社会主义核心价值观具有积极的意义。本文解读的主要是几个民事方面的指导性案例,符合《民法典》的立法目的和精神,对于指导类似案件的审判,弘扬社会主义核心价值观具有重要的研究价值。

关键词 弘扬社会主义核心价值观 指导性案例 民法典

2010年11月26日,最高人民法院发布《关于案例指导工作的规定》,并于2015年5月印发关于该规定的实施细则,标志着中国案例指导制度逐步建立和完善。案例指导制度从正式确立到现在,刚好走过十年的历程。随着司法体制的不断改革和完善,案例指导已经逐渐发展成为与司法解释并行不悖的最高人民法院指导审判执行工作的两种重要方式。案例指导制度对于及时总结审判经验,统一法律适用标准,规范法官自由裁量权,提升法官审判素质和能力都发挥了重要作用。本文主要结合《民法典》的立法目的和有关规定,对已经发布的几个民事方面的指导性案例及相关案例进行解读,揭示案例如何弘扬社会主义核心价值观,如何对类似案件的审理提供参照和指导。

一、社会主义核心价值观与指导性案例的关系

2013年12月23日,中共中央办公厅印发《关于培育和践行社会主义核心价值观的意见》。党的十八大以来,中央高度重视培育和践行社会主义核心价值观。习

近平总书记多次作出重要论述、提出明确要求。2017年10月18日,习近平总书记在十九大报告提出,要培育和践行社会主义核心价值观。社会主义核心价值观是社会主义核心价值体系的内核,体现社会主义核心价值体系的根本性质和基本特征,反映社会主义核心价值体系的丰富内涵和实践要求,是社会主义核心价值体系的高度凝练和集中表达。富强、民主、文明、和谐是国家层面的价值目标,自由、平等、公正、法治是社会层面的价值取向,爱国、敬业、诚信、友善是公民个人层面的价值准则,这24个字是社会主义核心价值观的基本内容。

社会主义核心价值观不仅明确写在党的有关重要文献里,也及时地在法律中得到贯彻和体现。2018年3月11日,十三届全国人大一次会议通过《宪法修正案》,将"国家倡导社会主义核心价值观"写入宪法。2020年5月28日,十三届全国人大三次会议审议通过了《中华人民共和国民法典》,明确规定"弘扬社会主义核心价值观"为立法目的之一。习近平总书记还多次强调,"一个案例胜过一沓文件"。不仅宪法法律要体现社会主义核心价值观,指导性案例作为一种更为生动形象的法律载体形式,对于弘扬社会主义核心价值观,树立正确的价值导向,规范人们的行为准则等具有特殊的作用。

二、《民法典》视野下相关指导性案例解读

2020年10月9日,最高人民法院发布第25批指导性案例,均为弘扬社会主义核心价值观案例。此前发布的指导性案例中,也有多个主旨为弘扬社会主义核心价值观的案例。本文分成几个类型分述之。

(一)第一类案例

首先看指导案例140号"李秋月等诉广州市花都区梯面镇红山村村民委员会违反安全保障义务责任纠纷案"。本案基本案情:红山村景区为国家AAA级旅游景区,不设门票。2017年5月19日,村民吴某私自上树采摘杨梅不慎从树上跌落受伤致死。法院认定,红山村村民委员会没有违反安全保障义务,对吴某私自爬树坠亡的后果不存在过错和因果关系。本案历经一审、二审、再审,最终驳回了原告诉讼请求。《民法典》第一千一百九十八条第一款规定:"宾馆、商场、银行、车站、机场、体育场馆、娱乐场所等经营场所、公共场所的经营者、管理者或者群众性活动的组织者,未尽到安全保障义务,造成他人损害的,应当承担侵权责任。"这一条沿袭了《侵权责任法》(已失效)第三十七条第一款的规定。该案例进一步确认的裁判规则是,公共场所经营管理者的安全保障义务,应限于合理限度范围内,与其管理和控制能力相适应。完全民事行为能力人因私自攀爬景区内果树采摘果实而不慎跌落致其自身损害,主张经营管理者承担赔偿责任的,人民法院不予支持。村民吴某

作为具有完全民事行为能力的成年人,应当充分预见私自攀爬杨梅树采摘杨梅的危险性,并自觉规避此类危险行为。因此,吴某因私自爬树采摘杨梅不慎坠亡,后果令人痛惜。但吴某的私自采摘行为有违村规民约,与公序良俗相悖,且红山村村民委员会并未违反安全保障义务,不应承担赔偿责任,由此导致的损害后果应由行为人自身承担。

再看指导案例141号"支某1等诉北京市永定河管理处生命权、健康权、身体权纠纷案"。本案案情比较简单。2017年1月16日,丰台区支某3在永定河拦河闸下游方向闸西侧消力池遛狗,不幸冰面破裂溺水死亡。本案确认的裁判规则是,消力池属于禁止公众进入的水利工程设施,不属于《侵权责任法》第三十七条第一款规定的"公共场所"。消力池的管理人和所有人采取了合理的安全提示和防护措施,完全民事行为能力人擅自进入造成自身损害,请求管理人和所有人承担赔偿责任的,人民法院不予支持。法院在判决中向社会倡导一个原则,即每一个成年人应当是自身安危的第一责任人,不能把自己的安危寄托在国家相关机构的无时无刻的提醒之下,户外活动应趋利避害,不随意进入非群众活动场所是每一个公民应自觉遵守的行为规范。不能以情感或结果责任主义为导向将损失交由不构成侵权的他方承担。本案例与指导案例140号有所不同,本案不属于经营者、管理者安全保障义务问题,是行为人擅自闯入禁止进入的区域导致自身损害的问题。但二者有一定相似性,都是行为人无视基本社会规范,将自身安全陷入风险之中,因自身原因导致死亡。作为经营者、管理者,并没有过错,行为人的死亡与经营者、管理者并无因果关系,故依据法律的规定,不能让他方承担过重的义务及不应当的责任。

需要注意的是,上述两个指导性案例裁判规则不能与"自甘风险"相混淆。《民法典》第一千一百七十六条第一款规定:"自愿参加具有一定风险的文体活动,因其他参加者的行为受到损害的,受害人不得请求其他参加者承担侵权责任;但是,其他参加者对损害的发生有故意或者重大过失的除外。"该款规定也是倡导行为人要对自身安危负责,即每一个成年人应当是自身安危的第一责任人。不能奉行"死者为大",不辨是非,以结果责任为原则的错误适用法律的做法。

(二)第二类案例

先看指导案例142号"刘明莲、郭丽丽、郭双双诉孙伟、河南兰庭物业管理有限公司信阳分公司生命权纠纷案"。本案基本案情:2019年9月23日,郭某骑车在某小区南门广场与5岁儿童罗某相撞,造成罗某右颌受伤出血。路人孙伟见状将罗某扶起,并劝阻郭某不要离开,等待罗某家长前来处理。郭某称要拨打110,情绪激动并有骂人的行为,后倒地不起。医护人员赶到现场抢救,郭某经抢救无效,因心脏骤停死亡。本案例确认的裁判规则是,行为人为了维护因碰撞而受伤害一方的合法权益,劝阻另一方不要离开碰撞现场且没有超过合理限度的,属于合法行为。被劝阻人因自身疾病发生猝死,其近亲属请求行为人承担侵权责任的,人民法院不予支持。

再看指导案例98号“张庆福、张殿凯诉朱振彪生命权纠纷案”。本案基本案情:2017年1月9日,张永焕驾驶摩托车行至某路口,与张雨来驾驶摩托车追尾相撞,张雨来倒地受伤,张永焕起身驾驶摩托车驶离现场。后交警部门认定:张永焕负主要责任。事发当时,被告朱振彪驾车经过肇事现场,发现肇事逃逸行为即驾车追赶并报警。张永焕不听劝阻,跑到迁曹铁路时,翻过护栏,被火车撞倒死亡。本案判决确认,行为人非因法定职责、法定义务或约定义务,为保护国家、社会公共利益或者他人的人身、财产安全,实施阻止不法侵害者逃逸的行为,人民法院可以认定为见义勇为。最终,法院认定朱振彪的追赶行为没有过错,与张永焕的死亡没有因果关系,因此朱振彪不承担赔偿责任。指导案例142号与之有些不同,并没有认定路人孙伟劝阻行为为见义勇为,但认定其劝阻行为属于合法行为。最终,也是认定劝阻人孙伟没有过错,与郭某的死亡没有因果关系,不承担赔偿责任。

与上述两案类似的还有“郑州电梯吸烟劝阻案”。2017年5月2日,段某某与杨某先后进入某小区电梯内。段某某在电梯内吸烟,杨某作为一名职业医护工作者,善意告知段某某吸烟对自己和他人的危害;段某某不听劝阻,双方因此发生争执,后段某某同物业工作人员进入物业公司办公室休息时因心脏病突发猝死。段某某配偶田某某诉请杨某赔偿死亡赔偿金、丧葬费、精神抚慰金和医疗费共计400511.8元。郑州中院二审撤销了要求杨某补偿死者家属1.5万元的民事判决,驳回了田某某的诉讼请求。该案虽然裁判说理与上述两个指导性案例有所不同,但裁判结果也是完全驳回了原告的诉讼请求。这些案例都是发生在日常生活中的小案例,都是双方行为人发生一定形式的冲突,其中一方死亡的情形。从最终裁判结果来看,法院基本都是认定了劝阻人或追赶人的行为属于合法行为或见义勇为,其行为没有过错,与对方的死亡没有因果关系,不应承担赔偿责任。

《民法典》第一百八十三条进一步规定:“因保护他人民事权益使自己受到损害的,由侵权人承担民事责任,受益人可以给予适当补偿。没有侵权人、侵权人逃逸或者无力承担民事责任,受害人请求补偿的,受益人应当给予适当补偿。”第一百八十四条规定:“因自愿实施紧急救助行为造成受助人损害的,救助人不承担民事责任。”如此规定,保证见义勇为行为人、好心人等不仅不会无端承担不应有的赔偿责任,如果自己权益受到损害的,还有获得补偿的权利。

还有涉及正当防卫不担责的案例。患者叶某未带钱去村诊所找医生王某结算以往看病费用,两人发生争吵、厮打,叶某冲向王某抬起右脚踩王某,王某侧身躲避用手抓住叶某右脚将其掀倒,致叶某摔倒造成左腿腓骨骨折,轻伤二级。一审判决医生王某有期徒刑一年,附带赔偿患者叶某 1.3 万余元。二审法院撤销一审判决,判处医生无罪且不承担民事责任。二审判决扭转了“谁受伤谁有理”的错误的法律适用做法,分清责任,依法保护遵纪守法公民利益,惩治无端闹事还想倒打一耙的不良行为。《民法典》第一百八十一条规定,因正当防卫造成损害的,不承担民事责任。正当防卫超过必要的限度,造成不应有的损害的,正当防卫人应当承担适当的民事责任。该案件的审理与《民法典》的相关规定是完全一致的。

(三)第三类案例

这一类案例主要是保护英雄烈士名誉权、荣誉权案例。指导案例 99 号“葛长生诉洪振快名誉权、荣誉权纠纷案”即“狼牙山五壮士名誉权、荣誉权案”是这类案例中产生时间早、影响大的一个。该案例确认了三项裁判规则:(1)对侵害英雄烈士名誉、荣誉等行为,英雄烈士的近亲属依法向人民法院提起诉讼的,人民法院应予受理。(2)英雄烈士事迹和精神是中华民族的共同历史记忆和社会主义核心价值观的重要体现,英雄烈士的名誉、荣誉等受法律保护。人民法院审理侵害英雄烈士名誉、荣誉等案件,不仅要依法保护相关个人权益,还应发挥司法彰显公共价值功能,维护社会公共利益。(3)任何组织和个人以细节考据、观点争鸣等名义对英雄烈士的事迹和精神进行污蔑和贬损,属于歪曲、丑化、亵渎、否定英雄烈士事迹和精神的行为,应当依法承担法律责任。2016 年 8 月 15 日,法院就该案作出终审判决,直接推动了《中华人民共和国英雄烈士保护法》于 2018 年 4 月 27 日出台。《民法典》第一百八十五条也作出了规定:“侵害英雄烈士等的姓名、肖像、名誉、荣誉,损害社会公共利益的,应当承担民事责任。”

类似的案件这几年发生多起,包括霍某侵害凉山救火烈士名誉权案;淮安市人民检察院诉曾某侵害救火烈士名誉权公益诉讼案;杭州市西湖区人民检察院诉霍某某侵害董存瑞、黄继光英雄烈士名誉权公益诉讼案;陕西、江西法院审理的叶挺、方志敏烈士名誉权案等。郁达夫在纪念鲁迅大会上说:“一个没有英雄的民族是不幸的,一个有英雄却不知敬重爱惜的民族是不可救药的,有了伟大的人物,而不知拥护、爱戴、崇仰的国家,是没有希望的奴隶之邦。”英雄如星,照亮后路。加强对英雄烈士的保护,传承和弘扬英雄烈士精神、爱国主义精神是培育和践行社会主义核心价值观的重要内容,是我们中华民族绵延千年,实现伟大复兴的强大精神力量。这些案件的审理,向全社会传达了正确的价值导向,为社会逐步营造了崇敬英雄、争做英雄的积极社会风尚。

(四)第四类案例

最后一类稍有不同,是一个网络虚拟空间名誉权纠纷案。基本案情:兰世达公司为北京市顺义区一家美容店,黄晓兰系该公司股东兼任美容师。2017年1月17日,顾客赵敏因美容服务问题与黄晓兰发生口角。后公安部门对赵敏作出行政处罚决定书,给予赵敏行政拘留三日的处罚。双方发生纠纷后赵敏多次在业主微信群中对原告进行造谣、诽谤、污蔑、谩骂,并将黄晓兰从业主群中移出。最终法院认定,不特定关系人组成的微信群具有公共空间属性,公民在此类微信群中发布侮辱、诽谤、污蔑或者贬损他人的言论构成名誉权侵权,应当依法承担法律责任。随着网络的普及,人们生活的公共空间不再局限于线下,网上的虚拟公共空间越来越扩大。在虚拟的公共空间,人们的行为准则同样得遵循法律和道德的基本规范,这是毋庸置疑的。而且,网络空间还具有传播范围广、传播速度快等特点,行为人侵犯他人名誉权的行为可能更易演化出严重的后果。所以该案例裁判要点提出,认定微信群中的言论构成侵犯他人名誉权,应当符合名誉权侵权的全部构成要件,还应当考虑信息网络传播的特点并结合侵权主体、传播范围、损害程度等具体因素进行综合判断。

最后,引用周强院长在今年两会上所作法院工作报告中的一段话,作为结束语。对发生在公共空间案件的审理,人民法院兼顾国法天理人情,明辨是非,惩恶扬善,努力实现法律效果与社会效果的统一。审理"撞伤儿童离开遇阻猝死案",判决阻拦者不担责,鼓励见义勇为。审理"患者飞踹医生反被伤案",改判医生为正当防卫,坚决跟"和稀泥"说不……审理"私自上树摘杨梅坠亡案",认定村委会未违反安全保障义务,让守法者不用为他人过错埋单。审理"冰面遛狗溺亡索赔案",让自甘冒险者自负其责。审理"小偷逃逸跳河溺亡案",依法判定追赶群众无责,宣示见义勇为者不用承担过重注意义务。通过一系列案件审理,破解长期困扰群众的"扶不扶""劝不劝""追不追""救不救""为不为""管不管"等法律和道德风险,坚决防止"谁能闹谁有理""谁横谁有理""谁受伤谁有理"等"和稀泥"做法,让司法有力量、有是非、有温度;让群众有温暖、有遵循、有保障,争做法治中国好公民。

作者:石磊

单位:最高人民法院研究室司法解释协调和案例指导处